한국과학사 이야기 ●

*맞춤법과 띄어쓰기는 국립국어원의 〈표준국어대사전〉을 기준으로 하였습니다. 외국 인명과 지명은 국립국어원의 '외래어 표기 용례 자료집'을 따랐습니다. '외래어 표기 용례 자료집'에 나오지 않는 것은 현지 발음에 가깝게 표기하였습니다.

한국 과학사 이야기

카이스트 신동원 교수님이 들려주는 기술과 발명·현대 과학 100년 **3** 신동원 글·임익종 그림

책과함께어린이

머리말
빛나는 창조성이 나타난 한국 과학사의 순간들

　과학자 하면 으레 서양 과학자들을 떠올려. 갈릴레이, 케플러, 아인슈타인……. 너희들도 익숙한 이름이지? 한국의 과학자 하면 누가 떠오르니? 장영실 정도가 아닐까 싶구나. 내가 한국 과학사를 공부하면서 느낀 것은 우리 옛 과학자들과 그들이 연구한 결과가 매우 훌륭한데도 어른들은 물론이고 어린이들에게 잘 알려져 있지 않다는 거야.

　이 원고를 쓸 때 딸아이 지영이가 초등학교 6학년이었단다. 지영이와 친구들이 '한국 과학사'에 대해 알 수 있는 기회조차 없다는 것이 무척 안타까웠어. 한국 과학사는 선사 시대부터 시작해. 고대 바위에 새겨진 벽화, 고인돌의 별자리부터 첨성대, 자격루 등등 한국 과학의 전통에서 탄생한 거야.

　나는 카이스트에서 한국 과학사를 가르치고 있어. 이 수업에서 학생들은 주제 발표를 해. 우리 과학을 직접 경험해 보는 거지. 가장 재미있어 하는 수업은 우리나라 음식의 역사를 배울 때야. 김치를 담가 보면서 수업을 하는데 대학생 언니 오빠 들이 하도 깔깔깔 웃어서 수업이 안 될 정도였어. 그때 어린이를 위한 한국 과학사 책은 수업하듯 쓰면 재미있겠구나 하고 힌트를 얻었어. 이 책에는 이렇게 카이스트에서 수업을 한 경험이 녹아 있어. 지영이와도 이야기를 많이 나눴고, 원고도 함께 읽으면서 완성했어. 참, 유치원에 다니는 일곱 살 아들 지용이도 가끔 아이디어를 주었구나.

　이 책을 내놓으며 이런 상상을 해봤어. "우리나라 어린이만 아니라 중국이나 일본, 이집트나 미국의 어린이들도 이 책을 읽으면서 흥미를 느낄까?" 우리가 이집트의 피라미드, 중국의 만리장성, 일본의 오사카 성에 숨겨진 과학 이야기를 무진장 재미있어 하잖아. 마찬가지로 우리나라 장영실이 만든 자격루의 수수께끼를 풀어주면 누구나 재미있어 할 게 틀림없어. 왜냐하면 흥미진진한 과학 이야기니까!

과학은 우주와 자연, 생물과 인간, 사물과 기술에 대한 관찰과 실험, 이론과 응용을 포함해. 태어난 때, 자란 곳에 따라 사람들이 추구한 과학의 모습이 똑같지는 않았지만, 세상에 대해 궁금한 것을 풀어내고, 거기서 얻은 지식을 인간이 행복하게 사는 데 쓰려고 했다는 것은 똑같았어. 그런 요소들 때문에 세계의 어린이들이 모두 창조성 넘치는 과학 이야기에 흥미를 느끼는 거야.

이제, 우리 역사를 들여다보면서 과학 분야에서 '창조성이 나타난 순간'들을 찾아 함께 볼 거야. 우리 과학사에 빛나는 창조성이 발현된 순간들이 무척 많단다. 너희들 삶에서도 '빛나는 창조성이 나타나는 순간'이 반드시 있을 거야. 신 나고 즐겁게 한국 과학사 여행을 함께해 보자.

*이렇게 두툼한 책이 나올 거라고 생각도 못했어. 이전에 쓴 《카이스트 학생들과 함께 풀어보는 우리 과학의 수수께끼 1·2》를 어린이 눈높이에 맞게 고쳐 쓰면 된다고 생각하고 출발했어. 그런데 쓰다 보니까 더 많은 이야기를 들려주고 싶었어. 조금만 더, 조금만 더 하다 보니 한국 과학사 전체를 망라하는 3권짜리 두툼한 책이 되어버렸지 뭐야.
이 책을 전폭 지원해 준 책과함께 출판사 류종필 사장, 좋은 책을 만들어 준 이은희 팀장을 비롯한 출판사 식구들, 예쁜 삽화로 책의 맛깔을 더해 준 임익종 화백, 보기 좋게 책을 만들어 준 장광석 디자이너에게 고마운 마음을 전하고 싶어. 또 책 내용을 꼼꼼히 읽어 오류를 잡아 준 문만용 카이스트 연구교수, 바쁜 중에도 원고를 읽어 준 교육평론가 이범, 과학에 밝은 아우 신동수에게도 고마움을 표해. 그리고 묵묵한 아내의 응원도 고마웠고, 무엇보다도 아빠 원고를 읽고 토론해 준 지영아, 지용아, "고마워!"
끝으로, 지난해 세상을 떠나신 어머니 영전에 이 책을 올린다.

2012년 3월 13일 신동원

《한국 과학사 이야기》 길잡이 글

과학을 이해하고 깨달아 너희들이 행복해지기를 바란다

■ 이 책은 한국 과학사의 온 영역을 다 다뤄. 하늘의 과학, 땅의 과학, 생명의 과학, 몸의 과학인 의학 등으로 나눴어. 1권과 2권이 여기에 해당돼. 나머지 위대한 기술과 발명들, 현대 과학 100년은 3권에 묶었어. 어린이를 위한 책이든, 어른을 위한 책이든 이렇게 한국 과학사 전 영역을 포함하는 건 우리나라에서는 이 책이 처음이야.

■ 책 읽기에 앞서 《한국 과학사 이야기 1~3》이 어떤 기준으로 내용을 선정했는지 설명해 줄게. 물리, 화학, 생물, 지구과학 등으로 나누지 않고, 하늘, 땅, 생명, 몸의 과학으로 나누었는데, 왜 이렇게 나누었는지를 이해하려면 우선 오늘날의 과학과 옛 과학이 서로 같지 않다는 점을 알아야 해.

■ '과학'이란 말의 '과(科)'는 천문학과, 물리학과, 화학과, 지질학과, 생물학과란 말에 담긴 '과'를 뜻해. 오늘날에는 거기서 그치지 않고 기술과 공학까지 똑같은 방식을 따르고 있어. 우주항공공학과, 기계공학과, 금속공학과, 도자기공학과, 생명공학과 등 이런 식으로 말이야. 과학 분야들은 서로 밀접히 연관되어 있어.
과학을 이루는 여러 '과'들과 그것이 응용되는 기술과 공학이 모두 '과학' 하나로 파악할 수 있게 된 건 17세기 이후 서양에서 그렇게 발전해 왔기 때문이야. 이를 영어로 '사이언스(Science)'라고 했고, 19세기 후반 일본 학자들이 이를 '과학'으로 번역해 오늘날까지 쓰고 있어.

■ 옛적 한국을 비롯한 동양 사회에서는 자연과 기술에 대한 학문이 '사이언스(Science)'와는 퍽 달랐어. 이름도 달랐지. 동양에서는 자연에 대한 학문을 격물학(格物學), 이학(理學) 또는 물리(物理)라고 했어. 모두 '사물의 이치를 캔다'는 뜻이야. 《한국 과학사 이야기》 1권과 2권은 이런 전통 과학에 관한 것들이야. 이 책을 읽으면 이웃 중국과 함께 한국의 전통 과학이 매우 높은 수준에 도달했다는 걸 알 수 있을 거야.

■ 《한국 과학사 이야기》 3권 1부에서는 위대한 기술과 발명들을 다루었어. 창의적 아이디어가 기술 발전의 원동력이라는 점에서는 '기술'이 '과학'과 비슷한 모습을 띠기도 하지만, 기술은 과학과 별로 상관없이 발달했어. 기술은 자연에 대한 탐구가 아니라 사람이 생활하고 생존하는 데 꼭 필요한 것들이었어. 또 기술끼리도 별로 연관이 없었어. 석굴암, 석빙고, 온돌, 고려청자, 한지, 거북선, 수원 화성 등이 우리나라 기술을 잘 나타내는 본보기들이야.

■ 이어지는 《한국 과학사 이야기》 3권 2부에서는 현대 과학 100여 년의 역사를 만날 수 있어. 옛 한국 과학과 완전히 달라서 따로 묶었어. 100여 년 전부터 지금까지 서양 과학을 받아들여 높은 수준에 도달하기까지의 이야기야. 우리나라가 세계의 보편적인 과학을 받아들인 뒤, 일제의 식민지, 한국 전쟁이라는 혹독한 시련을 딛고 IT(정보기술), BT(생명공학), NT(나노기술) 강국으로 우뚝 선 것에 대해 세계 사람들은 무척 놀라워하지.

■ 이 책을 읽을 때 주의할 점 하나. 옛 과학 기술과 오늘날의 과학 기술의 성격이 다르다고 했지? 그래서 오늘날 잣대로 옛 과학을 바라보면 문제가 생겨. 역사적 사실을 정확히 밝히고, 그래서 비약이 없도록 조심해야 돼. 지나친 애정은 판단을 흐리게 하고, 분별력이 없어지면 다른 사람들이 그 주장을 신뢰하지 않게 되지. 국수주의의 폐해라는 말이 이걸 뜻해.

알게 모르게 한국 과학사 연구자는 옛 과학 기술 중 특별히 훌륭한 점만을 골라서 부각시키는 경향이 있어. 과장하게 되면 안 하니만 못한 결과를 낳아. 경계하고, 경계할 일이야. 이 책에서는 한국 과학을 과대평가하지도 않았고 한계가 있는 것은 또렷이 밝혔단다.
■ 소재를 선정할 때에는 세계인이 공감할 수 있는 내용을 담으려고 노력했어. 한국 과학사에는 원래 훌륭한 것이 안 알려져 있는 것도 참 많아. 처음 접하는 내용이라 어렵더라도 천천히 읽어 보렴.

■ 이 책을 어떻게 썼는지도 알려 줄게. 나는 한 주제를 쓰기 위해 수많은 책과 논문을 읽었단다. 의학의 역사는 내가 수십 년 동안 공부한 분야지만, 다른 분야는 한국 과학을 연구한 많은 연구자들이 없었다면 글을 쓸 수 없었을 거야. 그래서 이 책에서는 각 분야를 연구하고 있는 우리나라 학자들 이름도 그대로 밝혔어. 한국 과학을 연구하는 학자들을 기억해 주렴.
간혹 아직 연구가 덜 된 분야가 있었는데, 그런 부분은 일일이 옛 사람이 쓴 글을 찾아 읽어 다시 엮었단다. 어린이 책일수록 더 정확해야 한다고 늘 생각했거든.
■ 글을 쓰면서 가장 신세를 많이 진 사람은 나의 은사님(김영식, 박성래, 유경로, 전상운, 허정 선생님) 빼고는 카이스트 학생들이었어. 몇 년 동안 같이 수업했던 모든 학생들도 여러 면에서 내게 많은 깨우침을 주었어. 카이스트 학생들과 내가 한국 과학사를 공부하는 방법은 '발로 뛰고 머리를 맞대어 토론하는' 거야. 나는 학생들에게 '왜'라고 묻고, 학생들이 직접 의문점을 해결해 나가는 방식이지. 직접 현장에 가서 보는 것은 가장 중요하고 연구의 시작이 돼. 그러고 나서 '이전 사람들이 어떻게 생각했는가?'를 찾아 배우고, '나는 달리 생각해.' 하며 자신의 생각을 토론하는 거야. 더 나아가 자신의 생각을 입증할 증거를 찾고 논리를 세우면 그만큼 과학은 발전해.
■ 인류가 과학을 발전시켜 온 방식과 내가 카이스트 학생들과 수업한 방식은 같아. 수업한 방식을 《한국 과학사 이야기》 글에 그대로 적용했어. 어린이들과 함께 공부한다고 생각하며 글을 썼어. 어린이와 주고받는 이야기가 나오는데, 글에 나오는 어린이는 곧 너희들이야. 내 질문에 대답도 해 보고 스스로 답도 찾아보며 이 책을 함께 읽어 나갔으면 해.

■ 앞서 말한 것처럼 딸아이 지영이가 6학년 때 이 책을 썼어. 지영이가 읽고 있는 책이 참 많더구나. 《한국 과학사 이야기》가 그 많은 책 가운데서 어린이들이 재미있게 읽고 사랑을 많이 받길 바라며 썼어. 과학이 항상 쉽지만은 않아. 과학을 전공한 나도 공부하면서 어려운 게 있어. 조금 어렵더라도 마음이 무거워질 필요는 없어. 가수가 꿈인 친구는 '음악과 도량형 이야기'를, 화가가 꿈인 친구는 '암각화 이야기'를 먼저 읽어 봐. 한국 과학을 이해하고 깨달아 행복해지길 원한 것이지, 다 외우라고 책을 쓴 건 아니라는 것을 알아주렴.
어려운 정보는 팁이나 '비밀노트'에 담아 두었어. 그러니 어려운 부분은 나중에 도전해도 좋아. 반대로 더 공부하고 싶은 친구들을 위해서는 참고한 책과 더 읽어 볼 책을 추천해 두었으니 찾아 읽어 봐. 한국 과학사의 새로운 모습은 반갑게 맞아 주고, 또 어려운 것을 점점 알게 되는 기쁨도 느껴 보길 바란다.

차례

머리말 4

1부 기술과 발명

창의성이 빛나는 기술과 발명 11

1 부처의 소리를 담은 성덕 대왕 신종 15
비밀노트 우리의 종에서만 찾을 수 있는 특징 28
2 수학과 지혜로 만든 석굴암 31
비밀노트 석굴암 안에는 누가누가 새겨져 있을까 48
3 고려청자의 비취색은 천하제일 51
4 마음을 담은 기술, 금속 활자 65
비밀노트 금속 활자는 어떻게 만들었을까? 80
5 질기고 튼튼한 우리의 종이, 한지 83
6 화약과 화포로 나라를 지키다 94
7 이순신의 거북선은 어떤 모습이었을까 108
비밀노트 거북선에 대해 아직도 궁금한 것들 119
8 2년 8개월 만에 지은 철옹성, 수원 화성 121
9 옛날 사람들의 냉장고, 석빙고 139
10 추운 겨울엔 온돌이 최고야 151
11 세종은 어떻게 훈민정음을 만들었을까 165
비밀노트 훈민정음을 만든 진짜 목적은 무엇일까 180

2부 현대 과학 100년

한국 근현대 과학, 100여 년 동안의 마라톤 경주 183

1 서양의 과학을 배워 문명의 나라로 186
2 전등도 밝히고, 병원도 설치하고 198
비밀노트 지석영과 개항기의 과학자들 214
3 서양 과학 문물을 전면 채택하다 217
비밀노트 대한제국 시절 주목할 만한 두 명의 과학자 230
4 일제가 우리의 과학을 발달시켰다고? 232
비밀노트 우리 전통 과학사에 대한 서술은 어떻게 시작되었을까 248
5 일제 강점기 100대 명인에 뽑힌 9명의 과학자들 249
비밀노트 과학자로 활동했던 대담한 여성들 269
6 석주명의 나비 연구와 과학 대중화 운동 271
비밀노트 1930년대 한의학과 서양 의학을 두고 벌어진 논쟁 283
7 남에 남은 과학자, 북으로 간 과학자 286
비밀노트 해방 직후의 과학자들 314
8 산업화 시대의 우리 과학사 317
비밀노트 덧없이 돌고 도는 여공의 미싱 345
9 첨단 산업 기술의 주춧돌, 이공계 학교 346

맺는말 358
참고 자료 / 사진 자료 제공 368
찾아보기 370

창의성이 빛나는 기술과 발명

지금까지 우리는 옛 사람의 하늘과 땅의 과학, 생물과 몸의 과학을 알아보았어. 천(天)·지(地)·인(人), 즉 자연에 대한 생각이자 설명이고, 이론을 뜻하는 학문으로서의 과학을 만나 보았지.

이번에는 세계에서 한국을 빛내는 '기술'과 '발명품'을 살펴볼 거야. 여기에 소개하는 열한 가지 유물과 유적은 아마도 너희들에게 익숙할 거야. 이 열한 가지 유물과 유적이 우리 과학 역사에 어떤 획을 그었는지 이야기하려고 해.

- 성덕 대왕 신종
- 석굴암
- 고려청자
- 금속 활자
- 한지
- 화약과 화포
- 거북선
- 화성
- 석빙고
- 온돌
- 한글

여기서 잠깐! 발명과 기술의 차이가 뭘까? 많은 경우 발명과 기술은 비슷한 뜻으로 사용돼. 하지만 발명이란 지금까지 없던 기술이나 물건을 새로 생각하여 만들어 내는 것이고, 기술이란 사물을 잘 다루는 능력을 가리키지. 기술은 더 넓게는 어떤 사물을 생활에 쓸모 있게 만들어 내는 수단이야. 예를 들면 수원 화성과 한지는 기술이고, 온돌이나 도자기는 발명이면서 기술이며, 한글은 기술이라기보다 기막힌 발명에 해당하지.

그 옛날에는 쟁기 같은 농기구 하나 만드는 기술이 얼마나 중요했는지 알고 있니? 지금 우리의 눈에는 간단한 기술인 듯 보이지만 인류 문명의 역사를 바꾼 엄청난 기술이었지. 또 어부들의 고기 잡는 기술은 어떻고? 어살을 치거나 바닷물의 흐름을 정확히 읽어 그물을 치는 기술 덕분에 옛사람들이 육지뿐만 아니라 강과 바다에서도 풍성한 먹거리를 얻을 수 있게 되었지. 비록 청자나 백자처럼 아름답지 않을지 몰라도, 냉장고가 없었던 시절에는 옹기 덕분에 겨우내 싱싱한 김치를 먹을 수 있었어. 이렇듯 의식주를 비롯하여 농업, 어업 등 생업과 관련된 기술, 문화생활과 종교 의례에 관련된 온갖 기술이 조상들의 삶을 도왔지. 참, 놀이 기구인 팽이나 제기를 만드는 것도 다 기술이었어. 이 어느 것 하나 소중하지 않은 게 있을까.

그럼에도 불구하고 특별히 열한 가지 유물과 유적에 녹아 있는 기술 또는 발명을 이야기하려는 것은, 그것들이 우리 과학의 역사에서 특별하기 때문이야. 그게 뭔지 알아? 자, 다음 빈칸에 들어갈 말은 무엇일까?

"이 열한 가지에는 놀라운 □□□이 있다."

정답은 '창, 의, 성'. 성덕 대왕 신종, 석굴암, 고려청자를 만들어 낸 창의성은 예술적인 감동을, 거북선, 화약과 화포, 수원 화성을 만든 창의성은 나라를 지킬 수 있는 힘을, 금속 활자, 한지, 석빙고, 온돌, 한글을 탄생시킨 창의성은 사람들에게 편리한 생활을 주었지.

"창의적인 생각이 세상을 바꾼다!"

자주 들어 봤지? 그런데 창의성을 단지 엉뚱함과 같은 것으로 여겨서는 안 돼. '필요는 발명의 어머니'라는 말도 있듯이, 창의성이 돋보이는 발명과 기술을 위해서는 세상 사람들이 무엇을 필요로 하는지 관심을 갖고 관찰해야 해. 필요한 것을 충족시키기 위해 해당 분야에 대한 기초 지식은 물론이고 관련된 여러 분야에 대한 연구에도 꾸준히 흥미를 가져야 하지. 창의성의 대명사인 천재 음악가 모차르트도 어린 시절부터 철저하게 음악의 기본 지식을 갈고 닦았다고 해. 아주 지겨울 정도로 말이야. 우리나라가 자랑하는 성덕 대왕 신종을 만든 장인들도 쇠와 불을 자유자재로 다루는 최고의 경지에 이르기까지 기본 기술을 탄탄하게 익혀 두었단다. 한마디로 창의성은 필요성에 관심을 갖고 그 필요성을 해결할 수 있는 방법을 찾기 위한 지식을 갖추고 꾸준한 노력을 더했을 때에야 빛을 내게 된다는 거지.

　우리의 빛나는 유물과 유적을 만들어 낸 열한 가지 기술과 발명을 살피다 보면, 우리가 현재 누리고 있는 혜택이 우리 조상의 창의적 생각으로부터 시작되었다는 것을 알게 될 거야.

　그렇다면 미래를 바꿀 창의적인 생각은 누구의 몫일까? 그래, 바로 여러분! 이 책을 읽는 너희들 한 명, 한 명의 창의적인 생각이 미래 후손들의 세상과 맞닿아 있다는 것을 잊지 마.

1 부처의 소리를 담은 성덕 대왕 신종

너희들 성덕 대왕 신종의 또 다른 이름이 뭔지 알고 있니?

"에밀레 종!"

그렇다면 왜 그런 이름이 붙었는지도 알고 있니?

"그럼요. 종을 만들 때 아무리 해도 소리가 잘 나지 않아서 아이를 넣었더니 그제야 종의 소리가 났다고 하잖아요. 그 종소리가 마치 아이가 슬피 엄마를 부르는 소리처럼 에밀레~ 에밀레~ 했다는 전설이 있어서 '에밀레 종'이라고 하는 거죠?"

많은 사람들이 그렇게 알고 있어. 그런데 그 이야기는 그야말로 전설인 것으로 밝혀졌어. 과학자들이 성덕 대왕 신종의 성분을 분석했는데, 인(P) 성분이 나오지 않았거든. 만약 정말 펄펄 끓는 쇳물 속에 사람을 넣었다면 인체의 구성 요소인 인이 일정량 이상 나와야 하기 때문이야.

또 우리나라에서는 에밀레 설화에 대한 기록을 찾을 수 없어. 다만 100년 남짓 된 기록에 처음 '에밀레'라는 말이 등장하긴 해. 그런데 에밀레란 이름

2001년 성덕 대왕 신종 타종식 신라가 불교를 공식적으로 인정한 건 534년. 그때부터 신라의 종을 만드는 장인들은 좋은 종소리를 얻기 위해 노력했어. 그들에겐 종소리가 곧 부처의 소리였으니까 말이야. 771년에 만든 성덕 대왕 신종의 오묘한 종소리는 신라의 장인들이 약 200년에 걸쳐 좋은 종소리를 얻기 위해 노력한 결과가 아닐까?

의 종은 평양에도 서울에도 있었다는구나. 기록에 따르면 '에밀레'란 말도 전해지는 설화의 갈래에 따라 엄마를 부르는 소리인 '에미~ㄹ레', 자신을 스님께 팔아넘긴 '에미~ㄹ죄', 어미의 말실수 때문에 아이가 죽게 되었다고 해서 '에미~ㄹ혀' 등으로 다양하게 나타나. 중국에도 에밀레 설화와 비슷한 이야기가 있대. 종(鐘)이라는 한자는 쇠를 뜻하는 금(金)과 아이를 뜻하는 동(童) 자로 이루어져 있잖아. 이런 걸 보면 종과 아이는 오래전부터 아주 관계가 깊은 것 같아.

신묘한 종소리의 핵심, 맥놀이

"그럼 어떻게 종소리가 아기 울음처럼 들리는 거예요?"

기다리던 질문이야. '맥놀이'라고 들어 봤니? 쿵-쿵 울리는 소리가 맥박이 뛰는 소리 같다고 해서 맥놀이라는 이름이 붙여졌어. 피아노에서 낮은 음의 흰 건반과 바로 그 옆의 검은 건반을 동시에 눌러 봐. 그러면 소리가 우웅, 우웅 하면서 커졌다 작아졌다 하는데, 맥놀이가 이런 현상과 비슷해. 종소리에는 모두 맥놀이가 있어. 다만 성덕 대왕 신종이 다른 종보다 맥놀이가 무척 큰 거란다. 그렇다면 도대체 어떤 점들 때문에 성덕 대왕 신종의 맥놀이가 큰 걸까?

"종의 성분, 종의 크기, 음 쩝쩝쩝……, 뭐 여러 가지 이유가 있겠죠?"

그렇다면 만들다 보니 맥놀이가 큰 종이 만들어진 걸까, 아니면 철저한 계산으로 얻어낸 소리일까?

"우연히 그런 거겠어요? 설마~."

그래, 신라의 장인은 우렁차면서도 여운이 크고 긴 소리의 종을 만드는 방법을 알고 있었어. 신라인들은 그런 종소리를 선호했던 것 같아. 성덕 대왕 신종 때문인지 몰라도 우리도 맥놀이를 종을 평가하는 기준으로 삼고 있어. 서양 사람들은 좋은 종소리에 대해 다른 기준을 가지고 있으니까 꼭 성덕 대왕 신종의 소리만이 최고라고 말할 수는 없겠지. 옛날 신라인들, 더 나아가 고구려, 백제, 일본, 중국은 절에서 쓰는 종인 범종의 우열을 판단하는 기준으로 맥놀이를 특별히 중시했어. 그 소리를 부처의 소리라고 믿었기 때문이야.

현대의 과학자들은 성덕 대왕 신종의 놀라운 맥놀이가 어떻게 생기는지 밝혔어. 원래 범종의 재료가 일정하고 모양이 완전한 좌우 대칭이면 맥놀이가 발생하지 않아. 하지만 성덕 대왕 신종은 주재료인 구리와 주석의 비율이 종 전체적으로 똑같지 않고 좌우가 완전한 대칭을 이루지 않아. 쇳물을 부을 때 들어가는 공기의 양도 밀도에 영향을 끼치는데, 아마 신라의 장인은 이런 부분까지 세심하게 신경을 쓰고 계산했을 거야. 그렇게 해서 원하는 소리가 나지 않으면 종을 다시 녹여 다시 만드는 작업을 수없이 반복했을 거고. 그리고 종을 아름답게 꾸미는 각종 장치도 종의 대칭을 어긋나게 한단다.

성덕 대왕 신종을 자세히 들여다봐. 종을 거는 꼭대기 부분의 용 장식과 음통이 대칭을 이루지 않지? 날아가는 선인의 모습을 표현한 비천상의 위치도, 연꽃 모양을 한 아홉 개의 종유가 모여 있는 유곽도 비대칭이야. 또 종을 치는 부분인 당좌의 위치도 종의 타격 중심에서 6퍼센트 정도 틀어 놨어. 종 안쪽에는 쇳조각을 더덕더덕 붙여 놓은 부분이 있는데 이것도 맥놀이를 높이려고 한 장치로 추정돼. '에밀레~' 하고 흐느끼듯 들리는 소리는 이런 비대칭 구조 때문이야.

"와~ 일석이조네요! 조각으로 종의 외형도 아름답게도 하고, 소리도 아름답게 하고요!"

한 가지 더! 만약 성덕 대왕 신종이 작았다면 맥놀이의 풍부한 여운 효과를 내지 못했을 거야. 경주에 가 본 사람은 알 거야. 성덕 대왕 신종은 높이가 무려 3.77미터(종 걸이를 제외한

종 걸이 한 마리의 용으로 되어 있는 성덕 대왕 신종의 종 걸이야. 왼쪽의 대나무 모양 부분이 음통인데, 우리나라 범종에만 있는 특징이지.

길이는 대략 3미터)나 돼. 키가 1미터 80센티미터인 학생 두 명의 키를 합친 것보다도 크지. 게다가 종 아래쪽 지름이 2미터 27센티미터니까 가장 키 큰 농구 선수가 길게 누운 정도로 생각할 수 있지. 종의 두께도 아래쪽이 22센티미터, 위쪽이 10센티미터로 꽤 두꺼워. 무게는 얼마나 되는지 알아? 무려 22톤에 가까워. 몸무게가 70킬로그램 되는 사람 300명을 합친 무게야. 성덕 대왕 신종의 우렁차면서도 긴 여운에는 이런 육중함도 한몫한다고 할 수 있지.

성덕 대왕 신종을 만든 사람들은 이 종소리를 듣고서 어떤 반응을 보였을까? 성덕 대왕 신종에는 당시 한림랑(왕명이나 외교문서 등을 기록하는 직책)이었던 '김필중'이 남긴 글이 있어. 여기에 당시 성덕 대왕 신종의 소리에 대한 부분

성덕 대왕 신종 신라인들의 정성과 기술이 만든 성덕 대왕 신종을 자세히 살펴볼까? 우선 맨 위에 종 걸이가 있는데 용 모양이야. 종 걸이는 용뉴라고도 하지. 종 윗부분에는 연꽃 모양의 종유가 아홉 개씩 모여 있는데 종유를 둘러싼 장식 부분은 유곽이라 한단다. 유곽이 모두 4개이니, 종유는 36개지. 유곽 아래쪽에는 선인이 날아가는 모습의 비천상이 있어. 비천상 사이로 종을 치는 부분인 당좌도 종유처럼 연꽃 모양이야. 이쪽에서는 보이지 않지만, 다른 면에는 성덕 대왕 신종을 만들고 나서 신라인들이 지은 글도 새겨 있단다.

이 있는데 일부를 살펴보면 다음과 같아.

용이 소리치는 것 같다.
웅장한 소리가 온 땅을 진동하고, 맑고 맑은 메아리가 산을 넘는 것 같다.
중생들이 온갖 고통을 벗어나 즐거움을 얻는 것이 종소리에 담겨 있다.

종소리를 듣고 얼마나 감격했으면 신종(神鐘)이라는 이름을 붙였겠니. 신종이란 이름 그대로 '신묘한 소리를 내는 종'이라는 뜻이잖아. 신라의 종 가운데 '신종'이란 이름을 쓴 건 성덕 대왕 신종이 유일해. 당시 사람들은 이 종소리에서 흔히 말하는 슬픔의 느낌보다 더 심연을 울리는 특별한 느낌을 받았어. 슬픔과 고통을 거느린듯하면서도 그것을 초월하는 더 그윽한 소리라고나 할까. 신라 장인들은 그러한 소리가 중생과 나라를 구원하는 부처의 소리라 믿었고, 그 소리를 얻기 위해 엄청난 노력을 기울였던 거야. 성덕 대왕 신종은 제조된 후 봉덕사에 걸렸다고 해서 '봉덕사 종'이라고도 불렀어. 에밀레 종이라는 친근한 별명도 있고. 하지만 신종이란 단어가 담고 있는 소리의 깊이를 전달하기에는 역부족인 것 같구나. 앞으로는 누가 '에밀레 종'이라고 하면 '신종'이 더 옳다고 이야기해 주는 것이 신라 장인의 뜻을 잇는 일이지 않을까?

밝혀진 에밀레 소리의 비밀

현대 과학자들은 '에밀레' 소리의 정체를 정확하게 밝혀냈어. 처음 종을 때렸을 때에는 50개 이상의 소리가 섞여 나오지. 이 50여 개의 소리는 낮은 음역의 파동인 저주파에서부터 높은 음역인 고주파까지 곳곳에 분포되어 있어. 다음 그림은 성덕 대왕 신종을 치고 나서 변화하는 50여 가지의 소리를 색으로 표현한 거야.

성덕 대왕 신종 타종 후 소리의 변화

50여 개의 첫 소리들 → 9초 후 → 저주파 소리들 → 20초 후 → 64헤르츠 음과 168헤르츠 음

처음에는 각기 다른 주파수의 소리들이 한꺼번에 섞여 있지만 소리의 속성상 시간이 지날수록 고주파는 빨리 사라지고, 저주파만 남아 울리게 돼. 종을 치고 나서 9초가 지나자 대부분의 고주파는 다 사라져 버리고 몇 개의 저주파만 남아. 그리고 시간이 더 지나면 두 개의 저주파인 64헤르츠 음과 168헤르츠의 음만 또렷이 남지. 이 중 64헤르츠 음은 사람이 낮은 숨소리로 '허억… 허억…' 하는 소리같이 들리고 3초마다 반복돼. 또 168헤르츠 음은 어린애가 '어엉… 어엉…' 하고 우는 소리같이 들리고 9초마다 반복돼. 그러니까 사람이 흐느끼듯, 아이가 우는 듯 '에밀레~, 에밀레~' 하고 들리는 성덕 대왕 신종의 신기한 소리는 바로 두 개의 저주파, 64헤르츠 음과 168헤르츠 음이었던 거야.

성덕 대왕 신종은 어떻게 만들었을까?

성덕 대왕 신종은 771년에 만들어졌고, 종을 만든 장인들이 분명하게 밝혀져 있어. 주종대박사 박종일 대나마(17등 관직 가운데 10등)가 우두머리 장인이야. 주종대박사 아래에는 주종차박사인 박빈나 나마(17등 관직 가운데 11등), 박한미 나마, 박부악 대사(17등 관직 가운데 12등)가 있었어. 후대의 기록을 보면, 이들이 종의 주요 부분을 나눠 맡았을 것으로 추측돼. 주종차박사들이 일을 나눠 맡아서 어떤 이는 광물에서 쇳물을 얻어내는 일을, 어떤 이는 쇳물을 부어 종을 만드는 일을, 또 어떤 이는 종에 무늬와 장식을 새기는 일을 전문으로 했단다.

자, 그러면 성덕 대왕 신종을 어떻게 만들었는지 원리를 살펴보자.

어떻게 하면 종을 만들 수 있을까? 커다란 화강암을 다듬고 조각해 석상을 만드는 것처럼 구리와 주석의 합금물인 청동 덩어리를 만들고 난 후에 깎아 내는 방법은 어떨까?

"어휴, 그걸 어떻게 깎아 내요."

그럼 청동 조각을 붙여 나가면서 만들까?

"그건 더 이상한데요. 그냥 거푸집을 만들면 되잖아요."

그래? 어떻게 만드는지 한번 말해 볼래?

"붕어빵 만드는 원리와 비슷하지 않을까요?"

그래, 붕어빵 만드는 과정을 떠올리면 이해에 도움은 되겠구나. 붕어빵은 양면이 쇠로 된 붕어빵 모양의 거푸집에 반죽을 부어 만드니까 원리로 보면 크게 다르지 않을 거야. 다만 종이 붕어빵보다 크고, 주재료가 밀가루 반죽이 아니라 구리와 주석을 녹인 쇳물이니까 종의 거푸집이 붕어빵의 거푸집보다

종을 만든 장인들
종 제작 기술자로 기록된 가장 오래된 이름은 '사□'야. 725년에 제작된 상원사 종에 그 이름이 보이는데 '사' 뒤의 글자는 해독이 안돼. 분황사에 있었던 약사여래 동상을 만든 장인은 '강고'라는 신라 사람으로 11등에 속하는 나마였어. 신라에서는 최고의 작품을 만드는 기술자가 10등에서 12등까지의 벼슬을 누릴 수 있었지. 고위직은 아니지만 아주 말단직도 아니야. 이보다 더 오래전에 기록된 장인의 이름이 있어. 백제 무령왕릉에서 발굴된 520년에 만들어진 은팔찌를 세공한 장인의 이름은 '다리'였어. 성덕 대왕 신종을 만든 박종일 대나마보다 무려 251년 앞선 장인의 이름이야.

는 복잡하겠지.

우선 밀랍으로 종 모형을 그대로 만들어야겠지? 모형이 완성되면 종 모형 안쪽(속 거푸집이라고 해)과 바깥쪽(바깥 거푸집이라고 해)을 진흙과 모래로 채우지. 그러고 나서 속 거푸집과 바깥 거푸집을 만들 때 만들어 놓은 입구에 쇳물을 붓는 거야. 그러면 쇳물은 밀랍을 녹이고, 그 자리에 들어차게 되겠지? 마치 붕어빵의 밀가루 반죽이 거푸집에 채워지는 것처럼 말이야. 쇳물이 굳은 후에 속 거푸집과 바깥 거푸집을 제거하면, 원하는 모양의 종이 완성되는 거지.

"원리는 단순한 것 같은데 실제로 멋진 종을 완성하려면 엄청 힘들 것 같아요. 일단 크고, 쉽게 깨져도 안 되고, 소리도 훌륭해야 하고, 표면에 새긴 무

바깥 거푸집

속 거푸집

늬도 아름다워야 하잖아요."

제법인걸. 성덕 대왕 신종은 무려 33년이나 걸려 완성했다는구나. 작업을 시작할 때 구리 12만 근(1근=600그램)은 확보했지만, 당시 주석은 우리나라에서 생산되지 않았던 것으로 추정되니까 어마어마한 양의 주석을 확보하기 쉽지 않았을 거야. 또 밀랍을 구하기 위해 엄청난 양의 벌집을 모으는 일도 장난이 아니었겠지. 게다가 좋은 종소리를 결정짓는 구리와 주석의 혼합 비율을 찾는 일도 한두 번의 시행착오로 답을 얻을 수 있는 일이 아니었어. 쇳물 만드는 건 또 어땠는지 아니? 그 당시에는 큰 도가니를 못 만들었기 때문에 두레박보다 조금 큰 도가니 수백, 수천 개를 활용했대. 그렇게 얻은 쇳물을 일정한 온도와 속도로 거푸집 안에 부어 넣는 일은 가장 어려운 문제였어.

쇳물을 붓기 전에 거푸집을 만드는 것 또한 큰일이었겠지? 웬만한 흙이나 모래로 만든 거푸집은 엄청난 양의 쇳물이 뿜어내는 열기를 견디지 못했을 테니까. 경주의 감포 앞바다에서 열에 강한 이암을 찾아내지 못했다면 엄두도 못 낼 일이었어.

종 표면에 아름답고 뚜렷한 비천상을 새기기 위해서는 최고의 화원과 세공장이 동원되었어. 다행히 이전에 상원사 종과 황룡사 종을 만든 경험이 있었기 때문에 이런 일들을 차례로 해결할 수 있었어.

성덕 대왕 신종을 만드는 일은 당시 나라의 큰 사업이었어. 왕부터 종을 만드는 장인, 스님과 인부까지 수많은 사람들이 이 일에 관여했지. 돈이 얼마나 들었는지 한번 따져 볼까? 옛 도량형이 오늘날과 똑같지 않으니까, 단지 규모가 어느 정도였을지 어림셈만 하도록 하자. 성덕 대왕 신종보다 85년 후에 만들어진 규흥사 종에는 '이 종 제작에 구리가 3500근 들어갔는데 총 가격이 (쌀) 1050석이었다.'고 적혀 있어. 그런데 성덕 대왕 신종은 구리 12만 근이 들어갔으니까 쌀이 3만 6000석 들어간 셈이 되지. 옛날의 1석은 대략 오늘날 쌀 2석 정도 되니까 요즘으로 따지면 쌀 7만 2000석 정도가 돼. 쌀 한 석 가격을 16만 원이라 치고 계산한다면 신종에 들어간 구리의 값만 요즘 돈으로 얼마일까? 계산해 봐.

"후덜덜~. 115억 2000만 원."

게다가 이 금액은 인건비와 다른 재료비를 고려하지 않은 수치야. 그것들까지 포함해 셈한다면 요즘 돈으로 수백 억은 훨씬 넘겠지. 그럼 이제 다른 궁금증이 새록새록 생겨날 거야.

"맞아요. 왜 종 하나 만드는 데 이렇게 많은 돈을 들였는지 잘 모르겠어요. 그 쌀을 굶주린 백성들에게 나눠주면 많은 사람들이 좋아했을 텐데요."

성덕 대왕 신종의 경우 왜 만들었는지 상세한 기록이 남아 있어. 기록을 보면 종 제작으로 일석삼조의 효과를 노렸다는 것을 알 수 있지. 첫째, 경덕왕이 아버지 성덕왕의 넋을 기리겠다는 효심을 보여 준 거야. 그래서 경덕왕은 구리 12만 근을 선뜻 내놓았지. 종 표면의 아름다운 문양과 신비한 소리도 성덕왕의 태평 통치를 칭송하기 위한 장치였어. 아쉽게도 경덕왕은 종이 완성되기 전에 세상을 떠났고 아들인 혜공왕이 일을 매듭지었어. 둘째, 종소리를 부처의 소리로 믿었다고 했던 거 기억나니? 이 때문에 종소리를 통해 중생들, 곧 백성에게 경전을 읽어 주는 것과 같은 효과를 얻으려고 했어. 셋째, 태평성대를 노래하고, 부처의 깨달음을 함께 나누는 것에서 더 나아가 종소리가 외적의 침입을 막아 주길 바랐어. 마치 고려 때 거란족의 침입을 막기 위해 팔만대장경을 팠던 이유와 비슷한 생각이지.

그래서 성덕 대왕 신종은 국립 경주박물관의 여러 종 가운데 하나가 아니야. 태평성대를 바라는 마음과 불교에 대한 신라인들의 깊은 마음이 성덕 대왕 신종에 고스란히 담겨진 거니까. 그러니 이를 위해 당시 최고의 기술과 미술, 음향을 총집합시키고 막대한 돈과 노력을 들인 건 당연한 일 아니겠니?

자, 이제 글을 끝낼 때가 되었구나. 그 전에 몇 가지만 짧게 말할게.

신라 때 만든 엄청나게 큰 황룡사 종이 있어. 이 종은 성덕 대왕 신종보다 4배나 더 무겁지. 그런데 고려 숙종 때(재위 1054~1105년) 종에 문제가 생겼어. 큰 덩치를 견디지 못하고 금이 가다가 결국 깨졌기 때문이야. 고려 사람들은 깨진 종을 녹여 다시 만들었다고 해. 이후에 몽골군의 침략으로 황룡사 종은 소실되었단다. 그래서 지금은 볼 수 없지.

1975년 성덕 대왕 신종을 지금의 국립 경주박물관으로 옮길 때, 종 걸이를 다시 만들려고 했어. 국내 최대의 제철소에서 무려 28톤의 쇠를 받아 새로운 종 걸이를 만들었지. 그런데 이 종 걸이가 성덕 대왕 신종의 무게를 견디지 못하고 휘어 버리고 말았단다. 결국 쓰던 종 걸이를 그대로 이용하게 되었지. 고려 사람들은 신라 시대의 종을 다시 만들 수 있었는데 말이야. 어때? 현대 과학이 모든 면에서 옛 과학을 앞섰다고 말할 수 없게 만드는 일이지? 성덕 대왕 신종의 일부인 종 걸이뿐만 아니라 성덕 대왕 신종 또한 지금의 기술로는 재현

하지 못한단다.

그렇다면 성덕 대왕 신종에 대한 외국 학자의 평가는 어떨까? 한국 미술사 연구의 선구자인 야네기 무네요시는 성덕 대왕 신종을 '아마 아름다움에 있어서 동양에서는 비교할 것이 없는 종'이라고 극찬했어. 또 독일 국립박물관의 동아시아 미술부장 쿰멜 박사는 성덕 대왕 신종에 대한 수식어를 '조선 제일' 대신에 '세계 제일'로 고쳐 썼지. 물론 종의 소리는 듣는 사람이나 문화권에 따라 '좋다'는 기준이 다를 수 있어. 하지만 성덕 대왕 신종이 큰 규모와 아름다운 자태, 오묘한 소리를 절묘하게 결합한 위대한 인류의 유산임은 누구도 부정하기 힘들 거야.

○ 비밀노트

우리의 종에서만 찾을 수 있는 특징

다음은 신라 때 만든 종들의 무게야.

725년 상원사 종 3만 3000근
754년 황룡사 종 49만 7581근
771년 성덕 대왕 신종 12만 근
804년 선림원 종 5000근
833년 연지사 종 7130근

최소한 5000근 이상의 무게였음을 알 수 있어. 그리고 현재는 볼 수 없지만 황룡사 종이 성덕 대왕 신종보다 훨씬 큰 종이었음도 알 수 있지. 무게가 성덕 대왕 신종의 4배나 넘는구나.
"우와~ 구리 값만 따져 봐도 요즘 돈으로 200억이 넘겠어요."
성덕 대왕 신종과 황룡사 종을 제외한 다른 종은 규모가 많이 작았지? 국보이자 현재 남아 있는 신라 종 가운데 가장 오래된 것으로 알려진 상원사 종은 성덕 대왕 신종의 4분의 1 규모에 불과해.
황룡사 종과 성덕 대왕 신종의 제작에는 모두 경덕왕이 관여되어 있어. 경덕왕의 첫째 왕비였지만 아들을 낳지 못해 궁에서 쫓겨난 삼모부인이 황룡사 종 제작의 후원자였고, 경덕왕은 성덕 대왕 신종의 제작을 명령한 사람이지.
경덕왕은 구리 36만 6700근을 들여 분황사의 약사여래동상을 만들기도 했어. 많은 양의 구리는 삼국통일 이후 경덕왕의 위엄이 얼마나 높았는지를 말해 줘.
"선생님, 잠깐요! 그런데 고구려 종, 백제 종은 어디에 있어요?"
난처한 질문이구나. 하나도 남아 있지 않아. 동양 미술을 연구하는 곽동해 같은 학자는 '통일신라 이후 고구려와 백제의 종을 다 녹여서 신라의 종 형태로 만들어서 남아 있지 못한 게 아닐까' 하는 추측을 하기도 해.
오늘날 남아 있는 신라의 종들은 이웃 나라 중국과 일본의 종들과 뚜렷하게 다른 점이 있어. 신라의 범종은 한결같이 종 걸이 부분이 한 마리의 용으로 되어 있고 그 용 옆에 대나무 모양의 음통이 있어. 음통은 소리의 울림을 돕기 위한 장치야. 반면 중국이나 일본의 범종은 종 걸이가 모두 두 마리 용(쌍룡)으로 되어 있고, 음통은

우리나라의 종(왼쪽), 중국의 종(가운데), 일본의 종(오른쪽) 왼쪽부터 고려 시대에 만들어진 천흥사의 종, 중국 명나라 시대에 만들어진 종, 일본 나라 시대에 만들어진 종이야. 가까이 있어 서로 영향을 주고받았던 이웃 나라지만 종의 생김새나 특징은 조금씩 달라.

없어. 한 마리의 용과 대나무 모양의 음통을 두고 학계에서는 '만파식적을 형상화한 것이다', '그렇지 않다'는 등 의견이 분분해.

만파식적을 형상화했다는 의견은 신라가 고유의 만파식적 설화를 종에 담아냈기 때문에 중국이나 일본의 종과 음통의 모양이 다르다고 보는 거야. '만 가지 파도를 잠재우는 피리'라는 만파식적은 신문왕 때 만들었다는 피리야. 설화에 따르면, 만파식적은 죽어서 바다의 용이 된 문무왕과 천신의 아들인 김유신이 합심해 보낸 대나무를 잘라서 만든 피리로, 불기만 하면 나라가 편안해지고 외적의 침입을 물리친다는 신통방통한 물건이지.

이 설화에 따라 신라 사람들이 바다의 용과 피리를 만들어 종 꼭대기에 달았다는 거야. 현재까지 알려진 모든 신라의 종과 고려 초기의 종은 신문왕(재위 681~692년) 이후의 것들로 한결같이 그러한 모습이야. 꼭대기 둘레를 파도처럼 만들고, 음통이 대나무와 같은 모습을 하고 있지.

이와 달리 만파식적을 형상화한 것이 아니라는 견해는 만파식적에 따라 만들었다는 그 어느 기록도 보이지 않다는 점을 근거로 들고 있어. 오히려 고대 중국에서 종 위에 음통을 만들었는데 신라의 범종이 그것을 모방했다고 해. 신라 범종에 음통을 둔다는 생각 자체를 고대 중국의 종에서 얻었을지도 모른다는 걸 말하지. 하지만 이 설은 결정적으로 한 마리의 용과 대나무 모양의 음통이 결합한 독특한 배치까지 설명해 주지는 못해.

그래서 나는 적어도 지금의 단계에서는 만파식적을 형상화했다는 설이 신라 범종, 더 나아가 그것을 계승한 우리나라 종의 특색을 더 잘 설명해 준다고 생각해. 왜냐하면 신라 범종이 다른 문화권과는 다른 고유한 방식을 선택한 것이기 때문이야. 중국 범종에 보이는 쌍룡을 한 마리 용(단룡)으로 바꾸고 대나무 모양의 음통을 만드는 식의 기술 전통을 만들어 나가게 된 거지. 또 단룡과 만파식적의 모양을 갖추면서 좌우로 약간 비대칭이 생기게 되고, 그로 인해 맥놀이 현상이 극대화된 거야. 또 음통이 음의 고주파 영역대 소리를 빨리 사라지게 하는 구실도 한다는 연구 결과가 있단다.

이처럼 기술과 양식, 심지어 비천상 같은 장식까지도 서로 조화를 이루어 하나의 전통이 만들어진 거야. 신라의 장인들이 하나같이 그것을 기준으로 따랐기 때문에 신라 종의 전통이 만들어졌고, 고려의 장인 심지어 조선 후기의 장인까지도 그 전통을 존중했어. 그 결과 종 걸이의 한 마리 용과 대나무 모양의 음통은 우리나라 고유의 범종임을 알리는 징표가 된 거지.

▼
■내가 카이스트 학생들과 함께 만든《우리 과학의 수수께끼》의〈누구를 위하여 종을 울리나〉란 글이 이 글의 뼈대를 이루었어. 또 성덕 대왕 신종의 정치, 사회, 문화, 기술사를 잘 밝힌 성낙주 선생의《에밀레종의 비밀》과 범종 전반을 잘 다룬 곽동해 선생의《생명의 소리를 담은 장엄 범종》을 많이 참고했어. 또 박성래 선생이 박종일 등 우리나라 옛 과학 기술자의 존재와 그들의 지위를 재미있게 쓴 글〈박종일과 레스터, 스토우, 패스〉를 참고했어. 신라와 고려 종에 새겨진 원문의 내용을 확인하는 데는 '한국 금석문 종합 영상 정보시스템'이라는 인터넷 사이트가 크게 도움이 되었어.

■우리나라 고대의 금속 공학이 꽤 발달해 있었는데, 성덕 대왕 신종 하나만 겨우 살핀 점이 너무 아쉬워. 만약 더 관심 있다면 전상운 선생의《한국 과학사》를 추천할게. 이 책은 고대 한국의 금속 기술, 청동기 기술, 무쇠 도끼와 무쇠 불상 등 금속 공학 전반을 상세하면서도 쉽고 재미있게 풀고 있어.

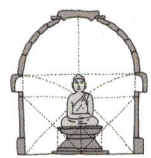

2 수학과 지혜로 만든 석굴암

2009년 프랑스 파리의 기메 박물관을 견학할 기회가 있었어. 기메 박물관은 아시아 유물만 전시하는 박물관으로 유명해. 1879년 에밀 기메라는 프랑스인 사업가가 모은 유물을 전시하면서 문을 열었기 때문에 붙여진 이름이지. 한국도 따로 전시실이 있는데, 상당히 좋은 유물들이 전시되어 있어.

기메 박물관 2층에 불상만 모아 놓은 전시관 입구에 들어서는 순간 숨이 멎는 줄 알았어. 캄보디아인가 베트남에서 온 커다란 불상이 나를 압도했던 거야. 크기도 컸지만 너무나 아름다웠어. 그 불상은 사람들이 가장 많이 다니는 입구 쪽에 놓일만 했지. 관람을 하다 보니, 아시아 여러 나라에서 훌륭한 불상을 참 많이 만들었다는 느낌을 받았어. 인도네시아, 태국, 아프가니스탄, 티베트, 파키스탄, 인도, 스리랑카, 미얀마, 중국, 일본 등 아시아 여러 나라의 불상 속에서 옛 한국의 불상들이 제작된 것임을 깨달을 수 있었어.

관람 중 중국 당나라 때 제작된 금강역사상이 눈에 들어왔는데 난 절로 '악' 소리를 질렀어. 왜냐하면 석굴암 입구 벽에 새겨진 금강역사상과 거의 똑

석굴암의 금강역사상(왼쪽)과 중국 용문 석굴의 금강역사상(오른쪽) 금강역사는 불법(佛法)을 수호하는 신으로 주로 사찰이나 석굴의 입구, 탑에 놓이지. 입을 벌린 '아'와 입을 다문 '훔'이 한 쌍을 이룬단다.

같은 모습을 하고 거기에 서 있었거든. 아, 그랬구나. 옛 장인들에게는 일종의 모본 같은 게 있어서 척 봐도 누가 누군지 알아내는 것은 물론이거니와 세세한 데까지 똑같이 표현할 수 있었구나 하는 생각이 들었지.

그렇게 불상들을 하나씩 관람하다 보니, '간다라 미술 양식'의 불상이 참 많이 보이더군. 그리스 헬레니즘의 영향을 받은 인도 간다라 지역의 불교 미술 양식이지. 그 옛날 그리스에서 아시아 대륙까지 참 먼 길이었을 텐데, 그리스의 미술 양식은 오랜 시간을 거쳐 아시아 각 나라 장인들의 혼을 불사르며 퍼져 나갔지. 그러다 동쪽 끝 신라에 이르러 석굴암 본존불까지 영향을 끼쳤잖아.

아시아 불상들을 직접 보니까 그리스의 미술 양식이 신라까지 들어온 게 당연한 순서였겠구나 하

本尊佛
뿌리 본 / 높을 존 / 부처 불
으뜸가는 부처를 가리키는 말이야.

는 생각이 자연스레 들었어.

그렇지만 아시아의 불상은 나라마다 달랐어. 각 나라의 장인들과 불상을 시주한 사람들은 단순한 모방을 넘어 자신들의 염원이 담긴 부처상을 만들려고 했거든. 전해지는 부처의 실제 모습을 담으려는 노력과 함께 그 나라의 문화와 장인들의 창조적 재능이 한데 어우러지는 거지. 이러한 것들이 곧 새로운 예술 작품의 탄생을 이끈 힘이겠지? 석굴암(석굴사, 석굴 사원이라고도 해)에도 이것이 아주 잘 나타나 있어.

수학적 아름다움을 담은 설계

오늘날 석굴암을 직접 거닐지는 못하지만, 보호 유리 바깥에서만 봐도 묘

석굴암 내부 석굴암은 경주 토함산 높은 곳에 있어. 주실 중앙에는 본존불이 있고, 입구부터 본존불이 있는 방까지 모든 벽마다 부처에 관한 기록과 불상들이 새겨져 있지. 어떤 불상들은 부처를 지키기 위한 것이고, 어떤 불상들은 부처의 뜻을 받들어 따르는 제자들이야.

한 신비감을 강하게 느낄 수 있어. 그 느낌은 장엄함과 숭고함이라고도 할 수 있지. 다른 절들과 달리 유독 석굴암이 주는 감동이 특별한 건 왜일까? 학자들은 공간의 구성과 본존 불상을 비롯한 석상의 배치에 비밀의 열쇠가 있다고 봤어. 엄밀한 수학적 계산에 따라 구성하고 배치한 거라고 본 거지.

수학을 바탕으로 석굴암의 구조를 최초로 분석한 사람은 일본인 건축학자 요네다 미요지야. 1939년부터 석굴암을 본격적으로 연구해서 실측 보고서를 냈어. 그가 그린 한 장의 분석 그림을 보면 석굴암 건축에 비례와 대칭, 균형과 조화의 기하학이 철저하게 적용되었다는 걸 알 수 있지. 자, 그럼 숨은그림찾기 놀이 한번 해 볼까?

둥그런 주실 안의 본존 불상은 방의 정중앙에 있지 않아. 좌우로는 치우침 없이 정확하게 가운데에 있지만 앞뒤로 보면 뒤로 조금 치우쳐 있어. 또 주실을 반으로 나누는 가로선을 그었을 때 본존 불상의 앞면이 그 가로선에 닿아.

본존 불상을 이렇게 배치한 건 앞쪽 공간을 넓게 함으로써 예불을 올리는 사람이 답답함을 느끼지 않도록 하기 위한 것으로 보여. 또 본존 불상의 등과 머리 위에서 빛나는 광채를 표현한 광배는 본존 불상에 붙여 놓지 않고 뒤쪽 벽면에 새겨 놨단다. 그렇게 하면

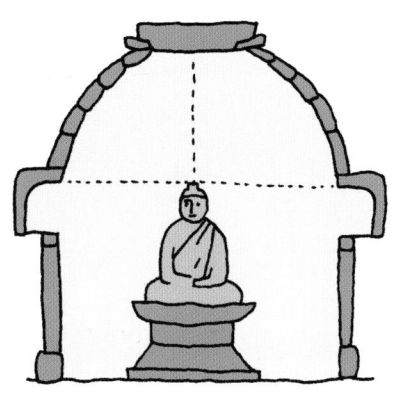
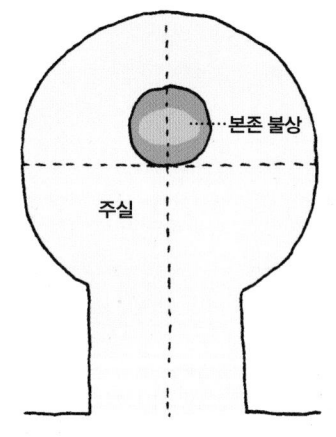

앞에서 본 주실의 모습(위) 위에서 본 주실의 모습(아래)

공간이 넓어 보이면서 예불 올리는 사람이 올려다보았을 때 마치 광배가 본존 불상의 등 뒤에 붙어 있는 효과를 자아내거든.

본존 불상의 높이와 천장 공간의 비, 본존 불상 부위별 비, 전실과 주실이 만들어 내는 비 등을 살펴보면, 규(컴퍼스), 구(ㄱ모양의 자), 준(땅의 수평을 재는 수평기), 승(먹줄)을 부지런히 놀려 대는 석굴암 건축자의 모습이 저절로 그려질 거야. 이 놀라운 비례를 얻어 내기 위해 얼마나 구슬땀을 흘렸을까?

석굴암과 같이 전실이 네모지고, 본존 불상을 모신 주실이 둥그런 형태의 석굴은 석굴암이 지어지기 이전 시대, 다른 지역에서도 보여. 그러니 이전의 설계를 활용했을지 몰라. 그렇지만 이러한 형태로 현재까지 알려진 석굴에서는 본존 불상을 모신 사례가 발견되지 않았어. 이유가 어떻든 석굴암 공사의 담당자 김대성이 가장 심혈을 기울인 부분은 본존 불상과 주실, 전실의 조화였음에 틀림없어.

다음은 석굴암의 규모가 어떤지 살펴보도록 할까? 석굴암을 설계한 장인들은 어떤 기준으로 규모를 결정했을까? 그 실마리는 본존 불상의 크기에서 찾을 수 있어. 석굴암의 본존 불상은 부처의 가장 숭고한 모습으로 알려진 정각상을 재현한 거야.

정각상은 인도 부다가야 대각사에 모신 불상이야. 이 사원은 석굴암이 만들어지기 전 혜초를 비롯한 신라의 여러 스님이 들렀던 곳이기도 해. 현재 정

김대성(700~774년)

석굴암 창건을 담당한 경덕왕 시대의 재상. 750년 관직에서 물러난 김대성은 부모의 장수와 국가의 평화를 기원하여 불국사와 함께 석굴암을 지었어. 현생의 부모를 위해서 불국사를 짓고, 전생의 부모를 위해서 석굴암을 지었다고 해. 석굴암 공사는 751년에 시작되었어. 김대성은 단지 재정적인 지원만 한 게 아니라 설계, 건축, 조각, 공예 등 공사 전반에 걸쳐 참여했어. 하지만 그는 안타깝게도 석굴암의 완성을 보지 못한 채 눈을 감았고, 나라에서 이 일을 마무리했어. 불국사나 석굴암 모두 나라에서 관여한 것을 보면, 이러한 건축이 단순히 김대성 개인 차원을 넘어서 신라라는 나라 전체 차원에서 이룩된 것임을 알 수 있어. 여하튼 김대성이라는 인물로 인해 신라는 석굴암, 석가탑, 다보탑 등 최고의 보물을 얻게 되었다고 해도 무리가 아니지. 이것은 신라의 대단한 행운의 상징이자 위대한 유산이야.

正覺像

바를 정/깨달을 각/형상 상
올바른 깨달음을 얻은 모습이라는 뜻이야. 주로 부처가 마지막 깨달음을 얻은 모습을 가리켜.

각상은 소실되어 없지만, 《서유기》에 나오는 유명한 현장 법사가 남긴 《대당서역기》를 보면 그 크기를 알 수 있어. 정각상은 높이가 11.5자(약 3.4미터, 당나라 기준 1자=29.7센티미터), 두 어깨 너비가 6.2자(약 1.8미터), 두 무릎의 폭이 8.8자(2.6미터)였다는구나. 비례와 대칭, 균형과 조화를 탐구하며 석굴암을 설계한 장인은 바로 이 수치를 기준으로 여기에 어울리는 공간을 창출했을 거야.

정각상의 높이는 11.5자로 12자와 근접하는 수치였고, 석굴암을 설계한 장인은 이 12자를 기본으로 해서 석굴암 전체를 설계했던 것 같아. 석굴암 돔은 반지름이 12자인 반구형을 이루고, 전실과 주실을 잇는 복도의 폭도 12자야. 이에 따라 나머지 부분의 비례는 거의 자동으로 결정될 거야. 그리고 부처의 높이와 함께 무릎과 어깨의 크기로 좌대의 크기와 높이도 결정했겠지. 한 걸음 더 나아가 신라의 장인들은 이러한 인체 비율에 알맞은 내부 공간을 창출해 숭고함과 장엄함을 더했어.

참, 현장 법사는 인도의 정각상이 동쪽을 향하고 있다고 기록했어. 석굴암도 동쪽을 향하고 있는데 정동향이 아니라 남쪽으로 30도 정도 틀어져 있어. 현장 법사가 방향을 정확히 말하지 않은 것인지, 신라의 장인이 방향을 바꾼 건지 확인하기 어려워.

그런데 남천우 선생에 따르면, 석굴암 본존 불상이 향하고 있는 동남향은 대단한 의미가 있어. 동짓날 동해에 떠오르는 햇살이 본존 불상 이마에 있는 구슬을 비추는 방향이라는 거야. 옛날에는 새해

석굴암 본존 불상 정각상은 헬레니즘 시대부터 탐구해 온, 가장 안정감을 주는 이상적인 인체 비율을 따르고 있고, 석굴암의 본존 불상이 이 비율을 따르고 있어. 얼굴의 폭, 가슴의 폭, 두 어깨의 폭, 두 무릎 사이의 폭의 비율이 1:2:3:4가 된단다.

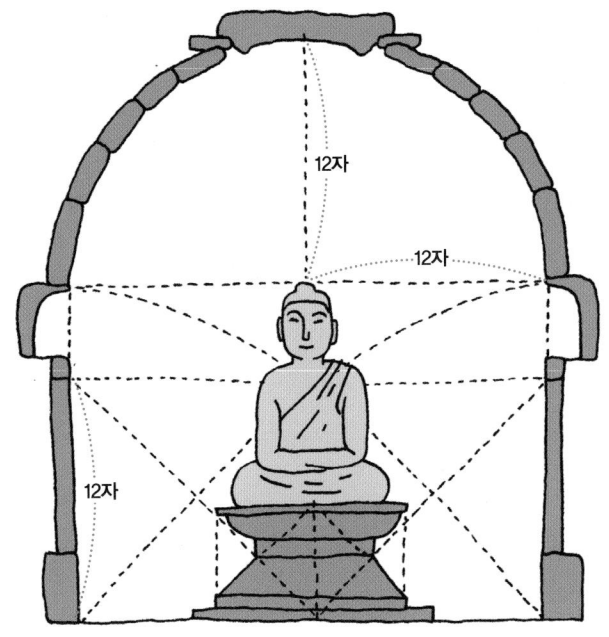

의 시작을 동짓날로 봤으니까, 신라의 장인들은 바로 새해 시작의 기운이 부처와 만나도록 장치했던 거야. 빛 잘 드는 토함산 꼭대기를 석굴암 장소로 선택한 것도 같은 이유였겠지?

"아하, 그렇게 심오한 뜻이! 걸작에는 모두 비밀이 숨겨져 있네요."

옛사람들은 우주, 자연, 인간의 혼연일체를 중요하게 생각했어. 천·지·인 합일 사상을 파악하는 것, 이것은 '만들 때 돈이 얼마나 들었을까', '장인이 얼마나 많은 노력을 들였을까' 하는 궁금증 못지않게 유물을 제대로 이해하기 위한 필수 조건이야.

석굴암은 석굴 안에 본존불을 모신, 우리나라에서는 몇 안 되는 유적이야. 게다가 유일한 인공 석굴로 석굴 안에 반구형으로 된 천장, 다시 말해 돔을 만든 건 세계적으로도 유래가 없어. 게다가 지금까지 살펴본 것처럼 놀라운 수학적 비밀을 담고 있기도 하지.

인도 석굴 사원의 양식을 따른 석굴암

첨성대의 경우와 마찬가지로 왜 석굴암을 만들었는지에 대한 답은 없어. 그렇지만 비슷한 것을 세계 어디에서도 찾아볼 수 없는 첨성대와 달리, 석굴암은 세계 여러 곳에 남아 있는 석굴로 제작 동기를 추론할 수 있어.

삼국 시대에 수많은 신라의 승려들은 당나라로 유학을 떠나고, 또 그중 일부는 중앙아시아를 건너 인도까지 다녀왔어. 이 가운데 석굴암 축조(751년 시작) 이전에 인도를 찾은 10여 명의 이름이 알려져 있어. 그들은 왜 인도까지 갔을까? 부처의 깨달음의 장소를 확인하고, 불법의 진수를 얻고 더 앞선 학문을 배우기 위해서였어. 한마디로 말해 불교의 근원을 알고 싶었던 게지. 그들은 그곳에서 인도 석굴 사원의 모습을 생생하게 보았어. 인도는 고온다습한 기후 때문에 2세기 이후부터 석굴 사원이 발달했거든. 인도의 석굴은 중앙아시아 지역을 거쳐 4세기 무렵에는 중국에도 알려졌어. 이보다 늦지만 신라도 석굴 사원에 대해 알게 되어 인도, 중앙아시아, 중국처럼 석굴을 만든 거야. 당시 우리에게는 낯선 돔을 만든 것도 인도 석굴 사원의 전통을 따른 거야. 그러고 보니 이국적인 느낌의 돔이 곱슬머리의 부처와 더 잘 어울리는 것 같구나.

석굴암보다 먼저 만들어진 석굴이 있어. 바로 '제2의 석굴암'으로 알려진 경북 군위군 팔공산의 군위 아미타여래삼존 석굴이야. 이 석굴이 만들어진 정확한 시기에 대해서는 학계에서 논란이 있지만 토함산 석

인도 아잔타 석굴 사원 대표적인 간다라 미술 양식의 인도 석굴이야. 돔으로 만든 천장과 가운데 모셔진 불상이 낯설지 않지?

굴암보다 최소한 50년 이상 앞섰다는 데는 의견이 다르지 않아. 군위 아미타여래삼존 석굴은 자연산 동굴을 더 파서 아담한 규모(폭 4.3미터, 높이 2.3미터, 깊이 4.3미터)의 석굴을 만든 후 이미 만든 삼존 석불(한 개의 본존 불상과 두 개의 보살상)을 모셨어.

이러한 모습은 영락없이 중국의 둔황, 운강, 용문 등지의 석굴과 닮았어. 그렇지만 이미 완성한 불상을 두었다는 점에서 이 석굴들과 달라. 삼존 석불의 뒤 벽면에는 다른 설치물 없이 오직 광배만이 새겨져 있어.

석굴암은 군위 아미타여래삼존 석굴보다 규모가 훨씬 커(폭 10.7미터, 높이 8.9미터, 깊이 12.9미터). 그러니까 토함산에서 이 정도 규모의 자연 석굴을 찾기는 불가능했어. 게다가 군위 아미타여래삼존 석굴과 달리 석굴암은 애초부터 더 번듯하게 전실과 주실을 마련하고 각 곳에 여러 장식을 두는 인도의 양식을 채

군위 아미타여래삼존 석굴(왼쪽) 석굴암보다 먼저 만들어진 석굴로, 가운데 본존 불상의 머리 뒤에 새겨진 광배가 희미하게 보여. **중국 운강 석굴(오른쪽)** 중국의 3대 석굴로 손꼽히는 중국 산시성의 석굴이야. 불상을 따로 만들지 않고 석굴을 파면서 불상도 함께 새겼어.

택했어. 인도의 수다마 석굴(기원전 3세기), 쿤투팔레 석굴(기원전 2세기), 아프가니스탄의 탁트이 루스탐 석굴(4~5세기)처럼 방형전실(네모진 앞 방)과 원형주실(돔 형태의 주실)의 형태로 사원을 설계한 거야. 하늘은 둥글고, 땅은 네모지다는 천원지방의 사상을 석굴에 담은 거지.

내부 공간을 충분히 확보한 석굴암은 벽면을 부처의 득도와 중생의 제도에 관한 이야기를 새긴 석상으로 가득히 채웠어. 수행 중 마귀를 쫓아내고 항마촉지인 자세로 깨달음을 얻는 부처, 수호 무사, 그리고 제자들의 장엄하고 숭고한 이야기 말이야.

> **降魔觸地印**
> 항복할 항 / 마귀 마 / 닿을 촉 / 땅 지 / 도장 인
> 오른손은 땅을 가리키고 왼손은 설법하는 자세로 마귀를 항복하게 하는 모습이야.

석굴을 만든 신라인의 지혜, 팔뚝돌

자, 이렇게 큰 석굴을 계획하고 공사를 시작했을 때 가장 큰 문제가 뭐였을까? 너희들이 신라의 장인이 되었다고 가정하고 한번 대화를 나눠 볼까?

"아니, 온통 바위산 아니야. 와~ 짜증 나. 이걸 어떻게 파란 말이야. 곡괭이가 안 먹히네. 포클레인 어디 없나? 아니면 다이너마이트라도 있어야겠네. 그런데 다른 나라 장인들은 굴을 어떻게 판 거야. 하기야 그 사람들은 지질이 약한 석회석이나 대리석 땅이라서 굴을 쉽게 팠다고 하더구먼. 그러니 석상을 조각하기도 쉬웠겠지."

"그러면 우리 아예 굴을 만들면 어때? 화강암으로 굴 모양을 먼저 만들고 거기에 흙을 덮어씌우는 거야. 아예 잔디까지 심어 버릴까. 그러면 겉에서 보면, 본래 있던 굴인지 만든 굴인지 어떻게 알겠어. 어떻게든 우린 불상을 둘 공간만 확보하면 되잖아."

"와, 멋진데. 석공아, 화강암을 쪼개 반듯하게 다듬어라. 차곡차곡 한 치 오차 없이 착착 맞도록 정확한 크기로 다듬어야 해."

"네모진 전실과 벽의 네모진 곳, 원형의 주실 부분은 어렵지 않게 쌓을 수 있을 것 같아. 그런데 돔 모양의 천장은 어떻게 쌓지? 우리가 이제껏 해 보지 않은 저 멀리 서양에서 온 신기술이라고 하던데. 어휴~ 한숨이 절로 나온다."

"그래도 비슷한 모양은 많이 쌓아 봤잖아. 불국사의 청운교, 백운교에도 활처럼 굽은 부분이 있잖아. 그렇게 활처럼 가운데가 불쑥 올라가 굽은 형태의 구조물을 서양에서는 아치라고 한다더군. 돔이란 여러 개의 아치를 모아 놓은 구조가 아니겠어?

아치를 쌓다 보면 위의 석재가 아래 석재에 힘을 주는 동시에 바깥으로 튀어 나가려는 힘도 작용하지. 이 바깥으로 작용하는 힘, 이 문제만 해결하면 아치건 돔이건 아무런 문제가 없다네. 문제는 가장 아랫부분에 압력이 몰린다는 것인데, 저기 서쪽 나라 어느 곳(로마)에서는 돔을 쌓을 때 돔을 이루는 아치 맨 아래에 여러 겹의 고리를 둘러 이 문제를 해결했다지."

"으하하, 나는 다른 묘안을 생각해 냈다. 자, 내가 하라는 대로 해 봐. 우선 팔을 쭉 뻗어 봐. 그걸 아치형으로 돌을 쌓을 때 중간 중간에 수평으로 꽂아 봐. 그럼, 팔이 위의 돌이 누르는 낙하중력을 받아 견디기 때문에 아랫돌이 받는 힘이 줄어드는 걸 알게 될 거야."

"뭐야! 어떻게 내 연약한 팔을 돌 사이에 넣니? 오징어 포 되겠네."

"미안, 미안. 팔을 닮은 팔뚝돌(버팀돌, 주먹돌, 끼임돌이라고도 해)을 꽂으라는 거야. 그러니까 5단까지 돌을 둥근 천장 모양으로 맞춰 쌓아 나가다 힘을 많

불국사 청운교와 백운교의 아치 신라 사람들은 청운교에서 백운교로 이어지는 다리 아래에 아치를 만들었어. 둥근 아치를 이루는 작은 돌들이 빠져나가지 않도록 좀 더 긴 돌을 위에 덧대었지.

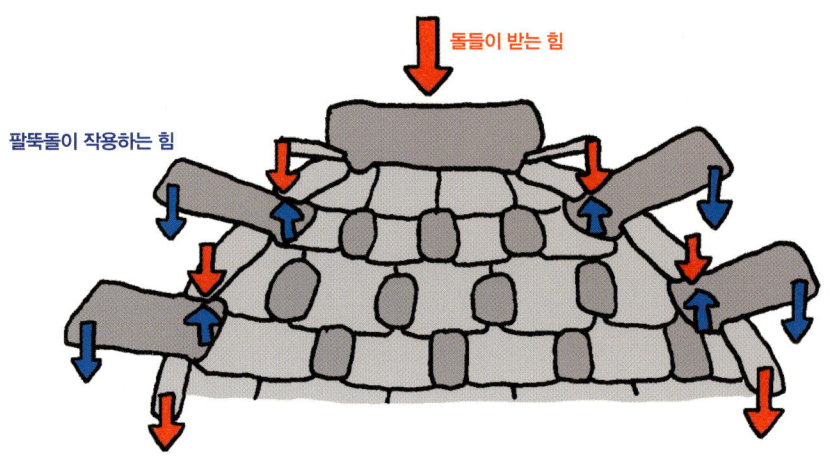

이 받는 3단, 4단, 5단에 팔뚝돌을 10개씩, 총 30개를 간격에 맞춰 꽂는 거야. 팔뚝돌의 무거운 부분이 아래로 내려가면서 돔을 이루는 돌을 위로 밀어올리지. 시소처럼 말이야! 팔뚝돌의 효과가 또 하나 있지롱. 생각해 봐. 여기저기에 꽂힌 팔뚝돌들이 뭐처럼 보일까?"

"아, 그렇군! 하늘에 떠 있는 별같이 보일 수 있겠군. 그렇다면 석굴에 담으려 했던 둥근 하늘이 돔으로 표현되겠네. 그야말로 금상첨화군."

"그런데 팔뚝돌을 이용해 돌을 차곡차곡 다 쌓았을 때, 맨 꼭대기 부분에 생기는 뻥 뚫린 원은 어떻게 할 텐가?"

"뭘 어떻게 해. 둥근 덮개돌로 덮으면 되지."

"돌 무게가 만만치 않게 나갈 텐데 만약 떨어지면 어떻게 하나?"

"팔뚝돌이 실력을 발휘할 테니 걱정 말게나. 쐐기처럼 박힌 팔뚝돌들이 덮개돌을 꽉 조이는 역할을 하기 때문에 아무런 문제가 없다네."

오호~ 정말 신라 시대의 장인들처럼 대화가 진지하구나. 자, 이렇게 어려운 과정을 통해 신라 장인들은 석굴암의 돔을 건축했어. 그런데 자세히 보면 석굴암의 덮개돌이 세 조각으로 깨져 있어. 그건 처음 만들 때부터 그랬던 거

석굴암 천장 하늘을 표현한 둥근 천장에 박힌 팔뚝돌들이 중앙의 덮개돌을 잘 받치고 있어.

야. 《삼국유사》에 따르면, 열심히 덮개돌을 만들었는데 갑자기 깨졌다고 해. 돌이 깨져서 김대성이 한숨 쉬며 잠이 들었는데, 천신이 나타나 그걸 돔 꼭대기에 안전하게 설치했다고 하지. 석굴암 축조의 마지막 단계에 덮개돌이 깨지고 천신이 등장하는 건, 석굴암 축조가 천지신명의 도움으로 가능했다는 걸 말하려 한 것이야.

이렇게 여러 어려움을 극복하고 완성된 석굴암의 돔, 이것은 철저한 수학적 계산에 따른 공간 구성과 배치, 방형전실과 원형주실 내부와 벽을 채우는 석상에 이어 석굴암의 장엄과 숭고함을 이끌어 낸 세 번째 비밀이야. 돔은 낮은 천장처럼 답답하지 않고, 높은 천장처럼 황량하지 않은 느낌을 주거든.

석굴암의 원래 모습, 원래 이름은?

오늘날 석굴암 앞에는 목조 건물이 있어. 석굴암의 원래 모습은 어떠했을까?

정선의 〈골굴석굴도〉를 보면 왼쪽에 큰 집이 있고 오른쪽에 작은 집이 있어. 사람들은 이 그림을 보고 작은 집이 석굴암이고 큰 집이 석굴암 근처에 있는 골굴사라 생각해서 그림과 똑같이 석굴암 전실에 목조 건물을 세웠단다. 자, 18세기 경주의 지도 〈여도 경주부〉를 살펴보면 어떨까? 지도에는 오늘날의 석굴암을 가리키는 '석굴'이 보이고 오른쪽에 목조 암자가 보여. 왼편 위쪽에는 '골굴'이라 써 있고 작은 집들이 그려져 있는데 바로 그곳이 골굴사야. 골굴사가 있는 산꼭대기에는 자연 동굴도 여럿 있고 제법 큰 석불도 있어. 정선은 석굴암이 아니라 이 골굴사를 그린 거야. 즉, 석굴암 앞에는 원래 목조 건물이 없었을 거라는 이야기가 돼.

한편, 여러 자료를 종합하면 석굴암이라는 명칭도 잘못되었다는 것을 알 수 있어. 암자는 승려가 공부하는 곳이거든. 석굴암의 정식 명칭은 18세기 지도에도 나온 것처럼 '석굴'이 맞아. 부처를 모신 법당인 거지. 그런데 석굴이란 어감이 낯설어서인지 전상운 선생은 '석굴 사원'이라 부르고 있어. 품격에 어울리는 이름이라고 생각해.

그럼 혹시 석굴사라는 명칭도 들어 봤니? 석굴사는 법당인 석굴과 승려가 공부하는 암자를 아우른 이름이야. 그래서 불국사와 대응하는 건 석굴사야. 김대성이 지은 게 바로 석굴사였어. 이런 사실을 분명하게 알지 못했던 일본 사람들이 딸랑 남은 석굴을 불국사의 한 암자로 오인해 석굴암이란 이름을 붙인 거야.

석굴암이 너무나 친숙한 이름이라서 이제는 석굴사, 석굴 사원, 석굴 다 어색할 거야. 그래서 이 글에서는 석굴암이란 명칭을 썼어. 그래도 정확한 내력을 알고 써야겠지? 석굴사나 석굴 사원, 석굴도 계속 같이 쓰다 보면 익숙해질 거야.

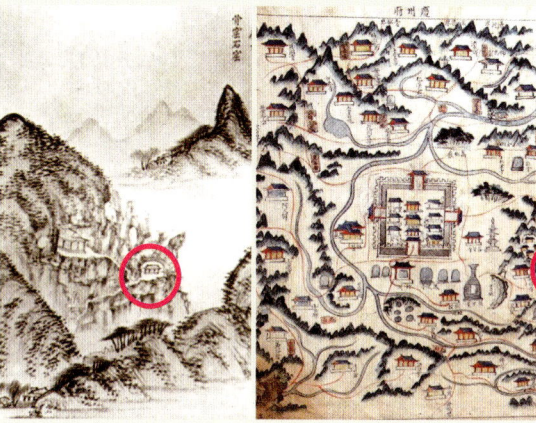

〈골굴석굴도〉(왼쪽)와 〈여도 경주부〉(오른쪽)

잃어버린 우리 전통 과학의 지혜

석굴암이 없어지지 않고 오늘날까지 남아 전해질 수 있는 건, 축조에 담긴 놀라운 비밀 때문이야. 석굴암의 주재료인 화강석은 단단하기는 하지만 습기에는 약해. 습기가 많으면 풍화작용이 일어나 쉽게 으스러지지. 이러한 위험을 막아 준 최대 공로자는 석실 위를 덮은 작은 자갈돌이야. 외부의 고온다습한 공기가 이 자갈 암석층을 통과할 때 습기는 흡수되고 차갑고 건조한 공기만 안으로 들어가게 되지. 반대로 석실 안의 찬 공기가 바깥으로 빠져나갈 때에는 암석층의 습기를 머금고 나가게 돼. 학자들은 주실 윗쪽에 움푹 파인 감실 뒤에 공기가 드나드는 환기창이 있었던 것으로 보고 있어.

이처럼 놀라운 과학 기술의 결정체인 석굴암이 과학의 시대, 현대에 와서 다 망가져서 너무나 안타까워. 일제 강점기 초 일본 사람들이 허물어질 위기에 처한 석굴암을 복원한다는 명목으로 손을 대면서 원래의 모습이 많이 훼손됐어. 석상의 위치가 바뀐 것을 비롯해 많은 문제가 있지만, 여기서는 과학과 관련된 것만 보도록 하자.

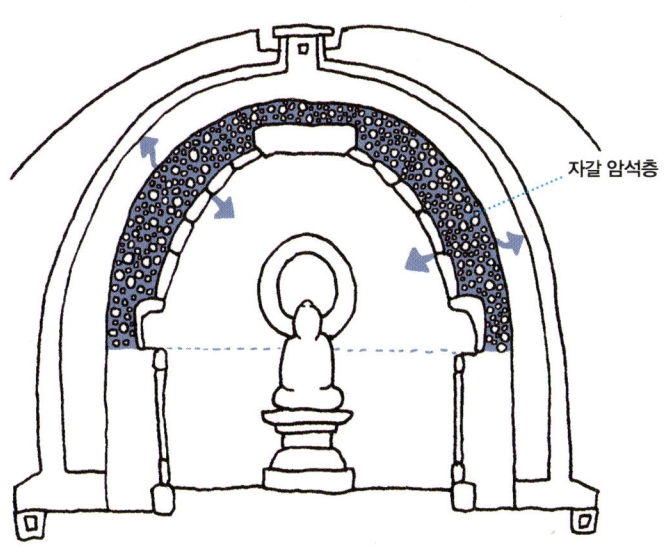

자갈 암석층

1908년 보수되기 전의 석굴암(왼쪽), 1961년의 석굴암 보수(가운데), 목조 건물로 가려진 오늘날의 석굴암(오른쪽)
석굴암은 일제 강점기와 1961년에 각각 잘못 보수되었어. 오늘날 석굴암의 전실 앞에는 목조 건물이 서 있어. 1960년대에 보수 공사를 하면서 세운 거야.

그들은 석실 바깥을 시멘트로 2미터 가까이의 두께로 두 겹 싸 발랐어. 이 과정에서 감실 뒤의 환기창도 사라졌어. 또 주실에 햇빛을 비추던 통로인 창문까지 사라진 것으로 추측돼. 환기창이 사라졌으니 어떤 문제가 생겼을까?

"습기 문제!"

맞았어. 환기창이 없어졌으니 환기가 안 되는데다가 자갈돌이 보여준 놀라운 효과가 사라져 석실에 이슬이 맺히게 된 거야. 그러니 습기에 약한 화강석이 어떻게 되겠니.

일본 사람들 탓만 할 것은 아니야. 1961년에 잘못된 것을 바로잡기 위해 보수를 했어. 습기의 외부 유입을 막기 위해 콘크리트 외벽 위에 철근콘크리트를 또 바른 거야. 또 공기의 유입을 막는다고 전실에 목조 건물도 지어 얹었지. 하지만 습기 문제가 해결되기는커녕 더 나빠져 이후에는 냉각기를 설치해 습기를 제거하고 있어. 사람의 손을 타면서 자연적인 습기 제거는 더 이상 기대할 수 없게 되었지. 이 때문에 관람객은 더 이상 석실 안을 둘러볼 수 없게 된 거야. 문화재 보호라는 측면에서 석굴암 보수는 최악의 사례로 꼽혀. 옛사람의 지혜와 과학을 너무나 몰랐기 때문에 생긴 비극이지.

자, 어느덧 이야기의 마지막 자락에 도달했구나. 외국 사람들은 일찍부터 석굴암에 대해 극찬했어. 석굴암은 중국의 운강 석굴, 고구려 승려 담징이 일본 호류사에 그린 금당 벽화와 함께 동양 3대 걸작으로 손꼽히기도 해.

수많은 외국인 관광객들이 차를 타고도 한참 올라야 하는 토함산의 석굴암을 찾아 감탄하고 있어. 사람들은 석굴암을 마주하면서 그 안에 담긴 종교적 상징과 예술적 가치를 음미하지. 그리고 그 오래전 동양과 서양이 만나고, 인도와 중앙아시아와 신라가 만난 걸 매우 흥미롭게 생각한단다. 많이 알면 알수록 잘 보이는 법! 외국인과 함께 석굴암을 찾게 되거든 지금 공부한 것을 자랑해 보는 건 어떨까. 또 혹시 외국에 나가 석굴과 불상을 보거든 석굴암을 떠올리면서 유물의 가치를 생각해 보렴.

비밀노트
석굴암 안에는 누가누가 새겨져 있을까

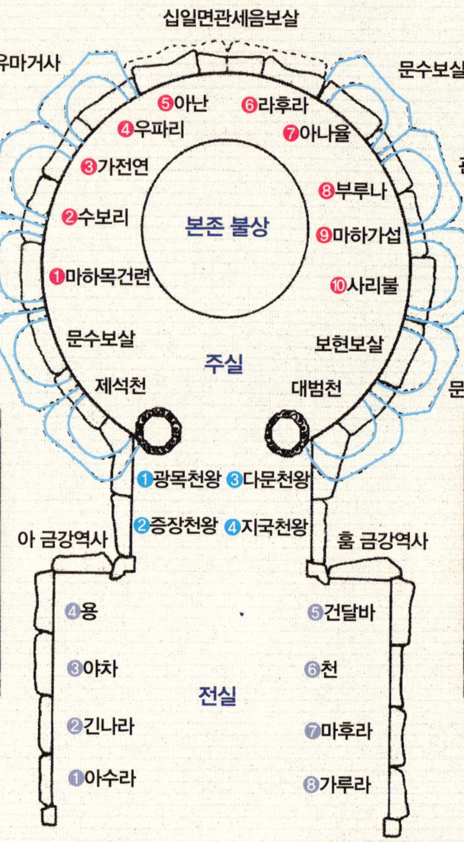

십일면관세음보살

유마거사   문수보살

⑤ 아난   ⑥ 라후라
④ 우파리   ⑦ 아나율

지장보살   관음보살

③ 가전연

② 수보리   본존 불상   ⑧ 부루나
⑨ 마하가섭

관음보살   미륵보살

① 마하목건련   ⑩ 사리불

— 감실

문수보살   보현보살

보현보살   제석천   주실   대범천   문수보살

❶ 광목천왕   ❸ 다문천왕
❷ 증장천왕   ❹ 지국천왕

아 금강역사   훔 금강역사

④ 용   ⑤ 건달바
③ 야차   ⑥ 천
     전실
② 긴나라   ⑦ 마후라
① 아수라   ⑧ 가루라

❶   ❷   ❸   ❹   ❺   ❻   ❼   ❽

① ② ③ ④ ⑤ ⑥ ⑦ ⑧

석굴암 전실에는 천룡팔부라는 여덟 명의 무사가 부처를 수호하고 있어. 팔을 휘두르면 세상이 아수라장이 된다는 '아수라', 노래를 잘 부르는 '긴나라', 죽은 사람을 붙들어가는 '야차', 여의주를 품고 비와 바람을 다스리는 '용', 음악과 향기로 사람을 즐겁게 하는 '건달바', 땅을 보살피는 하늘의 신 '천', 뱀나라의 신으로 기어 다니면서 절을 지키는 '마후라', 새 나라의 왕 금시조 '가루라'가 그들이야.

전실을 지나면 주실로 통하는 짧은 복도가 나오는데 금강(다이아몬드)처럼 강하다는 장사, 즉 금강역사 둘이 지키고 있어. 금강역사가 들고 있는 무기는 벼락을 친다는 금강저야. 한 명은 힘센 '아' 금강역사고, 다른 한 명은 지혜로운 '훔' 금강역사야. 금강역사 바로 뒤에는 사대천왕이 네 방위를 지키고 있어. 동쪽 하늘과 부처의 나라를 지키는 '지국천왕', 서쪽 하늘을 지키며 큰 눈을 부릅뜨고 악귀를 몰아내는 '광목천왕', 남쪽 하늘을 지키며 널리 덕을 베풀어 새 생명이 태어나게 하는 '증장천왕', 부처의 말씀을 빠짐없이 들으며 북쪽 하늘을 담당하는 '다문천왕'이 그들이야. 악귀는 사대천왕의 발 아래 깔아뭉개져 있지.

복도를 지나면, 본존불을 모신 주실이 나오지. 이 방의 정중앙 벽에는 십일면관세음보살이 있어. 십일면관세음보살은 얼굴이 11개 있다고 해서 붙여진 이름이야. 어떻게 11개일까? 머리 좌우에 각각 3개씩 6개, 그 위에 3개, 뒤쪽에 1개, 머리 꼭대기에 1개, 이렇게 있어. 어느 한 방향도 놓치지 않고 중생을 구제한다는 뜻을 품고 있는 거지.

십일면관세음보살

십일면관세음보살 좌우로는 부처의 경지에 다다랐다는 10명의 제자들이 새겨져

10명의 제자상 부처를 따랐던 10명의 제자들은 본존 불상을 둘러싼 모양으로 주실에 새겨져 있어.

❶ 난 마하목건련, 신통력이 있지.
❷ 난 수보리, '공(空)'의 이치를 깨달았지.
❸ 닌 가진연, 토론이 으뜸이지.
❹ 난 우파리, 계율 지키는 건 최고야.
❺ 난 아난, 부처님 말씀을 잘 외우지.
❻ 난 라후라, 비밀스러운 수행을 하지.
❼ 난 아나율, 천안통(먼 곳을 보는 능력)의 소유자야.
❽ 난 부루나, 설법에 자신 있어.
❾ 난 마하가섭, 몸과 마음을 잘 수련하지.
❿ 난 사리불, 제일 지혜롭지.

있어.

주실이 시작되는 벽 좌우로는 천부상 2개와 보살상 2개를 볼 수 있어. 불교에서 말하는 28개 하늘(천부) 중 두 개의 하늘을 맡은 제석천과 대범천이 양쪽으로 각각 새겨져 있고 그 다음에 지혜와 이론이 뛰어난 문수보살과 수행에 뛰어난 보현보살이 양쪽으로 위치하고 있어. 주실 위쪽의 움푹 파인 10개의 감실 안에는 관음보살, 지장보살, 유마거사 등 10명의 보살상이 각각 자리 잡고 있지. 이 가운데 2개는 일본 사람이 반출한 탓에 볼 수 없어.

가장 중요한 석굴암의 본존 불상은 항마촉지인을 하고 연꽃 모양의 좌대에 앉아 있고, 그 뒤쪽 벽에는 부처의 광채인 광배가 새겨져 있어. 진흙 속에서 피어난 연꽃의 아름다움에 혼탁한 세상을 벗어난 부처의 깨달음을 빗댄 거야. 석실 안 두 기둥에도 연꽃이 새겨져 있단다.

▼
■ 석굴암에 대해서는 일본인 요네다의 석굴암 측량과 정밀분석이라는 선구적인 업적을 기억해야만 할 거야. 석굴암에 숨겨져 있는 수학적 비밀은 요네다의 측량을 통해 밝혀지기 시작했거든. 이 글에서 석굴암에 대한 전반적인 이해는 황수영 선생의 《석굴암》과 성낙주 선생의 《석굴암 그 이념과 미학》을 참고했어. 정수일 선생의 《한국 속의 세계 하》에 실린 석굴암에 관한 글은 동서 문명 교류를 인상적으로 서술했어. 석굴암의 과학성에 대해서는 전상운 선생의 《한국 과학사》, 문중양 선생의 《우리 역사 과학 기행》, 남천우 선생의 《유물의 재발견》 석굴암 부분을 참고했어. 석굴암 보수 공사는 유홍준 선생의 《나의 문화유산 답사기 2》에 생생히 정리되어 있어. 석굴암 불상 면면에 대한 서술은 《돌로 지은 절 석굴암》을 참고했어.

■ 2007년에 이주형 선생이 '석굴암의 원류는 8세기까지 번성한 아프가니스탄 바미안의 석굴로 석굴암이 로마 판테온 양식을 따른 것이라고 해 학계가 시끌시끌했어. 석굴암과 판테온이 비슷하다는 주장은 오래전부터 있었어. 밀폐된 돔 구조나 돔 꼭대기의 원형 덮개돌을 비롯한 내부 모습이 많이 비슷하거든. 하지만 로마와 신라는 교류가 있었다고 할 만한 연결고리가 전혀 없었어. 그래서 대부분의 학자들은 석굴암이 당나라로 유학 갔던 신라 승려들에 의해 둔황, 용문 등의 석굴을 본뜬 것이라 생각해 왔지. 이런 차에 이주형 선생이 새로이 다른 경로를 제시한 거야. 아프가니스탄 바미안 지역의 탁트이 루스탐 제1굴의 모습은 이전까지 알려진 중국 석굴보다 훨씬 더 석굴암과 비슷한 모습을 띠고 있다는 거였어. 네모진 전실과 둥근 주실, 돔 모양, 천장 중앙에 새겨진 커다란 연꽃 문양이 석굴암과 무척 흡사한 거야. 이 정도의 유사성은 다른 석굴에서 찾을 수 없다는 거지. 신라 때 이 지역과 교류가 있었다는 건 이미 밝혀진 사실이지. 논의는 여기서 그치지 않아. 아프가니스탄 석굴의 돔 양식의 유래를 캐다 보면 그것이 로마에서 비잔틴으로, 비잔틴에서 이란으로, 이란에서 아프가니스탄의 바미안으로 이어졌다는 가설이 나온다는 거야. 이어서 그것이 신라에 와서 위대한 동서 종합을 이뤄 내 석굴암이 나왔다는 거지. 로마 판테온과 석굴암을 잇는 이 가설은 그간의 정설을 뒤집는 것이어서 대단한 관심을 끌고 있어.

3 고려청자의 비취색은 천하제일

"에헴, 보물섬보다도 더 찬란한, 우리 영국이 자랑하는 보물창고 대영박물관에 오신 어린이 여러분을 환영합니다. 인류 토기 역사 1만 년을 기념하여 이번에 모신 여러분들은 각 나라에서 뽑힌 귀빈 중의 귀빈이시기 때문에 여러분께 파격적인 선물을 드릴까 합니다. 모두에게 우리 도자기 전시관에 있는 도자기 열 점씩 공짜로 드리겠습니다. 아무거나 마음에 드는 것을 선택해 가지십시오. 모든 이에게 행운이 깃들기를 기원합니다."

이런 일이 진짜로 있다면 얼마나 신 날까? 상상만 해도 즐거운 일이지. 만약 이런 기회가 주어진다면 어떤 도자기를 고를 거니? 혹시 세계에서 가장 비싸게 팔린 도자기가 얼마였는지 아니? 무려 1560만 파운드였어. 이 글을 쓰는 오늘 1파운드 환율 1863.5원으로 환산하면 290억 7169만 2000원이야. 어때, 가슴이 설레지 않아?

"허걱~, 거의 300억에 육박하네요. 하나만 잘 건져도 백만장자, 아니 백억장자가 되겠어요. 한 사람당 열 점이라 했으니 잘하면, 흐흐흐 3000억! 그런데 어떤 도자기를 골라야 잘 골랐다고 소문이 날까요? 우리나라와 중국에서만 도자기를 만든 게 아니잖아요. 베트남, 인도네시아, 말레이시아도 있고, 인도, 페르시아, 아라비아 지방 그리고 유럽에서도 영국, 프랑스, 독일, 이탈리아 할 것 없이 도자기를 만들잖아요. 대영박물관 소장품이라면 어느 하나 예쁘지 않은 게 없을 테니, 아름다움을 기준으로 선택하기도 힘들고. 어떤 도자기가 더 귀하고 값이 많이 나갈지 알 수 없을 것 같아요. 우리나라의 고려청자와 조선백자가 유명하다고 하니까 우리나라의 도자기로만 골라 볼까요?"

글쎄. 앞서 나온 300억에 육박하는 도자기는 14세기 원나라의 청화 백자로 2005년에 크리스티 경매에서 거래된 거야. 그런데 이 도자기 이전에 경매에서 거래된 최고가의 도자기는 17세기 조선의 '백자철화용문 항아리'로, 1996년 크리스티 경매에서 842만 달러에 낙찰되었지.

사실 국보나 국보급 도자기는 이미 유명한 박물관 등에 소장되어 있기 때문에 값은 매길 수 없어. 간혹 경매 시장에 나오는 것들이 이렇게 비싸게 거래되는 거야. 앞으로 어떤 명품이 나와 이 기록을 갱신할지는 아무도 몰라. 도자기의 우수성을 꼭 값으로 매길 수는 없지만 얼마나 값진 건지 참고는 될 거야.

2011년을 기준으로 우리나라의 국보는 315호에 총 314개, 이 가운데 도자기는 48점으로 국보 전체의 15퍼센트 정도를 차지해. 도자기는 청자가 24점, 분청사기를 포함한 백자가 24점이야. 조각물 38점, 탑 36기, 건축물 30채, 회화 23

토기, 도기, 자기는 무엇이 다를까?

이 셋은 재료와 굽는 온도에 따라 달라진단다. 토기는 찰흙으로 빚어 섭씨 800도 이상 1100도 이하의 온도에서 구워 얻어 낸 그릇이야. 찰흙에 석영과 장석을 섞은 '도토'로 빚어 섭씨 1200도에서 1300도 온도에서 구운 것은 도기라고 해. 김장독 같은 옹기가 대표적인 도기야. 자기는 돌가루로 만들어. 장석이 곱게 분해된 고령토나 석영 가루를 산화철을 포함한 찰흙에 섞은 '자토'로 빚은 것으로 섭씨 1300도에서 1500도의 가장 높은 온도에서 구워 내. 일반적으로 자기는 표면을 유약 처리해 반들반들해 보여서 유약을 처리했는지 안 했는지로 자기와 도기를 판단하는 사람도 있지만, 재료에 따라 구울 때 견딜 수 있는 온도 자체가 다르기 때문에 결정적인 차이는 재료에 있어. 도토는 1200도가 넘으면 흐물흐물 쓰러지고, 자기는 1200도가 넘지 않으면 재료 속의 유리질이 녹아나오지 않아 그릇을 만드는 데 실패하기 때문이야.

점이니까 도자기가 국보에서 차지하는 비중이 꽤 높다는 걸 알 수 있어. 이것은 우리나라의 최상품 도자기 생산 기술이 상당히 높았다는 걸 말해 주는 것이기도 하지.

그렇다면 수많은 도자기 중에서 고려청자가 특히 눈길을 끄는 이유가 무엇일까? 무엇보다도 푸르스름한 색깔 때문이야. 고려청자의 푸른빛은 자연의 비취옥(비취) 색깔과 비슷해. 옥은 옛날부터 동양에서 귀하게 여긴 보석이야. 그런데 흙으로 빚은 도자기에서 옥빛이 나니 얼마나 신기하고도 놀라웠겠니. 게다가 고려청자는 표면에 검정색, 흰색 등의 이물질을 박아 넣는 방식으로 무늬를 넣어 비취색과 어울리게 했어. 이것을 상감이라고 하지. 여기에 각종 창의적인 형상이 어우러져 아름다우면서도 품위 넘치는 고려청자만의 자태를 선보이게 된 거야.

만일 고려청자를 그대로 재현해 낼 수만 있다면 아마 세계적으로 화제가 될 거야. 그런데 아직 고려청자를 완벽히 재현해 내지 못하고 있어. 그 이유가 뭘까? 또 그걸 재현해 내려면 어떤 문

고려 운학(구름과 학) 무늬 상감 청자 상감 청자 하면 떠올리게 되는 대표적인 무늬가 구름과 학이야. 검정색과 흰색의 상감 무늬가 청자의 푸른색과 어우러졌어.

제를 해결해야 할까?

"우린 21세기 과학의 시대에 살고 있잖아요. 고려청자의 성분을 화학적으로 분석해 보면 무엇 무엇이 얼마만큼 섞여서 옥 빛깔을 내는지 알아낼 수 있을 것 같은데요."

그래, 과학적인 성분 분석은 고려청자의 색깔을 내는 유약의 성분이 뭔지 알아내는 데 크게 도움이 돼. 또 고려청자의 색깔이 중국 송나라의 자기와 어떻게 다른지 이해하는 데에도, 도자기들이 어떤 가마에서 구워졌는지를 확인하는 데에도 도움이 되지.

두 가지 예를 들어 볼까? 먼저, 북한의 학자들은 '고려청자의 바탕흙은 장석(고령토 포함)이 10퍼센트 미만, 흰 흙이 80퍼센트 정도로 혼합되어 있고 알칼리성 원소는 몇 퍼센트도 되지 않을 정도로 미미하고, 규소와 알루미늄 화합물이 들어 있다.'고 밝혔어. 또 고경신 선생은 고려청자에서 나온 산화철의 함량이 평균 1.8퍼센트로 송나라 청자의 3퍼센트보다 적다는 걸 분석해 냈지. 또 고려청자의 색이 송나라 것보다 더 회색빛이 나는 까닭이 망간(은백색 광택이 나는 중금속 원소)의 함량이 더 높기 때문이란 것도 밝혀냈어. 그렇지만 이러한 성분 분석만으로는 결코 고려청자를 재현해 내지 못해. 도자기는 재료, 유약의 종류, 굽는 온도에 따라 결과물이 크게 달라지기 때문이야. 이런 것들을 섬세하게 조절하는 장인의 역할이 중요하지.

도자기를 빚는 장인은 용도에 따라 적절한 흙을 선택해야 하고, 유약 성분을 결정해야 하며, 최고의 작품이 나오도록 가마를 설계하고, 불의 온도를 조절해야 하지. 이러한 여러 요소들의 조합이 수천, 수만 가지나 되니까 최적의 조합을 찾아내는 것이 참 어려운 일이라는 거야. 그래서 성분 분석만으로 고려청자 특유의 빛을 재현할 수 없다는 말이고.

전라남도 강진에는 고려 시대의 가마터가 남아 있어. 하지만 안타깝게도

근대화 과정에서 옛 전통 기술이 끊어져 버렸단다. 그래도 그곳의 흙, 그곳에서 나는 재료, 그곳에 남아 있는 가마터의 흔적들로부터 고려청자 재현의 실마리를 찾아보려는 움직임이 있어. 우리의 고려청자를 되살리려는 사람들의 도전 정신이 살아 있기 때문에 강진의 가마터를 정비하여 차츰 고려청자를 재현해 나가고 있어. 나아가 그걸 능가하는 작품을 만들겠다는 야심까지 품고 있단다. 이게 진정한 장인정신 아니겠니? 그들이 못한다면 너희들이, 너희들 손에서 안 된다면 또 후손들이 뜻을 이어 도전하면 되겠지.

고려의 청자나 조선의 백자도 이런 도전 정신 덕분에 발전되어 왔어. 이와 관련해 오늘날까지 우리의 도자기 역사에서 크게 기억해야 할 도전이 세 가지 있단다.

비취색을 얻기 위한 도전

자, 그럼 첫 번째 도전이 뭐였는지 알아보자. 당연히 푸른빛을 띠는 자기를 만들어 내는 거였어. 10세기 즈음, 고려의 도공들은 푸른빛의 도자기를 재현하는 데에는 성공했어. 앞에서 말했듯 이 기술은 매우 여러 요인이 복잡하게 얽혀 작동하는 것이기 때문에 비법을 알아내는 게 엄청 어려웠지. 그렇다면 어떻게 그걸 알아냈을까?

"도공을 유학 보내거나, 선진 기술을 가진 중국 장인을 초청해 오면 될 것 같은데요."

그래. 오늘날 대부분의 학자들은 고려의 도자기 기술보다 앞선 중국의 기술이 들어온 것으로 보고 있어. 하지만 그렇다고 하더라도 청자 제조 기술이 처음부터 끝까지 전부 전수된 것으로 보지 않아. 만약 전부 그대로 전수되었다면, 중국과 똑같은 수준의 청자를 생산해 냈을 텐데 이 시기 고려의 청자는 그렇지 않거든.

학자들은 통일신라 시대부터 고려 시대 초에 이르는 시기에 도기 제작 기술이 이미 독창적인 청자를 만들어 낼 수 있는 수준에 도달해 있었을 거라고 주장하지만 고려 초기의 청자는 색깔이나 형태 면에서는 아직 완성도가 많이 떨어지는 것이었어. 그럼에도 그 위에 고려청자 특유의 푸른색을 얻기까지는 재료와 유약, 굽는 온도를 달리 하면서 땀 흘린 도공의 불굴의 노력이 더해졌을 거야.

두 번째 도전은 단순히 푸른빛을 내는 정도가

청자 참외 모양 병(위) 고려청자의 전성기인 12세기에 만들어진 고려청자야. 고려의 17대 왕 인종의 무덤에서 발견되었어. 표면에 갈라진 금이 없고 비취색이 은은하지?
청자 양각 모란 무늬 이병(아래) 신안에서 발견된 중국의 청자야. 고려의 청자와 모양이나 색감이 조금씩 다르지.

아니라 유리처럼 영롱한 비취색을 얻어 내는 것. 차츰 그런 기술을 연마하다가 12세기에 절정에 도달했어. 척 보아도 고려청자가 송나라의 청자와 다르다는 걸 비취색으로 분별할 수 있을 정도가 되었지.

비취색은 흙과 유약의 화학 반응으로 얻어져. 비취색을 얻는 방법을 알려

① 청자의 원료가 되는 흙을 잘게 부수어 반죽하고 꼴을 만들어 잘 말려.

② 700~800도 정도의 온도에서 일단 한 번 굽는단다. 이걸 초벌구이라고 해. 이때 흐린 회색이 나오지.

③ 푸른 비취색을 띠게 하는 작업이야. 철분이 포함된 유약을 입힌단다. 유약의 원료에 따라서도 색이 달라지지. 참고로 유약은 식물의 재로 만들어. 식물이 타고 남은 재에는 석회 성분이 많이 들어 있고, 소량의 철분이 포함되어 있어.

④ 유약을 입힌 자기를 1250도 정도에서 다시 한 번 더 구워 내(재벌구이). 그러면 가마 안에서 비취색을 띠는 멋진 자기가 만들어지지. 그건 철분이 포함된 유약을 발라 다시 구울 때에 회색 자기에 철분의 환원불꽃이 일면서 푸른빛이 더해져 비취색이 되는 거야. 회색의 도화지에 투명한 푸른 물감으로 그림을 그려서 얻은 색과 같다고 생각하면 돼.

면 우선 청자의 제작 과정을 알아야 해.

기존의 푸른색에 머물지 않고 그 이상의 빛깔을 창조해 내면서 고려청자는 세계 최고 수준에 도달할 수 있었어. 중국 북송 말엽 태평노인이라는 사람은 이런 시구절을 남겼어.

"고려청자의 비취색은 천하제일이다."

또 1123년 송나라에서 고려를 찾은 사신 서긍은 고려의 수도 송도에서 경험한 것을 남긴 책 《고려도경》에서 고려청자의 비취색을 이렇게 평가했어.

"도자기의 빛깔이 푸른 것을 고려인은 비취색이라고 하는데, 근년의 만듦새는 솜씨가 좋고 빛깔도 더욱 좋아졌다."

현재 국보로 지정된 고려청자는 대체로 이 시기에 만들어졌으니, 이런 평가가 딱 맞아떨어진다고 할 수 있겠구나.

그렇다면 세 번째 도전은 뭘까? 알아맞혀 봐. 아마 너희들이 많이 들어 본 말일 테니까.

"상감?"

딩동댕. 우리 조상들은 세계 최고의 자기 색을 만들어 낸 후 한 단계 더 앞으로 나아가는 도전을 했어. 독창적인 무늬를 더한 거지.

상감은 원래 금속이나 도자기의 겉면에 무늬를 파고 그 속을 다른 재료로

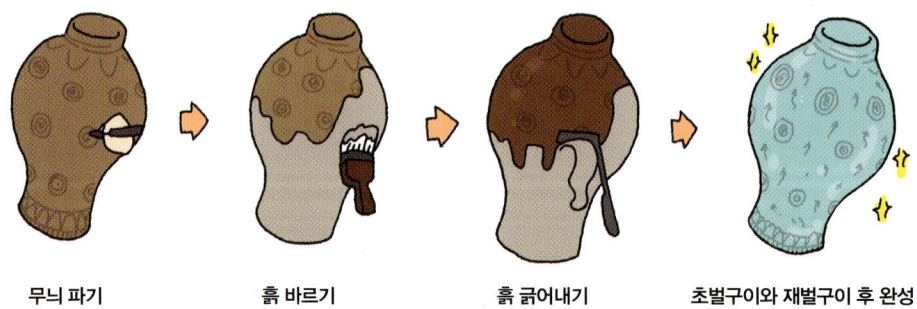

무늬 파기   흙 바르기   흙 긁어내기   초벌구이와 재벌구이 후 완성

은입사 물가 무늬 정병 물가의 풍경을 담은 무늬를 은으로 상감해 넣은 정병이야. 정병은 승려들이 쓰던 물병인데 주로 부처에게 깨끗한 물을 바치는 도구로 쓰여.

채워 넣는 기술이야. 가야 고분의 출토 유물을 보면 금과 은실을 사용하여 무늬를 넣은 것을 볼 수 있는데, 이것도 상감 기술이야. 이를 상감 중에서도 은입사 방법이라고 해.

그런데 청자는 1250도가 넘는 고온에서 만들어지기 때문에 그 안에 이런 무늬를 넣는 것은 무척이나 어려운 일이란다. 하지만 고려 도공은 고온에도 녹지 않는 은실을 넣는 데 성공했고, 이밖에도 다양한 방법의 상감 기술을 고안해 냈단다.

청자와 백자, 어느 쪽이 뛰어날까?

고려청자의 발전을 이끈 건 고려의 귀족 문화였어. 국보로 지정된 고려청자들, 척 봐도 엄청 고급스러워 보이잖아. 고려 시대의 문화를 이끈 왕실이나 귀족, 스님들이 그런 명품을 원했거든. 그들은 비색 찬란한 찻잔, 술잔, 꽃병, 향로 등과 함께 우아하고 튀지 않으면서도 화려한 생활을 즐겼어. 이와 같은 소비 욕구가 명품을 이끌어 낸 원동력이었다고 해도 무리는 아니지.

그런데 12세기 말 무신 정권이 들어서고 잇달아 몽골이 침입하면서 고려 전기의 귀족 문화가 쇠퇴하기 시작해. 그러자 덩달아 고려청자도 쇠퇴기에 접어들었어. 비취색도 영롱함을 잃고, 청자의 문양도 산만하고 조잡해졌어. 청자 명품을 지향하는 예술혼 자체가 시들해진 거지.

"그럼, 그때부터 조선 시대에 이르기까지 우리나라의 자기 기술은 더 이상 발전하지 않은 건가요?"

천만의 말씀. 조선의 도공은 청자 대신 백자 굽는 기술을 활짝 꽃피웠어. 백자 제작은 청자와 같이 시작되었지만, 고려 귀족이 비취색을 너무 좋아해서 완전히 뒷전에 밀려나 있었어. 그러다가 조선이 유교 국가를 표방하면서 검소하고 질박한 백자를 더 선호하게 되었지. 그런데 청자를 만들던 흙과 유약으로는 백자를 만들 수 없잖아. 그래서 청자를 만들던 도공들은 상감에 사용하던 백토를 청자 전체에 발라 백자를 만들어 냈어. 이러한 방식으로 만든 백자는 청자 위에 장식을 했다는 뜻에서 '분청사기'라고 하지.

"고려 때는 어떻게 해서든 비취색을 얻으려 했는데, 조선 시대에는 어떻게 해서든 그 비취색을 없애려 했다니 참 재밌네요."

그렇지? 백자에 대한 취향이 더욱 강해지자 도공들은 분청사기를 넘어 더 완벽한 백자를 만드는 데 집중했단다. 그래도 조선 건국 이후 약 200년 정도는 청자 제작 기술의 맥이 이어졌는데, 16세기 후반 이후에는 백자 제작 기술이

모란 넝쿨 무늬 항아리(왼쪽) 15세기 조선 시대에 만든 분청사기야.
달항아리(오른쪽) 17세기 조선 시대에 만들어진 순수한 흰 빛깔의 백자야.

전성기를 맞이했어.

"그럼, 고려청자와 조선백자 가운데 어떤 것이 더 훌륭한 거예요?"

우리는 고려청자의 신비한 비취색과 그 재현의 어려움, 게다가 희귀성 때문에 조선백자보다 고려청자를 더 높게 평가하려는 경향이 있어. 하지만 조선백자는 결코 고려청자보다 못한 도자기가 아니야. 우리나라 도자기 중 가장 비싸게 사고팔렸던 게 백자였다는 사실, 앞서 이야기했지? 사실 백자는 푸른빛을 만들어야 하는 청자만큼이나 만들기 힘들어. 보통 흙에는 산화철이 들어 있어서 불을 만나면 푸르게 변하기 때문에 백자는 이 산화철이 없는 자토를 만들어야 해. 또 열을 받으면 푸른빛을 내는 요소가 유약 속에도 들어 있기 때문에 유약을 더 정제하는 기술도 필요하지. 그러니 고려청자와 조선백자의 비교는 기술의 우열로 가리기보다 취향의 차이로 봐야 한단다.

한 가지 더 생각할 점이 있는데, 청자에서 백자로 옮겨진 관심은 당시의 국제적인 추세였다는 거야. 중국도 명나라 시기에 도자기의 흐름이 청자에서 백자로 바뀌는 경향을 보여. 또 명나라와 조선에서 백자가 인기를 얻은 때부터 일본 사람들도 백자를 좋아했다고 하는구나.

도자기 전쟁

임진왜란을 '도자기 전쟁'이라고도 해. 조선을 침략한 왜군이 수많은 조선의 도공을 일본으로 끌고 갔기 때문이지. 조선에서 데리고 간 도공들 덕분에 도쿠가와 막부는 도자기 기술의 전성기를 맞게 돼. 특히 다른 정교한 장식을 넣지 않은 투박한 막사발이 다완으로 인기를 끌었어.

일본에서 만들어진 여러 형태의 도자기는 동양과 서양의 활발한 교류를 통해 서양에 수출되어 일본 문화를 알리는 데 한몫을 했어. 우리로서는 애석한 일이지.

청자 다완 다완은 차를 마실 때 사용하는 사발을 말해.

바닷속 보물선에서 건져 올린 청자

1983년 전 세계 도자기 연구자들이 우리나라를 방문하지 않으면 안 될 일이 발생했어. 전라남도 신안 앞바다에서 청자를 가득 실은 보물선이 발견되었거든. 동아시아의 보물선 역사에서 여기에 견줄 만한 대단한 보물선은 없었단다. '보물선'이라고 하니 동화나 영화에 등장하는 멋진 배가 떠오르지? 그런데 이 보물선은 송나라를 떠나서 일본으로 가던 무역선이 불행히도 신안 앞바다에 가라앉았고, 700여 년 만에 어부의 발견으로 다시 세상 빛을 보게 된 거야. 이 배는 무려 3만여 점의 청자를 싣고 있었단다. 왜 보물선이라고 부르는지 알겠지?

이 보물들은 신안의 도자기박물관에 가면 볼 수 있어. 현재 전해지는 거의 모든 청자는 출처, 청자를 주문한 사람, 용도를 알지 못해. 이와 달리 신안

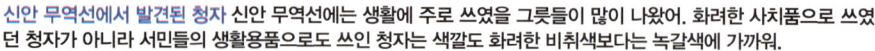

신안 무역선에서 발견된 청자 신안 무역선에는 생활에 주로 쓰였을 그릇들이 많이 나왔어. 화려한 사치품으로 쓰였던 청자가 아니라 서민들의 생활용품으로도 쓰인 청자는 색깔도 화려한 비취색보다는 녹갈색에 가까워.

무역선의 청자는 만든 곳, 만든 사람, 쓰는 사람이 누군지 알 수 있어. 게다가 그 숫자가 무더기로 많으니까 당시 상황을 파악하는 데 큰 도움이 되지. 과학 실험에서 샘플이 많을수록 판단이 정확해지는 것과 같은 이치야. 신안 무역선은 그동안 불투명했던 청자의 역사를 완전히 새로 쓸 수 있을지도 모를 대발견이라 전 세계 도자기 연구자들이 흥분했던 거야.

그런데 신안 무역선에서 건져 올린 청자의 색깔은 비취색이 아니라 녹갈색에 가까웠고, 90퍼센트 이상이 대접, 접시, 병과 같은 생활용품이었어. 귀족들이 수집하고 귀히 여긴 명품 청자가 아니라 서민들이 사용하던 생활 청자인 거지. 사실 서민들은 청자보다 옹기나 막사발을 생활용품으로 더 많이 사용했을 텐데, 우리는 이 청자들을 통해 일반 서민들이 청자를 생활에 어떻게 이용했는지 알게 되었어. 그야말로 청자의 재발견이었단다.

도자기를 볼 때마다 온 정성을 기울여 가마에서 도자기를 굽는 도공들의 모습이 떠올라. 그들의 다양한 노력과 시도가 낳은 각양각색의 도자기들이 박물관에 한데 모여 만들어 낸 어울림을 관람하는 기쁨도 크지.

그런데 그렇게 한데 모여 있는 도자기들을 보면 홀로 존재하는 것은 없구나, 어울림 속에서 각자의 독창성이 더 빛을 발하는구나 하는 생각이 들어. 그러니 고려청자가 단연 최고라고 목소리 높일 필요가 없단다. 너희들이 외국의 박물관에 가거든 남을 존중하는 마음으로 다른 나라의 자기들도 음미하자꾸나. '고려청자의 비취색은 천하제일'이라는 중국인의 칭찬도 이런 열린 마음에서 우러나온 것이란다.

동아시아에서 발전한 도자기를 산업화로 이끈 것은 영국을 비롯한 서양이란다. 차를 즐겨 마시는 그들은 처음에는 중국에서 차와 함께 도자기로 된 찻잔과 찻잔 받침 등의 용기를 수입했어. 그러다 도자기를 직접 만들기 시작했지. 19세기 산업 혁명 중 하나는 도자기의 대량생산이었어. 자신들이 발전시킨 과학 기술을 도자기 제작에 응용해 산업화를 이룩한 거야. 너희들 '본차이나'라는 영국제 그릇 이름을 들어봤니? 못 들어본 친구는 엄마한테 여쭤 봐. '본차이나'는 1800년 경 영국인 스포드 2세가 개발한, 영국을 대표하는 자기로 전 세계에서 많이 쓰이고 있어. 중국제를 모방했다고 하는데, 지금은 중국제보다 더 유명해져 있다니까. 우리 조상도 일찍부터 이런 데 관심을 두셨다면 얼마나 좋았을까. 지금이라도 늦지 않았어, 청자의 세계화!

▼

■ 내가 학생들과 함께 쓴 《우리 과학의 수수께끼》의 내용을 많이 참고했어. 또 청자 기술의 속성과 변천에 대해서는 전상운 선생의 《한국 과학사》의 내용을 참고했어. 도자기 일반에 대해서는 윤용이 선생의 《우리 옛 도자기의 아름다움》을, 특별히 백자의 아름다움은 방병선 선생의 《순백으로 빚어낸 조선의 마음, 백자》에서 도움을 얻었어.

■ 책에서는 청자와 백자만 다뤘지만, 금속 제련 기술과 함께 흙과 불을 다루는 한국의 도자기 기술의 전통은 유서가 깊어. 빗살무늬 토기로부터 가야 토기, 신라 토기로 이어지는 전통은 고려청자 기술의 밑바탕이 되었어.

4 마음을 담은 기술, 금속 활자

우리나라는 다양한 인쇄 기술이 일찌감치 발달했어. 목판 인쇄 기술은 신라에서 시작했고, 금속 활자 기술도 세계에서 맨 먼저 고려에서 시작했다고 해. 남들보다 앞선 것도 놀랍지만 규모와 독창적인 기술도 눈여겨봐야 해. 고려 때 8만 개가 넘는 목판으로 인쇄된《팔만대장경》과 조선 세종 때 갑인자 활자로 만든 책은 얼마나 아름다운지 몰라.

> **印刷**
> 도장 인 / 쓸, 털, 씻을 쇄
> 나무나 쇠 등 여러 재질의 판 위에 새겨진 글이나 그림을 종이나 천 등에 찍어 내는 것을 뜻해.

"인쇄술이 발달했다는 것으로 미루어 보면 그만큼 우리의 조상들이 공부하는 걸 꽤나 좋아하셨나 봐요?"

그렇게 생각할 수 있을 것 같구나. 그런데 인쇄 기술의 목적을 단순히 많은 책을 만들어 낸다는 점에 한정 짓지 말자꾸나. 인쇄 기술의 등장과 발달 배경은 좀 더 자세히 알아볼 필요가 있어.

석가탑에서 나온 세계에서 가장 오래된 인쇄물

1966년 9월 3일, 간 큰 도굴범들이 석가탑 안에 고이 모신 보물 사리장엄구를 도굴하려고 마음먹었어. 그들은 캄캄한 밤에 석가탑 2층의 지붕돌을 들어 올리려 했지. 하지만 첫 날은 실패했고, 이틀 후 다시 와서 3층 지붕돌을 들어 올리려 했어. 하지만 다시 실패. 도굴범들은 아무런 소득 없이 잡혔고, 이때 두 차례나 함부로 움직여진 탓에 석가탑은 기울어 무너질 위기에 처했단다. 다시 번듯하게 세우기 위해 석가탑을 해체하려 2층 지붕돌을 드는 순간, 도굴범들이 노렸던 사리장엄구가 정말 나왔어. 사실 탑은 본래 사리를 보관하는 것이 주된 기능이니까 사리를 보관하는 보물이 나왔다는 것이 크게 놀랄 만한 일은 아니야.

> **舍利莊嚴具**
> 집 사 / 이로울 리 / 엄숙할 장 / 엄할 엄 / 갖출 구
> 부처나 성자를 화장한 뒤 나온 구슬 모양의 유골인 '사리'를 보관하는 함이나 병 등의 장치를 가리켜.

그런데 생각지도 못했던 것이 탑 속에서 발견되었어. 바로 《무구정광대다라니경》이라는 인쇄물이야. 《무구정광대다라니경》은 '한 터럭 티끌도 없이 깨끗하고 영롱하며 위대한 다라니 주문을 담은 경전'이란 뜻이야(이름이 기니까 이 글에서는 《다라니경》이라고 할게). 석가탑 안에서 발견되었으니, 석가탑을 만들 때 그 안에 보관했을 거라는 추측이 자연스럽게 나오지? 석가탑을 세운 751년 무렵에 인쇄된 거라고 말이야. 추측이 맞다면 세계에서 가장 오래된 인쇄물이 우리 땅에서 모습을 드러낸 거야. 학자들은 이 발견에 흥분을 감추지 못했어. 기자들도 대서특필로 보도했지.

그때까지 알려진 세계에서 가장 오래된 인쇄물은 일본에서 770년 무렵에 만든 《백만탑다라니경》이었어. 《다라니경》이 이보다는 앞선 것이 되니 얼마나 흥분이 됐겠니.

《다라니경》의 발견은 그때까지 세계 학계가 정설로 삼아 온 '당나라 문화

의 전성기였던 712년에서 756년 사이의 어느 시기에 목판 인쇄술이 시작되었다.'라고 한 구드리치의 학설에 심각한 도전장을 내민 사건이 되었어. 이게 무슨 말이냐 하면, 그동안은 목판 인쇄술을 가장 먼저 시작한 나라가 중국이라고 알고 있었지만, 이제는 우리나라가 목판 인쇄술을 가장 먼저 시작했다고 주장할 수 있게 되었다는 말이야. 그렇게 되면 우리가 알고 있는 중국이 낳은 인류 4대 발명품, 즉 나침반·화약·종이·인쇄술 가운데 인쇄술이 빠져야 한다는 말이기도 하지.

상황이 이렇게 되자 당연히 자존심 강한 일부 중국 학자들은 강하게 반발했어. 어떤 학자는 '《다라니경》은 중국에서 인쇄해서 신라에 보낸 것'이라는 주장을 펼치기도 했어. 이러한 주장을 반박하기 위해서는 우리나라에서도 《다라니경》을 8세기 초 신라에서 찍었다는 확실한 증거를 제시해야 하는데 모든 논란을 잠재울 만한 결정적인 증거를 아직까지 내놓지 못하고 있어. 석가탑에서 발견되었다고 해서 꼭 석가탑을 처음 만들 때 인쇄된 것이라고 볼 수도 없

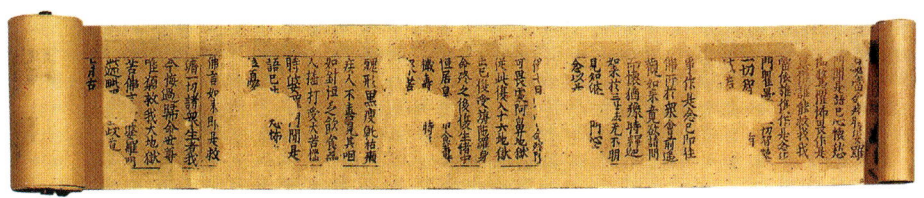
《무구정광대다라니경》 석가탑 안에서 발견되어 세계 인쇄술의 역사에 논란을 일으킨 경전이야.

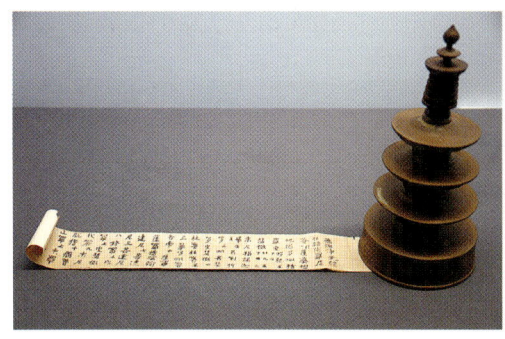
《백만탑다라니경》 일본에서 가장 오래된 인쇄물이야. 나무로 작은 탑을 만들고 안에 경전을 넣었는데 무려 100만 개를 만들어 여러 사찰에 보냈다고 해. 우리나라에서도 하나 보관하고 있단다.

으니까 말이야.

그런데 왜 탑 안에 경전 인쇄물을 넣었던 것일까? 우리나라, 일본, 중국의 고대 사회에서는 사찰 탑에 짤막한 불경을 봉안하는 종교적 풍습이 있었어. 바로 탑에 넣는 경전을 '다라니'라고 해.

《무구정광대다라니경》은 여러 다라니경 가운데 하나로 8세기 초 인도 출신의 '미타산'이라는 스님이 번역한 거야. '부처가 인도의 바라문 출신 승려를 구원한 이야기'와 '이 경전을 외우고 불탑을 잘 섬기는 사람은 복을 받을 수 있다.'는 내용이지. 손으로 직접 쓰지 않고 인쇄를 한 것은 부처의 진리를 한 글자 오류도 없이 정확히 담아 두겠다는 의지의 표현이었을 거야. 목판 인쇄는 나무판에 글자를 새겨 찍잖아. 나무판에 글자를 새길 때 완벽하게 교정을 본다면 일일이 옮겨 적을 때 발생할 수 있는 오류를 걱정하지 않아도 되거든. 또 같은 내용을 많이 찍어서 여러 탑에 보관할 수도 있지.

그러고 보니 인쇄에 대한 개념이 요즘 우리가 생각하는 것과 많이 다른 것 같지 않니? 우리는 인쇄라고 하면 책을 먼저 떠올리고, 책은 다양한 지식을 전달하는 수단으로 생각하잖아. 그렇다면 지식 전달, 즉 책을 만들 목적의 인쇄 기술은 언제부터 발전해 왔을까? 중국에서는 8세기 당나라 때와 12세기 송나라 때 책을 많이 찍어 냈어. 우리나라에서는 12세기 이후 보급을 목적으로 한 책들을 찍어 내기 시작했지. 그리고 서양에서는 이보다 한참 늦은 15세기가 되어서야 인쇄한 책들이 등장했어.

고려 시대의 대규모 인쇄물 《팔만대장경》

너희들이 잘 알고 있듯이 《팔만대장경》도 불경의 내용을 담고 있단다. 어려운 부처의 말씀뿐만 아니라 말씀을 풀이한 내용과 그 내용을 더 쉽게 풀이한 설명도 포함하고 있어. 고려는 1011년, 그러니까 《팔만대장경》보다 60여 년 전에 무려 76년이란 시간을 들여 완성한 최초의 대장경, 《초조대장경》(1087년)이 있었어. 하지만 1232년 몽골의 침입으로 모두 불타 버렸지. 송나라와 거란에서 어렵게 대장경을 구해서 새긴 건데 정말 안타까운 일이었어.

고려는 부처의 법력으로 몽골군을 물리치는 소망을 담아 다시 경판을 만들기로 했어. 스님은 물론이거니와 왕족, 관리, 문인, 지방의 백성까지 모두 한마음이 되어 이 사업에 참여했지.

목판에 글을 새기는 사람 말고도 목판을 만들기 위해 나무를 베는 사람, 베어진 나무를 경판 형태로 만드는 사람, 경판에 새길 글씨를 쓰는 사람, 경판에 새긴 내용을 교정하는 사람, 완성된 경판을 해인사로 옮기는 사람 등 《팔만대장경》 제작에 참여한 사람들을 헤아려 보렴. 제작에 참여한 사람이 수도 없이 많았겠지? 게다가 제작 기간만 총 15년(1236~1251년)이 걸렸다는구나.

"그런데 하나 궁금한 게 있어요. 《팔만대장경》은 제작 기간과 그 규모 이

외에 과학적인 우수성은 얼마나 뛰어난 건가요?"

그래, 여태까지는 《팔만대장경》의 제작 동기와 규모를 말하느라 정작 가장 중요한 부분을 살피지 못했구나.

일단 질문 하나 할게. 너희들이 만약 8만 장이 넘는 불경 목판 제작을 맡은 총책임자라면, 목판을 제작할 때 무얼 가장 신경 쓰겠니?

"부처의 말씀을 새기는 거니까 한 자도 틀리지 않도록 해야겠고, 아름다워야겠지요. 이건 정성을 들이면 해결이 가능하겠네요. 또 오랫동안 많은 사람들에게 전하려면 목판이 오랜 시간이 흘러도 망가짐 없이 보존되어야 하고, 많이 찍어도 훼손이 적게 되도록 해야겠죠. 그런데 이건 정성만으로는 해결이 안 되고 특별한 기술이 필요하겠네요."

제대로 추측했어. 《팔만대장경》이 과학적으로 대단한 건 760여 년이 지난 지금까지 경판이 온전히 보존되었다는 사실이야. 물론 전쟁 같은 인재나 번개, 산불 등의 자연재해를 만나지 않았다는 행운도 인정해야겠지만, 과학적으로 특별한 보존법 없이는 불가능한 일이지. 전상운 선생은 《팔만대장경》 경판

《팔만대장경》목판 튼튼한 나무에 글씨를 새기고 먹칠과 옻칠까지 했어. 가장자리의 구리판 장식은 목판이 뒤틀리지 않도록 해 주지.

의 과학적인 보존 비법을 크게 다섯 가지로 손꼽았어.

첫째, 경판은 내구성이 강한 산벚나무를 썼다.

둘째, 경판 보존의 효과를 높이기 위해 표면에 먹을 바르고 옻칠을 했다.

셋째, 경판을 튼튼하게 만들기 위해 양쪽 면을 녹슬지 않는 순도 높은 구리판으로 고정했다.

넷째, 구리판 고정에 쓴 못도 녹슬지 않도록 망간을 함유한 순도 높은 저탄소강(탄소 함량이 비교적 적은 철)을 두들겨 만들었다.

다섯째, 경판을 보관하는 경판전의 온도는 계절이나 시각에 따라 거의 변화가 없고, 습도도 늘 적절하게 유지된다.

이처럼 판목의 선정, 표면의 먹과 옻칠 처리, 구리판 마구리(물건 양 끝 부분) 장식, 경판전의 알맞은 보관 조건이 어울려 700년 이상의 세월을 뛰어넘는 기적을 연출한 거야. 특히, 8만 장이 넘는 《팔만대장경》의 경판을 보관하는 해인사 경판전은 조선 시대 초기인 15세기에 만들어졌는데도 불구하고 자연환경을 최대로 이용한 과학적 구조물이야. 《팔만대장경》이 오늘날까지 보존되는 데 결정적인 역할을 했지. 경판전의 과학적 우수성은 전 세계적으로 인정받아 유네스코 세계 기록유산인 《팔만대장경》보다 앞서 유네스코 세계 문화유산으로 등재되었어. 이렇게 오래된 목판본이 대량으로 보존되고 있는 것은 세계에서 유래가 없는 일이야. 그야말로 위대한 과학 기술의 승리라고 할 수 있지.

《팔만대장경》은 정말 8만 장일까?

《팔만대장경》을 보관하는 해인사 경판전

《팔만대장경》의 경판 수는 8만 6688장이야. 이 수치는 《조선왕조실록》의 기록(1398년 태조 7년)으로 고려판 《팔만대장경》에 관한 가장 정확한 값이야. 그런데 오늘날 해인사에 남아 있는 《팔만대장경》 경판 수는 책에 따라 오락가락하니까 조심할 필요가 있어. 처음 만든 이후 분실된 것, 나중에 추가한 것, 서로 중복된 것 때문에 그래. 일제 강점기 조사 기록에 따르면 8만 1258장(브리태니커백과사전)이라 하고, 1959년 연구에서는 8만 1137장(초등학교 교과서), 1975년 조사에서는 8만 1240장(문화재관리국), 유네스코 세계 문화유산 등록에서는 8만 1340장(법보신문, 2001년 10월 31일)이라 하는구나.

"아니, 갖다 놓고 셈만 잘하면 될 것 같은데……."

걱정할 필요가 없어. 왜냐하면 논란이 필요 없는 숫자를 외우면 되잖아. 그게 뭘까?

"《조선왕조실록》의 기록! 8만 6688장!"

맞아. 만약 《팔만대장경》을 책으로 펴내면 6800여 권이나 돼.

그렇다면, 문제 하나 더! 경판 1장의 무게가 2.4킬로그램에서 3.75킬로그램이야. 그렇다면 8만 6688장 무게는 대략 몇 톤일까?

"그냥 계산하기 쉽게 경판 1장의 무게를 위의 중간 값인 3.075킬로그램이라 치고 8만 6688장을 곱하면 26만 6500여 킬로그램 정도되니까, 4톤 트럭 약 67대 분량이네요. 정말 엄청나요."

세계에서 가장 오래된 금속 활자본

《무구정광대다라니경》, 《팔만대장경》 못지않게 너희들이 많이 들어 본 것이 《직지심경》일 거야. 《직지심경》은 현존하는 금속 활자본, 그러니까 금속 활자로 찍어 낸 책 가운데 세계에서 가장 오래된 책으로 프랑스 국립도서관에서 근무했던 박병선 선생이 발견해 우리에게 알려졌지.

프랑스는 우리나라 책에 조예가 깊은 나라야. 대한제국 마지막 시기에 우리나라에서 펴낸 책을 통틀어서 목록을 처음 작성한 사람도 프랑스 학자 모리스 꾸랑(1865~1935년)이라고 해. 박병선 선생은 그 목록 가운데 1377년에 인쇄된 《직지심경》을 발견했고, 그 《직지심경》이 1900년 프랑스 파리에서 열린 만국박람회에도 소개되었던 책이라는 것을 알았어. 박병선 선생은 《직지심경》의 내용을 검토하던 중 '1377년 청주 흥덕사에서 주조로 펴냈다.'는 글귀를 읽고, 주조란 말로 미루어 이 책이 금속 활자본임을 직감했다고 해.

"인쇄물만 가지고 금속 활자본이라는 것을 알 수 있나요?"

그렇지? 박병선 선생은 우선 금속 활자로 인쇄한 것과 다른 재료로 인쇄한 것이 어떻게 다른지 알아내려 했어. 나무로, 진흙으로, 감자로도 활자를 만들어 찍어 보면서 비교해 보았다고 해. 그러다가 《직지심경》의 글자 가장자리에 티눈 같은 것이 붙어 있다는 것을 알게 되었지. 단순히 인쇄하다가 생긴 흠이라고 할 수 없었던 것은 동일한 자음이나 모음끼리는 모두 같은 위치에 자국이 보였기 때문이야. 이상하게 여긴 박병선 선생은 인쇄소를 찾아가 물었고, 그것이 바로 금속 활자의 특징이라는 명쾌한 답을 얻었지. 쇠를 부어 활자를 만들어 확인하는 순간, 심증이 확증으로 굳어진 거야.

드디어 1972년 유네스코가 프랑스 파리에서 개최한 '세계 도서의 해' 전시회에 《직지심경》이 모습을 나타냈고, 세계가 경악했지. 1377년에 출간된 《직지심경》은 현존하는 금속 활자 책 중 세계에서 가장 오래된 것이었으니까. 1455

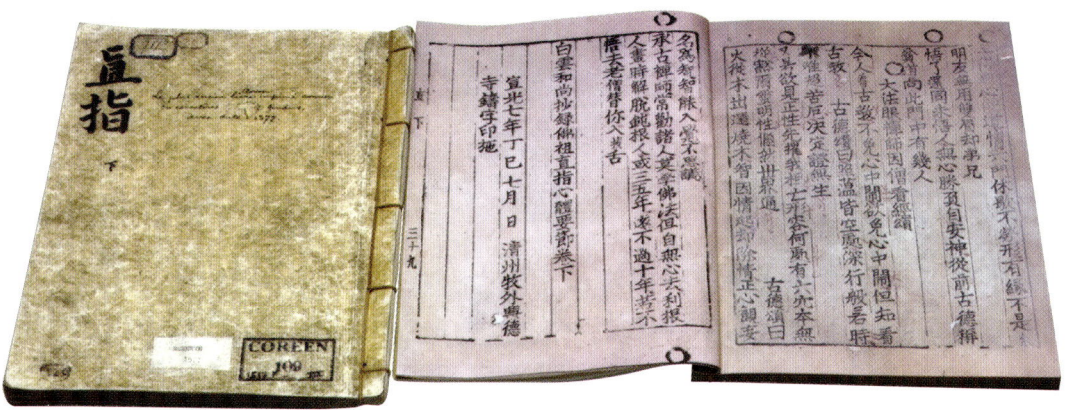

《백운화상초록불조직지심체요절》 우리가 《직지심경》이라고 하는 금속 활자본의 원래 이름은 아주 길어. 이름을 살펴보자면 '승려 백운화상이 가려 뽑은 깨달음의 핵심'이라는 뜻이야.

년 무렵에 나온 금속 활자본 구텐베르크 성경보다 무려 70년 정도나 앞서 나온 거였단다.

이렇게 해서 《백운화상초록불조직지심체요절》, 즉 《직지심경》이라 하는 책이 세상에 널리 알려지게 되었단다. 그런데 우리나라가 세계 최초로 금속 활자를 만들었다는 건 이미 100여 년 전부터 세계에 알려졌던 사실이야.

1895년 유길준은 《서유견문》에서 조선의 활자가 구텐베르크 활자보다 앞선 것이었음을 밝혔고, 1899년 영국인 헐버트는 조선이 최초의 금속 활자 제조국이라는 내용을 담은 책을 영국에서 발간했어. 그러니까 《직지심경》의 출연은 조선 시대 초 활자본(계미자 1403년)이 구텐베르크의 활자본보다 52년밖에 앞서지 않았다고 한 것을 70년 이상으로 더 앞당겼다는 큰 의미를 담고 있지.

금속 활자로 인쇄한 기록으로만 보면 《직지심경》보다 훨씬 앞선 1234년, 고려에서 찍은 《상정고금예문(고금의 예를 상세히 다룬 책)》이 가장 오래된 금속 활자본이야. 서양의 금속 활자보다 무려 220여 년, 《직지심경》보다도 140여 년이나 앞서 있어. 고려에서는 이 무렵 이미 금속 활자 인쇄술의 틀이 잡혀 있었음을 추측할 수 있지. 하지만 안타깝게도 이《상정고금예문》은 오늘날 전해지지 않아.

먼저 발명된 금속 활자가 가장 우수한 것일까?

서양에서는 독일인 구텐베르크가 발명한 금속 활자 인쇄술이 엄청난 지적 혁명을 이끌었어. 이른바 중세를 끝내고 근대로 넘어가는 계기를 촉진한 중요한 사건이었지. 얼마나 대단하냐 하면, 지난 1천 년 동안 나온 기술 중 구텐베르크의 금속 활자 인쇄술이 첫 손가락에 꼽힐 정도야. 그러다 보니 이보다 먼저 발명된 우리나라의 금속 활자 인쇄술에 학자들이 흥분을 금하지 못했던 거야.

한쪽에서는 구텐베르크의 인쇄술과 우리나라의 금속 활자 인쇄술의 질적 차이를 냉정하게 살펴야 한다는 주장이 제기되었어. 우리나라 최초의 한국 과학사 책인《조선 과학사》를 쓴 홍이섭 선생이 이런 주장을 펼쳤어. 구텐베르크 인쇄술은 활자를 종이에 찍는 기계인 프레스기를 이용하기 때문에 책 한 면을 인쇄하는 수고와 시간을 엄청 단축시켰을뿐만 아니라 대량 인쇄를 가능하게 했다는 거야. 일일이 활자에 먹을 묻히고 종이에 한 판 한 판 찍어 낸 고려나 조선의 인쇄술보다 크게 발전된 기술이었다는 거지. 또 구텐베르크 인쇄술의 등장 이후 50년 동안 무려 900만 권의 책이 구텐베르크 인쇄기로 찍혀 나온 것에 비해, 우리나라의 금속 활자 인쇄술로 펴낸 책은 이보다 훨씬 적어. 서양에

독일 구텐베르크 박물관에 있는 15세기의 성경 구텐베르크의 인쇄술은 지식의 전파로 세상을 변화시킨 기술로 손꼽힌단다.

서는 구텐베르크의 인쇄술로 폭발적인 정보량의 증가와 대중적인 확산이 일어났고 그 결과 이전과 완전히 다른 새로운 세상이 열렸던 거야. 이런 주장은 상당히 설득력이 있어. 서양의 인쇄술 혁명은 인류의 역사 전반을 바꿀 만한 대단한 사건이었던 게지. 그러니까 맹목적으로 시기가 빠른 것만으로 흥분해서는 안 돼.

그렇다고 해서 우리나라에서 금속 활자 인쇄술이 끼친 영향력을 애써 깎아내릴 필요는 없어. 덕분에 우리나라가 새로운 문명의 시대로 접어든 것은 분명하니까. 13세기 이후 금속 활자를 거듭 개량하면서 19세기 말까지 수많은 책을 찍어 냈고 이른바 조선 시대의 유교 문명이 꽃피었어. 여기에서 생겨난 자부심은 1900년 파리 만국박람회에 금속 활자로 인쇄한 책을 출품한 데서도 확인되지. 조선이 금속 활자 인쇄술의 우수성을 세계에 과시하려 했던 거야.

"아 그렇군요. 그런데 당시 중국에서는 금속 활자를 만들지 않았나요? 왠지 이것도 먼저 만들었다는 주장이 있을 것 같은데요?"

活字
살 활 / 글자 자
살아 있는 글자란 뜻으로 보통 인쇄에 쓰이는 글자 모형을 가리켜.

좋은 질문이야. 활자는 덩이 하나에 글자를 하나씩 새기는 거야. 너희들이 지우개에 글자 하나를 파면 그게 곧 하나의 활자가 되는 거야. 고무에 팠으니까 고무 활자라 해야겠군. 11세기 중국 북송 때 필승이란 인물이 이런 식의 활자를 최초로 고안한 사람으로 알려져 있어. 그가 만든 활자는 진흙에 아교를 섞어 구워서 만들었기 때문에 아교 진흙 활자, 즉 교니 활자라 불러. 또 13세기 후기부터 14세기 초 무렵 중국에서는 나무에 활자를 새겨 만든 목활자로 책을 찍다가 14세기에는 금속 활자를 만들어 쓰려고도 했어. 이밖에도 이러저러한 근거를 들어 일부 중국의 학자들은 중국에서 세계 최초로 금속 활자를 발명했다고 주장하고 있어. 이 주장은 이제까지 학계에 정설처럼 받아들여졌단다. 그렇지만 최근 활발한 연구와 논쟁 덕분에 정설로 굳어진 주장이 조금씩 바뀌고 있는 중이지. 여기서도 중요한 건 '누가 먼저 개발했는가' 하는 점보다 누가 그런 전통을 잘 이어 나갔는가 하는 점이야. 중국에서는 금속 활자로 인쇄를 하는 전통이 고려나 조선의 경우처럼 뚜렷하게 형성되지 않았어. 그건 꼭 그들이 금속 활자를 만들 수 있는 기술을 개발할 실력이 없어서라기보다는 필요성이 크지 않았기 때문일 수도 있어.

목판본은 새길 때 공이 많이 들지만 인쇄 분량이 많을 때 효율적이야. 반면 금속 활자는 조립과 해체가 쉽기 때문에 여러 종류의 책을 조금씩 찍을 때 목판본보다 상대적으로 유리하지.

너희도 잘 알듯이 중국은 인구가 어마어마하잖아. 그러다 보니 책을 값싸게 공급할 때는 목판본 인쇄가 금속 활자 인쇄보다 더 유리했겠지? 그에 비해 고려나 조선의 금속 활자 인쇄술은 대체로 다품종 소량 인쇄에 적합한 기술이었고. 그러니까 고려나 조선이 중국에 비해 금속 활자 기술 개발에 훨씬 적극적이었던 거야.

고려나 조선의 금속 활자 인쇄술은 쉽게 나온 것이 아니야. 다양한 기초

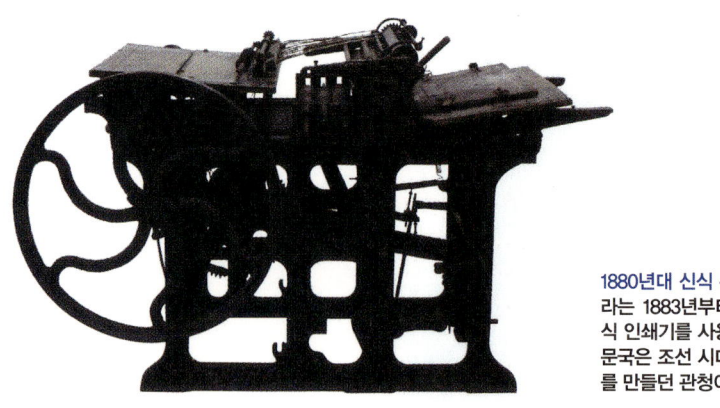

1880년대 신식 수동 인쇄기 우리나라는 1883년부터 박문국에서 근대식 인쇄기를 사용하기 시작했어. 박문국은 조선 시대 말 신문이나 잡지를 만들던 관청이야.

지식에 창의성을 더하는 노력 끝에 나온 성과물이란다. 금속 활자를 만드는 데 꼭 필요한 거푸집 개발, 금속에 골고루 잘 묻는 먹 개발, 가지런한 활자들의 연속 배치법 고안, 금속 활자 인쇄에 잘 맞는 종이 개량 등도 함께 해결해야 했으니까. 또 청동을 능수능란하게 다루는 기술도 함께 개발했고 보다 정교하고 아름다운 글자를 만들어 내기 위한 세심한 노력도 잇달았어.

　마지막으로 검토할 사실이 하나 남았어. 우리나라의 금속 활자가 구텐베르크의 금속 활자 개발과 혹시 연관이 있는가 하는 점이야. 비슷한 시대에 비슷한 발명품이 등장한 것이 단순한 우연일까? 이런 의문은 품어 볼 만해. 1950년대 영국의 과학사학자 버널은 세계 과학사 책을 쓰면서 우리나라의 금속 활자 인쇄술이 구텐베르크의 인쇄술과 관련 있으리라는 주장을 내놓았어. 동서 문명 교류사의 대가인 정수일 선생이 이 문제를 연구하기 시작했어. 고려 시대 말에서 조선 시대 초에 이르는 시기에 아라비아 사람을 비롯한 색목인들이 고려와 조선을 자주 오갔다는 점을 들어 옛날 동서양의 교통로인 비단길을

色目人
빛 색 / 눈 목 / 사람 인
눈이 다른 색인 사람들이라는 뜻으로 중국 원나라 시대에 유럽이나 중앙아시아 등지에서 온 외국인들을 가리킨 말이야.

통해 금속 활자 인쇄술이 서양까지 알려졌을 가능성이 있다고 주장하고 있지. 이러한 주장이 힘을 얻기 위해서는 중간 경로에서 금속 활자를 만들어 쓴 증거가 보여야 하는데, 그것이 아직까지 확인되지 않고 있어.

미국의 부통령을 지낸 앨 고어는 2005년에 한술 더 떠 이렇게 말했어. 15세기 교황청 사절이 우리나라에서 금속 활자 인쇄술을 배워 갔는데, 그 사절이 구텐베르크의 친구로 구텐베르크에게 금속 활자 인쇄술을 가르쳐 주었다고 말이야. 스위스 인쇄박물관에서 이 이야기를 들었다고 했는데, 아직 학술적으로 확인된 바가 없어. 그런데 앨 고어의 말은 진위 여부보다는 그가 강조한 사실에 주목할 필요가 있어. 앨 고어는 우리나라가 금속 활자 인쇄술을 서양에 전해 정보통신 혁명에 큰 공헌을 했고, 최근에는 디지털 기술 수출로 두 번째 기여를 하고 있다고 말했거든.

곰곰이 생각해 봐. 여태까지 살펴본 우리 과학사의 과학 기술 대부분은 다른 나라로부터 받아서 이룩했잖아. 받기만 했지 준 건 거의 없었다는 거지. 중국과 일본에서 인기를 끈 《동의보감》 정도가 예외가 될까? 최근 반도체를 비롯한 놀라운 정보통신 기술의 성취는 세계 문명 발전에 적잖은 기여를 하고 있어. 만약 정말로 우리의 옛 과학 기술이 서양에까지 영향을 끼쳤다면, 그것도 지적 혁명을 일으킨 금속 활자 인쇄술이었다면 더욱 값진 기여라 할 수 있지. 하지만 그렇지 않다고 해도 실망할 필요는 없어. 지금부터라도 열심히 과학 기술을 발전시켜 인류에 커다란 도움을 주면 되니까.

참, 고려와 조선에서는 금속 활자만 사용했다고 오해하는 친구들이 있을까봐 한마디 해야겠구나. 금속 활자만 쓴 것은 아니고 어떤 목적으로 어떤 책을 찍느냐에 따라서 목활자나 목판본 등 알맞은 인쇄술을 선택했다고 말이야.

비밀노트

금속 활자는 어떻게 만들었을까?

금속 활자는 조선 태종 때 만든 인쇄 담당 관청 교서관에서 만들었어. 조선 시대의 학자인 성현(1439~1504년)이 쓴 《용재총화(성현이 모은 이야기보따리)》란 책에 교서관에서 금속 활자를 만드는 기술에 대한 내용이 있지.

금속 활자를 만들 때, 가장 중요한 기술은 거푸집을 만드는 거야. 자, 너희들이 금속 활자를 만든다고 생각해 봐. 나무를 파듯 금속을 깎기는 불가능하겠지? 그러니 틀을 만들어 놓고 그 안에 쇳물을 부어 활자 모양이 나오도록 해야 할 거야.

글자가 새겨진 금속 활자를 만들려면 거푸집 안에 활자가 있을 만한 공간을 만들고 거기에 쇳물을 부으면 될 것 같지?

조상들은 해감모래(다져진 가는 모래)를 이용해 거푸집 안에 활자가 들어갈 공간을 만들었어. 쇠로 만든 주물판 위를 해감모래로 덮고, 그 위에 글자를 찍어 공간을 만드는 거야. 일단 나무로 활자를 만들어 해감모래에 찍은 후 빼내면 활자 모양으로 공간이 생기게 되지. 그 공간까지 쇳물이 흘러들어갈 길을 내고 뚜껑을 덮은 뒤 쇳물을 흘려보내면 금속 활자를 얻게 돼.

"찰흙을 사용하면 더 쉬울 것 같은데 왜 모래를 사용한 거예요?"

찰흙은 온도가 높아지면 빵하고 터지기 때문이야. 열이 한군데로 몰려서 그런 거지. 반면 찰흙보다 굵고 고른 모래를 쓰면 모래와 모래 사이로 열이 골고루 빠져나가니까 터지는 일이 없어. 이것을 알아내기까지 시행착오가 얼마나 많았을까?

"밀랍으로 활자를 만든 후 찰흙으로 둘러싸고 그 안으로 쇳물을 넣으면 밀랍 부분이 녹으면서 쇳물이 채워져 활자가 만들어지지 않나요?"

맞는 말이야. 그런데 밀랍은 한 글자를 만들기는 쉬울지 몰라도 다시 사용할 수 없어. 하지만 목활자를 만들어 두면 금속 활자를 만들 때마다 모래 위에 찍기만 하

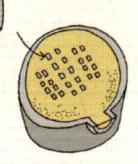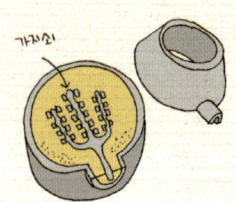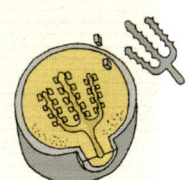

면 되니 유용했지. 그래서 민간에서 급하게 활자를 만들어 쓸 때는 밀랍 주조법을, 관아에서 번듯하게 활자를 만들 때는 목활자를 이용한 해감모래 주조법을 사용했단다.

조선 시대 초기에는 예쁜 글꼴을 가진 금속 활자가 계속 나왔는데 여기에서는 유명한 활자 세 개만 기억하도록 하자꾸나.

첫째, **계미자**(1403년, 태종 3년)야. 계미년에 만들었다고 해서 '계미자'라고 해. 조선에서 최초로 활자를 만드는 전문 관청인 주자소를 설치해 만든 금속 활자야. 계미자로 《시경》, 《서경》 등의 책을 찍었는데, 이 외에 계미자로 인쇄한 책은 현재 10여 종이 전해지고 있어. 계미자는 《직지심경》을 찍은 활자보다 한결 개량된 활자야.

둘째, **경자자**(1420년, 세종 2년)야. 경자자는 무엇보다 조판의 효율을 높인 게 큰 특징이야. 끝이 뾰족했던 기존의 활자를 네모반듯하게 바꾸고, 활자와 활자 사이의 빈틈을 작은 대나무로 메우는 방식으로 활자와 활자 사이가 튼튼하게 고정되도록 했어. 이전 활자들은 끝이 뾰족해서 사이가 벌어지고, 그 사이를 밀랍으로 고정하다 보니 쉽게 흔들리는 문제가 있었거든. 경자자로 활자를 개량하니 훨씬 많은 분량의 인쇄가 가능해졌어. 그 결과 경자자로 찍은 책은 꽤 많이 남아 있어.

셋째, **갑인자**(1434년, 세종 16년)야. 조선의 활자를 대표하는 가장 유명한 활자야. 조선 시대 말기까지 이 활자를 거듭 만들어 썼지. 계미자와 갑인자 제조의 총책임자는 이천이었어. 또 이순지, 정척 등 당시 내로라하는 일류 과학기술자가 이 활자 제작에 참여했어. 장영실도 그중 한 명으로 금속 활자를 잘 만드는 장인으로 인정을 받은 후 출세를 하게 됐지. 갑인자는 경자자에 비해 더 아름다워졌어. 글자의 크기가 일정해지고 대나무를 이용한 조판이 더욱 완벽해져 인쇄 효율이 두 배나 높아졌지.

무엇보다 갑인자 활자가 유명한 까닭은 훈민정음 반포(1446년) 이후

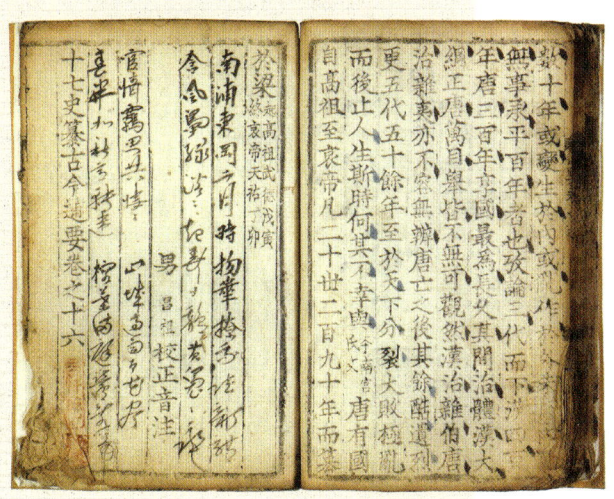

계미자로 찍어 낸 《십칠사찬고금통요》 개량했다고는 하지만 계미자의 활자 모양은 그리 아름답지 않았어. 무엇보다 밀랍으로 고정한 활자가 인쇄를 할 때마다 조금씩 흔들려서 글씨가 삐뚤게 나오기 일쑤였다고 해.

한글 활자를 이 갑인자로 만들었기 때문이야. 갑인자 한글은 갑인자 한자와 나란히 쓰였는데 《훈민정음해례본》은 목판본이고, 금속 활자 갑인자로 인쇄한 최초의 한글 책은 《석보상절(석가모니 일대기)》(1447년)과 《월인천강지곡(부처의 가르침이 마치 달이 수많은 강에 비치는 것과 같이 넓음을 노래함)》(1449년)이야. 그래서 갑인자를 '월인석보 한글자'라고도 해.

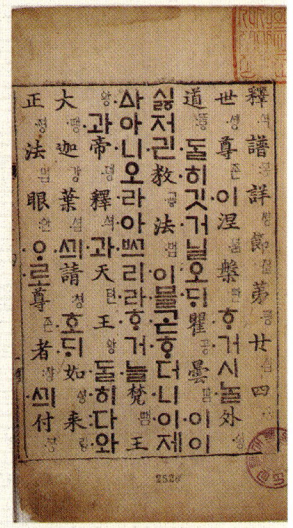

갑인자로 찍은 《석보상절》

- 많은 내용은 내가 학생들과 함께 쓴 《우리 과학의 수수께끼2》를 참조했어. 한국 인쇄술의 과학 기술사적 내용에 대한 것은 전상운 선생의 《한국 과학사》를 많이 참고했어. 또 천혜봉 선생의 《한국 금속 활자본》에는 한국의 금속 활자에 관한 내용이 가지런하게 정리되어 있어. 동서 활자 교류에 관한 내용은 정수일 선생의 글 〈정수일 선생의 문명교류기행(35) '활자의 길'을 찾아서〉를 참조했어.
- 최근에 1966년 《무구정광대다라니경》 발견 당시의 유물 뭉치 전부를 분석한 결과가 나와서 《다라니경》이 만들어진 시대에 대해 다시 격론이 벌어지고 있어. 신라 때 만든 석가탑이 여러 차례 보수한 사실과 함께 탑 안에 새로이 유물을 추가한 사실이 있다는 게 밝혀진 거야(한겨레신문, 2010. 3.12일자). 《다라니경》이 세계에서 가장 오래된 목판 인쇄본이라는 설의 가장 강력한 근거였던 '탑을 만든 이후 보수나 유물 추가가 없었다는 가정'이 흔들리게 된 거지. 그래서 오늘날 학계에는 신라 제작설과 고려 추가설이 팽팽히 맞서고 있어.

중요한 건 사실과 증거에 근거해 생각한다는 거 아니겠어. 일방적으로 자기의 주장만 외치지 않고, 그 주장에 대한 반론의 타당성을 검토하고 새로운 증거를 찾아내 재반박하는 자세가 필요한 거야. 이걸 과학적 태도라고 하지. 아마 현재로서 《다라니경》 논쟁을 끝낼 유일한 방법은 종이 분석일 거야. 그렇지만 우리는 아직 《다라니경》의 종이가 신라 종이인지, 고려 종이인지, 당나라 종이인지 분명히 가려낼 기술 역량이 부족하다고 해. 이 분야의 연구가 많이 발달해서 우리가 확실한 답을 얻게 되면 좋겠구나.

5 질기고 튼튼한 우리의 종이, 한지

'종이, 나침반, 인쇄술, 화약'을 왜 인류 4대 발명품이라고 할까?

나침반은 항해 때 길을 안내하는 구실을 했어. 세계 일주가 가능했던 것도 바로 나침반으로 방위를 정확하게 파악할 수 있었기 때문이야. 덕분에 세계 곳곳의 사람들이 서로 교류할 수 있었지. 인쇄술은 지식을 보다 많은 사람들에게 전달했어. 그 결과 정치·문화·역사적으로 커다란 성장과 변화가 일어났지. 화약은 나라와 나라 사이의 전쟁과 자연 파괴를 부추겼지만 인류 문명 발달에 공헌하기도 했어.

진정한 의미의 종이가 탄생하다

그렇다면 종이는 어떨까? 종이는 인간이 자연에서 얻은 최고의 수확물이야. 지금은 너무 흔해서 특별할 것 없는 종이가 인류 문명에 가장 크게 기여했다고 하면 놀랍겠지? 종이 그 자체는 별것 아닐 수 있지만 기록을 담는 저장 매체라는 고유의 기능을 생각한다면 인류 역사에서 종이와 경쟁할 적수가 없다고 해도 무리가 아니야. 과거와 현재는 물론이고 상당히 먼 미래까지도 종이의 영향력은 지속될 거야.

그럼, 종이는 어떻게 탄생했을까? 아주 오래전 바빌로니아, 그리스, 인도, 중국에서 문명이 생겨났고 말을 표시하기 위한 문자도 함께 생겨났어. 처음에는 구운 진흙판, 돌판, 비단, 나무나 대나무 껍질, 양 같은 동물의 가죽 등에 글자를 썼어. 재료에 따라서 어떤 것은 너무 부피가 크고 무거웠고, 어떤 것은 구하기 힘들고, 어떤 것은 가지고 다니기 힘들었어. 또 한꺼번에 많이 생산할 수도 없었지. 인류는 문제를 해결하기 위해 여러 도전을 했단다.

최초의 시도는 그 유명한 고대 이집트의 파피루스였어. 파피루스는 이집트의 나일강 주변에 자라는 높이 약 2.5미터 정도의 수초야. 이집트 벽화에 나오는 긴 풀들이 바로 파피루스야. 고대 이집트 사람들은 이 파피루스의 껍질을 물에 담가 불린 후 가로, 세로로 겹쳐 놓고 두들겨 굵은 삼베 모양의 종이로 탄생시켰어. 파피루스로 만들었다고 해서 이름도 파피루스였어. 종이가 영어로 뭐지?

"페이퍼."

대나무를 엮어 만든 죽책(왼쪽), 기원전 13세기 파피루스에 쓴 《사자의 서》(가운데), 산 마르코 국립박물관의 양피지 책(오른쪽) 오늘날 우리에게 친숙한 종이가 나오기 전까지는 다양한 재료의 종이가 있었지.

맞아. 파피루스와 페이퍼, 음이 비슷하지 않니? 영어 페이퍼(paper)란 말은 파피루스(papyrus)에서 유래한 거야. 그럼, 우리가 사용하고 있는 '종이'란 말은 어떻게 생긴 걸까? 옛날부터 종이의 주원료로 쓰인 닥나무의 한자 이름은 '저(楮)'야. 그 껍질은 '저피'라고 하는데, 저피가 우리말 '조해'란 말을 거쳐 '종이'가 된 거야. 음이 서로 비슷하지?

파피루스와 종이는 모두 식물을 재료로 만들어졌지만 이후의 역사는 제각각 흘러갔어. 파피루스는 주로 이집트에서 쓰였고, 그리스·로마 시대까지도 사용되기는 했지만 널리 퍼지지 않았어. 이집트를 통치하던 왕조가 파피루스의 유출을 엄격히 금지했거든. 유럽에서는 양가죽으로 만든 양피지를 썼어. 이와 달리 중국에서 개발된, 닥나무로 만든 종이는 널리 퍼져 나갔고, 오늘날까지 세계 곳곳에서 쓰이고 있지. 조금 의아한 것은 종이의 이름은 파피루스의 후예인 페이퍼가 대신하고 있다는 거야.

중국의 종이 만드는 그림 중국 명나라의 학자 송응성이 17세기에 펴낸 《천공개물》에 실린 그림이야. 종이 만드는 법을 보여 주고 있어.

둘 다 식물로 만들긴 했지만 파피루스와 종이는 만드는 방법이 약간 달라. 파피루스는 파피루스 안의 얇은 껍질만 사용해서 만들지. 이에 비해 종이는 나무나 풀을 삶은 후 찢어서 섬유질을 잘게 분해했다가 물에 풀어 얇게 뭉치는 복잡한 방식으로 만들었어. 참, 너희들 종이를 누가 발명했는지 혹시 알고 있니?

"종이의 발명자는 중국의 채륜!"

그래, 그렇게 알고 있는, 혹은 믿고 있는 사람들이 적지 않구나. 그런데 최근 채륜이 종이를 만들었다는 시기보다 앞서 만든 종이가 출토되었지 뭐야. 채륜이 나무와 삼 등의 껍질을 써서 종이를 만들어 조정에 바쳤다는 기록은 105년의 일이었어. 그런데 최근 출토된 종이는 이보다 훨씬 앞선 기원전 50~40년의 것으로 밝혀졌어. 어쩌면 종이는 이보다도 훨씬 더 이전에 만들어졌을지도 몰라.

학자들은 채륜이 종이를 최초로 발명한 사람은 아닐지라도 이전의 기술을 한결 향상시켰다고 봐. 채륜보다 앞선 시대에 만들어졌다는 종이는 글을 쓰기 위한 종이가 아니라 포장용 종이였거든. 채륜 또는 채륜의 시대는 글을 쓰기에 적합한 종이를 만들어 냈다는 거야. 인류 역사에서 종이가 왜 중요하다고 했지? 그래, 종이가 기록을 담는 최상의 매체였기 때문이지. 채륜 이후 종이 원료도 삼 이외에 닥나무, 뽕나무 등을 쓰기 시작했고, 종이 만드는 가공 기술도 한결 정교해졌어. 종이 만드는 기술이 발전하면서 유학 경전이나 불교 경전 같은 책도 크게 늘었지. 종이가 본격적으로 지식을 전달하기 시작한 거야.

'비단길'이란 말 들어 봤지? 옛날, 동양과 서양의 문명을 이어 주었던 길 말이야. 중국을 비롯한 동아시아의 비단이 아랍과 서양까지 팔려 나간 길이라고 해서 붙여진 이름이지. 또 아랍과 서양의 물품이 동아시아로 흘러 들어오던 중요한 무역로였지. 신라도 이 비단길을 통해 먼 나라와 교역을 했단다.

그럼, '종이길'은 무엇일 것 같아? 그래, 이름 그대로 중국의 종이가 전 세계로 퍼져 나간 길을 가리켜. 종이는 4~5세기 무렵에는 우리나라, 7세기에는 일본, 8세기 무렵에는 서양으로 전파되었어. 아, 일본에 종이를 전해 준 것은 고구려의 승려 담징이었다는구나. 이때 종이와 종이 제작 기술이 같이 전해진 것으로 추정하지.

우리나라만의 종이를 만들어 내다

중국의 종이 제작법을 배운 이후 우리나라는 특색 있는 종이를 만들어 냈어. 원료를 바꿔 보거나, 제작 방법을 달리 하면서 말이지. 그렇지만 이러한 시기의 흔적이 거의 남아 있지 않아. 전상운 선생에 따르면, 평양에서 발견된 종이, 국립 경주박물관의 《범한다라니》 1장, 감은사지에서 발견된 종이, 석가탑에서 나온 《무구정광대다라니경》, 그리고 일본에 있는 몇몇 종이 등이 현재까지 남아 있는 우리나라 옛 종이의 흔적 전부라고 해. 그런데 755년에 작성된 《대방광불화엄경》에 통일신라 시기 종이를 만드는 흥미로운 기록이 담겨 있어. 우리나라에서 종이 만드는 법이 실려 있는 가장 오래된 기록이야. 한번 보도록 할까.

닥나무에 향수를 뿌려 가며 길러서 껍질을 벗겨 내고, 벗겨 낸 껍질을 맷돌로 갈아서 종이를 만든다.

당나라 사람들은 신라의 종이를 '백추지'라 부르며 높이 평가했다고 해. 다듬이질과 표백이 잘된 신라의 종이는 희고 질겼어. 그러면서도 얼마나 반들반들하고 부드러웠는지 당나라 사람들은 '견지', 즉 비단 종이라고도 불렀어. 마치 누에고치에서 뽑아낸 비단실로 만들었다고 착각할 정도로 부드러웠다는 거야.

白硾紙
흰 백 / 찧을 추 / 종이 지
하얗게 표백하고 곱게 잘 다듬어 만든 종이를 가리키는 말이야.

고려 시대에 종이 제작 기술은 한결 정교해지고 생산량도 늘어났어. 나라에서 운영하는 종이 제작소인 지소가 만들어져 본격적으로 종이 제조가 시작된 거야. 가벼운 종이가 들어오기 전에는 문서를 쓸 때나 책을 펴낼 때 나무 조각을 엮은 목간이나 비단 두루마리를 썼어. 목간은 두꺼워서 책 한 권 정도의 분량이 되려면 양도 많이 필요하고, 무거워졌지. 비단은 보통 사람들이 글을 쓰기에는 귀하고 값이 비쌌어. 고려 시대에 지소가 생겨 많은 양의 종이가 만들어지자, 보다 많은 정보를 더 가볍고도 값싸게 담게 된 거야. 인쇄술의 발달과 함께 종이가 지적 혁명을 일으킨 거란다.

게다가 고려의 종이는 매우 높은 평가를 받았기 때문에 주요 수출품 가

운데 하나였어. 1080년 송나라에 종이 2천 폭을 수출했는데 해마다 이 정도의 수출 규모는 유지됐어. 원나라가 고려의 정치에 간섭하던 시기에는 한 번에 무려 10만 장의 고려 종이를 공출해 가기도 했어. 고려 종이는 두껍고 질기면서도 부드러웠기 때문에 중국의 제왕들이 즐겨 사용했단다. 또 문인이나 서예가도 즐겨 찾았지.

조선 시대는 국산 종이 제작 기술의 완성기야. 국가에서 운영하는 제지 공장인 조지소가 1415년(태종 15년)에 설립되어 조선 후기까지 지속되었어. 조선 시대 들어서서는 인쇄 사업과 맞물려 종이의 수요가 폭발적으로 증가했어. 그래서 무려 1천여 명이 조지소에서 일했어. 조선은 기본적으로 신라 시대에 만들어진 두텁고 질긴 종이 제작의 전통을 계승했어. 그러면서도 종이의 규격을 통일시키고 원료와 제작 기술을 다양화하면서 새로운 종이 제작 기술에도 계속 도전했단다. 종이의 원료로 닥나무가 아닌 율무·버드나무·소나무·창포 등을 과감하게 사용한 것도 이때의 일이야. 또 종이의 대량 생산이 가능한 기술을 크게 발전시켜 온 중국과 일본의 기술을 도입하기도 했어.

이처럼 삼국 시대에서 조선 시대에 이르는 동안 우리나라 고유의 종이, 즉 '한지'의 전통이 만들어졌단다. 삼국 시대와 고려 시대 사이에 만들어진 종이 약간이 현재까지 전해지는데, 매우 질기단다. 질겨서 거칠기는 하지만 오랜 기간 훼손되지 않는 장점이 있어. 이것은 한지의 가장 큰 특성이란다. 이렇게 질긴 종이를 만들기 위해서는 섬유질이 강한 나무를 선택하여, 그 섬유질을 두텁게 모으고, 방망이로 쳐서 단단하게 하는 과정을 거친단다. 한지는 이처럼 고유의 전통 기술로 만들어진 종이이기 때문에 중국이나 일본의 종이와 쉽게 구별이 되는 거지.

자, 그러면 우리나라 고유의 종이 한지가 어떻게 만들어지는지 좀 더 자세히 살펴보자. 벗기기, 삶기, 씻기, 찧기. 이 네 가지가 한지 만들기의 기본 기

종이의 원료인 닥나무를❶, 껍질을 벗겨 잿물에 표백한 뒤❷, 삶아서 잘게 부순 거야 ❸ 식물을 종이로 만들기 위해서는 손질한 식물을 하얗게 표백하고 섬유질 형태로 잘게 부수는 과정이 꼭 필요해. 잿물에 담갔다가 햇볕에 널면, 염기성인 잿물이 과산화수소와 오존을 발생시켜 표백이 이루어진단다.

술이야. 이 하나하나의 공정이 얼마나 힘든지 아니? 대량으로 종이를 만들던 조지소에서는 여러 사람이 각 공정을 나눠 담당했을 거야. 닥나무 껍질을 칼로 벗기는 작업, 닥나무 껍질을 잿물에 삶는 작업, 삶은 닥나무 껍질을 깨끗하게 헹구는 작업, 햇볕에 말리고 티를 골라낸 닥나무 껍질을 찧는 작업을 여러 사람들이 나누어 진행하는 거야. 이렇게 여러 사람의 손을 거쳐 닥나무 껍질이 섬유 뭉치의 상태가 되면, 커다란 통에 넣고 닥풀과 섞어. 그리고 나서 이 통에 대나무로 만든 발을 넣어 여러 번 종이를 떠내는 작업을 하지. 발 위에 섬유질을 얇게 떠내는 거야. 떠내기를 여러 번 반복하면 발 위에 얇고 하얀 섬유질이 여러 겹 쌓이게 되고 이걸 조심스럽게 판에 붙여 말리면 한지 완성!

가장 중요한 원료인 닥나무는 어디에서 구하냐고? 닥나무는 우리나라 전

지역에서 자라는데 특히 경상도와 전라도 지역에서 더욱 잘 자라지. 참, 조선 시대에 종이의 원료를 다양화했다는 이야기 기억하지? 닥나무뿐만 아니라 삼나무, 뽕나무, 삼지닥나무, 산닥나무, 그리고 벼와 갈대까지 한지의 원료로 사용했단다.

한지는 왜 질길까?

한지가 얼마나 질겼는지, 흥선 대원군 때에는 종이로 갑옷을 만들 정도였어. 열 겹 이상 둘러 만든 종이 갑옷은 총알도 쉽게 뚫지 못했으니까. 한지가 이렇게 질길 수 있는 비밀은 찧고 두드리는 과정에 있어. 나무의 섬유 조직은 많이 찧고 두드릴수록 세게 뭉치면서 광택이 있고, 희고 두꺼운 종이가 되거든. 중국이나 일본의 종이는 그렇지 않았어. 우리나라는 삼국 시대에서 조선 시대까지 이런 전통을 줄곧 유지했단다.

"그러면 질긴 종이가 가장 우수한 종이인가요?"

인쇄술의 장단점을 따질 때, 소품종 대량 생산에는 목판이 유리하고, 다품종 소량 생산에는 금속 활자가 더 유리하다고 했었지? 종이에도 장단점이 있단다. 책 수요가 많아 값싼 종이를 대량으로 생산한다면 이때 종이는 얇고 품질이 떨어지겠지. 옛날 중국에서 흔히 읽는 많은 책에 이런 종이를 썼단다. 물론 황제나 높은 관리를 위한 고급 문서나 책에는 좋은 품질의 종이를 썼어. 이 때문에 백추지나 고려지가 중국에서 인기를 얻기도 했지. 대체로 책 수요가 훨씬 적었던 우리나라에서는 오랫동안 볼 수 있는 종이가 더 필요했단다. 그래서 질기고 튼튼한 종이를 선호했어. 물론 중국에도 다양한 품질의 종이가 있었고 그중에는 한지를 능가하는 최상품도 있었지만, 평균적으로 봤을 때 한지가 더 질기고 고급이었다고 말할 수 있을 거야. 만약 대량 생산만을 우수한 종이의 기준으로 삼는다면 한지는 적합하지 않겠지.

한지의 또 다른 단점은 원료를 갈지 않고 두들겨 만들었기 때문에 섬유의 결이 그대로 남아 면이 고르지 않다는 거야. 그래서 글씨를 쓰거나 그림을 그릴 때 먹이 약간 번지는 문제를 일으키지. 물론 그렇다고 해서 한지에 글씨를 쓰거

한지로 만든 미투리(왼쪽)와 한지로 만든 함(오른쪽) 질기고 튼튼한 한지는 글을 쓰거나 그림을 그리는 것 외에 공예품을 만들기에도 좋아. 옛날에는 한지로 종이 신발이나 반짇고리, 크고 작은 함 등을 만들어 썼단다.

나 그림을 그릴 수 없는 건 아니야. 단지 매우 정밀하게 글씨를 쓰거나 그림을 그릴 수 없다는 거지. 조선 시대의 학자 박제가나 정약용 등이 이렇게 먹이 번지는 한지의 단점을 무척 아쉬워했단다.

요즘 너희들이 쓰는 교과서와 공책의 종이는 한지가 아니라 서양의 펄프 지구나. 서양의 종이는 1876년 개항 이후 국내에 수입되었는데 20세기 초반 이후부터 대부분의 인쇄 책자는 이 서양의 종이를 사용하게 되었어. 서양의 종이가 활판 인쇄술과 짝을 이루어 전통 인쇄술과 한지를 밀어낸 거지. 서예 연습 때 쓰는 종이는 한지가 아니냐고? 대부분은 일본의 전통 종이 기술로 만들어진 화선지야. 한지보다 얇으면서 대량 생산된 종이란다.

사실 '한지'란 말은 서양의 종이, 일본의 종이와 구별하기 위해 20세기 전후에 만들어진 용어야. '한민족의 종이'를 줄여 한지라고 한 것이지. 한지의 장점이 가장 빛나는 곳은 몇 백 년이 지난 책을 간직한 도서관이야. 우리 옛 책은 중국과 일본의 책에 비해 거의 온전하게 남아 있단다. 내가 일본 교토 도서관에 갔을 때, 우리나라, 중국, 일본의 책을 죽 늘어놓고 비교한 적이 있어. 척 봐도 우리나라의 책이 눈에 번쩍 띄었단다. 단정한 활자에 광택이 나는 질긴 종이 덕분이지. 수백 년이 지났어도 거의 손상 없이 반질반질 광택이 나는 건 바로 한지의 질긴 종이 속성 때문이야. 오늘날 대량 생산 또는 다양화의 시대에 우리의 한지는 어떻게 개량하고 발전해 나가야 할까. 우리 한지의 숙제야.

▼
■ 한지에 대해서는 이전에 썼던 〈종이 제조술〉이란 글을 토대로 썼어.
■ 한지 전반에 대한 내용은 이승철 선생의 《우리가 정말 알아야 할 우리 한지》에 잘 담겨 있어. 한지의 역사에 대해서는 전상운 선생이 《한국 과학사》에 간결하면서도 정확하게 정리한 내용을 참고했어.

6 화약과 화포로 나라를 지키다

너희들은 화약이라고 하면 가장 먼저 무엇이 떠오르니?

"명절 때 쓩쓩 쏴 본 폭음탄이요! 가끔 바닷가에 놀러 가서 밤하늘에 대고 불꽃놀이를 했던 적도 있어요."

큰 폭발음을 내는 폭음탄으로 하는 폭죽놀이는 내가 어렸을 때도 있었고, 우리 아버지, 할아버지 때도 있었어. 그게 언제까지 거슬러 올라가는 줄 알아? 고려 시대까지 거슬러 올라가.

爆竹
터질 폭 / 대나무 죽
오늘날의 '폭죽'이란 말은 대나무 통에 불을 넣으면 불꽃이 터진다는 의미에서 유래했어.

불타는 약? 화약의 발견

고려 시대 말기의 문신인 이색은 자신이 산대놀이(길가나 빈터에서 벌어지는 탈놀이) 때 본 불꽃놀이를 이렇게 표현했어.

긴 장대 위의 곡예는 평지를 걷는 듯하고, 폭발하는 불꽃은 벼락처럼 하늘을 찌르네.

이처럼 불꽃놀이는 전통이 오래되었어. 중국에서는 송나라 때부터 있었고, 그것이 고려에도 전해진 거야. 이색보다 앞선 고려 시대 중기의 문신 이규보도 폭죽놀이를 했다는구나. 그런데 당시 폭죽놀이에 화약을 썼는지 쓰지 않았는지는 확인이 안 돼. 화약 없이 대나무에 불을 넣어도 쩍쩍 갈라지면서 불꽃이 튀거든.

밤하늘에 불꽃을 수놓는 장관을 보기 위한 목적도 있지만, 특히 새해에는 불꽃놀이의 강한 폭발

〈득중정어사도〉 중 제6폭 정조가 화성 행궁의 득중정에서 불꽃놀이를 즐기는 모습을 그렸어. 땅속에 화약을 묻고 터뜨렸는데 화약이 터지면서 수십 미터까지 불꽃이 솟아올랐다고 해. 조선의 임금 가운데 불꽃놀이를 가장 즐겼던 사람은 성종이었어. 성종이 불꽃놀이를 얼마나 좋아했는지 신하들이 나서서 말릴 정도였다고 해.

력이 못된 잡귀신을 다 때려잡고 나쁜 기운을 몰아낸다고 믿었다고 해. 18세기에서 19세기까지 서양에서는 전염병을 몰아내려고 대포를 꽝꽝 쏴댔다고 하니 커다란 소리로 나쁜 것을 내쫓을 수 있다는 믿음은 동서양을 막론하고 존재했음을 알 수 있지.

불꽃놀이와 대포로 나쁜 것을 쫓아낸 것처럼 불꽃놀이용 화약은 전쟁용 화약과 뿌리가 같아. 둘 다 염초, 숯과 유황(황)이 기본 재료야.

> **焰硝**
> 불 댕길 염 / 초석 초
> 초석의 옛 이름으로 화약의 원료를 가리켜. 염초의 주성분은 질산칼륨이지.

"염초, 숯, 황을 섞으면 폭발한다는 것은 도대체 누가 어떻게 알아낸 거예요?"

최초로 강한 폭발력을 내는 물질을 만드는 데 성공한 사람은 이탈리아의 소브레르였어. 소브레르가 1846년에 만들어 낸 니트로글리세린은 폭발력은 강했지만 액체라서 다루기 힘든 화약이었어. 1865년이 되어서야 스웨덴의 노벨이 니트로글리세린에 칠레초석이라는 흡착제를 써서 고체 화약을 세상에 내놓았지. 그 이름이 뭘까?

"다이너마이트!"

딩동댕! 니트로글리세린과 다이너마이트 등 강력한 화약이 등장하기 전에도 물론 화약이 있었어. 니트로클리세린 이전의 화약은 흑색 화약이라 불러. 지금 우리가 살피려 하는 게 바로 이 흑색 화약에 관한 거야.

기록에 따르면 흑색 화약 제조법을 처음 알아낸 사람은 중국의 연금술사들이라고 해. 사실 중국의 연금술사들은 폭발력 있는 물질, 즉 화약을 알아내려 한 것이 아니었어. 그들은 그저 불로장생의 금단을 얻기 위해, 더 나아가 영원히 사는 방법을 찾기 위해 연금술을 시작했거든. 그들은 납, 수은, 자석, 웅황 등의 광물질로 금단

> **金丹**
> 쇠 금 / 붉을 단
> 선단, 선약이라고도 하는데 신선이 만드는 불로장생의 약을 뜻해.

을 만들 수 있다고 믿었어. 연금술은 당나라 시대에 절정에 달했어. 금단을 얻기 위해 매우 많은 금속과 비금속 물질의 혼합을 시도했지. 그 많은 재료들 가운데 염초, 유황, 숯도 있었던 거야. 그들은 이미 염초를 태우면 불꽃이 생긴다는 건 잘 알고 있었어. 유황과 숯은 말할 것도 없고.

중국의 연금술사는 수없이 많은 실험을 하던 중에 우연히, 정말 우연히 이 3종 세트가 섞였을 때, 전혀 예기치 않은 대폭발이 일어난다는 것을 경험했을 거야. 더 나아가 이 세 물질이 어떤 비율로 섞였을 때, 폭발력이 커진다는 것도 알게 되었고 말이야. 학자들은 이때가 대략 10세기였을 거라고 추측해. 참, 연금술에서는 금단을 만드는 각종 재료를 약이라고 했어. 불타는 약, 즉 '화약(火藥)'이란 명칭이 어떻게 생겼는지 짐작이 가지?

이렇게 영원히 죽지 않는 불로장생을 연구하다 태어난 화약은, 불로장생

이 아니라 사람을 해치는 살상 무기로 큰 관심을 모았어. 군대는 화약의 폭발력으로 무거운 물체를 먼 데까지 날릴 수 있다는 것, 불을 뿜는 화염 방사기가 적에게 큰 공포를 준다는 것, 화약이 폭발할 때 발생하는 굉음이 적을 두려움에 떨게 할 수 있다는 것에 주목했지.

중국은 1040년 송나라 때 《무경총요(병학에 중요한 모든 것)》라는 책을 편찬했는데, 그간 축적한 화약과 화포 제작의 비밀을 그림과 함께 담은 책이었어. 화약과 화포 제작 기술은 북송을 정복한 여진족이 세운 금나라와 중국 대륙 전체를 차지한 몽골족이 세운 원나라로 전해졌어. 그 다음에는 원나라를 무너뜨린 새 왕조 명나라에까지 전해졌지.

최무선, 화약 제조의 비밀을 밝히다

우리나라는 1274년 몽골과 고려의 연합군이 일본을 정벌할 때 화약과 화포를 사용했어. 이미 화약의 존재에 대해서 알고 있었던 것이지. 이보다 앞서 고려 시대인 1104년(순종 9년)에는 여진족 정벌을 위한 발화 부대가 있었고, 1135년(인종 13년)에는 묘청의 난을 진압하기 위해 일종의 수류탄 같은 무기를 썼다는 기록이 있지. 1356년(공민왕 5년)에는 왜구와 전투를 벌일 때, 화통(화약을 써서 화살이나 포탄을 날리는 무기)을 써서 화전(불화살)을 날렸다는 기록이 있어. 비록 화약과 화통을 국내에서 직접 제작하지는 못했어도 수입해 썼던 거야. 국내 재배 이전에 수입품을 썼던 목화처럼 말이야.

불과 화약을 이용한 화살 불화살 화전(위)과 화약을 넣어 만든 신기전(아래).

왜구의 노략질이 극성을 부리던 1373년에 공민왕은 명나라 황제 영락제에게 간곡히 화약을 요청했어. 영락제는 선뜻 줄 마음이 없었지만 명나라의 남부 해안도 왜구의 침공을 받자, 이듬해 1374년에 화약의 원료로 염초 50만 근, 유황 10만 근을 보내 주었어. 숯은 특별한 물질이 아니니까 따로 보내지 않았어. 염초 50만 근이라면 1근을 600그램으로 계산했을 때 무려 300톤이나 되는 양이야. 유황은 5분의 1인 60톤이지. 원나라를 멸망시키는 데 고려가 명나라를 돕지 않았다면 이렇게 많은 화약 원료를 보내는 건 어림없는 일이었을 거야.

"그런데 화약을 보내 달라고 했는데 왜 재료를 보내요?"

글쎄다. 배합하는 법을 모른다면 아무리 원료가 많아도 그림의 떡이었을 테고, 설사 배합법을 안다 해도 원료가 없으면 아무 소용없었을 텐데. 특히 화약 제조에 꼭 필요한 염초, 유황, 숯 세 가지 중 염초를 얻어 내는 공정은 가장 까다로웠어. 이때 등장한 사람이 있어. 누굴까?

"최-무-선!"

그래, 그 유명한 최무선이야. 최무선이 명나라의 특급 군사 기밀인 화약 제조법을 알아낸 것은 고려 시대 말인 1375년이야. 그런데 여기서 세 가지 의문이 들어.

첫째, 명나라 황제 영락제가 보내 준 화약 원료를 가지고 화약을 만들어 썼을까 하는 거야. 이에 대해서는 따로 기록이 보이지 않아. 둘째, 원나라라는 공동의 적을 물리치기 위해 명나라와 손을 잡았던 고려라면 배합법을 알고 있지 않았을까? 하는 의문이야. 화약 제조법을 이미 알고 있었기에 원료만 보낸 게 아닐까 하는 거지. 그렇다면 최무선의 주요 공로는 화약의 중요한 원료인 염초 제조법과 화포 제작에 집중될 거야. 셋째, 1380년 진포 대첩 때 최무선을 비롯한 고려군은 화약과 화포를 써서 왜구의 배 500척을 박살냈는데, 이때 사용한 염초는 언제, 어디에서 확보한 것일까? 명나라에서 온 것을 쓴 건지, 최무선이 염초 제조법을 알아내 만들어 쓴 것인지 궁금하지 않니?

세 가지 의문의 핵심은 화약 원료의 자급 능력일 거야. 원료 확보를 스스로 해결할 수 있어야 화약과 화포의 생산과 사용이 가능하니까. 아마 명나라는 고려가 염초의 비밀을 풀 능력이 없다고 생각했기 때문에 막대한 양의 화약 원료를 선뜻 보내 주었을 거야. 고려가 배합법을 알고 있고 화기 또한 이미 갖추었더라도 염초 제조법을 모른다면 명나라가 제공한 화약 원료 가운데 염초가 동나는 순간 다른 모든 게 무용지물이 될 거라는 계산이었던 거지.

당시 중국 이외의 나라들은 염초 제조법을 알아내기 위해 엄청난 노력을 했어. 비슷한 시기에 이슬람, 서양, 안남(베트남) 등과 함께 고려는 염초 제조에 성공했지. 그 비밀을 알아낸 순간부터 고려도 곧바로 화약 성능 개선, 화포 개발에 더욱 적극적으로 나서게 되었을 거고.

그렇다면 최무선은 어떻게 이런 특급 군사 비밀을 알아냈을까? 원나라건 명나라건 중국은 화약 제조법의 유출을 매우 엄격하게 통제했어. 《무경총요》 같은 책에도 화포에 대한 내용만 있지, 염초 제조법은 싣지 않았어. 화약 기술자는 공장 안에 거의 갇혀 있다시피 했으며, 그들이 도망갔을 때에는 철저한 추격과 응징이 뒤따랐어. 하긴 나중에 우리나라도 행여 화약 제조법이 일본에 유출될까 봐 엄청 단속했어.

최무선은 염초 제조법을 알아내기 위해 온갖 첩보를 수집했어. 그러던 중 1375년 염초장 출신의 상인 리웬을 만났다는 거야. 그리고 그를 잘 대접하여 진정한 화약 제조법, 즉 염초 제조의 비밀을 알아냈다는구나. 당시 중국이 원나라에서 명나라로 바뀐 혼란기라 통제가 느슨했기 때문에 가능했을 거야.

조선 시대의 수류탄, 비격진천뢰

비격진천뢰라고 들어 봤니? 임진왜란 시기 진주성 탈환 때 이 비격진천뢰가 큰 역할을 했다고 알려져 있어. 비격진천뢰는 화포 장인 이장손이 개발했는데 폭탄 가운데서도 정말 대단했다는구나.

飛擊震天雷
날 비 / 부딪칠 격 / 벼락 진 / 하늘 천 / 우레 뢰

진천뢰(벼락 치는 듯한 폭탄)는 바로 터지지 않고, 일정 시간이 지난 다음에 터지는 폭탄으로 중국에서 개발되었어. 총통을 통해 발사되었고, 무엇이 날아왔나 살피는 순간에 '빵' 터지도록 설계된 폭탄이야. 사실 이전까지 화약의 역할은 그 폭발력으로 철환 같은 것을 멀리 날리는 것이었어. 철환에는 화약이 들어 있지 않아서 단순히 성을 파괴하거나 적진을 흩는 역할에 그쳤지. 이에 비해 비격진천뢰는 철환이 폭발하면서 적진과 적군을 흔들어 놓고 목숨까지 빼앗을 수 있는 진정한 의미의 폭탄이었어.

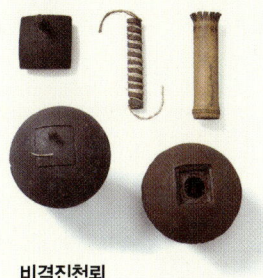

비격진천뢰

이러한 이유 때문에 대한제국의 몰락을 지켜보던 애국지사들은 임진왜란 때 대단한 능력을 펼쳤던 비격진천뢰를 떠올렸어. 당시 신문이나 글을 보면 장영실보다 더 유명한 사람이 비격진천뢰를 만든 이장손이었고, 자격루보다 더 유명한 게 이 비격진천뢰였단다. 임진왜란이라는 위기를 맞아 적의 간담을 서늘하게 한 놀라운 발명품의 정신을 본받자고 주장하기 위해 자주 등장했던 거야.

하늘을 나는 불화살, 신기전

이미 확보한 화약 원료도 적지 않게 있겠다, 염초를 생산할 길도 열렸기

때문에 이후부터는 화약과 관련된 일들이 술술 풀렸지. 화약을 제조하고 화기를 만들고, 총포 무장 군대를 조직해 조련하는 일이 이어졌어. 염초 생산 기술을 알아낸 최무선은 조정에 건의하여 1377년에 화통도감을 설치하고 자신이 총책임자가 되었단다. 최무선은 그곳에서 대장군, 이장군, 삼장군 화포 등을 포함해 18종의 무기를 생산했어. 해안가를 노략질하는 왜구 격파가 급한 임무였기 때문에 화약과 화포를 장착한 전투용 배도 제조했지. 또 화약과 화포만을 전문으로 하는 부대인 화통방사군을 설치했어. 1380년 마침 전라도 진포를 침공한 왜구의 선박 500척을 무찌르는 쾌거를 거두었고 그 이후 화약과 화포는 나라를 지키는 핵심 기술이 되었단다.

> **화통도감**
> 1377년 설치된 화약 제조와 화약 무기를 담당한 관청. 1389년에 군기시라는 관청으로 흡수되었어.

그렇다면 최무선 이후 우리나라의 화약, 화포 개발 수준은 어땠을까? 특별히 더 뛰어난 것으로는 무엇이 있을까? 자, 퀴즈! 고려 시대에서 조선 시대 사이 화기의 발달에서 가장 주목할 것은 무엇일까?

① 화약　　　② 총통　　　③ 신기전과 화차
④ 시한폭탄인 비격진천뢰　　　⑤ 화포를 장착한 전선

답이 여러 개가 될 수도 있지만, 당시 상황과 현재의 평가를 아울러 답을 찾아보도록 하자. 2008년에 나와 함께 한국 과학사 수업을 했던 카이스트 학생들은 하나하나 살펴보고 다음과 같은 결론을 내렸단다.

첫째, 화약은 제조 부분에서 개량은 있었지만 우리나라가 최고는 아니었다.

최무선이 만든 염초가 대단하기는 했지만 어디까지나 중국의 장인으로

황자총통 1587년 조선 시대에 제작된 화포야.

부터 얻은 기술을 개량한 거였다는 거지. 최무선이 《화약수련법》과 《화포법》이라는 책에 화약 제조의 기술을 남겼다고는 하나 오래전에 사라져 버려서 중국의 기술과 비교할 수도 없어. 물론 후대에 더 나은 화약 제조 방법을 찾아냈고, 그 방법은 오늘날까지 전해지고 있어.

1635년 조선 시대 중기의 무신 이서는 《신전자취염초방(끓여서 염초를 얻는 새로운 방법)》이란 책에서 염초를 얻는 더욱 개량된 방법을 알아냈다고 했어. 길 위나 담 밑에 있는 색이 검고 맛이 매운 흙에 쑥을 태운 재와 곡식대의 재를 섞은 다음 물을 넣고 끓였다고 하는구나. 특별한 흙과 식물의 재를 섞어 끓여서 염초를 얻었던 거야.

이보다 60년 뒤 조선의 역관 김지남은 더욱 나은 방법을 중국에서 알아내 한글 번역이 달린 《신전자초방언해》에 담았어. 중국에서 더 나은 제조법을 알아낸 것을 보면 꼭 우리나라만이 화약 개발에 획기적 성취를 이뤘다고 보기는 힘들겠지?

둘째, 총통의 개량이 꾸준히 있었지만, 다른 나라의 것보다 월등했다고 말하기 힘들다.

총통이란 화약을 폭발시켜 철환 같은 탄두를 발사하는 화기를 뜻하고, 화기란 불을 뿜는 기기란 뜻이야. 우리나라 화기의 장점은 우선 다양한 종류

의 총통을 만들었다는 점. 총통 안에 나무로 만든 격목으로 화약을 꼭꼭 눌러 폭발력을 키울 수 있도록 설계해 포환이 멀리 날아갔다는 점. 마지막으로 총통에 마디를 많이 두어 한결 견고했다는 점이라 할 수 있어. 물론 단점도 만만치 않아. 특히 개인용 화기의 발달이 더뎠어. 개인용 화기는 한 손으로 화기의 몸체를 잡고 한 손으로 종이 심지에 불을 붙여야 했기 때문에 명중률이 많이 떨어졌어. 또 사격 후 반동을 흡수하는 장치도 없었고, 화포의 장전 시간도 길고 사용 방법도 복잡했어. 그렇다고 우리나라의 총통이 다른 나라보다 뒤졌다는 건 아니야. 학생들은 장점과 단점을 함께 고려해서 '월등하지는 않았으나 대등했다.'라고 평가했어.

마지막으로 학생들은 신기전만큼은 우리나라만의 대단한 기술이었다고 평가했어.

최무선이 만든 화기 중에 주화란 게 있어. 화약

神機箭
귀신 신 / 기계 기 / 화살 전
신묘한 쇠뇌 화살이라는 뜻으로 화약을 이용해 로켓처럼 날아가는 화살을 가리키는 말이야.

走火
달릴 주 / 불 화
불타오르며 날아가는 화살을 가리키는 말이야.

을 담은 약통을 화살에 달아 그 화약이 폭발하는 힘으로 날아가는 일종의 로켓이야. 그의 아들 최해산(1380~1443년)은 아버지에게 물려받은 주화의 제조 비법을 더욱 발전시켜 신기전을 만들었어.

최해산은 신기전을 큰 것, 중간 것, 작은 것, 흩어져 폭발하는 것 네 가지로 만들었어. 이 가운데 작은 것을 제외한 나머지는 폭발력을 지닌 발화통을 설치하도록 설계되어 있어. 단순히 멀리 날아가는 화살이 아니라 폭탄 불화살이 된 거야. 또한 흩어져 폭발한다는 산화 신기전은 발화통 안에 2차 추진체가 있어 폭발을 한 번 더 하는 불화살이야.

화약을 쓰는 무기들이 많아서 헷갈린다면 다음 표를 보렴.

무기의 위력 \ 화약의 역할	발사체를 멀리 날림	비행 중에 폭발하여 발사체를 더욱 멀리 날림	화약 없이 발사체를 날림
충돌, 단순 파괴	화포, 총통	주화, 작은 신기전, 로켓 엔진	돌팔매
도착 후 폭발	비격진천뢰	큰 신기전, 중간 신기전, 산화 신기전	수류탄, 비행기로 투하하는 폭탄

이후 세종의 아들 문종은 한 번에 신기전 100발을 쏠 수 있는 발사체인 화차를 만들었어. 놀라운 발명품이지. 바퀴를 달아 이동성을 높였고, 각도 조절의 폭을 넓혀 훨씬 먼 곳까지 신기전을 쏠 수 있는 장치였어. 다른 나라에 신기전이나 화차 같은 무기는 19세기 초에나 등장했어. 신기전과 화차 덕에 임진왜란 때 권율 장군이 행주산성에서 크게 승리했어. 화차 300대가 있었기에 불과 2300명의 병사로 3만 명에 달하는 왜군을 무찌를 수 있었던 것이지.

아! 아까 냈던 퀴즈 정답은 뭐냐고? 카이스트 학생들은 5번, 바로 화포를 장착한 전선을 선택했어. 이순신 장군이 임진왜란에서 대승을 거둘 수 있었던 가장 중요한 성공 이유 중 하나이기도 하지. 화포를 탑재한 조선의 전선은 풍전등화의 나라를 구한 일등 공신이었어. 그 활약상이 얼마나 대단했는지는 다음

신기전 화차(왼쪽), 권율 장군이 이끈 행주 대첩을 묘사한 그림(오른쪽) 화차는 신기전을 담아 한번에 많이 쏘아 보내는 기기야. 행주 대첩 이후부터 널리 쓰여 전투를 승리로 이끌곤 했단다.

장에서 자세히 살피도록 하자.

조선의 대포는 왜 서양의 대포에 밀렸을까

1893년 미국 시카고에서 만국박람회가 열렸어. 만국박람회는 각 나라의 민속공예품이 전시되어 전 세계 사람들이 어떻게 살고 있는지를 볼 수 있는 기회였지. 그런데 조선은 생뚱맞게도 여러 공예품과 함께 대포를 출품했지 뭐야. 조선 시대 초기에 제작한 묵직한 대포였는데, 우여곡절 끝에 시카고에 도착은 했지만 정작 전시는 되지 않았어. 왜 하필 대포를 보냈을까?

열강의 틈바구니 속에서 쇠락한 조선이 허덕이던 때였으니까 혹시 이런 메시지를 전하고 싶었던 건 아닐까?

"우릴 한갓 공예품이나 만들 줄 아는 미개 종족으로 알고 있다면 천만의 말씀! 이런 병기를 만들 줄 아는 문명국이란 말이지. 그러니 무시하지 마!"

15세기만 해도 남쪽에 출몰한 왜구를 소탕하고, 북쪽의 여진족을 물리쳐 가면서 영토를 확장했던 조선이 왜 이렇게 됐을까? 16세기 후반 이후 조선은 임진왜란을 겪으며 일본한테 짓밟히고, 병자호란 때는 청나라한테 호되게 당했어. 19세기 중엽에는 서해 앞바다에 출현한 프랑스와 미국의 철선과 한바탕 전투를 치렀고, 1875년에는 일본 군함 운요호에 굴복하고 문호를 열게 되었지.

이렇게 많은 풍파를 겪었는데, 지금까지 살펴본 화약과 화포의 역사는 무슨 의미가 있는 거냐고? 싸움은 상대적인 거란다. 우리가 아무리 대단한 걸 만들었어도, 상대방이 더 센 것을 만든다면 초라해지기 마련이야. 1600년까지는 우리나라의 화약과 화포 제조 기술이 세계와 어깨를 나란히 했는데 이후에는 상대적인 격차가 더 커져 버렸어. 아무리 우리에겐 최고인 화약과 화포도 서양의 앞선 무기 앞에서는 종이호랑이의 포효에 불과했겠지. 아시아 전체를 호령하던 중국조차 서양의 무력 앞에 굴복했으니 말이야.

그렇다면 서양은 어쩌다 이토록 무기가 발달했을까? 전쟁이 많았기 때문이야. 평화로울 땐 아무래도 무기 개발에 소홀해지지만 전쟁의 아픔을 겪고 나면 무기 개발의 중요성을 깨닫고 힘쓰게 되는 거지. 전투가 잦았던 고려 시대 말에서 조선 시대 초까지는 화약과 화포가 발달했고, 평화로웠던 조선 시대 후기에는 화약과 화포에 소홀했지. 그만큼 외세로부터 나라를 지킬 힘이 약해져 있었던 거야. 평화가 적의 공격을 불렀다니, 정말 역사의 딜레마로구나.

▼
■ 중국의 화약과 화포에 관한 내용은 중국에서 나온 여러 책을 참고했어. 카이스트 학생들의 우리나라 화약과 화포에 대한 의견은 박재광 선생의 《화염조선》과 KBS 역사스페셜 《신기전 편》, 신재호 선생의 《임진왜란 당시 조선군의 주요 무기 체계》, 이종호 선생의 《천재를 이긴 천재들》 등을 참고했어. 《화염조선》은 조금 어렵지만 너희들도 읽을 수 있을 거야.
■ 화약과 화포에 관한 연구로는 허선도 선생의 《조선시대 화약병기사 연구》라는 어려운 책이 있어. 이보다 쉬운 책으로는 채연석·강사임 선생의 《우리의 로켓과 화약 무기》가 있어.

7 이순신의 거북선은 어떤 모습이었을까

임진왜란 때 일본의 수군 대장이었던 도노오카는 자신이 이끌던 함대가 조선의 전선에 풍비박산되는 것을 목격해야 했어. 그리고 일부 병사와 함께 겨우 목숨을 건져 도망칠 수 있었지. 이후 그는 《고려선전기(조선 배와 싸움한 기록)》란 책에 당시의 쓰라린 기억을 담으며 이렇게 썼어.

아! 쇠로 덮인 그놈의 장님배들 때문에……

아래 글은 이순신 장군이 1592년 6월, 조정에 올린 〈당포에서 왜군을 물리친 보고서〉의 일부분이야.

거제도 앞바다에 큰 왜군 배 20여 척이 작은 배를 많이 거느리고 정박해 있었습니다. 신은 왜군을 거제도 바다로 유인했습니다. 우리 군의 위엄을 보고서 적들이 총알을 우박 퍼붓듯 마구 쏘아댔습니다. 이때 신은 거북선에 적장이

탄 배를 공격하라는 명령을 내렸습니다.

"거북선은 적선 속을 뚫고 들어가 쳐라!"

거북선은 곧장 왜군 충각배 밑을 쏜살같이 치고 들어갔습니다.

"방포하라!"

거북선은 용의 입으로 현자 철환을 쏘면서, 배 좌우의 포문에서는 천·지·현·황 대포를 빗발치듯 쏘면서 적장의 배에 달려들어 부서뜨렸습니다.

"다른 배들도 모두 적선을 공격하라!"

모든 전선들이 가세하여 적선을 공격했습니다. 우리가 쏜 불화살이 적선에 맞아 맹렬한 불길이 솟았고, 우리가 쏜 화살은 적장을 맞추었습니다. 우리가 온갖 포탄을 퍼부으면서 달려들자, 왜군은 어찌할 줄을 모르고 도망가기에

일본의 《회본태합기》에 나온 거북선 《회본태합기》는 임진왜란을 일으킨 도요토미 히데요시의 일생을 다룬 일종의 소설인데 임진왜란과 정유재란에 대한 내용도 나와. 임진왜란을 다룬 부분에서 조선의 거북선이 그림과 함께 나왔는데 우리가 알고 있는 거북선과는 많이 달라 보이지?

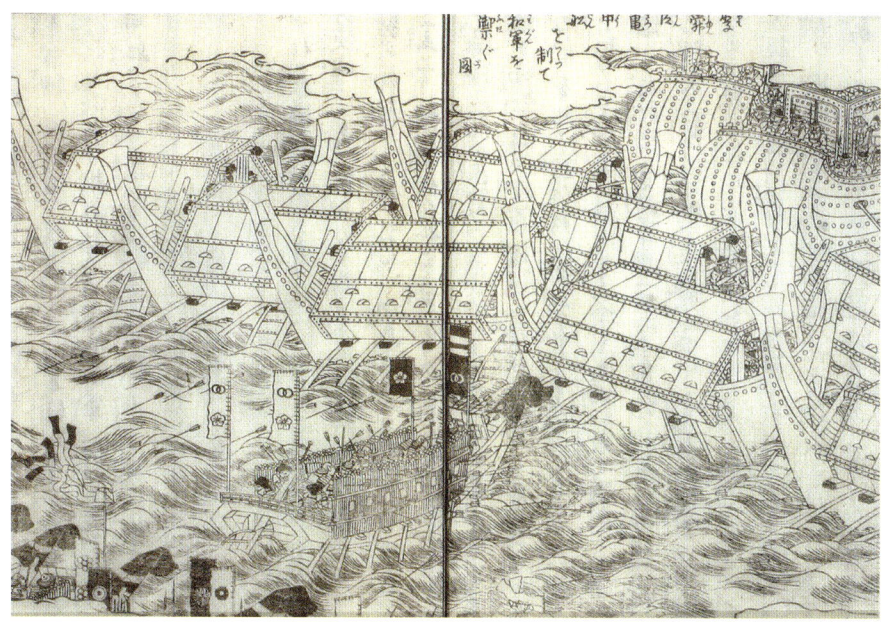

바빴습니다.

"어? 이상한 게 있어요. 우리는 '거북선'이라고 하는데, 일본은 '장님배'라고 부르고 있어요."

사실 우리가 거북선으로 알고 있는 배에 조선 수군이 붙인 정식 이름은 '거북 귀(龜)'에 '배 선(船)'으로, 즉 귀선이었어. 이것을 한글로 풀어 부르기 시작한 건 한참 뒤인 1900년 초야. '거북배'라고도 하다가 '거북선'으로 이름이 굳어진 거란다.

일본에서는 거북선을 '눈멀 맹(盲)'에 '배 선(船)'을 붙여 맹선, '장님배'라고 불렀어. 배의 등 부분이 덮여 있어 사람이 하나도 보이지 않는다고 해서 이런 이름을 붙인 거야.

"또 일본에서는 거북선이 쇠로 덮여 있다는 부분을 지적하는데, 이순신 장군의 보고서에서는 용머리와, 배 좌우의 대포를 더 강조한 것 같아요."

전쟁에 패한 일본은 거북선이 철갑선이어서 자기들이 속수무책으로 당했다고 주장했어. 반면 조선은 거북선이 적진 깊숙이 쏘다니며 상대가 꼼짝 못하게 대포 공격을 한 사실을 비중 있게 다루고 있어. 용머리로는 유황 연기를 뿜었다는 200년 후의 기록도 있지. 그렇다면 거북선이 '적진 깊숙이' 공격해 적을 무력화시킬 수 있었던 특징이 있었을 텐데, 그게 뭘까?

"용머리에서 대포를 쏘고, 배 양옆에서도 대포를 쏠 수 있었어요."

그래, 맞았어. 일본 수군이 자랑하던 전술은 빠르게 적선에 접근한 후 조총을 쏘면서 적선으로 넘어가 칼싸움을 벌이는 백병전이었어. 이순신 장군 이전에 원균 장군이 이끌었던 수군을 무너뜨린 바로

白兵戰
흰 백 / 군사 병 / 싸울 전
칼이나 창 등의 무기를 들고 가까이서 적과 싸우는 것을 가리켜. 이때 주로 쓰이는 무기들의 칼날이 흰색이기 때문에 백병전이라는 이름이 생겼지.

그 전술이었지. 오랜 전쟁 경험을 쌓은 왜군은 칼싸움에도 자신있었고, 조선에는 없는 조총도 있었거든.

조선 수군은 함포(군함에 장착한 화포)로 무장하고 있었기 때문에 비교적 먼 거리에서 하는 전투에는 강했지만, 가까운 거리의 전투에는 약했어. 하지만 함포도 적선이 너무 멀면 포탄이 미치지 못하고 명중률도 떨어지게 돼. 그렇다고 적선에 가까이 붙으면, 속도 빠른 왜군의 역습을 받게 되지. 거북선은 이런 불리한 전투 상황을 역전시킬 비장의 무기였어.

천하무적 거북선의 비밀

이순신 장군은 왜군의 조총이 먹히지 않고, 왜군이 아군의 배로 넘어 들어오지 못할 배로 거북선을 만들었어. 거북선이 어떻게 생겼는지는 이미 잘 알고 있을 거야. 여기에서는 《조선왕조실록》 가운데 하나인 《선조수정실록》의 기록을 한번 살펴보자. 너희들이 알고 있는 것과 비교해 봐. 참, 이 기록은 거북선에 대한 기록 가운데 가장 정확하단다.

> 이순신은 전투 장비를 크게 정비하면서 새로이 거북선을 만들었다. 배 위에 판목을 깔아 거북 등처럼 만들었다. 그 위에는 우리 군사가 겨우 통행할 수 있을 만큼 십자로 좁은 길을 내고 나머지는 모두 칼이나 송곳 같은 것을 줄지어 꽂았다. 배의 앞은 용의 머리를 만들고 입은 대포 구멍으로 활용했다. 배의 뒤에는 거북의 꼬리를 만들어 꼬리 밑에 포를 쏠 수 있도록 포문을 설치했다. 배의 양쪽에도 포문을 각각 여섯 개씩 두었으며, 군사는 모두 그 밑에 숨어서 포를 쏘도록 했다. 이처럼 거북선은 사방에서 포를 쏠 수 있는 배였는데, 전후좌우로 이동하는 것이 나는 것처럼 빨랐다. 싸울 때에는 거적이나 풀로 덮어 송곳과 칼날이 드러나지 않게 했다. 적이 배에 뛰어오르면 송곳과 칼에 찔

미국 보스톤에서 발견된 거북선 그림 2004년 뉴욕에서 공개된 그림으로 거북선의 모양들이 제각각인데다가 누가 그렸는지 알 수 없어. 진짜 거북선을 그린 것인지 상상해서 그린 건지 밝혀지지 않았어.

리게 되어 꼼짝 못하게 되는데, 그들을 덮쳐 포위해서 화총을 일제히 쏘았다. 그리하여 적선 속을 횡행하는 데도 아군은 손상을 입지 않은 채 가는 곳마다 바람에 쓸리듯 적선을 격파하였으므로 언제나 승리했다.

―《선조수정실록》(1592년 5월 1일자)

자, 그럼 천하무적 거북선의 비밀을 하나하나씩 벗겨 보도록 하자.

첫째, 거북선의 등이야. 배 위에 판목을 깔아 거북 등처럼 만든 후 칼이나 송곳 등 날카로운 것을 줄지어 꽂았다고 되어 있구나. 이건 이미 너희들도 잘 아는 내용일 거야. 판목 사이로 '열 십(十)' 자로 길을 내서 다녔다는 것도 알고 있었니? 대부분 거북선의 등 부분을 철갑, 그러니까 철로 전체를 덮은 거라고 알고 있을 텐데, 기록을 보면 철이 아니라 판목, 즉 나무를 깔아 만들었다고 되어 있어. 물론 판목 위에 철을 씌웠을 경우를 상상할 수도 있을 텐데 이처럼 상세한 기록에서 그렇게 중요한 내용을 실수로 빼먹었으리라는 생각은 들지 않는구나. 그러니까 거북선은 등이라고 할 수 있는 갑판을 철로 된 칼이나 송곳으로 덮었으니까 '갑철'이라고 할 수 있지. 그렇다면 앞서 '쇠로 덮힌 장님배'라고 한 일본의 기록은 어떻게 된 걸까? 《선조수정실록》에 따르면 '전투 때는 거적이나 풀로 위장했다.'라고 하잖아. 때문에 왜군이 송곳과 칼은 물론이거니와 나무 갑판을 보지

甲鐵
거북 갑 / 쇠 철
거북 모양에 철로 된 무기로 무장했다는 의미로 쓰인 단어야.

못했거나 거북선에 꽂힌 무기들만 보고 갑판도 쇠로 되어 있다고 단정지었을 수도 있을 거야. 게다가 '엄청난 놈'한테 당했다고 해야 패배의 치욕감이 덜했을 것 아니야?

그런데 거북선 등에 송곳이나 칼을 꽂은 걸 보면 거북선을 '고슴도치선'이라 불러야 하지 않을까? 어쩌면 거북선 제작자는 고슴도치를 보고 아이디어를 얻었을지도 몰라. 어쨌든 기록을 보면, 왜군은 특기인 백병전을 시도하러 거북선 위에 뛰어든 것이 분명하구나. 왜군은 뛰어든 순간에 송곳이나 칼에 찔려 중상을 입었을 거야. 그렇게 꼼짝 못하는 틈을 타서 달려든 조선군들과 좌우에서 공격하는 전선들의 협공을 받았으니 조총을 들고 있어도 제대로 쏘지도 못하고 곧바로 잡히거나 목숨을 잃을 수밖에 없었을 거야. 왜군의 장기인 조총 공격과 백병전이 무장한 거북선의 등 때문에 완전히 쓸모가 없어진 거지.

거북선의 두 번째 비밀은 전후좌우 사방으로 설치된 포야. 거북선 양쪽에 각각 6개씩 포문이 있고, 그곳에 대포를 설치했던 거야. 또 거북선 앞에 단 용머리와 꼬리 쪽에도 대포를 설치했지. 거북선의 대포는 선상에 깔려 있는 포판(포의 몸통 밑에 받치는 판) 양쪽에 각각 6개씩 해서 12개, 머리 쪽 1개, 꼬리 쪽 1개로 모두 합해서 14개를 설치했어. 그리고 각종 포환, 온갖 화살과 철물들은 선실 아래층 창고에 잔뜩 실었지. 많은 대포를 배에서 쏘기 위해서는 배 밑이 평편해야 하고, 배가 묵직해야 해. 그렇지 않으면 포를 쏠 때 생기는 엄청난 반동을 견뎌내지 못하거든.

이렇게 중무장한 거북선은 쉽게 적진을 파고들었고 지휘선에 달려들어 포를 빵빵 쏴 댔어. 지휘선이 깨져 버리고 지휘관이 죽을 지경에 이르니 왜선들이 우왕좌왕하다가 전멸하는 건 시간문제 아니었겠니?

거북선의 세 번째 비밀은 쉬운 방향 전환과 빠른 속도야. 기록에서 '전후좌우로 이동하는 것이 나는 것처럼 빨랐다.'고 하잖아. 거북선은 돌격선으로

군진도 전투의 대형을 그린 군진도로 판옥선과 거북선의 위치를 그렸어. 거북처럼 단단하게 무장한 거북선이 이렇게 적진을 누볐다면 적들은 속수무책으로 당할 수밖에 없었을 거야. 하지만 실제로 이 그림처럼 거북선은 많지 않았어. 또 거북선이 있다고 무조건 이기는 일도, 거북선이 없다고 무조건 지는 일도 없었단다.

적의 지휘관이 탄 배를 재빠르게 공격하고 적선들 사이를 요리조리 다니면서 적의 진영을 흩어 놓았어. 이쯤 해서 퀴즈 하나 낼게, 알아맞혀 봐.

보트처럼 밑바닥 폭이 좁고 앞과 뒤가 뾰족하게 생긴 배와 밑바닥이 널찍하여 앞뒤가 뾰족하지 않게 생긴 배가 있다면 갑작스럽게 방향을 바꿀 때 어느 배가 더 쉬울까?

"뾰족하지 않은 배요. 뾰족한 배는 앞으로 빨리 갈 수는 있어도 한쪽으로 나가려는 경향이 강해서 방향을 틀 때 힘들잖아요."

맞았어. 왜선은 보트와 같은 배였고, 거북선을 비롯한 조선 수군의 배는 모두 밑바닥이 평편하게 넓은 배였단다. 그래서 방향 바꾸기가 더 쉬웠던 거야. 게다가 노 젓는 방식에서도 차이가 있었을 거라고 봐. 거북선의 노를 깊이 연구한 김영성 선생에 따르면, 거북선은 노의 위치를 슬쩍 바꾸는 것만으로도 쉽게 방향을 바꾸도록 되어 있었다고 해. 노를 젓는 군사들이 북소리 신호에 맞춰 일제히 노의 위치를 바꿔 주면, 방향이 쉽게 바뀌게 되는 거야.

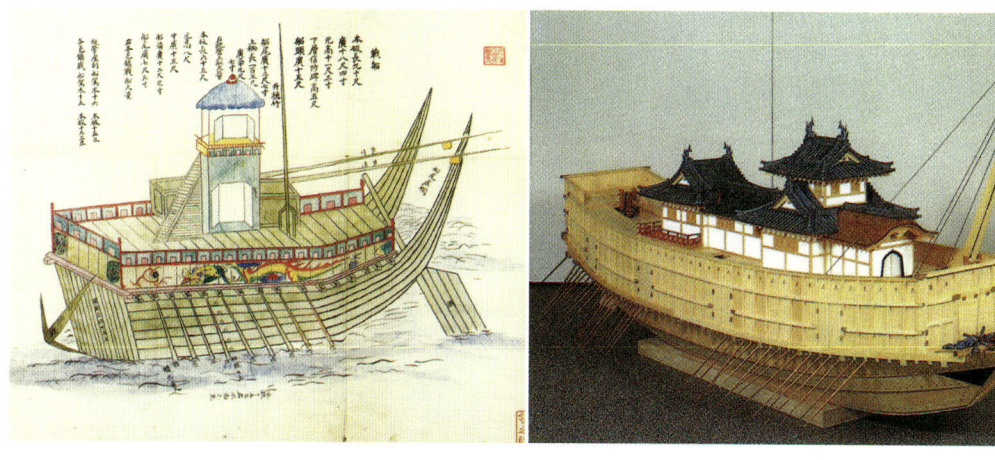

조선의 판옥선(왼쪽)과 왜군의 안택선 모형(오른쪽) 조선 시대 후기에 배와 관련한 도면을 모은 책 《각선도본》에 실린 판옥선이야. 뱃머리와 배의 바닥이 뾰족하지 않고 평편한 모양이야. 안택선은 임진왜란 때 왜군이 사용했던 전형적인 전선이야. 배의 바닥이 보트처럼 뾰족한 편이지.

일반적으로 앞과 뒤가 뾰족한 배와 뾰족하지 않은 배 가운데 뾰족한 배가 더 빠르지? 그런데 이순신의 보고서에는 거북선이 왜선을 헤치며 날아다니는 것 같았다고 되어 있어. 구조 자체만 놓고 본다면 왜선이 직선으로 달리는 속도가 훨씬 더 좋을 수 있었지. 대신 거북선은 노 젓는 군사를 많이 두어 속도를 높였어. 노를 배 왼쪽과 오른쪽에 각각 8개나 10개씩 두고 노 1개당 5명의 군사들이 한 조를 이뤄 책임졌어. 조장 1명이 지휘를 하면 4명은 명령에 따라 노를 저었지. 거북선 전체 탑승 인원의 과반수가 바로 노 젓는 역할을 하는 격군이었어. 이렇게 노 젓는 사람 수가 많기도 했지만 이순신 장군이 명령에 맞춰 노 젓는 연습을 죽어라고 시키지 않았다면 배가 날아가듯 나아갈 수 없었을 거야.

참, 돛을 이용한 항해술 또한 거북선의 비밀로 빼먹어선 안 되지. 조선의 수군은 세 가지 종류의 바람을 모두 이용할 수 있었어. 배가 진행하는 방향대로 부는 순풍, 배 가운데를 가로지르며 부는 횡풍, 그리고 배가 진행하는 방향을 거스르며 불어오는 역풍을 모두 항해에 이용할 줄 알았지.

무엇보다 역풍을 이용하려면 두 개의 돛이 필요한데, 왜선은 돛이 하나뿐이었어. 거북선은 두 개의 돛을 이용해 왜군보다 월등한 항해술을 펼칠 수 있었지.

"갑철로 된 거북선의 등, 전후좌우 사방으로 설치된 화포, 쉬운 방향 전환과 빠른 속도, 그리고 돛을 이용한 항해술."

이 네 가지가 거북선이 천하무적함으로 맹활약할 수 있었던 비밀이었어.

거북선에는 몇 명이나 탔을까

거북선의 등 부분을 제외한 나머지 장점들은 조선 수군의 주력함인 판옥선에도 다 적용되는 거야. 거북선은 판옥선과 기본 구조가 같았거든. 한마디로 판옥선 위에 거북의 등껍질 같은 판목을 덮고 송곳이나 칼을 꽂은 게 거북선이야. 아, 거기에 위용을 과시하기 위해 배 앞에 용머리도 하나 달았지.

板屋船
널빤지 판 / 집 옥 / 배 선
갑판 위에 지휘소가 있는 배를 가리켜.

"그러니까 거북, 고슴도치, 용을 보고 떠올린 창의적인 생각이 적의 예리한 공격을 무력화시킨 거군요!"

그래그래. 기존에 있던 판옥선에 아이디어 몇 가지를 덧붙인 결과 판옥선의 장점이 더 강력하게 살아나게 된 거지. 《태종실록》에 기록이 있어서 거북선 자체는 조선 시대 초에도 있었던 것으로 추정돼. 이순신은 1592년 임진왜란이 일어나기 한 해 전, 전쟁의 낌새를 느끼고 미리 거북선을 제작해 두었어. 또한 이순신은 조선 시대부터 크게 발전한 화포와 화약을 거북선에 마음껏 응용했어. 무엇보다도 고슴도치와 용의 모습에서 얻은 아이디어를 추가한 점이 나중에 큰 효과를 냈지. 이런 아이디어를 함께 내고, 실제 거북선을 만드는 데 크게 힘을 쓴 무관 나대용도 함께 기억하자꾸나.

> **나대용(1556~1612년)**
> 조선 중기의 무신으로 1591년 전라좌수사 이순신의 부하로 들어가 군관으로 거북선을 만드는 데 참여했어. 또 임진왜란 때 여러 해전에서 공을 세웠어. 우리 역사에서 유례를 찾아 볼 수 없을 정도로 배 만드는 기술이 뛰어났다는 평가를 받지.

임진왜란 때 활약한 거북선은 오늘날 볼 수 없어. 그저 이순신 장군이 죽은 지 거의 200년이 지난 후에 나온《이충무공전서》에 담긴 두 종류의 거북선 모형으로 그 모양을 추측할 뿐이지. 이 두 종류의 거북선은 이른바 '통제영 거북선'과 '전라좌수영 거북선'이야. 통제영 거북선이 이순신이 만들었다는 거북선과 비슷하고, 전라좌수영 거북선은 구조가 다소 변형된 거야. 너희들에게 익숙한 모델은 전라좌수영 거북선이지? 그게 거북등을 갖춘 거북의 모습과 가장 비슷하잖니.《이충무공전서》에는 통제영 거북선의 크기가 실려 있는데 오늘날의 수치로 환산하면 머리부터 꼬리까지 배의 최대 길이가 약 35미터, 선체의 길이 27~30미터, 폭 9미터, 전체 높이 6미터야. 복원한 거북선에 들어가 본 친구들은 대략 크기가 어땠는지 짐작하고 있을 거야.

"그렇지만 얼마나 많은 수군이 탔었는지는 잘 모르겠어요."

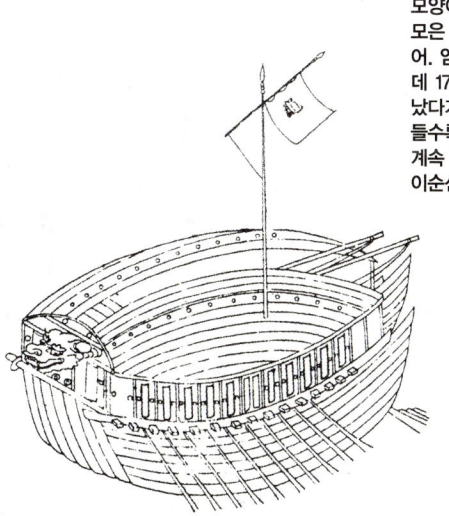

통제영 거북선(왼쪽)과 전라좌수영 거북선(오른쪽) 같은 거북선이지만 모양이 꽤 다르지? 처음에 만들어진 거북선은 3척이었는데 외교문서를 모은 기록《사대문궤》에 따르면 임진왜란 중이던 1595년에는 5척이었어. 임진왜란이 끝난 후 1606년과 1716년에도 거북선은 계속 5척이었는데 1746년에 14척으로 늘어났고(《속대전》), 1808년에는 30척까지 늘어났다가(《만기요람》), 1817년에는 18척이었다고 해(《선안》). 거북선을 만들수록 구조도 많이 바뀌었지. 특히 대포를 사용할 수 있는 포문(포구)이 계속 늘어났어. 통제영 거북선은 74개, 전라좌수영 거북선은 36개인데 이순신 장군이 처음에 만들었던 거북선의 포문은 14개야.

그럼, 지금부터 거북선 놀이 한번 해 볼까? 《비변사등록》이란 책 1716년(숙종 42년) 10월 24일자에 거북선에 탑승한 인원에 대한 기록이 남아 있어. 그 숫자를 토대로 해 보는 거야. 자, 선착순 148명(임진왜란 때 쓰인 거북선의 수용 인원은 약 125명 정도로 148명보다는 약간 적었다고 해. 전체 인원 숫자만 남아 있는 것이니 감안하고 보도록 해) 모여라! 다 모였니? 그럼, 순서대로 임무를 부여하겠다. 알겠나?

"예. 이순신 장군님."

2명은 포도장으로 좌우의 지휘관이고, 24명은 대포를 쏘는 포수! 8명은 화포와 화약을 다루는 기술자, 14명은 활 쏘는 군졸이지. 이로써 전투병들은 다 배치했구나. 다음은 배 다루는 병사 차례군.

90명은 노 젓는 격군으로 좌우에 있는 노 18개에 각각 5명씩 한 조를 이뤄 맡는다. 알겠나? 노 젓는 게 힘들겠지만 명령에 따라 일사불란하게 노를 젓도록 하라. 둘은 북치는 군악 담당 병사로 각각 왼쪽, 오른쪽의 북을 맡아 명령을 전하라. 나머지는 방향 담당 조타수 둘, 돛 담당 둘, 닻 담당 둘, 배를 지키는 병사 둘이라네. 자. 다 모였으면 점호.

"하나, 둘, 셋, 넷, 다섯…… 일백사십팔!"

자. 지금 첩보에 따르면 당포에 적선이 정박하고 있다고 한다. 그대 148명은 지금부터 거북선에 탑승해 적들을 바다로 유인하고, 적의 함대를 교란하여 지휘선을 파괴한다. 그대들이 어떻게 하느냐에 따라 이번 작전의 성패가 달려 있음을 잊지 말도록. 나는 판옥선들을 이끌고 후방에서 작전을 펴겠다.

"와아~ 조선 수군 만세! 이순신 장군 만세! 천하무적 거북선 만세! 출발~ 둥둥, 돛을 올려라!"

거북선은 적군에게는 공포를, 아군에게는 승리에 대한 자신감을 심어 주었어. 이 글 맨 처음에 본 이순신 장군의 보고서에서 너희들도 그걸 느꼈을 거야. 우리가 지금도 거북선을 천하무적으로 기억하는 이유는 여기에 있겠지?

비밀노트

거북선에 대해 아직도 궁금한 것들

★임진왜란 때 거북선은 도대체 몇 척이나 활약했을까?

세 척이야. 전체 지휘부가 있는 통제영, 전라좌수영, 경상우수영에 각각 한 척씩 있었지. 조선 시대 수군의 주력 전함은 판옥선이었어. 거북선 세 척만 가지고도 대단한 효과를 거뒀어.

★거북선 때문에 조선 수군이 늘 승전했을까?

그건 아니야. 원균 장군은 거북선을 가지고서도 칠천량 해전에서 패했어. 또 이순신 장군은 거북선 없이 싸울 때도 이긴 적이 있거든. 그러니까 지휘관이 얼마나 유능한가에 따라, 펼치는 작전과 아군의 사기가 어땠는가에 따라서 전쟁의 승패가 결정되는 거야. 아무리 좋은 무기가 있으면 뭐해. 병졸이 시원찮고, 지휘관이 형편없다면 무용지물이 되는 거야. 유능한 장수, 잘 훈련된 군사에다 뛰어난 기술이 결합했을 때 승리의 확률이 높아지는 거지. 이순신 장군이 거북선을 앞세우고 작전을 펼칠 때가 바로 그러한 순간이었어. 거북선은 적의 강점을 무너뜨리고 우리의 장점을 최대한 발휘하는 배였고, 그러한 무기를 잘 이용할 줄 아는 지휘관이 만났으니 말이야.

★왜군은 왜 전통 전함을 고집했을까?

이순신 장군이 모함으로 옥에 갇혔을 때, 왜군은 조선 수군과의 전투에서 승리해 많은 조선의 전선을 챙겼어. 그들은 조선 전선의 장점을 잘 알고 있었어. 배에 설치한 대포와 불화살 같은 무기나, 많은 수의 노, 순풍, 역풍, 횡풍을 자유자재로 이용할 수 있는 두 개의 돛 등 말이야. 이 때문에 조선에서는 일본이 우리 기술을 이용해 훨씬 더 강력해지면 어쩌나 크게 걱정했어. 그런데 우려한 일은 전혀 일어나지 않았어.

물론 왜군도 대포를 배에 설치하려는 시도는 했어. 하지만 왜군의 뾰족한 배를 거북선처럼 평편하고 묵직한 배로 바꾸는 일은 쉽지 않았어. 일본 전통 전선만의 장점, 즉 개별 전투력을 극대화할 수 있다는 것을 포기하는 게 쉽지 않았던 거야.

★'거북선'이라는 창의적인 발명품이 풍전등화의 나라를 구했다면 크게 과장된 말일까?

물론 순전히 거북선 때문에 조선이 임진왜란에서 승리했다고 한다면 너무 과장이야. 그렇지만 패배의 기운이 짙게 드리운 조선군에게 분위기를 바꿔 승리의 자신감을 불어넣는 데 거북선이 크게 기여한 것은 사실이야. 수군의 승리는 물밀듯 밀려든 20만 왜군이 육지에서 승승장구하여 선조가 북쪽 끝 의주까지 쫓겨 간 치욕적인 상황에서 희망의 빛이 되어 주었으니까.

▼
■ 내가 카이스트 학생들과 함께 쓴 《우리 과학의 수수께끼2》의 〈거북선은 철갑선이었을까?〉를 글의 뼈대로 삼았어. 여기에 소개된 거북선에 탄 인원에 대한 정보는 고동환 선생에게서 얻었어. 거북선을 비롯해 한국의 배 전반에 대해 더 넓게 공부하기를 원하는 사람은 우리나라 배의 역사를 가장 먼저, 가장 깊게 연구한 김재근 선생의 《한국의 배》를 읽으면 좋을 거야.
■ 임진왜란 당시 전선의 핵심은 거북선이 아니라 판옥선이었어. 판옥선은 크기는 거북선과 거의 같지만 거북 등 대신에 나무판으로 만든 지휘소가 있었지. 그리고 남해와 서해는 밀물과 썰물의 차이가 커서 바닥이 뾰족한 배보다는 넓적한 배가 더 적격이었어. 이런 환경에 맞춰 발달한 우리의 배를 다른 나라의 배와 구별해 '한선'이라 불러. 《배무이》를 보면, 옛날에 한선을 어떻게 만들었는지 그림과 함께 잘 나와 있어.

8 2년 8개월 만에 지은 철옹성, 수원 화성

유네스코에서 세계 문화유산으로 지정한 수원 화성. 그 성곽을 따라서 걷다 보면 공격과 방어를 위한 각종 설치물을 볼 수 있어. 어떤 것은 쉽게 눈에 띄지만 어떤 것은 대충 보아서는 잘 보이지 않지. 화성은 단순히 적을 막는다는 개념의 옛 성과 달리 공격과 방어를 위한 각종 설치물을 세심하게 설계한 성이야.

왜 수원 화성은 철옹성일까

2004년 가을 학기를 함께 보낸 카이스트 학생 가운데 아홉 명이 수원 화성을 주제로 발표를 했어. 수원 화성이 왜 철옹성인지를 보여 준 참신한 연극이었지. 가상의 적이 수원 화성을 침공한다는 줄거리로 발표했던 연극 대본을 다듬어 여기에 다시 소개할게. 과제를 발표한 학생들의 이름은 그대로 등장시켰어.

19세기 초, 수원 화성이 지어진 지 얼마 안 되었을 무렵의 이야기이다. 동남아 한 구석에 있는 이름을 알 수 없는 어느 나라의 궁궐에서는 며칠 연속으로 회의가 열렸다. 나라의 왕인 증호를 비롯하여 장군 도희 등 높은 지위의 신하들이 모인 이 회의의 주제는 '어떻게 조선을 침략할 것인가?'였다. 부산항을 통해 들어가 내륙 지방을 조금씩 점령하며 한성에 도달한다는 것까지는 결정을 하였으나 수도에 들어가기 직전에 있는 수원에 대해서는 좀처럼 이야기가 진행되지 않았다.

👑 어허. 빨리 의견을 내어 보아라. 이거 원, 고작 작은 도시 하나 침공하는 데 이렇게 시간이 많이 걸려서야 조선을 언제 다 차지하겠느냐.

🧔 증호님, 전혀 그렇지 않사옵니다. 수원은 절대 작은 도시가 아닙니다. 조선의 도성이나 지방 읍성처럼 수원 역시 화성의 성벽으로 도심부 전체가 둘러싸여 있습니다. 하지만 이 화성은 영 침공하기가 어려워서…….

👑 그러니까 작전을 세우려는 것이 아니냐. 어디 보자. (지도를 본다.) 에이, 화포도 넘칠 정도로 많겠다. 그냥 정문으로 진격해 들어가는 게 어떠하겠느냐.

🧔 그건 좀 아니 되옵니다. 이걸 읽어 보소서. 조선에 파견한 첩자가 보낸 편지이옵니다.

〈화성에 대한 첫 번째 보고서〉

혹시나 정문으로 바로 진격해 들어가는 작전을 짜실까 염려되어 화성 전체를 대강 둘러보고 급히 씁니다. 그러한 작전은 괜한 시간 낭비이옵니다. 화성 성벽에는 세 종류의 문이 나 있습니다. 아직 확인되지 않은 암문과 수문, 성문입니다. 수문은 물이 빠져나가는 문으로 자세히는 못 봤습니다. 차후에 다시 보고드리겠습니다. 성문은 총 네 군데에 있습니다. 네 곳의 성문 앞에는 옹성이라고 하는 성벽이 있습니다. 이는 전쟁이 났을 때 적이 성문을 쉽게 부수지 못하게 할 뿐 아니라 옹성 안으로 적이 침입하더라도 쉽게 공격하기 위한 장치로, 옹성의 아치문 위에는 구멍이 다섯 개 뚫린 오성지(五星池)라는 물탱크를 설치해 적이 성문에 불을 지르는 것까지 대비해 놓았습니다. 또한 장안문과 팔달문 좌우에는 적대가 있어 높은 위치에서 적을 공격할 수 있게 해 놓았습니다. 따라서 성문을 통한 침공은 무리입니다.

暗門
어두울 암 / 문 문
적이나 첩자의 눈에 띄지 않게 숨겨진 문으로 성의 깊고 후미진 곳에 만들어 사람이나 가축, 식량을 운반하는 통로를 가리켜.

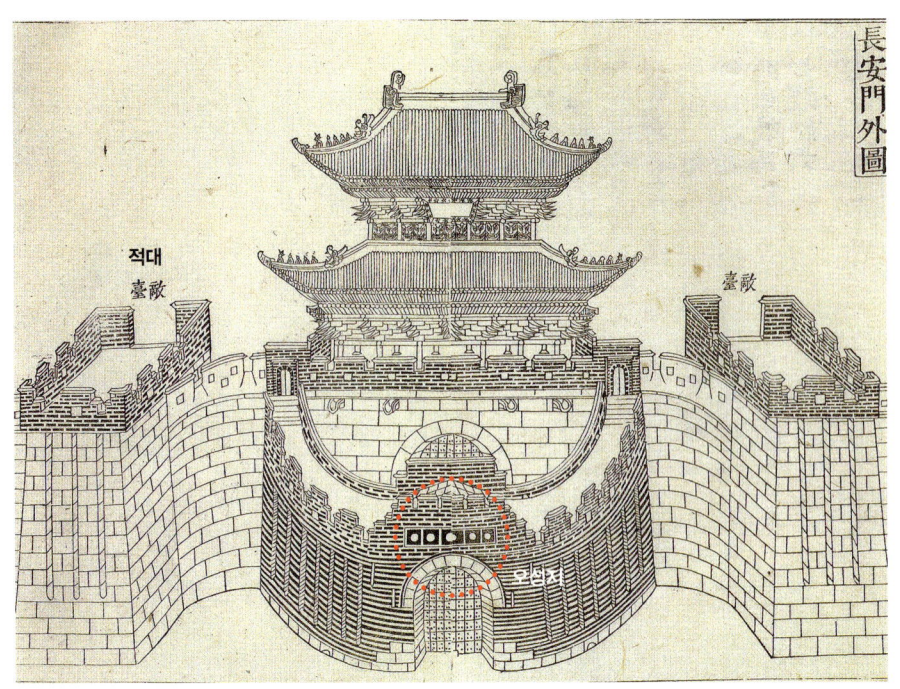

장안문 화성을 짓는 과정을 자세하게 담은 《화성성역의궤》에 실린 장안문 그림이야. 옹성과 아치문 위의 오성지 등이 보여.

그럼, 성문으로 들어가는 것은 무리인가. 차라리 성벽의 약한 부분을 찾아 그곳을 공략하는 것이 좋겠군. 어디…….

(말을 끊는다.) 아니 되옵니다. 성벽은 더욱더 아니 되옵니다. 성벽에는 엄청나게 많은 방어 시설들이 설치되어 있어 공략하기에 무리가 따르옵니다.

〈화성에 대한 두 번째 보고서〉

화성 관리인에게 다섯 냥을 주고 성 곳곳을 살펴보았습니다. 보내드린 지도를 함께 봐 주시길 바랍니다.

먼저 포루(砲樓)는 공심돈과 함께 화력이 가장 강한 방어 진지로, 성벽에서 약

砲樓
돌쇠뇌 포 / 다락 루
화포를 설치하는 3층짜리 방어 진지.

鋪樓
펄 포 / 다락 루
치성에 담과 지붕을 만들어 화포를 설치할 수 있게 만든 방어 시설이야.

8.8미터 정도 돌출되어 있고, 내부는 빈 3층짜리 벽돌 건물입니다. 각 층마다 화포를 설치해 성보다 훨씬 낮은 위치에서 공격해 오는 적의 격파가 가능하다고 합니다. 이와 더불어 치성과 포루(鋪樓)라는 것도 있습니다. 치성은 옛날부터 성곽에 구축했던 시설물로 성벽에서 돌출되어 있어 성벽을 타고 올라오는 적들을 좌우에서 공격할 수 있습니다. 그리고 포루는 약 7미터 정도 돌출된 치성 위에 벽돌로 담을 더 쌓고 지붕 있는 누각을 지어서 치성과 달리 날씨에 상관없이 화포를 발사할 수 있다고 합니다. 이런 치성과 포루들이 창룡문에서 동남각루까지 1250미터에 이르는 직선 성벽에 105~125보 간격으로 설치되어 있습니다.

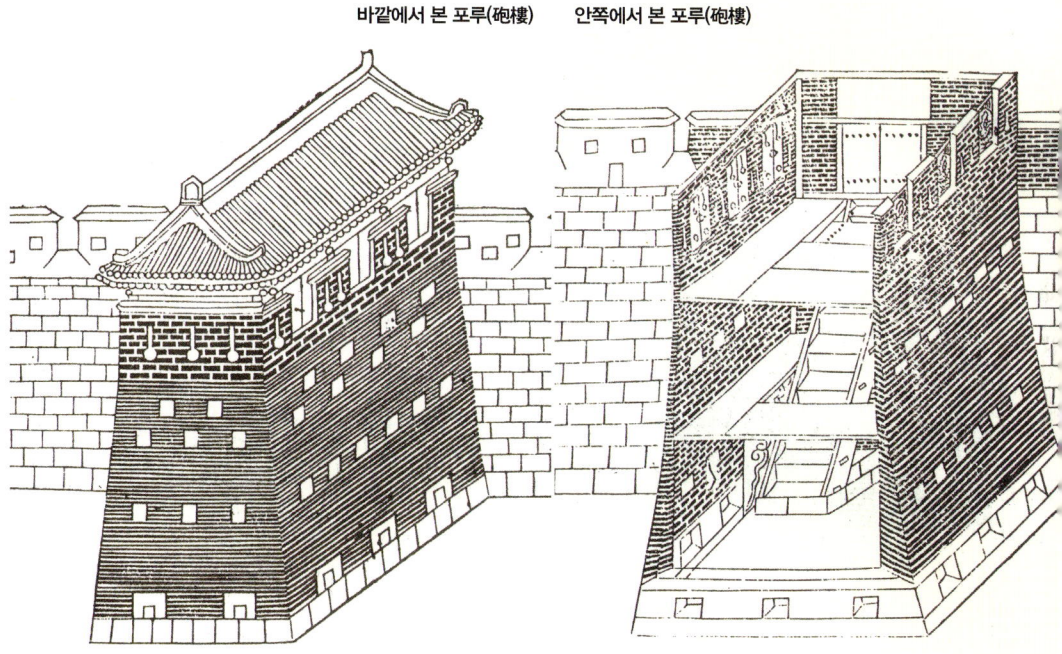

바깥에서 본 포루(砲樓)   안쪽에서 본 포루(砲樓)

(읽다 말고) 조총과 **불랑기**의 사정거리가 100보 정도이니 적절하게 설치되어 있다고 할 수 있죠.

佛狼機
부처 불 / 이리 랑 / 기계 기
중국 명나라에서 포르투갈 사람을 통해 조선으로 들어온 대포를 말해.

북서포루에서 조금 더 서쪽으로 가다 보면 치성 위에 설치된 서북공심돈이 보입니다. 공심돈도 포루와 마찬가지로 공격을 할 수 있게 되어 있더군요. 남공심돈과 서북공심돈은 별 차이 없이 치성 위에 지어졌으나 창룡문 근처의 동북공심돈은 구릉지 위에 있어 치성 위가 아니라 성벽 안쪽에 독립적으로 축조되어 있습니다.

화서문을 지나면 서북각루가 있습니다. '각루'란 높은 위치에 누각 모양의 건물을 세워 주변을 감시하기도 하고 때로는 휴식을 취하는 공간으로 화성에는 총 4개의 각루가 있습니다.

또한 서장대와 노대가 있습니다. 서장대는 팔달산 정상에 자리하고 있어 성 전체를 파악하기가 용이합니다. 서장대에서 사령관이 총지휘를 합니다. 노대에서는 특정한 색깔의 깃발을 흔들어 명령을 전하기도 하고, 쇠뇌를 쏘는 노수가 머물기도 합니다.

급한 정보를 멀리 전달하는 통신시설인 봉돈도 화성 안에 있습니다. 내부에 18개의 포문과 18개의 총구멍이 있어 적의 침입을 막는 역할도 합니다. 다른 내용은 좀 더 조사해서 보고 드리겠습니다.

방화수류정 화성의 동북각루를 방화수류정이라고도 해. '꽃을 찾고 버들을 쫓는 정자'라는 뜻으로 송나라 시대의 시에서 따온 거야. 전쟁을 대비해 지어진 각루이지만 건물이 아름답고 그 위에서 보는 경치가 좋기 때문에 붙여진 이름이지.

고작 성 하나에 이렇게 방어시설을 많이 두다니. 수원은 무시하고 한성으

봉돈 보통 산에 설치되는 봉화대가 화성 안에 설치되어 있어. 도성에서 가깝기 때문에 급한 정보를 보다 빨리 전하기 위해서였을까?

로 진격하는 게 어떻겠사옵니까?

어허, 그게 말이나 되느냐? 아까 말했던 수문은 어떻게 되었느냐? 그곳으로 침입하면 되지 않을까?

여기 수문에 대한 보고서가 있습니다. 보시지요.

〈화성에 대한 세 번째 보고서〉

수원천이 드나드는 수문에 관해 보고 드립니다. 북쪽에 있는 수문인 화홍문은 적군이 수문을 통해 침입할 것을 대비하여 7개의 쇠창살로 막아 두었습니다. 그리고 가까운 적과 멀리 있는 적을 공격할 수 있는 총구멍 근총안과 원총안이 뚫려 있어 이곳으로 침입하기에도 어려워 보입니다.

그럼, 도대체 어디를 공격해야 한단 말이냐. 차라리 원거리 대포를 이

《화성성역의궤》에 실린 북수문(왼쪽)과 오늘날의 북수문(오른쪽) 수원천이 흘러 나가는 북쪽의 수문이야. 이쪽도 적의 침입에 꼼꼼하게 대비해 놓았단다.

용하여 성벽을 부수는 게 낫겠구나. 혹시 성벽에 대한 보고서는 없느냐?

예, 여기 있사옵니다.

〈화성에 대한 추가 보고서〉

화성의 성벽은 다른 성들과 모양이 달라 더 조사해 보았습니다. 화포의 공격에도 무너지지 않을 정도로 튼튼해 보이는데, 외벽은 큰 돌로 쌓아 올리고 내벽은 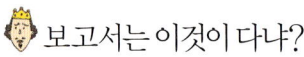 방식으로 자갈과 흙을 두텁게 쌓았습니다. 또한 높이가 낮아 대포 같은 무기의 공격에도 쉽게 무너지지 않을 것으로 보입니다.

内托
안 내 / 밀 탁
성을 쌓을 때 바깥은 돌로 벽을 쌓고 안은 성벽 높이까지 자갈과 흙을 단단하게 다져 넣는 것으로 삼국 시대부터 성을 쌓을 때 주로 이용한 방식이야.

보고서는 이것이 다냐?

예! (머뭇거리다가) 여러 보고서를 종합한 결과 화성은 공격과 방어 모두 탁월한 철옹성이라고 할 수 있겠사옵니다. 수원을 침공하기는 어려우니 조선 침략은 포기하는 게 어떻겠사옵니까?

어쩔 수 없지. 수원을 무시하고 한성에 진격한다 하더라도 조선의 군사들이 수원 화성에서 계속 저항을 하면 우리 쪽이 불리할 터. 쓸데없는 희생을 할 바에는 조선 침략은 포기하도록 하자.

> 수원 화성의 견고함에 기가 눌린 이 나라는 조선 침략을 포기하게 된다. 그 후로도 수원 화성은 다른 나라의 침입에 대단한 활약을 할 것이라 예상되지만, 수원 화성이 지어진 이후로 다른 나라가 침략을 포기한 덕분(?)에 전혀 활약을 하지 못한다. 결국 수원 화성은 한국 전쟁 때 대포로 인해 일부분이 무너지고 만다.

거중기로 지은 화성

그럼 수원 화성이 공사를 시작한 1792년에 어떤 일이 있었는지 알아볼까? 정조가 41세, 정약용이 31세 때의 일이야.

"짐이 수원 근처로 아버지 능을 옮기고 그곳에 새로이 도성을 쌓으려고 한다. 억울하게 돌아가신 아버지 사도 세자와 가까이 있고 싶기도 하고, 이 기회에 새 성도 쌓으려고 한다. 약용, 그대가 천년만년 무너지지 않을 성을 설계토록 하라. 그대가 3년 전 한강에서 배를 엮어 다리를 놓은 설계에 감탄한 적이 있도다. 부탁한다."

이해 겨울 정약용은 자신의 구상을 정조에게 올렸어. 정약용은 조선의 옛 성과 서양 성의 장점을 받아들인 중국 성에 관한 정보를 모아서 수원 지역 특성에 딱 맞는 성곽을 설계한 거야. 정약용이 제시한 성을 튼튼하게 짓는 방법, 적의 공격을 물리치기 위한 성곽 시설 등은 우리가 이미 앞에서 살펴본 내용이야.

오늘날 학자들이 특별히 주목하는 부분은 수원 화성 건축의 효율성이야. 복잡하고 견고한 수원 화성은 1794년에 공사를 시작해서 불과 2년 8개월 만인 1796년에 끝냈어. 원래 예상은 10년이었으니 엄청나게 단축한 거야. 임금 지급, 경쟁 유발, 각종 기구의 사용이 공사를 단축시켰지. 전통적으로 국가의 공사는 백성의 의무인 역(役)이라는 제도를 통해 무료로 손쉽게 해결했으나 수원 화성의 건축에서는 일한 양에 따라 임금을 주어 일하는 백성들이 힘을 낼 수 있었어. 또한 공사 구역을 나누어 일하는 사람들 사이에 경쟁을 유발시켰고, 거중기, 녹로, 유형거, 수레 등 10여 가지의 운반 도구를 사용해 힘과 돈을 절약했어.

운반 도구 가운데 거중기는 좀 더 자세히 살펴보도록 하자. 어떤 사람은 기중기라고도 하는데 거중기가 옳은 이름이야. 둘 다 무거운 것을 들어 올린다는 뜻이지만, 기중기란 그런 기기 전반을 말하고, 거중기는 수원 화성을 건축할 때 정약용이 고안한 기중기에 붙은 이름이지.

정약용의 거중기는 화성 건축의 상징물이 되었어. 그 이유는 쉽게 짐작할 수 있어. 과학 기술적 원리와 효율성을 바탕으로 만들었기 때문이야. 거중기는 8개의 활차(도르래)를 써서 작은 힘으로 무거운 물체를 들어 올릴 수 있는 장치로 정약용은 다음과 같이 말했어.

> 활차는 무거운 물건을 움직이는 데 편리하다. 힘을 덜 수 있으며 무거운 물건을 떨어뜨리지 않을 수 있다. 100근짜리 물건을 드는 데는 100근의 힘이 필요

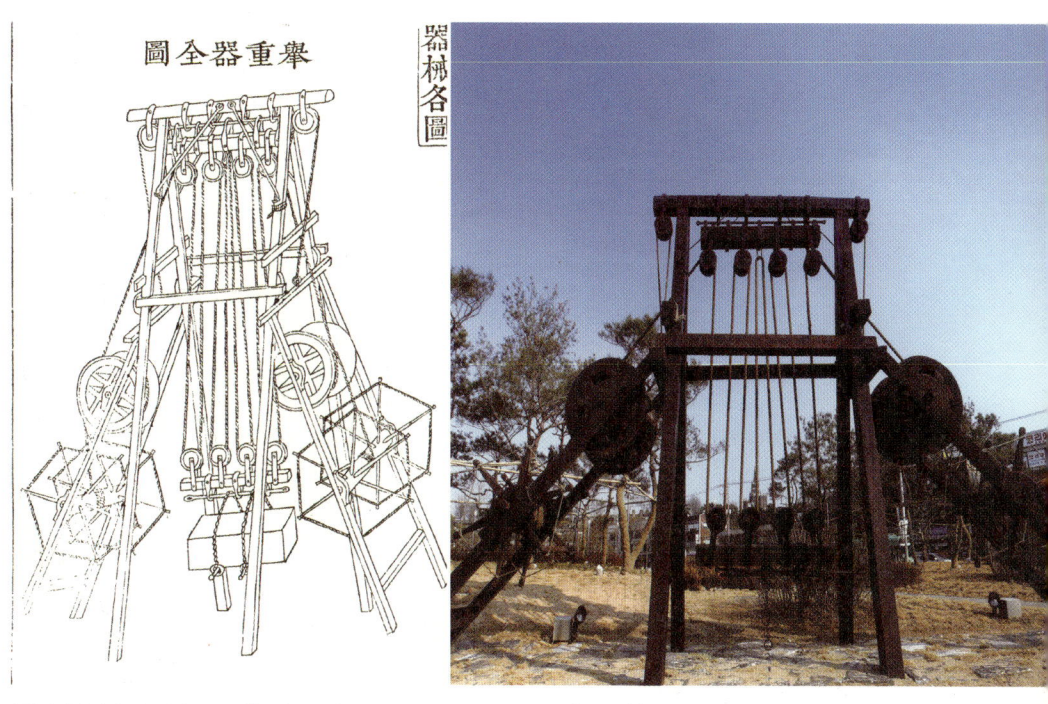

《화성성역의궤》에 실린 거중기(왼쪽)와 수원 화성박물관에 복원된 거중기(오른쪽) 거중기는 도르래의 원리를 이용해서 무거운 물체를 보다 적은 힘으로 들어올릴 수 있지.

하지만 활차 1개를 쓰면 50근, 2개를 쓰면 25근의 힘만 들이면 된다. 같은 이치로 활차의 수가 늘어나면 이에 비례하여 힘은 덜 들게 된다.

정약용은 서양인 선교사 슈레크가 펴낸 기기에 관한 그림 설명 책《기기도설》을 읽고서 도르래 원리에 기초한 거중기를 발명해 낸 거야. 과학 기술적 원리를 실제 기계로 실현해 냈다는 점에서 거중기의 가치는 남다르지. 과학적인 동시에 실용적이기까지 하니까 말이야.

물론 착각하지 말아야 할 점이 있어. 사실은 거중기가 수원 화성 축조에는 많이 사용되지 않았다는 것, 그보다도 거중기의 원리라는 것이 이미 서양

고대 아르키메데스의 초보적인 정역학, 즉 정지해 있는 물체에 대한 힘을 계산하는 수준을 넘지 못했다는 거야. 오늘날 우리가 아는 크레인처럼 물체를 옮길 수 있었던 게 아니라, 무거운 물체를 올리거나 내릴 수만 있었던 거지.

"그렇군요. 그런데 거중기 말고 다른 운반 도구들도 있었잖아요. 수레를 써서 효율을 높인 건 그렇게 대단한 거라면서요?"

좋은 질문이야. 수레 자체가 대단한 기술은 아니야. 그런데 우리나라에서는 이상할 정도로 수레를 적극적으로 써 오지 않았어. 수레를 쓰기 위해서는 반듯한 도로가 필요한데, 그러한 길을 마련하려고도 하지 않았어. 아마 나라가 온통 산이나 언덕으로 이루어져 있기 때문에 그랬을 거야. 대부분의 운송은 지게를 이용했단다. 무거운 짐일 때에는 소나 말, 노새를 사용했어. 성 쌓을 때 무거운 돌은 수레로 나르면 참 편리할 텐데, 이걸 지게로 져 날랐다고 생각한다면 어휴, 한숨이 나오지? 게다가 높은 곳까지 무거운 물체를 지게로 져 날랐다고 한다면 끔찍한 일이었을 거야.

수원화성박물관에 복원된 유형거 일반 수레보다 튼튼하게 만든 정약용의 유형거는 화성을 지을 때 유용하게 쓰였다고 해.

수원 화성을 쌓을 때에는 손수레인 유형거를 비롯해 여러 운반 도구를 만들어 활용했어. 무거운 돌을 올릴 때에는 오늘날의 크레인에 해당하는 녹로나 앞에서 살펴본 거중기를 썼어. 그 결과 당연히 이전에 성을 쌓을 때보다 훨씬 효율이 높아졌단다.

정약용의 수학 계산은 잘못되었다?!

정약용의 거중기 효과에 대해 정확히 따져보도록 하자. 정약용은 도르래 8개가 달린 거중기를 써서 40근의 힘으로 25배인 1000근을 들어 올린다고 했단다. 그런데 어떻게 해서 이런 계산이 나왔을까?

"위에 달려 있는 고정도르래 4개는 힘의 이득과 관련이 없고, 오직 아래에 있는 움직도르래 4개가 각각 힘을 2배로 덜어주니까, 2 x 2 x 2 x 2 = 16배. 즉 40근의 힘으로는 16배 무거운 640근짜리 물체밖에 들 수 없어요. 어? 그럼 정약용의 수학 계산이 틀렸네!"

그렇게 생각할 수도 있어. 어떤 학자는 같은 이유로 정약용이 수학에 밝지 않았다고 주장하기도 해. 하지만 정약용이 짝수가 아니라 홀수인 25를 말하고 있다는 점에 주목할 필요가 있어. 그건 단지 도르래 숫자만으로 힘 계산을 하지 않았음을 뜻해. 도르래 부분만이 아니라 거중기 전체를 보도록 하자. 힘을 아끼는 장치는 도르래만 있는 게 아니야. 물레와 연결되어 있는 축바퀴의 힘까지 고려하면 계산이 더 복잡해지지. 여기서 그걸 하나하나 따질 필요는 없을 것 같아. 다만 축바퀴의 힘을 고려한다면 25정도가 계산된다는 점만 말하도록 할게. 정약용은 이 부분까지 고려한 게 아닐까. 아마도 계산 부분이 복잡해 굳이 따로 설명하지 않아 오해를 산 것 같구나.

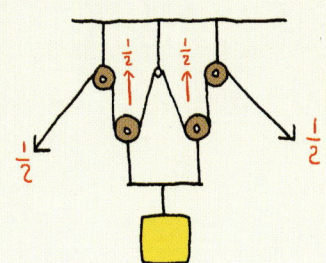

완벽한 공사 보고서 《화성성역의궤》

이젠 다른 이야기를 해 보도록 할까? 오랜 시간이 지나면서 수원 화성이 많이 파괴되었지만 오늘날 우리는 완전하게 복원할 수 있어. 짜잔~! 바로 완벽한 화성 공사 보고서 《화성성역의궤(華城城役儀軌)》 열 권이 남아 있기 때문이야. 의궤란 나라에서 큰일을 치를 때 훗날에 참고할 목적으로 일의 시작부터 끝까지의 경과를 상세히 기록해 놓은 책으로 매우 많은 정보를 담고 있어. 《화성성역의궤》에는 공사 과정, 관련 관청이 주고받은 공문서, 임금의 의견과 명령 등은 물론, 공사 참가자의 이름과 일한 날수, 각 시설물의 위치와 모습, 비용

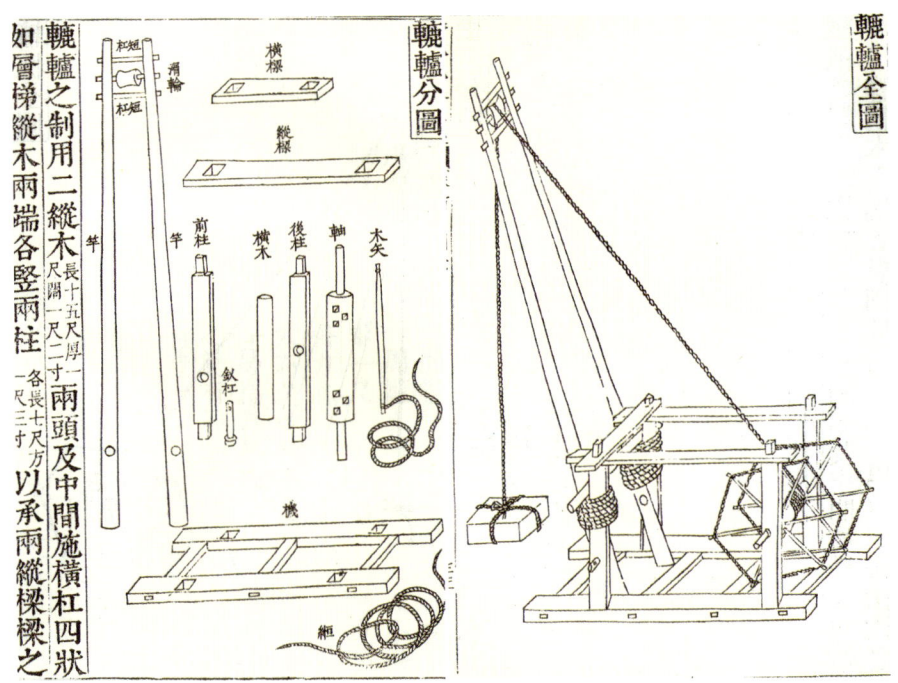

《화성성역의궤》에 실린 녹로 부품도(왼쪽)와 녹로(오른쪽) 거중기보다 단순하지만 녹로 역시 무거운 물체를 들어올릴 수 있는 기계야. 의궤에 실린 다른 도구들처럼 부품까지 그려 기록해 놓았어.

까지 낱낱이 기록돼 있어. 얼마나 상세하냐면 석공 아무개가 어느 고장 출신이며, 어느 현장에서 며칠을 일했고, 품삯을 얼마나 받았는지까지 모두 알 수 있단 말이지. 그리고 거중기 같은 기계들은 부품까지 따로 그릴 정도로 치밀하게 기록했어. 이처럼 하나의 성과 관련한 공사 보고서 전체가 남아 있는 건 동서양을 막론하고 참 흔치 않은 일이야. 수원 화성이 유네스코의 세계 문화유산으로 등록할 때 이 보고서가 톡톡히 한몫을 했어.

"그런데 수원 화성이 다른 성과 비교해서 가장 견고하고 튼튼한 성이었는지 궁금해요."

물론 우리나라에서는 수원 화성 이외에 남한산성, 낙안 읍성, 해미 읍성,

고창 읍성 등도 유명하지. 중국의 만리장성, 일본의 오사카 성도 세계적으로 유명하고, 서양의 성들은 일일이 말하기도 너무 많아. 이런 성들은 모두 외적의 침입을 막기 위해 지은 거야.

그런데 아무리 성을 튼튼하게 지어도 전쟁은 사람이 하는 일이라 틈이 생기기 때문에 절대적인 기준으로 성의 견고함을 평가할 순 없단다. 난공불락의 요새였던 터키 이스탄불의 성도 십자군 앞에 무너지고, 만리장성도 북쪽의 적에게 뚫렸던 때가 한두 번이 아니었어. 이에 비해 수원 화성은 거의 적의 공격을 받아 보질 않았으니까 더욱 뭐라고 말하기 어렵구나.

다만 오늘날 우리의 눈으로 봐도 감탄이 나오는 놀라운 설계에 따라 지은 수원 화성은 산뜻함, 견고함, 효율성의 결정체로 다가와. 더욱이 서양 사람들은 이국적인 아름다움을 느낄 거야. 수원 화성이 이런 느낌을 자아내는 것은 전통 방식의 돌 성과 새로운 방식인 벽돌 성이 조화를 이루기 때문이야. 특히 촘촘히 쌓은 벽돌은 단단한 느낌을 주지. 실제로 벽돌로 쌓은 부분은 대포를 맞아도 구멍만 뚫리지 성벽 전체가 와르르 무너지지 않을 정도로 튼튼해. 이 때문에 문을 두르고 있는 옹성, 적의 움직임을 감시하고 공격하기 위한 포루와 공심돈, 성곽 윗부분의 담장 등 중요한 부분은 벽돌로 만들었어. 돌과 벽돌의 견고함 위에 나무를 이용해 한옥의 건축미까지 과시하면서 수원 화성은 세계 다른 성에서 보지 못하는 독특한 아름다움을 뽐내게 된 거야.

오늘날 우리도 화성을 보면서 감탄하는데 당시 조선 사람들의 느낌은 어땠을까? 10리가 넘는 견고한 성벽(전체 둘레 5.5킬로미터)과 이전의 성곽에서 볼 수 없었던 각종 방어·공격 시설을 보면서 눈이 휘둥그레졌을 거야. 새로운 시대가 다가왔다고 느끼지는 않았을까? 가상의 적이 어떠한 방법으로 공격하더라도 격퇴하겠다는 듯 무장한 수원 화성을 보면서 백성들은 마음이 든든해졌을 거야.

수원 화성의 미학적 아름다움은 견고함에서 나오고, 그 견고함은 합리적 격퇴 논리와 건설의 효율성과 선진 기술의 활용에서 나온 거야. 또 그 철옹성은 정조의 결단과 정약용의 창의성이 바탕이 되었단다. 그렇다면 철옹성이란 무슨 뜻일까? 이 글을 읽었으니까 답할 수 있겠지?

"옹성인데, 철로 만든 거 아니에요?"

빙고. 적의 공격을 막기 위해 성문을 빙 둘러 만든 튼튼한 성을 옹성이라 한댔지. 그런 옹성을 쇠로 만든다면 무엇으로 뚫을 수 있겠어. 그래서 대단히 단단한 걸 비유할 때 '철옹성'이란 말을 쓰지. 비슷한 말로 철벽이란 말을 쓰기도 해. 수원 화성은 '이렇게 오는 적은 이렇게 막고 저렇게 오는 적은 저렇게 막는다'는 철벽 같은 논리에 따라 지었기 때문에 철옹성이란 말이 딱 맞는 거야.

▼
■수원 화성 곳곳의 방어 시설에 대해서는 《우리 과학의 수수께끼》에도 실려 있단다. 수원 화성에 대한 더 자세한 이야기는 김동욱 선생이 수원 화성 전반에 대해 쓴 《실학 정신으로 세운 조선의 신도시, 수원 화성》을 읽어 봐. 그림과 함께 내용이 잘 정리되어 있어.

9 옛날 사람들의 냉장고, 석빙고

어휴~, 더워. 시원한 것 없을까? 아삭아삭 얼음이 들어간 팥빙수가 생각난다. 얼음을 들들 가루로 갈아서 팥빙수로 먹는 건 일제 강점기에 생긴 거라고 해. 일본 사람들은 간식으로 단팥죽을 즐겨 먹었는데, 그걸 여름용으로 개발한 것이 팥빙수라 할 수 있지. 팥빙수는 얼음이 흔해지면서 우리나라의 여름철 대표 간식으로 자리 잡았어. 일본 식민지였던 타이완에 가 보니 거기에서도 팥빙수가 크게 인기더라고. 우리나라보다 더 더운 곳이니 그럴 만도 하겠지. 특히 흑설탕이 들어가 별미더구나. 그런데 옛날 사람들은 더울 때 뭘 먹었을까? 이번엔 시원한 이야기 좀 해 볼까?

석빙고 속 얼음은 정말 안 녹을까

경주 첨성대 근처에 있는 석빙고에 가 본 적 있니? 경주 석빙고는 절반 정도가 땅속으로 들어가 있는 반지하 상태야. 지하가 지상보다 온도 변화가 적

石氷庫
돌 석 / 얼음 빙 / 곳집 고
돌로 만든 얼음 창고를 가리켜.

아치 모양의 천장이 남아 있는 청도 석빙고 경상북도 청도 석빙고는 다른 부분은 없어지고 돌로 만든 부분만 일부 남았어. 아치 모양의 천장이 잘 보이지?

기 때문이야. 또 계단을 두어 얼음을 넣고 꺼내기 편하도록 했어.

보통 석빙고 바닥에는 다진 흙이나 넓은 돌을 깔아 놓는데, 안으로 들어갈수록 약간 경사져 있어. 왜 그렇게 지었을까? 얼음이 녹으면 물이 생기니까 그걸 자연스럽게 빼내기 위해서 그런 거야. 가장 낮은 아랫부분이 배수구 역할을 하는 거지.

바닥이 경사진 것이 특징이라면, 천장은 아치 모양이 특징이야. 돌을 무지개 모양으로 쌓아 올려 만든 아치 5개가 연결되어 있어. 단순히 멋을 위한 구조는 아니야. 아치를 쓴 건 기둥을 쓰지 않기 위해서야. 기둥이 없으면 공간도 더 많이 확보되고, 얼음을 취급할 때 한결 수월하지 않았겠니?

아치와 아치 사이의 공간으로 만들어진 울퉁불퉁한 천장은 문을 열고 닫을 때 바깥에서 들어온 공기를 가두는 기능을 해. 어쩌면 너무 당연하다고 생각할 수도 있겠는데, 석빙고 내부의 돌과 돌 사이에는 빈틈을 두지 않았어. 돌과 돌 사이가 벌어지지 않도록 철 고리로 꽉 조였고, 어쩔 수 없이 생긴 틈새는 회와 진흙 혼합물을 발라 메웠어. 그렇게 해서 석빙고 내부의 냉기가 계속 유지되도록 하고 바깥의 물이나 습기는 들어오지 못하게 한 거야.

자, 그럼 석빙고 바깥을 살펴보도록 하자.

석빙고 외부는 마치 잔디로 덮힌 흙무덤처럼 보여. 완만한 능선 위에는 똑같이 생긴 구멍 3개가 보이는데, 그 구멍들은 내부와 연결된 환기구야. 석빙

경주 석빙고(왼쪽)와 경주 석빙고의 환기구(오른쪽) 석빙고 위는 흙과 잔디로 덮여 있어. 그 사이에 온도와 습도를 조절하는 환기구가 나 있지.

고 내부의 온도와 습도를 조절하지. 환기구는 빗물이 흘러들지 않도록 뚜껑을 씌웠어. 태양열을 받아 뜨거워진 환기구는 문을 열 때 석빙고 내부로 들어가 아치에 갇혀 있던 따뜻한 공기를 끌어당겨 빼내는 역할을 한단다. 그럼으로써 더운 날씨에도 석빙고 내부의 온도가 올라가는 걸 막지. 석빙고를 덮은 잔디는 태양 복사열이 석빙고 내부로 전달되는 걸 줄여 줘.

출입문은 주로 바람이 불어오는 쪽에 설치했고, 최대한 냉기를 보존하기 위해 출입하기에 불편함이 없을 정도로만 좁게 만들었지.

"아, 그렇구나! 단순해 보이는 석빙고에 놀라운 과학 원리가 숨겨져 있었네요. 그럼, 이런 설계와 구조는 얼마나 효과가 있었나요?"

1996년 여름에 건축학자 공성훈 선생이 나흘 동안 이와 관련한 실험을 해 봤어. 석빙고 안팎의 온도를 측정했더니 석빙고 내부의 평균 온도는 19.8도로

볏짚과 갈대

얼음

최고 온도와 최저 온도의 차가 1.3도에 불과했어. 반면에 석빙고 바깥의 최고 온도는 30도에 가까웠고, 최저 온도는 20도 전후로 그 차이가 평균 8.2도나 됐어. 물론 평균 19.8도인 내부에서도 얼음이 녹기는 하지만 외부보다 훨씬 덜 녹는 상태였던 거야.

석빙고에는 얼음이 잘 녹지 않는 중요한 요인이 또 하나 있어. 바로 볏짚과 갈대야. 얼음과 얼음 사이에 볏짚이나 갈대를 넣고 차곡차곡 쌓은 뒤 얼음 전체를 다시 갈대나 볏짚으로 덮어 보관했어. 볏짚과 갈대는 속이 텅 비어 있어서 외부의 열을 차단하는 효과를 톡톡히 발휘하거든. 전통문화연구자 장동순 선생의 실험에 의하면 볏짚을 사용하지 않았더니 반년이 지나자 석빙고에 꽉 차 있던 얼음의 52퍼센트가 녹아 버렸고, 볏짚으로 얼음을 덮었을 때에는 18퍼센트만 녹았다는구나. 전체의 5분의 1도 녹지 않았던 거야. 그렇지만 이건 얼음의 모든 부분을 볏짚으로 다 덮은 이상적인 상황에 해당하는 일이고, 20세기 초에 쓰여진 《수산지》라는 책에 실제로는 3분의 2가 여름철에 녹아 사라졌다고 하는구나.

얼음은 언제부터, 어떻게 쓰였을까

"경주 석빙고는 신라 시대에 만든 건가요? 첨성대와 안압지 근처에 있잖아요."

아니야. 경주 석빙고는 조선 후기 영조 때(1729년) 개축, 그러니까 다시 만들었는데 처음 만들어진 것이 신라 때인지는 확실하지 않아.

물론 우리나라에서 빙고, 즉 얼음 창고를 만들어 쓴 것은 꽤 오래되었어. 《삼국사기》에는 신라의 경우 505년(지증왕 6년)에 처음 장빙고를 만들어 썼다는 기록이 있어. 이보다 500년 빠른 기록도 있지. 신라의 3대 왕인 노례왕 때(24~57년) 이미 장빙고를 지었다는구나. 그런데 중국 《삼국지》〈동이전〉에 따르면 기원전 2세기 무렵, 부여에서는 여름에 사람이 죽으면 얼음을 사용했다고 해.

중국은 우리나라보다 훨씬 이른 주나라(기원전 1046~256년) 이전부터 빙고 제도가 있었던 것으로 추정돼. 일본에서는 인덕천황(313~399년) 때 처음 장빙고를 만들었다고 신숙주의 《해동제국기》에 기록되어 있어.

석빙고는 현재 경주 이외에 경상남도 창녕, 경상북도 청도, 경상북도 안동, 대구광역시 달성에 남아 있단다. 조선 시대에 가장 크고 유명한 빙고는 서울에 있던 서빙고, 동빙고, 내빙고야. 모두 돌이 아닌 나무로 지은 거였어. 내빙고는 창덕궁에, 서빙고와 동빙고는 한강변에 있었어. 서빙고는 오늘날 서울 지하철 서빙고역이 있는 서빙고동에, 동빙고는 옥수동 근처에 있었지.

얼음은 조선 시대 초기에는 2품 이상의 관리에게만 주다가 조선 시대 후기에는 이보다 낮은 관리에게도 지급되었어. 고종 때 관청이 하는 일 전반을 기록한 《만기요람》을 보면 홍문관 우두머리인 종3품 제학과 정3품 직제학이 얼음을 90덩어리 받았다는 기록이 있지. 내용을 더 살펴보면 당시 모든 관리에게 내리는 얼음은 총 2만 2623덩어리였다고 해. 직육면체 형태의 얼음 한 덩어리는 보통 여행용 가방 크기 정도(대략 가로 45센티미터, 세로 30센티미터, 높이 20~30센티미

터)였고, 무게는 20킬로그램 정도였어.

얼음은 장례를 치를 때 가장 필요했어. 조선 시대 양반집에서는 사람이 죽으면 그 다음 달에 장사를 지냈어. 중국의 관례를 고집해 3개월 후에 치르기도 했고 왕은 3개월에서 5개월 후에 장사를 치렀어. 땅에 묻기 전까지 시신을 관 속에 두어야 했단다. 그러면 무슨 문제가 생기겠니? 그래! 시신이 썩겠지? 한여름에는 부패 속도가 더 빨랐을 거고. 그러니 부패를 막거나 지연시키려고 여름철 장례에 얼음을 사용했던 거야. 시신 주위를 얼음으로 가득 채웠단다.

겨울에는 많은 얼음을 얻기 위해 하늘에 제사를 지내기도 했어. 겨울에 날씨가 따뜻해 얼음이 잘 얼지 않으면 이듬해 여름철에 큰일이 벌어졌으니까.

조선은 유교 국가였기 때문에 특별히 직책 높은 관리의 장례가 있을 때는 얼음을 더 나누어 주었어. 1품관에게는 5월 보름부터 8월 보름까지 매일 얼음 20덩어리, 정2품관은 15덩어리, 종2품관은 10덩어리씩을 하사했어. 한겨울에는 몰라도 한여름에 얼음을 구하기는 쉽지 않았을 거야. 어쩌면 한여름의 얼음 구경은 관리들의 여러 특권 가운데 단연 돋보이는 특권이었을지도 몰라.

장례 다음으로 중요한 건 뭐였을까? 바로 제사. 제사 음식의 재료인 고기나 생선의 부패를 막는 데 얼음이 쓰였어. 옛날 중국에서도 빙고를 만들어 여름철에 얼음을 사용할 때 가장 중시한 게 이 두 가지, 장례와 제례였어.

특히 조선 시대 동빙고는 순전히 왕실 제사용 얼음만 보관했던 장소야. 서빙고는 고위 관리들에게 하사할 얼음을 보관하는 곳으로 조선 시대 초기에는 그 규모가 동빙고의 8배 정도가 될 만큼 가장 큰 빙고였어. 동빙고·서빙고·내빙고 세 곳에 저장된 얼음 덩어리의 수는 대략 20만 덩어리 안팎이었단다.

얼음이 귀했기 때문에 여름철 장례와 제사 때 우선으로 사용했지만 그렇게 사용하고도 남는 얼음은 있었어. 게다가 왕실에서는 필요한 것보다 훨씬 많은 얼음을 비축하고 있었지. 이렇게 남은 얼음은 약용으로 사용되었어. 왕은 높은 관리가 열병을 앓으면 특별히 얼음을 하사하기도 했고, 동서활인서(빈민의 의료를 도맡은 관아)의 열병 환자 치료를 위해 얼음을 내놓기도 했지. 약용이라고는 해도 얼음은 열을 내리는 것 말고 특별한 효능이 있지는 않다고 해.

장례, 제례, 그리고 열병 치료에 사용된 것 말고 가장 쉽게 생각할 수 있는 얼음의 용도는 더위와 갈증 해소! 얼음을 이용한 대표적인 여름 간식이 얼음 꿀물이었어. 고려 시대 말에서 조선 시대 초까지 활동한 문신 이색은 여름철 얼음에 관한 시를 3편 썼는데 모두 얼음을 받던 좋은 시절을 회상하는 시야. 한 시에서는 여름날 병상에 누워, 길거리 곳곳에서 얼음 꿀물을 타 마시던 시절을 그리워했어. 여기서는 얼음 꿀물을 약으로 봐야 할지, 음료로 봐야 할지 모르겠구나. 특별한 지위에 있는 사람들에 한해서지만, 여름철 더위에 지쳤

을 때 얼음을 넣은 꿀물을 먹었다니 일종의 약으로 볼 수도 있겠구나.

왕실에서는 연산군이 얼음으로 냉방을 만들어 더위를 이겨냈다는 기록도 있구나. 자, 적어도 얼음에 관해서는 지금의 우리가 옛날의 왕보다 호사스러운 생활을 한다고 자부해도 되겠는걸.

얼음을 캐는 고통, 빙역

얼음을 쓰는 일부 계층의 호화로움 뒤에는 수많은 백성의 고통이 있었어. 왕과 신하를 비롯해 여러 양반들이 어떻게 해서 한여름에도 얼음을 쓸 수 있었겠니? 엄동설한에 땀 흘린 백성들이 있었던 거지. 얼음은 한겨울에 강이 꽁꽁 얼면 그걸 잘라서 썼어. 얼음 캐는 일은 빙역 제도를 통해 전국 각지의 백성들이 해야 했어. 각 고을마다 캐야 하는 얼음의 양이 정해져 있었지. 빙역으로 얻은 얼음은 각 고을에 지은 빙고에 저장해 뒀다가 쓰기도 했지만, 배로 실어 한양으로 날랐어. 안정복(1712~1791년)은 충청도 목천 현감을 지낼 때, 8개 면 중 4개 면이 1년마다 돌아가며 빙역을 하던 것을 8개 면이 1년마다 돌아가면서 빙역을 하도록 바꿨다고 해. 그러면 1개 면이 8년에 한 번씩만 빙역을 하면 되는 거지. 지방의 관리가 나설 정도로 빙역의 고통이 컸던 거야.

빙고의 과학적 원리는 훌륭한데 운영하는 방식은 별로 효율적이지 않은 것 같지? 중국의 운영 방법을 그대로 따

얼음 캐기 1890년 대동강에서 얼음을 캐는 모습이야. 발이 얼지 않도록 높은 나막신을 신었어. 얼음을 자르는 톱은 나무를 자르는 톱과 달리 손잡이가 길어.

라 낮은 신분의 백성들을 부려서 얼음을 모으면 된다고 생각한 거야. 사람들이 한겨울마다 강에서 얼음을 캐는 방법 말고 얼음을 얻을 수 있는 다른 방법은 없었을까?

"빙고에 물을 넣고 얼리면 되잖아요? 냉동실에 물을 넣고 얼음을 만드는 것처럼요. 그러면 일부러 강까지 나가서 힘든 일을 안 해도 될 텐데."

빙고! 바로 그거야. 실제로 그런 생각을 한 사람이 있었어. 누굴까? 이미 익숙한 이름, 다산 정약용이야. 그는 곡산 부사로 있을 때 빙역을 없애고 새로운 방법을 시도했는데 그 방법이 《경세유표》에 기록되어 있어.

> 나는 응달진 곳에다 큰 움을 파서 사방을 돌로 쌓고 틈을 회로 발라 얼음 만들 곳을 지었다네. 벽 사이에 틈이 없도록 하여 바깥의 더운 바람이 안으로 들지 못하게 한 것일세. 겨울철 대한 열흘 후쯤, 수일 동안 몹시 추운 날, 나는 얼음 뜨는 사람에게 샘물을 길어다가 움 안에 쏟아 넣도록 했다네. 물을 가득 부었더니 잠깐 동안에 많은 얼음이 만들어졌지. 얼음이 움에 가득해지자 나는 찬 기운을 유지하기 위해 이엉으로 움을 덮었다네. 그렇게 했더니

봄, 여름이 되어 날씨가 따뜻해져도 얼음이 녹지 않고 좋은 상태를 유지하고 있었다네. 하하하. 도성에서도 이런 방법을 쓴다면 백성들이 힘들지 않아서 좋고 나라에서는 돈 아껴 좋은 것 아닌가. 게다가 나라에서 얼음을 독점하여 판매한다면 나라 재정을 튼튼히 하는 데도 도움이 될 걸세. 그야말로 일석삼조란 말일세.

그런데 안타깝게도 정약용의 생각은 실현되지 않았어. 얼린 얼음보다 강의 얼음을 더 선호했기 때문인데 아직은 그 이유가 밝혀지지 않았어. 대자연의 법칙에 따라 만들어진 얼음을 자연의 순리로 받아들여야, 그 기운으로 상극의 기운인 더위를 없앨 수 있다고 믿은 심오한 자연관 때문인지 모르겠어. 또는 이미 빙역의 전통이 강하게 자리 잡고 있어서 새로운 시도를 하지 않은 것인지도 모르지. 무엇보다 지배층이 명령을 내리면 백성들을 쉽게 부릴 수 있다는 생각이 너무나도 강하게 뿌리박혀 있었다는 것도 중요한 요인이 아니었을까.

생활을 변화시킨 얼음

18세기 이후 얼음은 일반 사람들의 생활 속을 파고들었어. 조선 시대 초기에는 한 해에 20만 덩어리 정도였던 얼음의 수요가 18세기 이후 한 해 150만 덩어리로 늘어났어. 왕실과 2품 이상의 높은 관리가 주로 사용하던 얼음을 더 낮은 관리까지 사용하기 시작했고, 차츰 일반 백성까지 얼음을 쓰기 시작한 거야. 이러한 현상이 가능해진 것은 민간 얼음업자들이 생겨났기 때문이지. 서울에서는 30여 개의 민간 빙고, 즉 사빙고가 생겨났어. 사빙고는 한마디로 얼음가게로 사빙고의 실질적인 주인은 양반이었어. 빙고가 부족해진 나라에서 높은 관리들에게 사빙고를 짓게도 했고, 얼음을 받아 올 하인이 없는 낮은 관리들에게 얼음을 사서 사빙고를 운영하는 사람들도 있었지.

왜 이렇게 얼음을 찾는 사람들이 늘어났을까? 장례와 제례를 중시하는 유교 문화가 백성들에게까지 확산되면서 생긴 현상이야. 그래서 돈 있는 백성도 여름철 장례와 제사 때 얼음을 이용했을 거야. 또 얼음의 수요가 늘어나는 만큼 사빙고의 공급도 늘어나면서 얼음 값도 저렴해졌어.

이렇게 얼음이 널리 보급되면서 더 중요한 변화가 일어났어. 그게 뭘까? 바로 식품류 유통의 대변화야. 얼음의 보급과 함께 어류와 육류의 판매가 급증했어. 이전에는 얼음을 쓰지 않았기 때문에 생선은 자반고등어 같이 소금에 절이거나 동태같이 얼린 생선이 대부분이었어. 쇠고기는 바로 요리하지 않는다면, 육포밖에 만들 수 없었지. 그런데 얼음을 이용하면서 지금처럼 싱싱한 생선과 고기의 보급이 가능해졌어. 생선 시장과 푸줏간은 활기를 띠었어. 심지어 얼음을 실은 냉장선도 등장해 멀리서 갓 잡은 생선을 서울까지 실어 날랐어. 어때? 팔딱팔딱 뛰는 생선 같은 조선 시대 후기의 변화가 느껴지지 않니?

채취한 얼음을 저장하는 빙고는 기계식 냉장 기술이 등장하면서 자신의 자리를 내주었어. 1876년 독일의 카를 폰 린데가 암모니아를 냉매로 사용해서 물을 얼리는 냉장고를 만들었지. 20세기 초반 우리나라에도 냉장고가 도입되면서 더 이상 강에서 얼음을 채취할 필요가 없어졌어. 앞에서 이야기한 일제 강점기의 팥빙수는 자연산 얼음이 아니라 기계식 냉장 기술로 얻은 얼음을 썼을 거야. 참, 혹시 이런 말 들어 봤니?

나무 냉장고 오늘날과 같은 냉장고가 나오기 전에 쓰였던 냉장고야. 맨 윗칸에 얼음을 넣고 아래에는 음식을 넣어 보관했지. 냉기가 빠져나가지 않도록 문을 튼튼하게 만들었어.

아이스케키 통 아이스케키는 아이스케이크를 일본식으로 발음한 거야. 단맛이 나는 얼음에 막대기를 꽂았을 뿐이지만 달콤한 여름 간식이었지.

"케키나 하드~."

너희들은 무슨 말인지 모를 거야. 1970년대 전후 아이스크림을 통에 넣고 팔던 형들의 외침이야. 촉감이 부드러운 것이 케키, 딱딱한 것을 하드라고 했지. 어떤 아저씨는 손수레에 간단한 냉장 통을 싣고 다니며, 즉석에서 하드를 만들어 내기도 했지. 그 통은 마치 하드를 뽑아내는 요술 단지 같았어.

"그럼, 오늘날에는 석빙고가 아무짝에도 쓸모가 없는 건가요?"

그렇지 않아. 현대판 석빙고가 잇달아 등장하고 있거든. 석빙고의 원리는 에너지 절약 차원에서 앞으로 더욱 각광을 받을 친환경 기술이기 때문이야. 실제로 한국지질자원연구원에서는 별도의 장치 없이도 일정한 온도를 유지하는 석빙고의 원리를 응용해 산속의 지하 동굴에 저장 시설을 만들었어. 석빙고의 원리를 이용하면 보통의 냉장 시설보다 에너지를 30퍼센트 이상 절약할 수 있다고 해. 국내외 여러 산업체에서 석빙고의 원리에 주목하고 있단다.

▼
■ 석빙고에 대한 연구는 많지 않아. 고동환 선생의 〈조선 시대 얼음의 문화사〉란 글이 없었다면 이 글을 쓰기 힘들었을 거야. 석빙고의 기술적인 내용은 이종호 선생의 《한국의 유산 21가지》를 참고했어. 빙역에 대한 부분은 한국학중앙연구원의 이선희 전임연구원이 〈한겨레21〉 812호(2010년 5월 28일자)에 연재한 〈조선목민관열전〉을 참고했어.

10 추운 겨울엔 온돌이 최고야

　　10여 년 전 영국에서 1년 동안 생활한 적이 있는데, 그때 가장 많이 생각 난 게 뭐였는지 알아? 얼큰한 김치찌개, 그리고 뜨끈한 온돌방이었어. 김치는 배추, 고춧가루 사다가 어떻게 엇비슷하게 담가 먹기는 했지만, 감히 찌개를 끓여 먹을 만큼 풍족치 않았어. 영국의 겨울 날씨는 우리나라보다 최저 기온이 더 낮은 건 아닌데 더 춥게 느껴졌어. 겨울에도 하루 걸러 비가 내리는 탓에 습기가 많아서 그런 것 같아. 아무튼 '뼛속까지 오슬오슬하다'는 말이 실감났지. 그럴 때면 '따끈따끈한 온돌 아랫목에 몸을 지지고 싶구나!' 하는 생각이 절로 나면서 온돌이 어찌나 그립던지…….

　　외국에 나갔을 때 온돌을 그리워하는 건 나만의 특별한 경험은 아닌 것 같아. 우리나라에서 민속학을 개척한 손진태 선생은 일본 생활에서 온돌의 그리움을 이렇게 표현했어.

　　따뜻한 온돌의 맛을 떠난 지 손꼽아 헤아려 보니 벌써 8년이 되었다. 성냥개

비를 발라 맞춘 것 같은 일본 집에서 겨울을 지내기는 정말 어렵다. 창틈, 벽 틈으로 기어들어 오는 바람, 화롯불을 안고 앉으면 겨우 손바닥이 따뜻할 따름이다. 손등을 덥히고자 하면 다시 바닥이 차 온다. 할 수 없이 이불을 펴고 그 속에서 책을 보면 한 시간이 못 되어 잠이 온다. 우리나라에서는 삼동(겨울 세 달)의 긴 밤을 이용해 독서했었는데. 우리는 온돌에서 나고 온돌에서 자랐으며 온돌에서 죽을 것이다. ―〈온돌예찬〉《별건곤》12·13호(1928년)

그렇다면 외국인들은 온돌에 대해 어떤 인상을 받을까? 온돌은 다른 나라에서는 좀처럼 볼 수 없는 우리나라의 독특한 문화이기 때문에 온돌을 경험한 외국인이면 누구나 한마디씩 남겼단다. 그 가운데 동아시아 전역을 여행한 독일인 기자 겐테 씨의 이야기를 들어 보자꾸나.

주민들이 장작 등 땔감을 아궁이에 집어넣으며 불을 피우는 몸에 밴 능숙한 솜씨를 보면 감탄하게 된다. 추운 겨울철에 따뜻한 방에서 아늑하게 몸을 녹일 수 있는 이처럼 뛰어난 난방 기술을 지닌 민족은 동아시아 전역을 통틀어 한국인밖에 없다. 중국인들은 실내의 벽 한구석에 연통 난로를 두고 자면서 짚으로 불을 때기 때문에 화재가 발생할 위험이 도사리고 있다. 일본인들은 대체로 한국이나 중국 같은 난방법을 모르고 산다. 그저 방 안에 작은 화로를 놓고 차가운 손을 덥히는 정도의 매우 소극적인 난방법이다. 따라서 추운 겨울에 뜨끈하고 훈훈한 온돌방에서 지낼 수 있는 한국인들은 그들의 우수한 난방 기술에 긍지를 가지고 자랑할 만하다.
―《독일인 겐테가 본 신선한 나라 조선》(1901년)

온돌을 본격적으로 살피기에 앞서 '온돌'과 '구들'이라는 용어에 대해 잠

깐 알아보도록 하자. 먼저 구들은 구운 돌이란 뜻의 우리말로 조선 시대 초기의 기록에 등장하는데 이보다 앞선 시대부터 사용하다가 한글이 창제되면서 기록된 용어야. 지금도 온돌을 만들 때 방바닥에 돌을 깐 부분을 구들장이라고 부르지. 온돌은 '따뜻할 온(溫)'과 '불룩하게 튀어나올 돌(突)' 또는 '굴뚝 돌(堗)'을 쓴 한자어야. 특히 굴뚝의 뜻을 담은 돌(堗) 자는 고려 시대의 문헌부터 보여. 구들이나 온돌은 뜻이 같고 모두 널리 쓰였기 때문에 이 둘 중 어느 것이 더 적절한 용어라고 말하기는 힘들어. 다만 어떤 사람들은 순우리말인 '구들'이 한자어인 '온돌'보다 더 정겹다고 하지. 이 책에서는 특별한 경우가 아니라면 우리에게 익숙한 온돌이란 말을 주로 사용할 거야.

온돌의 과학적 원리

자, 그러면 온돌에 어떤 과학적 원리가 숨어 있는지 살펴보도록 할까? 아주 간단히 말하면 온돌은 아궁이에 불을 때어서 방바닥에 깔린 돌(구들장)을 데워 방을 따뜻하게 하는 거야. 그럼 온돌의 원리는 열의 세 가지 전달 방식, 즉 전도, 복사, 대류 가운데 어느 것에 속할까?

"음, 온돌방 아랫목에 앉으면 '앗 뜨거' 하니까, 전도가 답이겠네요."

땡! 열이 있는 물체에 접촉했을 때 뜨거움을 느끼는 건 분명히 전도야. 요리 도구에 열이 전달되어 음식이 익는 것도 전도 현상의 하나지. 뜨거운 온돌 바닥만 보면 전도가 맞지만 온돌방 공기 전체가 뜨거워지는 것을 설명할 수 없잖니?

"그렇다면 열의 복사인가요?"

그래, 온돌은 주로 복사 방식으로 온 방을 따뜻하게 해. 복사란 열이 사방으로 퍼지는 것을 말하지. 태양의 열이 우리에게까지 전달되는 것이나 난로 곁에 있으면 따뜻함이 전달되는 것 등이 대표적인 열의 복사야. 상온보다 뜨거워진 온돌은 적외선 복사 에너지를 내보내고, 적외선 복사 에너지를 잘 흡수하는 우리 몸이 금세 열을 전달 받아 따뜻해지는 거란다. 이러한 점은 온돌이 가진 가장 큰 특징이야.

"복사가 정답이라면 대류는 틀린 건가요?"

사실은 대류도 정답이라고 볼 수 있단다. 대류는 뜨거운 공기가 위로 올라가고 상대적으로 차가운 공기는 아래로 이동하면서 기체나 액체가 골고루 가열되는 현상이지. 대부분의 실내 난방은 따뜻해진 공기의 대류를 통해 이루어진단다. 온돌도 여기에 포함되니 대류도 정답인 거야.

온돌의 기본적인 과학 원리를 알았으니, 온돌의 효율을 높이는 과학적 원리도 알아보도록 하자. 온돌의 핵심 기술은 구들장이 오랫동안 식지 않게 하는 거야. 그러기 위해서는 우선 구들장으로 쓰는 돌이 중요하지. 아무 돌이나 막 쓰는 게 아냐. 운모, 편마암, 화강암 등 열 보존과 열 전도가 잘되는 것을 쓰지. 다음으로 중요한 건 열기를 오래 붙잡아 두는 거야. 구들장이 채 달궈지기 전에, 또는 달궈지고 나서도 금세 열기가 빠져나가면 안 된다는 거지. 그래서 개자리를 만드는 거란다. 또한 구들장을 데운 연기가 굴뚝으로 잘 빠져나가도록 해야 해. 행여 연기가 아궁이 쪽으로 거꾸로 나간다면 부엌에 연기가 가득 차게 되고, 화재의 위험도 따르니까. 마지막으로 고래(열기를 통과시키기 위한 고랑) 위로 연기가 올라가 방으로 새어들지 못하도록 진흙으로 구들장 사이의 틈을 완벽하게 메우는 것도 중요해.

"그런데 개자리란 무슨 뜻인가요?"

'개가 앉는 자리'라는 뜻이야. 열기와 연기를 빨아들이고 머물게 하면서 한꺼번에 진행하는 걸 막는 장치로 웅덩이처럼 파서 만들어. 열기와 연기가 고여 있으니 따뜻하겠지? 그래서 개들이 이곳을 좋아해서 잘 앉는다고 해서 그렇게 부르는 거야.

자, 한 가지 문제를 낼게. 왜 고래는 윗목으로 갈수록 높아질까?

"아무래도 아궁이 쪽과 가까운 아랫목은 불길이 세고, 윗목은 그렇지 않으니까, 윗목으로 갈수록 구들장과 고래 사이를 가깝게 하려던 것 같네요."

맞았어. 같은 이유로 윗목은 구들장도 아랫목보다 얇은 걸 쓴단다.

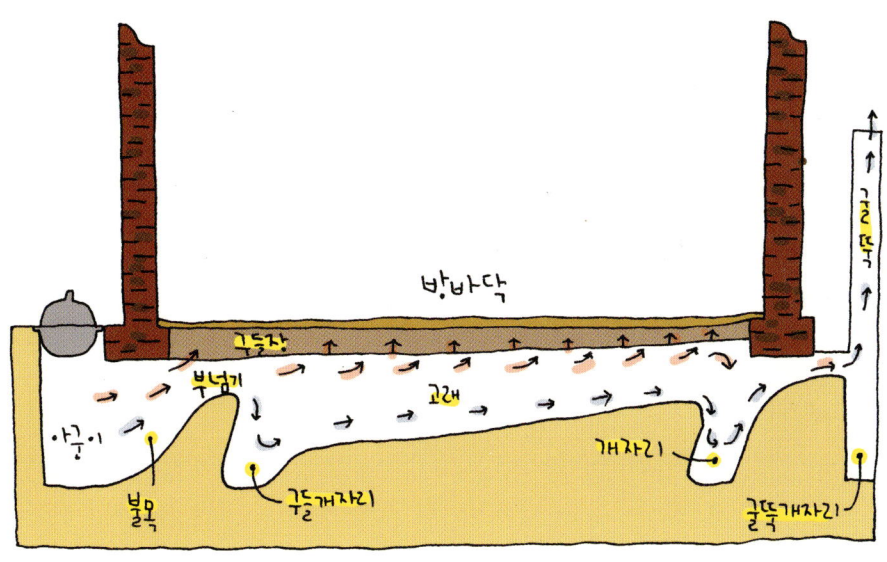

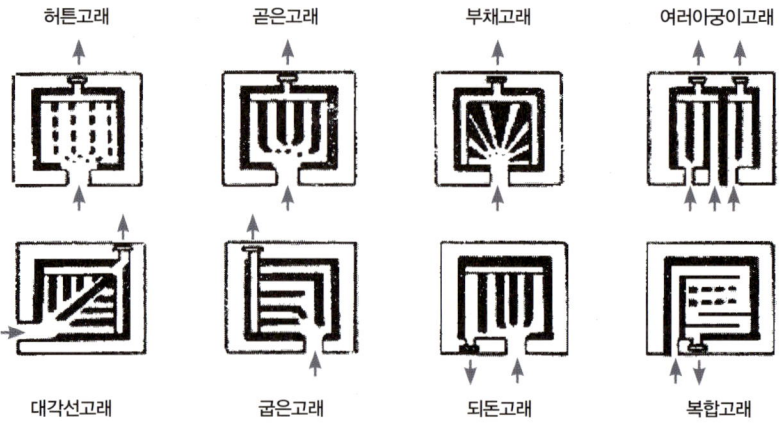

다양한 형태의 고래 화살표는 아궁이에서 굴뚝으로 나가는 열기의 방향이야. 온돌에 고루 열을 전달하는 고래는 보통 네 줄 이상으로 만드는데, 다양한 형태로 만들 수 있단다.

열을 전달하고 보존하는 온돌의 구조

온돌은 어떻게 오랫동안 열기를 보존할 수 있을까? 먼저 아궁이에 불을 지펴 보자. 아궁이에 불을 지피면 아궁이 속에 갇혀 있던 공기가 가열돼. 뜨거워진 공기는 연기와 함께 아궁이 위쪽으로 빠르게 올라가. 이때 뜨거운 공기는 위로, 차가운 공기는 아래로 이동하는 열대류 현상이 일어나지. 그 결과 아궁이에서 데워진 열기가 고래 속으로 들어가게 되는 거야.

아궁이에서 위로 올라간 열기는 부넘기라고 하는 좁은 통로를 만나게 되지. 여기서 잠깐! 혹시 베르누이의 정리라고 들어 봤니? 공기나 액체와 같은 유체는 넓은 곳에서 좁은 곳으로 이동하게 되면 속력이 빨라지고 압력은 낮아진다는 법칙이야. 온돌의 열전달 과정에서도 넓은 아궁이에서 좁은 부넘기로 열기가 이동할 때 이동 속력은 빨라지고, 열기의 압력은 낮아지게 돼. 부넘기를 지나면서 열기는 빠르고 효과적으로 구들개자리로 넘어간단다.

그렇다면 부넘기를 넘어서 구들개자리로 들어가면 어떤 현상이 일어날까? 이때는 열기가 부넘기로 이동할 때와 정반대 현상이 나타나. 부넘기의 좁은 통로에서 구들개자리의 넓은 통로로 열기가 이동하기 때문이야. 구들개자리에서 열기의 속력은 급격히 떨어지고 천천히 흐르는 소용돌이 모양으로 한동안 머물게 돼. 이처럼 구들개자리는 일종의 열기 저장고와 같은 역할을 하지.

따끈따끈한 온돌, 언제부터 썼을까

온돌은 우리나라 고유의 독특한 기술이야. 온돌과 비슷한 난방 시설은 한반도 북쪽 지방에서도 찾아볼 수 있는데 방 전체가 아니라 일부에만 온돌을 놓는 형태로 방 한쪽에만 온돌을 놓는다고 해서 '쪽구들'이라고도 불러. 쪽구들은 바닥에 흙으로 직선 또는 기역(ㄱ) 자 꼴로 침상을 만드는 형태야. 아궁이는 방 안에 있어서 불을 방 안에서 때는 구조야.

온돌의 역사를 더 자세하게 알려면 세 가지를 살펴보아야 해.

첫째, 쪽구들의 기원지. 둘째, 쪽구들이 온돌로 바뀐 시기. 셋째, 온돌이 전국적으로 많은 사람들에게 확산된 시기.

쪽구들은 고구려 시대에 처음 쓰기 시작하여 한반도와 중국 북부로 퍼져 나갔다는 학설이 오랫동안 지배적이었어. 앞에서 말한 민속학자 손진태 선생이 이러한 학설을 처음으로 제시했단다. 그는 여러 역사 문헌을 검토하여 이런 결론을 내렸어.

"온돌은 우리나라 사람의 특수한 산물이다. 세계에 유례가 없는 우리의 귀중한 산물이다. 온돌은 1400~1500년 전 고구려 영토인 평안도, 황해도, 함경도 등지에서 발생했다. 그것이 점점 신라와 백제에 전해지는 한편, 만주와 중국 북부까지 전파되었다."

이러한 학설은 고구려 이후의 온돌에 한해서 지금까지도 학계에서 정설로 받아들이고 있어. 그렇다면 고구려 쪽구들의 기원지는 어디일까? 이에 대해서는 역사학자 송기호 선생이 한반도와 중국 북부, 러시아 연해주 지역의 고고학적 연구 전반을 검토해서 의미 있는 설명을 내놓았어. 고구려 이전, 아무리 늦어도 180년 이전(빠르면 기원전 8~9세기 경)에 함경도 북쪽에 있던 부족 국가 북옥저에서 쪽구들이 생겨났고 그것이 고구려로 전해졌다는 거야.

그럼 우리가 알고 있는 온돌은 언제 등장했을까? 늦어도 고려 시대 말기에서 조선 시대 초기에 등장했다고 해. 온돌은 특수한 상황에서 만들어졌는데 주로 병자나 노인의 병을 돌보기 위해서였지. 방 안 전체를 따뜻하게 데워보다 많은 병자와 노인을 돌본 거야. 이 사실은 고려 시대에 세워진 강화도 선원사에서 온돌이 발굴되면서 확인되었어. 이 시기에 만들어진 온돌은 이전의 쪽구들과 달리 고래 수가 4~5개 또는 그 이상으로 늘어났어. 이건 방 전체를 구들장으로 덮었음을 뜻해. 이와 함께 방 안에 있던 아궁이도 방 바깥으로 나가게 되었어. 더 이상 방 안에서 불을 때지 않아도 된 거야.

마지막으로 언제부터 온돌이 전국적으로 많은 사람들에게 확산되었을까? 1624년(인조 2년)의 실록에는 사대부 집의 노비들까지 온돌방에서 지낸 것으로 기록되어 있어. 18세기에는 성대중(1732~1812년)이라는 사람이 국내외 신기한 이야기를 모은 《청성잡기》에 온돌 보급에 대한 흥미로운 기록을 남겼어.

> 온돌이 유행하게 된 것도 김자점(1588~1651년)으로부터 시작되었다. 옛날에는 방이 모두 마루여서 큰 병풍과 두꺼운 깔개로 한기와 습기를 막고 방 한두 칸만 온돌을 설치해서 노인이나 병자를 거처하게 하였다. 인조 때 도성을 둘러싼 산에 솔잎이 너무 쌓여 여러 차례 산불이 나자, 임금께서 이를 근심하였다. 이에 김자점이 서울 각 지역의 집집마다 명해 온돌을 설치하게 하자고 청하였으니, 이는 오로지 솔잎을 처치하기 위한 것이었다. 사람들이 모두 따뜻한 걸 좋아하여 너나없이 이 명령을 따라 얼마 안 가서 온 나라에 온돌이 설치되었다.

《청성잡기》의 기록은 17세기에 온돌이 보급되었다는 실록의 기록과 일치해. 그런데 온돌의 보급 목적이 도성 내 산불을 막기 위한 것이었다는 부분은 의심스러워. 도성 내 산불에 관한 이야기가 실록에서는 보이지 않거든. 인조 이전인 선조 때에는 궁궐 안에 온돌이 극히 드물었다는 기록이 있는데, 인조 때에는 온돌이 너무 늘어나 궁궐 안 건물의 온돌을 마루로 바꾸라고 한 여러 기록이 남아 있어. 인조 전후로 해서 온돌이 크게 늘어났음을 짐작할 수 있지.

17세기 후반 이후의 온돌 보급률은 놀라웠어. 이익은 온갖 자잘한 지식을 모은 《성호사설》에 '비록 천한 종들이라도 따뜻한 방에서 잠을 자지 않는 자가 없다.'라고 썼고, 1756년 홍대용이 중국 여행기인 《을병연행록》에 '(조선의) 도성 바깥의 집들은 8~9할이 초가집이었는데 침실은 모두 온돌로 되어 있다.'고 기록한 것을 보면 어느 정도였는지 알겠지?

우리 온돌의 문제점

지금까지 온돌의 좋은 점들을 살펴보았어. 혹시 온돌이 흠잡을 데 없이 훌륭했다 생각할까 봐 한마디 해야겠구나. 1780년 청나라 사신 일행을 따라간 박지원은 압록강 건너 청나라 사람 집에 머물며 그들의 캉, 즉 쪽구들을 보면서 감탄했어. 쪽구들 바닥이 한결같이 고르고 골고루 따뜻했거든. 또 아궁이에서부터 부넘기, 개자리, 굴뚝까지의 설계가 얼마나 정밀하던지 열기의 전달이 효율적일 뿐만 아니라 연기가 새지 않았지. 그런데 똑같은 쪽구들을 보고서 일행인 변계함은 박지원에게 불평을 했어. 박지원이 뭐라고 대답했는지 《열하일기》의 내용을 살펴볼게.

> **캉**
> 중국의 전통 온돌로 송나라 사신 서긍은 《고려도경》에서 불 화(火)에 구덩이 갱(坑)을 써서 '화갱'이라 칭했어.

"이곳 쪽구들은 아무래도 이상해요. 우리나라 온돌만 못한 것 같습니다."
"왜? 못한 까닭이 무엇이지?"
"이곳 쪽구들 위에 깐 장판지를 보십시오. 쭈글쭈글 형편없지 않습니까?"

"겉만 보지 말고 속을 자세히 보게나, 이 사람아! 이곳 쪽구들은 벽돌을 써서 고래를 만들지 않았나. 벽돌을 쓰니 바닥의 높이가 일정하고, 구들장에 틈새가 생기지 않는군. 부뚜막 옆은 또 어떤가? 큰 항아리만큼 땅을 파고 그 위를 돌로 덮어 구들장 놓는 바닥과 나란히 했다네. 묘하게도 땅을 판 그 공간에서 바람이 일어나 불길을 부넘기로 몰아넣고 있지 않는가. 굴뚝 또한 대단하다네. 커다란 항아리 정도의 깊이로 땅을 판 후 벽돌로 지붕 높이만큼 굴뚝을 쌓아올렸다네. 연기가 구덩이에 고이면 바깥 공기가 그것을 잡아당겨 굴뚝 밖으로 재빨리 빠져나가도록 하지 않는가."

"아, 이 구들 속에 그런 놀라운 이치가! 사람이나 구들이나 겉만 보고 판단하면 안 된다는 걸 깨달았습니다."

"이야기가 나온 김에 내 우리나라 온돌의 흠 여섯 가지를 일러 줌세. 아직 이를 말하는 사람을 못 봤다네. 자네는 떠들지 말고 조용히 들어 보게나.

벽돌을 쓰지 않고 돌을 쓰기 때문에 고래의 높이가 일정치 않다는 게 첫째 흠일세. 조그만 돌로 구들장을 괴어서 고르지 못한 부분을 보완하고 있기는 하나 불길에 돌이 타고 흙이 마르면 그게 곧잘 허물어진다네. 구들장 돌이 울퉁불퉁하다는 게 둘째 흠일세. 옴폭한 데는 흙으로 메워서 평평하게 하지만 방바닥은 고루 데워지지 않게 되지. 고래가 높고 넓어서 불길의 흐름이 원활치 못하다는 것이 셋째 흠일세. 원래 넓은 곳에서 좁은 곳으로 바뀌어야 불길이 빨라지는데 고래가 너무 넓고 높아서 불길이 제대로 흐르지 않는 게지. 게다가 고래 사이의 벽이 성기고 얇아서 곧잘 틈이 생기므로, 바람이 새고 불이 내쳐 연기가 방 안에 가득하게 됨이 넷째 흠일세. 부넘기가 목구멍처럼 확 좁아지도록 만들어져 있지 않아 불길이 안으로 빨려 들어가지 않고 아궁이 끝에서만 남실거림이 다섯째 흠일세. 마지막으로 온돌을 짓고 나서 완전히 말리려면 적어도 땔나무가 100단은 들고, 열흘 안으로 집에 들어갈 수

없음이 여섯째 흠일세. 게다가 굴뚝 만드는 기술이 정교하지 않아 생긴 틈 때문에 불이 자주 꺼지거나 불길이 아궁이로 거꾸로 달려 나오는 경우가 적지 않다네.

이곳 쪽구들은 어떤가? 벽돌 수십 개만 깔아 놓으면, 웃고 이야기하는 사이에 벌써 몇 칸 온돌이 이루어져서 그 위에 누워 잘 수 있을 것이니, 그 어찌 대단치 않은가. 하하하. 난 이 방법을 꼭 우리나라에 소개하고 싶다네."

과연 박지원이 말한 청나라의 쪽구들이 조선에 소개되어 널리 쓰였을까? 청나라의 쪽구들을 그대로 받아들이려면 우리 온돌의 규모를 훨씬 줄여야 하는 문제가 생겨. 물론 벽돌로 고래와 굴뚝 만드는 법 등은 우리 온돌에서도 쓸 만한 기술이었어. 이후, 우리 온돌 규모를 유지하면서 박지원이 말한 문제점을 개선한 신기술이 개발되었어. 19세기 후반 중심지의 부유층 집에서 쓰기 시작한 이중구들장 방법이 대표적이야.

이중구들장

이중구들장 기술의 핵심은 방바닥을 고르게 하고, 윗목과 아랫목을 골고루 따뜻하게 하는 데 있어. 불길이 아궁이 쪽은 맹렬하고 굴뚝 쪽은 시들하기 때문에 아랫목만 따뜻하고 윗목이 찬 거 아니겠니? 이런 차이를 줄이려면 어떻게 하면 될까?

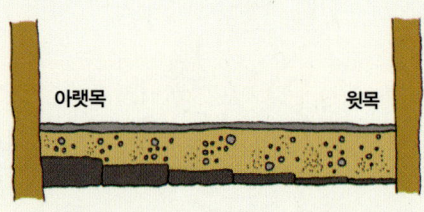

해결 방법은 간단해. 불길이 센 아궁이 쪽은 뜨거운 불길이 좀 늦게 닿도록 온돌을 두껍게 깔고, 굴뚝 쪽은 온돌을 얇게 까는 거야.

"아, 그러면 문제가 생겨요. 방바닥이 굴뚝 쪽으로 경사가 생기는 걸요."

맞아. 바로 그 문제를 해결하기 위해서 이중으로 구들장을 깐 것이란다. 어떻게 하면 두 겹의 구들장으로 방바닥을 기울지 않고 편평하게 만들까?

"오호! 굴뚝 쪽으로 기울어진 구들장 위에 무엇인가를 깔면 되겠네요. 구들장과 구들장 사이에 자갈 같은 것을 채워 넣어도 되겠군요."

그렇지. 이런 이중구들장은 두 가지 큰 장점이 있단다. 첫째, 구들장이 한 겹일 때보다 열을 간직하는 곳의 부피가 크게 늘어난다는 점이야. 둘째, 아궁이가 경사져 있어서 열기가 아궁이에서 먼 굴뚝 부위의 구들장까지 달군다는 점이야. 뜨거운 공기가 위로 올라가는 속성 때문이지.

온돌이 일으킨 변화

우리의 귀중한 산물인 온돌의 보급은 예기치 않은 문제도 불러일으켰지 뭐야. 서유구는 이 점을 《임원경제지》에서 날카롭게 지적했어. 먼저, 너도나도 다 땔감을 때다 보니 땔감이 귀해졌어. 일반 백성들은 수입의 절반을 땔감에 써야 할 정도가 되어 버렸지. 웬만큼 큰 마을 근처의 산은 100리 안에 나무 한 그루 찾아보기 힘들 정도로 헐벗게 되었고, 집을 짓거나 장사 치를 관에 쓸 나무를 마련하는 것조차 힘들어졌어. 산이 헐벗으니 빗물에 흙이 씻겨 내려가 하천에 쌓이고, 강 바닥이 높아져 조금만 큰비가 내려도 하천이 범람해 시내와

〈윷놀이〉 땔감을 해 온 지게를 잠시 내려놓고 놀고 있는 아이들을 담은 김홍도의 풍속화. 멀리 땔감을 잔뜩 지고 오는 아이도 보여. 밥을 하고 온돌을 데우려면 땔나무를 부지런히 날라야 했어.

논밭을 휩쓸게 되었어. 보다 큰 문제는 범람한 물 속의 오물이 콜레라 같은 전염병을 일으켰다는 거야.

조선 시대 후기 통신사로 일본에 갔던 사람들은 '온돌 없는 일본이 겨울철에 참 춥구나.'라고 생각하면서도 어디를 가도 나무가 빽빽한 산이 부러웠어. 그러한 통신사 가운데 한 명인 조명채는 1748년에 이렇게 썼어.

> 온돌에 불 때지 않고 음식은 부엌에서 차릴 필요가 없어 소나무·삼나무처럼 큰 목재를 베는 일이 드물어 가는 곳마다 산과 언덕이 무성하게 우거졌다.

물론 일본이 산림을 보호하려고 온돌을 일부러 금했던 건 아니야. 기후와 풍토가 조선과 달랐기 때문이지. 조선이 온돌을 쓰게 된 가장 큰 이유는 풍부한 산림이었을지도 몰라. 어디를 가나 산이고, 산에 나무가 빽빽했으니까, 연료에 대한 부담이 없었던 거지. 이처럼 난방 기술은 기후와 환경에 따라 나라마다 다르게 발달해 온 거야. 중국 남부 지역의 화로, 일본의 다다미, 유럽의 벽난로, 러시아의 페치카, 에스키모의 이글루 등이 다 그런 거지. 그러니까 난방 기술의 우열을 따지기에 앞서 이런 차이를 살피는 게 필요하단다.

마지막으로 기술은 문화의 변화를 일으킨다는 점을 이야기하고 싶구나.

조선에서는 바닥이 따뜻한 온돌 덕분에 앉아서 생활하는 좌식 문화가 발달했어. 그 결과 각종 가구의 형태와 용도도 바뀌었다고 하는구나. 또 땔감이 점차 귀해지면서 며느리와 시어머니가 한 방에서 지내기도 하고, 바깥채에서 지내던 남자가 온돌이 깔린 안채에서 생활하기도 했어. 그토록 완강했던 삼강오륜의 문화도 변화하기 시작한 거지. 또 온돌과 부뚜막을 두고 어른과 아이, 남자와 여자, 손님과 주인이 차지하는 공간의 차이나 서열이 새롭게 형성되어 나갔단다.

▼
■ 온돌의 기원과 전파에 관해서는 송기호 선생의 《한국 고대의 온돌》을 주로 참고했어. 온돌의 유래와 전파에 대해 가장 믿을 만한 결론을 이끌어 낸 책이란다. 한국 고문서 학회에서 펴낸 《의식주, 살아 있는 조선의 풍경》에서는 집짓기와 온돌의 역사에 대해 참고했어. 김남응 선생의 《구들이야기 온돌이야기》에서는 온돌 관련 문헌과 유적 전반을 참고했고, 김준봉·리신호 선생이 온돌 만드는 과정을 사진과 함께 자세히 담은 《온돌 그 찬란한 구들문화》도 많은 도움이 되었어. 조선 시대 온돌의 실태를 담은 유일한 문헌인 서유구의 《임원경제지》의 내용은 안대회 선생의 《산수간에 집을 짓고》에서 참고했단다. 온돌의 기술적 측면에 대해서는 이종호 선생의 《한국의 유산 21가지》의 '온돌' 부분을 일부 참고했어.

■ 온돌은 주로 한옥 건축과 함께 다루어지고 있어. 관련된 책으로는 서유구의 《임원경제지》에서 집짓기 부분만 풀이해서 펴낸 안대회 선생의 《산수간에 집을 짓고》가 있어. 또 김봉렬 선생의 《한국 건축 이야기》는 주변 경관과 함께 옛 집 건축을 잘 설명하고 있어. 하지만 이 두 책은 너희들이 읽기에는 어려울 것 같구나. 어린이 책 《집짓기》라는 책을 추천할까 해. 움집, 초가집, 기와집 등 여러 종류의 집과 집 짓는 법이 그림과 함께 재미있게 설명되어 있어. 온돌의 민속에 대해서는 주강현 선생이 《우리 문화의 수수께끼 2》에서 재미있게 썼어. 글이 맛깔나 너희들도 충분히 읽을 수 있을 거야.

11 세종은 어떻게 훈민정음을 만들었을까?

우리 암호 놀이 한번 해볼까? 우리만 아는 암호를 만드는 거야.

"사랑해 지영아."

자, 쪽지에 이렇게 적고 싶을 때, 암호를 어떻게 만들면 다른 사람은 모르고 우리만 알 수 있을까?

!는 '사', @는 '랑', #는 '해', $는 '지', %는 '영', ^는 '아'. 이렇게 정하면 어떨까? 그러니까 내가 '!@#$%^'라고 쓰면 '사랑해 지영아'로 해독하는 거야.

그런데 이렇게 암호를 만들기에는 글자가 너무 많지? 암호를 해독할 때 필요한 일관된 원칙도 없고 말이지.

처음 문자가 탄생할 때에도 이렇게 암호 만드는 것과 같은 과정을 거치지 않았을까? 인류는 소리만으로 의사를 전달하다가 문자를 개발했어. 쐐기처럼 생긴 쐐기 문자, 사물의 모양을 본뜬 상형 문자 등 모든 문자는 암호처럼 약속에 따라 만들어지고 사용되어 왔지. 알파벳도 약속, 한자도 약속, 일본 문자인 가나도 약속, 훈민정음도 약속이야. 약속으로 공유한 문자를 보고 그 사용

법과 의미를 알 수 있잖니. 어떤 문자가 가장 우수하냐고? 문자마다 장단점이 있어서 우열을 가리는 것은 무의미한 일이야.

그럼에도 불구하고 적지 않은 학자들은 한글을 전 세계 문자 가운데 가장 '과학성'이 높은 문자로 손꼽아. 세종이 창제한 한글, 즉 훈민정음에는 어떤 과학성이 있는지 살펴보자.

> **과학성**
> 과학성이란 과학 그 자체는 아니지만 과학 활동에서 보이는 특징을 갖고 있는 것을 말해. 주로 자연 현상에 대해 논리적이거나(생각의 앞, 뒤가 부합하는 것), 체계적이거나(얼개가 짜임새 있는 것), 분석적이거나(요인을 잘게 쪼개 깊이 파고드는 것), 수학적인(수로 표현할 수 있는 것) 특징을 담고 있는 탐구를 가리켜 '과학성이 있다'거나 '과학적이다'라고 표현한단다.

소리를 담은 문자, 훈민정음의 원리

목소리는 한자로 '소리 음(音)'에 '소리 성(聲)'을 써서 '음성'이라고 해. 자, 그럼 눈을 감고 다음 소리가 목에서 어떻게 나오는지 헤아려 보렴.

"기역, 니은, 디귿, 리을, 미음, 비읍, 시옷, 이응, 지읒, 치읓, 키읔, 티읕, 피읖, 히읗, 아, 어, 오, 우, 으, 이."

소리가 목의 어느 부위에서 나오는지, 소리가 날 때 혀의 위치와 모양은 어떤지, 치아와 입술의 모양은 어떤지, 소리가 날 때 코의 울림은 있는지 유념

하고 천천히 발음해 보렴.

《훈민정음해례본》을 잠깐 들여다보도록 할까?

> 음성은 어금니에서 내는 소리가 있다. 'ㄱ'이다. 혀에서 내는 소리가 있다. 'ㄷ'이다. 입술에서 내는 소리가 있다. 'ㅂ'이다. 치아에서 내는 소리가 있다. 'ㅈ'과 'ㅅ'이다. 목구멍에서 내는 소리가 있다. 'ㅇ'이다. 반만 혀에서 나는 소리가 있다. 'ㄹ'이다. 반만 치아에서 내는 소리가 있다. 'ㅿ'이다. 또 소리는 맑은 소리, 다음 맑은 소리, 아주 탁한 소리, 맑지도 탁하지도 않은 소리가 있다. 'ㄷ'계열을 예를 들면, 'ㄷ'은 맑은 소리, 'ㅌ'은 다음 맑은 소리, 'ㄸ'은 아주 탁한 소리, 'ㄴ'은 맑지도 탁하지도 않은 소리이다.

《훈민정음해례본》에는 이처럼 초성의 자음 23개의 소리와 발음이 분석·정리되어 있어. 성대와 발음 기관이 어떻게 해서 소리를 내는지 알 수 있도록 한 거야.

그런데 음성의 요소를 분석한 건 중국이 먼저야. 중국은 오래전부터 한자의 음을 분석하고 연구했는데 소리 하나를 둘로 쪼개어 분석하는 방식을 택했어. 《훈민정음해례본》에는 음이 초성(자음), 중성(모음), 받침인 종성(자음) 세 가지로 쪼개져 분석되었단다. 이 과정에서 '모음'이 나온 거야. 지금까지 많은 사람들은 훈민정음이 '모음 추출'을 처음 시도한 것으로 생각해 왔어. 국어학자 정광 선생은 모음 추출은 문자의 역사에서 대단한 발전이라 말하고 있어. 한글이 '세계 최고의 문

소리 하나를 둘로 쪼개어 분석하는 방식
중국에서는 한자음을 둘로 나눠 분석했어. '天'을 예로 들게. '天'을 '천'이라고 읽는 건 알지? 한글의 경우에는 '천'을 초성(ㅊ), 중성(ㅓ), 종성(ㄴ) 셋으로 나누잖아. 그런데 중국식으로 하면 'ㅊ'과 'ㅕㄴ' 요렇게 둘로 나누지. 이때 한글의 초성에 해당하는 'ㅊ'을 성(聲), 한글의 중성과 종성에 해당하는 'ㅕㄴ'을 운(韻)이라 불렀어. 중국의 학자들은 오랜 기간 연구를 통해 한자음이 36개 성, 107개의 운으로 이루어져 있음을 밝혔어.
훈민정음은 한자음 운에 들어 있는 공통된 요소, 즉, 우리가 모음이라 부르는 것을 추출한 거야.

자'라는 데에는 모음 추출이라는 성과도 한몫했거든. 그런데 훈민정음이 최초가 아니었어. 이미 오래전에 외국학자들은 이 모음 추출이 몽골의 파스파 문자에서 이뤄졌음을 밝혀냈어. 파스파는 파스팍이라는 몽골 학자가 만들었다고 해서 붙은 이름이지.

몽골 파스파 문자 훈민정음보다 앞서 모음을 추출한 파스파 문자는 중국 원나라 시대에 쿠빌라이 칸의 명령으로 만들어졌다고 해. 파스파 문자의 모음은 8개야.

파스팍은 훈민정음 창제보다 170년 앞서서 한자의 운에서 공통되는 모음만을 가려 뽑아 그것을 별도의 문자 요소로 인식했단다. 문자의 모습은 다르지만 파스파 문자의 모음 소리와 훈민정음의 모음 소리의 값은 같아. 우리가 '야'라고 읽을 때, 모음만 쓰는 것이 아니라 자음 'ㅇ'을 넣어 쓰는 것도 파스파 문자의 표기법과 같단다.

모음을 활용해 글자를 읽는 방식은 파스파 문자가 먼저 고안했어. 동일한 모음에 자음만 달리해서 '가나다라'라고 읽는 방식 말이야.

"음성의 요소를 분석한 것도 처음이 아니고, 모음을 추출해 낸 것도 처음이 아니라면, 도대체 훈민정음의 과학성은 무엇인가요?"

우선, 훈민정음은 추출한 모음을 중성(가운뎃소리)이라는 개념으로 묶었어. 파스팍이 음성에서 자음과 다른 모음을 분명히 인식했지만 그걸 따로 떼어 문자의 구성 요소로 쓴 건 훈민정음이 최초야. 훈민정음에서 모음인 중성은 초성, 종성(받침)보다도 문자 구성에 더 중요한 핵심 요소란다.

둘째, 훈민정음은 종성, 즉 받침의 소릿값을 초성과 똑같은 걸 썼어. 받침의 소릿값이 근본적으로 초성 자음과 동일하다는 것을 알고 있었던 거지. 오늘날의 과학적 분석에 따르면, 초성 자음과 종성 자음의 음성적 특징이 거의 동일하다고 해.

마지막으로, 훈민정음은 소리를 표현할 문자를 자연 모방적, 논리적, 체계적으로 만들었다는 점이야. 이 부분은 모음을 자음과 구별해 낸 것과 초성과 종성의 소릿값을 동일하게 한 것 못지않게 대단한 점이라고 강조하고 싶구나. 이에 대해 더 자세히 살펴보자.

《훈민정음해례본》에는 훈민정음의 제작 원리가 자세히 기록되어 있어. 덕분에 훈민정음이 1997년 유네스코 세계 기록유산에 등록될 수 있었지. 앞에서 이야기했듯이 문자는 약속이니까 네모를 그려 놓고 'ㅁ'이라 하자, 동그라미를 그려 놓고 'ㅇ'이라 하자 해도 의사소통하는 데는 별 문제가 없어. 하지만 보다 많은 사람들이 사용할 수 있게 하려면 명분이 분명해야 해. 임의로 정한 약속이나 권위 있는 사람이 일방적으로 정한 명령으로는 사람들을 설득하기 어려운 거지.

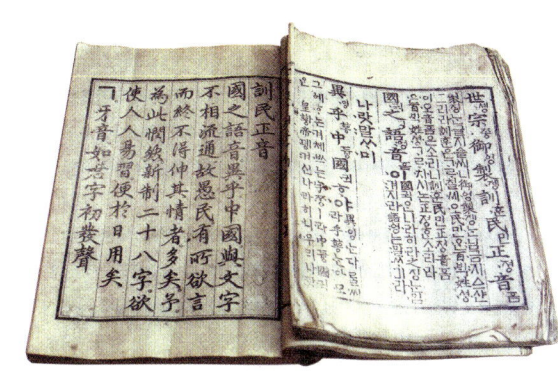

《훈민정음해례본》 1940년 안동에서 발견된 《훈민정음》의 해례본이야. '해례'는 보기를 들어 내용을 풀어 설명한다는 의미야. 해례본이 발견된 덕분에 훈민정음 창제를 둘러싼 여러 논쟁이 잠잠해질 수 있었지.

세종은 백성을 위한 문자를 만들기로 마음먹었을 때 이러한 부분까지 생각했던 거야. 글꼴의 아이디어를 창살에서 얻었는지, 다른 나라의 문자에서 얻었는지가 중요한 것이 아니라 누구나 듣고서 고개를 끄떡일 정도의 강력한 논리를 바탕으로 한 글꼴 제정 원칙이 필요했던 거지. 그래서 세종은 대자연의 법칙에 따라 모음 글꼴을 만들었어. 'ㆍ(아래아)'는 둥근 하늘의 모습을, 'ㅡ'는 평편한 땅의 모습을, 'ㅣ'는 서 있는 사람의 모습을 본떴다고 했어. 하늘이 생기고, 땅이 생기고, 그 위에서 인간이 생장한다는 것, 그것은 인간의 관점에서 본 대자연의 모습이야. 모음은 천·지·인을 뜻하는 세 모음 글꼴이 어떻게 결합하느냐에 따라 11개의 기본 모음이 만들어져. 'ㅏ'는 양, 'ㅓ'는 음, 'ㅗ'는 양, 'ㅜ'는 음으로 양은 밝고 겉에 있는 것, 음은 어둡고 안에 있는 것을 뜻하지. 모음 하나하나의 속성 차이를 분명히 인식했던 거야. 양성 모음은 양성 모음끼리, 음성 모음은 음성 모음끼리 어울리는 모음 조화의 법칙은 여기에서 비롯된 거란다. 이처럼 훈민정음의 모음 글꼴에는 전통적인 자연관과 음양의 논리가 녹아 있어.

이 정도면 과학적이란 말을 쓸 만하지 않겠니? 훈민정음에는 보다 과학적이고 놀라운 창의성이 하나 더 있는데 그것이 뭘까? 초등학교 1학년인 아들 지용이한테 물어보았어. 한글이 무엇을 본떠서 만들었게?

"입의 모양!"

아니! 어떻게 초등학교 1학년이 이걸 안단 말인가! 난 잠시 우리 아들이 천재인 줄 알았어. 그랬더니 어린이 과학책에서 읽은 거라네. 그러고 보면 우리나라 사람들은 아주 일찍부터 한글의 우수성에 대해 귀가 따갑도록 듣는 것 같아. 그러니 그 우수성이 무엇인지 제대로 알아야겠지?《훈민정음해례본》에서는 자음의 생성 원리를 이렇게 기록하고 있어.

> 어금닛소리 글자인 'ㄱ'은 혀의 안쪽이 목구멍을 닫는 모양을 본떴다. 혓소리 글자인 'ㄴ'은 혀끝이 윗잇몸에 붙는 모양을 본떴다. 입술소리 글자인 'ㅁ'은 입의 모양을 본떴다. 잇소리 글자인 'ㅅ'은 이의 모양을 본떴다. 목청소리 글자인 'ㅇ'은 목구멍의 모양을 본떴다.

어금닛소리, 혓소리, 입술소리, 잇소리, 목청소리가 뭔지 알겠니? 자음

 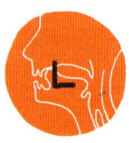   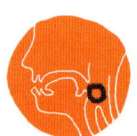

의 다섯 자리 기본 소리야. 자음의 기본 글자꼴이 다섯인 셈이지. 어금닛소리 ㄱ과 ㄴ은 입 속 혀의 작용을 본뜬 것이고, 입술소리 ㅁ, 잇소리 ㅅ, 목청소리 ㅇ은 각각 발음 기관인 입, 이, 목구멍의 모양을 본뜬 거야.

신중한 친구들은 이 이야기를 곧이곧대로 받아들이지 못하고 이의를 제기할지도 모르겠구나. '무슨 입술 벌린 모양이 ㅁ 같아요? ㅇ 같은데요. 또 이의 모양이 ㅅ 같다고요? 전혀 닮은 것 같지 않은데요!'라고 말이야. 그러면 또 다른 친구들이 반론을 할지 모르지. '입술 모양은 ㅁ으로 볼 수도 있지. ㅇ은 목구멍 모양을 본떴다고 했잖아. ㅅ이 이의 모양을 닮지 않았다고? 송곳니 봐. ㅅ처럼 생겼잖아.' 하고 말이야.

그런데 너무 티격태격하지 마. 여기서 중요한 건 다섯 글자의 모양이 얼마나 발음 기관의 모양을 제대로 본떴느냐, 그렇지 않았느냐가 아니야. 소리를 내는 발음 기관인 입술, 이, 혀, 목구멍의 모양을 본떠 문자를 만든 창의적인 생각이 눈여겨볼 점이란다.

훈민정음 유래에 관한 여러 가지 설

세종이 창살을 보다가 훈민정음 창제의 힌트를 얻었다는 이야기 들어 봤니? 인도의 산스크리스트 어(옛 인도어)를 본떴다는 이야기는? 이러한 주장은 용재 성현의 기이한 이야기 모음집인 《용재총화》의 내용을 근거로 하고 있지. 일부는 이익의 《성호사설》을 근거로 해서 한글이 파스파 문자에서 힌트를 얻은 거라고 주장했어. 실제로 비교해 보면 몇몇 글자의 모양이 파스파 문자와 비슷해서 외국학자들이 줄기차게 주장하는 설이란다. 송나라의 학자 정초가 한자의 기본 자획을 해설한 《육서략》의 〈기일성문도(일(一) 자에서 시작하여 글을 얻는 그림)〉를 참조했다는 사람들도 있어. 정초는 이 책에서 'ㅡ'을 절반 꺾어서 'ㄱ', 돌려서 'ㄴ', 위로 솟구쳐 'ㅅ', 두 번 꺾어서 'ㄷ', 네모나게 당겨서 'ㅁ', 둥그렇게 돌려서 'ㅇ'을 만들고 있거든. 이를 보면 마치 훈민정음의 대표 자음 여섯 개가 이런 원리로 만들어진 것처럼 보이기도 하지. 이 밖에도 일본 고대의 신대문자나 옛 고조선의 글자를 본떴다는 주장도 있는데, 근거가 부족해서 학계에서는 이 두 가지 설은 진지하게 고려하지 않아.

훈민정음 글자꼴의 진짜 유래

세종은 발음 기관을 본떠 자음을 만들 때 세 가지 원칙을 정했던 것 같아. 첫째, 발음 기관의 형상을 가장 단순한 형태로 표현한다. 이건 앞서 설명한 내용을 보면 알 수 있겠지?

둘째, 기본 발음과 그 계통의 관련 발음을 논리적으로 연결한다. 세종은 기본이 되는 다섯 소리의 글자로 ㄱ, ㄴ, ㅁ, ㅅ, ㅇ을 선택했어. 그러고 나서 각각의 기본 글자에 획을 더하는 방식으로 센소리 글자를 만들었지. 어금닛소리 계통은 ㄱ에 획을 하나 더해 거센소리인 ㅋ을, 혓소리 계통은 ㄴ에 획을 더해 예사소리 ㄷ을 만들고, 획을 하나 더 더해 거센소리 ㅌ을 만들었어. 입술소리 계통은 ㅁ에 획을 더해 예사소리 ㅂ과 거센소리 ㅍ을 만들었지. 그리고 잇소리 계통은 ㅅ에 획을 더해 예사소리 ㅈ과 거센소리 ㅊ을 만든 거야. 마지막으로 목청소리 계통은 ㅇ에 획을 더해 ㆆ(여린히읗)과 ㅎ을 만들었어. 어때? 훈민정음의 창제 원리가 창의적이고 논리적이지?

"그런데 ㄹ에 대한 설명이 빠져 있네요?"

ㄹ은 입술 모양을 본뜬 입술소리이긴 하지만 획을 더해서 만든 글자가 아니란다. 이와 같이 발음 기관의 모양

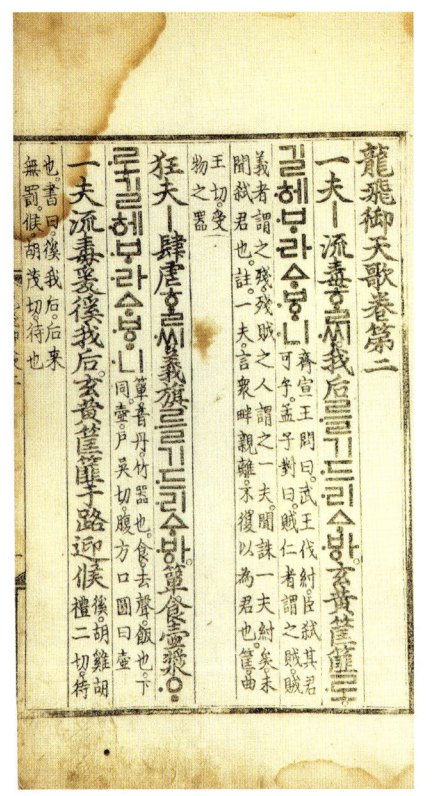

《용비어천가》 한글로 쓴 첫 책으로 조선 왕조의 정당성을 알리기 위해 쓰여졌어. 훈민정음 창제 초기에 만들어져서 지금은 쓰지 않는 훈민정음 글자들이 보여.

을 본떴지만 기본 글자에 획을 더하는 방식으로 만든 글자가 아닌 것은 위에 긴 꽁지가 있는 어금닛소리 계통 ㆁ(옛이응)과 잇소리 계통의 ㅿ(반치음)이 더 있어. 이 둘은 여린히읗과 함께 요즘에는 쓰이지 않아.

자음을 만들 때의 세 번째 원칙은 발음 기관을 본뜬 형태라고 해도 옛 도장의 글씨체(전서체)에서 비슷한 것을 찾아내 쓴다는 거였어.

《훈민정음해례본》에는 정인지가 쓴 서문(해례서)이 붙어 있는데, 이런 말이 나와.

"글자의 꼴을 지었는데, 옛 도장의 글씨체를 본떴다(비슷했다)."

조선 시대의 도장(위)과 한글로 만든 금속 활자(아래) 훈민정음의 글꼴은 옛 도장에서 본떴다고 했어. 조선 시대의 도장과 함께 보니 어떤 것 같니?

여기서 여러 학자가 '본떴다'고 번역한 부분은 원문에는 '방불하다'고 되어 있어. 이것은 '모방' 외에 '비슷하다'는 번역도 가능하단다.

이 말 때문에 훈민정음의 유래를 둘러싸고 논쟁이 분분했어. 우리는 앞에서 무엇에서 영감을 얻었는가보다 발음 기관의 모양을 본떠 글자 꼴을 만들었다는 게 더 중요하다는 걸 배웠잖아. 옛 글자 가운데도 발음 기관과 닮은 글자들이 있었기 때문에 훈민정음의 글꼴에 참고가 된 거야.

발음 기관을 닮은 글자가 어디 옛 도장에만 있겠니? 창살에도, 산스크리트 어에도, 파스파 문자에도, 〈기일성문도〉에도 있을 수 있겠지. 그런데 《훈민정음해례본》에서는 굳이 옛 도장 글씨체를 언급했어. 그 이유는 이전 문자의 전통을 의식했기 때문이야.

훈민정음 이전에 거란, 여진, 일본에서도 자신들의 문자를 창제했는데 모두 한자를 변형시킨 형태였어. 몽골은 한자를 변형시키지 않고 티베트의 문자를 본떠 만들었어. 그런데 티베트의 문자는 인도의 문자를 본떴고, 인도의 문자는 알파벳의 한 갈래로 만들어졌어. 그러니까 당시 세계의 문자는 크게 알파벳과 한자에 뿌리를 두었다고 할 수 있단다. 나라마다 나름의 창제 정신에 따라 문자를 만들었다고는 하지만 전통적인 문자에 뿌리를 두고 있었던 거지. 훈민정음도 마찬가지야.

《훈민정음해례본》에서 말하는 옛 도장의 글씨체란 오래된 중국 주나라 시대의 글씨체인 전서체로 추정되거든.

조선의 역법 제정 이념을 담은 책 《칠정산》이 중국에서 가장 오래된 경전 《서경》의 관상수시(하늘의 현상을 관찰해 백성에게 때를 일러 주는 일)에 따라 만들어지고, 음악과 도량형의 통일이 중국의 경전 《예기》 가운데 〈악전〉에 나오는 삼분 손익법(대나무를 3등분하여 하나를 덜어내고 덧붙이는 방식으로 음계를 정하는 법)의 원칙에 따라 만들어진 것처럼 훈민정음도 전통성을 갖고 있다는 거야. 즉 훈민정음이 옛 유교 성현의 말씀에 따른 시대정신을 담고 있다는 것을 분명하게 알리고 싶었던 것이지.

사실은 옛 도장 글씨체를 천 번, 만 번 쳐다본다고 해서 발음 기관을 본뜬 글자가 절로 떠오르는 건 아니야. 많은 사람들이 매일같이 나무에서 떨어지는 사과를 봤지만 만유인력, 곧 중력의 법칙을 발견한 사람은 따로 있었다는 것과 비슷하지. 문득 고등학교 때 물리 선생님께서 하셨던 말씀이 생각나는구나.

"내가 매일 똥을 누는데, 만약 내가 왜 똥이 아래로만 떨어지는지 의문을 품고 파고들었다면, 뉴턴 같은 대과학자가 될 수 있었을 텐데, 원통하구나!"

아무튼 훈민정음이 한자의 전통성과 관련이 있으니, 한자에 대해서도 잠깐 살펴보자. 옛 중국에서 한자를 발명했다고 전해지는 창힐이란 인물에 대한 전설이 있어. 황제의 대신이었던 창힐은 하늘에서는 국자 모양을 닮은 북두칠성을 보고, 땅에서는 거북의 등 모양이나 새 발자국 따위를 보고 글자를 만들었다고 해. 그렇게 해서 처음 만든 글자 수가 28개였다는구나. 하늘과 땅의 모습을 본뜨려 했던 점이나 기본 글자 수가 훈민정음과 같지? 그런데 창힐이 만든 글자는 형상을 본떠 만들어서 글자를 잘 보면 거북(龜)인지 물고기(魚)인지 구별할 수 있어. 훈민정음은 이와 달리 소리를 표현하기 위한 글자로 만들어졌어. 이를 표음 문자라고 해.

소리가 어떻게 생겼는지 한번 그려 볼래? 대략 난감이라고? 요즘에는 컴퓨터 그래픽으로 소리를 그리기도 해. 소리는 곧 음의 파동이니까 소리마다 다

른 파동이 마치 물결치는 파도처럼 그려지지. 하지만 세종 때 이런 컴퓨터 그래픽이 있었을 리 만무하잖아. 설사 있다고 해도 파도 물결 같은 모양만 보고 어떻게 글자로 만들어? 그런데 불가능해 보이는 일을 세종은 해냈어. 바로 발음 기관의 모양을 그려 표현한 거야.

"왜 한글은 그런 모양을 띠는 겁니까?"

이렇게 서양 사람이 묻는다면 나는 이렇게 답할 거야.

"모든 글자는 발음 기관을 본뜬 겁니다. 'ㄴ'을 발음해 보세요. 혀 모양이 'ㄴ'과 같음을 느낄 수 있지요. 그럼 저도 하나 묻겠습니다. 'A'라는 글자는, 아니 알파벳의 모양은 무엇에 근거하는 것입니까?"

"……."

세종이라면 이렇게도 말했을지 몰라.

"무릇 문자란 태양과 달의 운행을 정확하게 반영한 태음력처럼 자연 세계와 같은 원리를 정확하게 반영해야 한다네."

훈민정음이 발음 기관을 본떠 글자의 형태를 갖췄다는 것은 자연 현상을 모방하려고 했다는 점에서 과학적이라 할 수 있어. 소리를 어금닛소리, 혓소리, 입술소리, 잇소리, 목청소리 등으로 나눈 건 분석적이야. 기본 글자에 획을 더하는 방식으로 센소리의 글자를 만들어 내는 원리는 논리적, 체계적이라 할 수 있단다.

훈민정음? 한글? 어느 것이 우리의 문자를 뜻할까?

우리의 문자를 가리키는 훈민정음과 한글은 때론 구분해서 써야 해. 훈민정음은 줄여서 '정음'이라고도 했어. 일부는 '속된 말'이라는 뜻으로 언문이라고도 했지. 당시 한자는 그냥 문자 또는 진짜 글이란 뜻으로 '진서'라고 불렀어. 한나라 때 만들어졌다는 뜻을 담은 '한자'라는 말은 에도 시기에 일본이 만든 거야.

훈민정음은 19세기 말, 외국어와 구별하기 위해 나라 글자란 뜻으로 '국문'이나 '국어'라 했는데, 일제에게 국권을 빼앗긴 다음에는 국문이나 국어가 일본어를 뜻하는 불행한 상황이 되었지 뭐야. 그래서 국어학자인 주시경 선생이 '한글'이란 새로운 명칭을 생각해 냈어. 훈민정음 제정 이후의 우리글을 한글이라 한 거야. 여기서 '한'은 '하나' 또는 '큰' 것을 뜻해. 훈민정음 창제가 우리들에게 헤아리기 어려울 정도의 큰 도움이 되었으니 한글이라는 이름이 딱 어울리는구나!

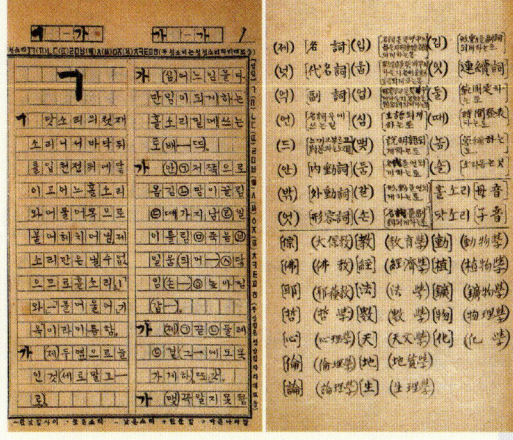

우리나라 최초의 국어사전 《말모이》 원고 1910년에 주시경과 제자들이 일제에 맞서 우리말을 지키기 위해 펴내려고 했던 국어사전이 바로 《말모이》야. 끝내 완성되지 못하고 원고만 남았단다.

한글을 정말 반나절 만에 익힐 수 있을까

"문자가 과학적이라는 것은 어떤 가치가 있는 건가요?"

적절한 질문을 때맞춰 하는구나. 사실 외국의 언어학자들이 한글의 과학성에 주목하고 있어. 전 세계의 문자를 다룬 책에서도 한글은 아주 중요한 문자로 대접받고 있지. 그 이유는 바로 지금까지 살펴본 한글의 체계성, 논리성, 과학성 때문이야. 네덜란드 라이덴대학의 언어학자 포스는 이렇게 말했어.

"한국인들은 세계에서 가장 좋은 문자를 발명하였다! 한글이 간단하면서도 논리적이며, 고도의 과학적인 방법으로 만들어졌다는 사실은 분명하다."

고도의 과학적인 방법은 곧바로 실용성과 연결되기 때문에 더 가치가 있는 거야. 독일 함부르크대학의 한국학자 잣세는 한글과 관련한 자신의 경험을 이렇게 말했어.

"처음 보기에는 한글이 어렵다고 느꼈지만 실제로 배워 보니까 하루 만에 배울 수가 있었습니다. 특히 글자 모양이 입 모양이나 발음 모양을 본떠서 만들었다는 사실을 알게 되니까 아주 인상적이고 쉽게 배울 수 있었습니다. 우리 집의 열 살도 안 된 애들도 취미로 한글을 금방 깨우치고 나서는 자기들끼리 비밀 편지를 쓸 때 한글로 씁니다. 독일 말을 소리나는대로 한글로 적는 것이지요. 그만큼 한글은 쉽게 익혀서 쓸 수 있는 글자입니다."

"잠깐, 잠깐만요. 그렇다면 한글은 장점만 있고 단점은 없나요?"

중요한 걸 지적했구나. 꼭 필요한 태도야. 우수하고 좋다는 건 단점까지도 다 고려한 후에 말해야 더 힘을 받는 거니까. 그런데 이 글을 쓰면서 여러 책을

찌아찌아족이 사는 바우바우시에 있는 한글 표지판 문자가 없었던 방글라데시의 찌아찌아족은 자신들의 언어를 담아낼 문자로 한글을 채택했어. 오늘날 우리는 쓰지 않는 한글 문자도 보여.

참고했는데 단점을 말한 책은 못 봤단다. 정말 단점이 없어서 그랬겠니? 아마도 한글의 과학성, 우수성을 알려야 한다는 생각이 커서 그런 것 같아.

한글의 최대 단점은 글자 모양이 너무나 비슷비슷하다는 거야. 아마도 자음의 모양이 발음 기관의 모양을 본뜨고, 기본이 되는 다섯 자음에 획을 추가하는 원리를 따랐기 때문일 거야.

"단점 하나 생각났어요! 맞춤법이 너무 어려워요."

그런 측면도 있구나. 한글 맞춤법이 어려운 것은 세계 어느 문자에도 없는 받침이 한글에만 있기 때문이야. 이처럼 상황에 따라 장점이 단점이 되기도 하지.

비밀노트

훈민정음을 만든 진짜 목적은 무엇일까

학계에서는 대부분 세종이 직접 한글을 창제했음을 인정하고 있어. 당시 최만리를 비롯한 집현전의 많은 학자들은 한글 창제를 반대했지. 그렇다면 그런 반대를 무릅쓰고, 세종은 왜 한글을 만들었을까?

"백성들이 글을 쉽게 익히게 하기 위해서죠. 한자는 어렵잖아요."

맞았어. 익히기 어려운 한자 말고는 우리말을 표기할 문자가 없어서 백성들은 무지렁이 상태였어. 세종은 《훈민정음》 첫머리에서 다음과 같이 말했어.

"나라 말씀이 중국의 문자와 달라 어리석은 백성이 이르고자 할 바 있어도 마침내 제 뜻을 펴지 못하니라. 이를 불쌍하게 여겨 새로 스물여덟 글자를 만드노니······."

글을 익히는 건 생활에 꼭 필요해. 경제 활동을 할 때도 정확한 의사소통이 기본이니까. 또 글은 인간이 지켜야 할 도리를 깨우치는 중요한 수단이야. 세종은 백성에게 유교의 삼강오륜을 알리는 것이 임금의 사명이라 생각했어. 마침 아들이 아버지를 도끼로 살해한 끔찍한 일이 발생(1443년)하자 충격을 받은 세종은 《삼강행실도》를 한글로 번역하여 출간하기도 했단다.

백성들을 깨우치기 위한 목적 이외에 한글 창제의 목적은 한 가지 더 있어. 바로 한자의 음을 정확하게 표현하는 것. 우리나라는 삼국 시대 무렵부터 한자를 사용했는데 시간이 흐르면서 우리나라에서의 한자음과 중국에서의 한자음에 차이가 생겼어. 한자음 자체가 변하기도 했지만 중국의 표준말이 바뀌기도 했기 때문이야. 언제 읽어도 같은 소리가 나는 우리 고유의 한자음을 정하기 위해 먼저 중국 사람들의 표준 발음을 알아내야 했겠지? 그래서 세종은 신숙주 등 집현전 학자들을 여러 차례 중국에 보내 한자음을 공부해 오도록 했어. 그리고 누가 읽어도 똑같은 발음

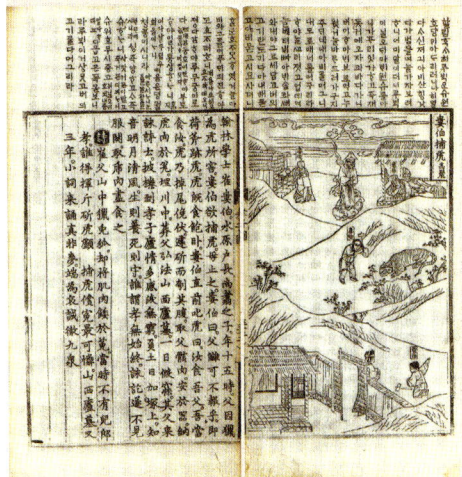

한글 번역이 달린 《삼강행실도》 삼강, 즉 임금과 신하, 부모와 자식, 부부 사이에 지켜져야 할 도리에 모범이 될만한 이야기를 모아 만든 책이야.

기호를 개발하기 시작했지. 이 사업은 1443년 훈민정음 창제 직후부터 시작하여 4년 후인 1447년에 완성되었어. 《동국정운》이라는 책이 최종 결과물이야. 신숙주, 최항, 성삼문, 박팽년, 이개 등 집현전의 학자들이 이 일을 담당했지.

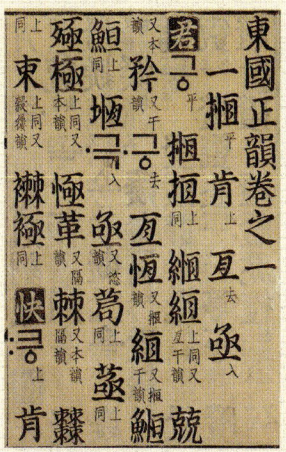

《동국정운》 '동쪽 나라의 바른 한자음'이라는 뜻이야. 집현전 학자들이 우리나라의 한자음을 새로운 체계로 정리한 책이란다.

일부 학자들은 훈민정음이 원래 한자음 표기 목적으로 개발되었는데, 만들고 보니 백성들이 유용하게 쓸 수 있다는 걸 깨달은 것이라 주장하기도 해. 파스파 문자도 한자음을 몽골족의 발음으로 정확하게 표기하는 것을 주목적으로 했으니, 파스파 문자를 참조해 만든 훈민정음의 애초 목적도 이와 같았을 것이라고 보는 거야.

그런데 이런 논란이 별로 의미가 없을지도 모르겠구나. 세종은 많은 영역에서 조선과 중국의 것을 모두 모아 정리했거든. 천문학에서는 《칠정산》과 《대통력》을, 의학에서는 《향약집성방》과 《의방유취》를 정리했거든. 이러한 것으로 미뤄 본다면, 세종이 당연히 문자 분야에서도 《동국정운》으로 중국 문자 발음을 표준화하고, 《훈민정음》으로 우리가 쓰는 말을 문자로 다 정리해야 한다는 생각을 했으리란 것은 당연한 일 같구나.

세종 때 이루어진 문자의 창제와 여러 과학적 업적에는 세계적 수준의 자료 수집과 끝까지 파고드는 탐구 정신이 녹아 있어. 특히 훈민정음은 당시에 알려진 관련 학문을 하나하나 철저하게 연구한 바탕 위에서 피어난 꽃이란다.

▼
■그간 한글에 대해서는 수많은 논의가 있었는데, 여기에서는 최대한 '과학성'에 중점을 두고 한글을 살펴보았어. 최근에 좋은 글이 많이 나온 덕분이야. 무엇보다도 2009년에 나온 정광 선생의 《몽고자운연구: 훈민정음과 파스파 문자의 관계를 해명하기 위하여》에는 한글이 외국 문자의 영향을 받은 부분과 스스로 창제한 부분을 확실하게 밝히고 있단다. 강신항 선생의 《훈민정음 창제와 연구사》는 한글 창제와 관련된 모든 문헌을 꼼꼼히 정리한 책이야. 덕분에 한글 창제 당시의 분위기를 정확하게 파악할 수 있었어. 김슬옹 선생의 《28자로 이룬 문자 혁명》과 김영욱 선생의 《세종이 발명한 최고의 알파벳 한글》은 한글의 과학성에 대한 논의를 알기 쉽게 풀어내 많은 참고가 되었어.
■《우리 역사 과학 기행》에 수록된 문중양 선생의 훈민정음에 관한 논의는 우연과 필연이 결합하는 과학적 발견의 원리에 입각해 한글의 유래를 탐구한 흥미로운 글이야. 《우리말의 수수께끼》에는 한글에 대한 외국학자의 평가, 이후의 변천 과정이 잘 정리되어 있어.

현대 과학 100년
2부

한국 근현대 과학, 100여 년 동안의 마라톤 경주

150년 전쯤, 갓 쓰고 도포 자락 휘날리던 우리 조상들에게 황당한 일이 닥쳤어. 서양 강대국들이 그동안 우리 조상들이 지켜 온 생활 지침을 강제로 바꾸려고 하는 거야. 조상들은 부모님께 효도하고, 임금님께 충성하고, 부부가 서로 존중하고, 어른 공경하고, 친구를 신의로 사귀는 덕목들을 중요하게 여겨 왔어. 또 물질적인 탐욕을 절제하고 근검절약 정신으로 살라고 가르침을 받아 왔어. 창의성이 빛나는 과학 기술 활동도 나라의 위엄을 세우고, 나라를 지키고, 민생을 키우고, 호기심을 채우는 범위 내에서 펼쳐 왔단다. 요즘으로 치자면 도덕 과목을 최고로 여기며 살아온 것이었지.

그런데 갑자기 밀어닥친 서양 강대국들은 근검절약보다 물질적 욕망과 편리함을 추구하는 것을 더 가치 있게 여겼고, 수학, 과학, 영어 같은 과목들을 잘하지 못하면 살아남지 못한다고 총과 대포로 협박했어.

그전까지 과학 기술에서 뒤처질 만큼 부족하지도 않았지만 잘하고 못하고에 이처럼 목숨을 걸지는 않았어. 그런데 어느 사이엔가 해안에는 강력한 대포를 실은 서양의 군함이 어슬렁거리고, 생활의 지침으로 삼았던 기준이 송두리째 뒤집힌 거야. 그러니 세상이 이토록 갑작스럽게 변하리라고는 생각지도 못했던 조상들은 얼마나 당황했을까? 물론 일찍이 서양 학문에 눈을 떴던 사람들은 어느 정도 예상했던 일이었을 거야.

　이처럼 힘센 나라들이 와서 세상의 기준이 바뀌었음을 알리고 그것을 무조건 따르라고 요구했을 때, 우리 조상들의 첫 반응은 강한 거부였어. 나라의 문을 꼭꼭 닫아거는 쇄국 정책이 그거야. 그렇지만 외세의 힘에 호되게 당하면서 무조건 거부하는 것만이 능사가 아님을 깨닫게 되었어. 위기는 기회의 또 다른 말! 어렵지만 잘 겪어 내면 우리도 강대국의 대열에 낄 수도 있지 않겠니? 물론 어려운 일이었어. 우등생인 선진국이 저 멀리 토끼처럼 껑충껑충 뛰어가고 있는데 뒤늦게 거북이처럼 엉금엉금 달리기를 시작했으니까.

　이렇게 출발선은 다르지만 드디어 힘든 마라톤 경주가 시작되었어. 이른바 '한국 근현대 과학 100년사 경주'.

　대략적인 코스는 다음과 같았어.

처음에는 완만한 언덕길로 시작하는듯하다(개항·개화기), 갑자기 가파른 산길(일제 강점기)이 나타났지. 이를 악물고 그걸 넘어 달리고(해방 이후~1950년대), 젖 먹던 힘까지 다해 달리자(1960년대) 저만치 앞서가던 다른 주자들 모습이 눈에 띄기 시작했어(1970~1980년대). 그때부터 슬슬 앞의 주자들을 하나둘 따라잡더니 선두 주자 대열의 끄트머리에 겨우 낀 정도가 되었지(1990년대 이후).

특히 1960년대 이후 우리나라의 과학 기술은 뛰어난 속도로 발전했어. 세계사에서 어려운 시련을 이겨내고 이처럼 놀랄 만한 성과를 이룩한 나라는 몇 없단다. 기적이라 부를 만하지. 다른 나라에서도 어떻게 해서 이런 기적이 가능했는지 궁금해 한단다. 그 덕분에 오늘날 우리가 문명의 혜택을 누리는 거야. 물론 현대 과학 기술의 폐해도 적지 않게 나타나고 있는데 그 문제도 정확하게 알고 있어야겠지. 자 그럼, 마지막 여행을 떠나보도록 할까.

1 서양의 과학을 배워 문명의 나라로

'지피지기면 백전백승', '백문이 불여일견'이 무슨 뜻일까?

"적을 알고 나를 알면 백 번 붙어도 백 번 이긴다."

"백 번 듣는 게 한 번 눈으로 보느니만 못하다."

좋아. 이런 속담처럼 개항 이후 조선은 도대체 서양 문물이 어떤 것인지 직접 파악해야 했어. 그래서 개항 이후 처음으로 조약을 맺은 일본에 수신사를 두 차례 파견했지. 1876년에는 김기수가, 1880년에는 김홍집이 수신사 일행을 이끌고 일본으로 건너가 근대 문물을 보고 체험했단다.

증기선으로 현해탄을 건너고 기차를 갈아탄 끝에 도쿄에 도착한 수신사 일행은 조선에서는 볼 수 없었던 널찍하고 평편한 도로 위를 달리면서 일본의 근대화를 목격했어. 서양의 문물과 그 영향력은 상상했던 것보다도 훨씬 대단한 거였지.

玄海灘
검을 현 / 바다 해 / 여울 탄
대한 해협의 남쪽, 일본 후쿠오카 현의 서북쪽에 있는 바다로 수심이 얕은데 바람과 파도가 거칠어. 우리나라와 일본을 오갈 수 있는 가장 짧은 뱃길이 놓인 곳이야.

일본에 파견된 2차 조선 수신사 일행을 그린 삽화 1876년 일본에 파견된 1차 조선 수신사는 모두 76명이었고, 1880년에 파견된 2차 조선 수신사는 모두 58명이었어.

일본 문물 시찰단을 파견하다

두 차례의 수신사 파견은 가벼운 탐색에 불과했어. 2차 수신사를 파견한 이듬해인 1881년에는 본격적으로 뚜렷한 목표를 가진 시찰단을 보냈어. '신사 유람단'이라고 들어봤니? 여기서 '신사'란 숙녀와 반대되는 뜻인 젠틀맨이 아니야. 본래 신사(紳士)란 관복에 매는 허리띠인 신(紳)을 두른 선비(士)란 뜻으로 관리의 또 다른 말이지. 또 '유람'이라고 해서 관광처럼 노는 모습을 먼저 떠올리면 곤란해. 유람은 공식 수행 업무에 얽매이지 않은 순수 시찰을 뜻하거든. 그러니까 신사 유람단은 공식 수행 업무에 얽매이지 않고 시찰을 하는 관리들을 가리키는 거지. 그런데도 '신사 유람단'의 어감 때문에 자칫 놀이나 관광을 목적으로 한 단체로 오해되는 경우가 많기 때문에 학계에서는 이 말을 쓰지 말자는 목소리도 있어. '일본 문물 시찰단'이란 표현이 더 적절할 듯싶구나. 말 그대로 '일본 문물 시찰단'은 외교 업무는 보지 않고 오로지 일본의 근대 문물 전반에 대한 집중 조사를 목표로 했어.

시찰단은 모두 12명. 그런데 이 사람들은 자신들이 시찰단인 줄도 모르고 부산 동래에 모였다고 해. 모두 암행어사 임무를 받고 지방 관아를 시찰하고서 동래에 이르렀더니 시찰단 신분으로 일본에 가라는 명을 받은 거지. 당시 문호 개방에 대해 부정적인 사람들이 많았기 때문에 비밀리에 일본 방문을 추진했던 거야. 공식 파견이 아니었으니 일본 문물 시찰단은 복잡한 외교 문제나 예우 문제에 얽매이지 않고, 유람객처럼 자유롭게 시찰할 수 있었단다.

12명의 시찰단 가운데 박정양은 일본의 내무성(중앙 행정 기관)과 농상무성

시찰을 맡은 팀의 리더로 수행 인원 2명, 통역관 1명, 하인 1명과 함께 팀을 이뤘지. 또 과학 기술과 관련해서는 조준영이 문부성(교육부) 쪽을 맡았고, 강문형이 공무성(과학 기술부), 홍영식이 육군(군사 기술 포함)을, 그리고 나머지 사람들은 외교, 사법, 경제, 세관 등의 시찰을 전담했어. 이들은 4개월 동안 각자 맡은 기관이 어떻게 운영되는지 조사하고 관령 법령을 수집했지.

일본 문물 시찰단은 서양식 병원, 우두법, 박물관, 철도, 증기 기관, 전신 등 일본이 도입한 많은 서양식 문물을 보고 체험했어. 그 가운데 전신은 정말 놀라운 기술이었어.

牛痘
소 우 / 천연두 두
천연두에 걸린 소에게서 뽑아 낸 천연두 면역 물질을 가리키는 말이야.

메이지 유신
메이지 천황이 일으킨 개혁으로 일본의 중세 집권 체제인 막부를 없애고 새로운 중앙 집권 체제를 세운 일을 가리키는 말이야. 일본의 근대화를 의미하지.

일본은 1868년 메이지 유신 이후 서양의 전신 기술을 도입해 공무성 내에 전신국을 특별히 설치하고 본국과 분국을 두어 전신 사무를 관장하고 있었어. 도쿄는 물론이거니와 대도시와 항구의 각 관청과 회사를 잇는 전선들이 마치 거미줄처럼 연결되어 있었지. 더 놀라웠던 것은 중국을 비롯해 미국과 유럽의 나라와도 서로 연결되어 있었다는 거야. 땅 위로는 길가 곳곳에 전봇대를 세워 전선을 설치했고, 바닷속에는 전선을 잠수시켜 연결했다는 사실은 놀라움을 넘어 충격으로 다가왔지. 시찰단은 전선을 이용해 번개와 같은 속도로 신호를 주고받는 통신 제도를 빨리 받아들여야 한다고 생각했어. 이러한 깨달음을 얻은 시찰단은 서양 문물에 대한 소개와 도입의 필요성을 정리해 고종에게 보고해 올렸단다.

서양의 군사 기술을 익히기 위해 파견한 영선사

문호를 외국에 개방한 후 조선은 어느 분야의 과학 기술 도입에 가장 신경을 많이 썼을까?

① 국방　　② 위생과 의학　　③ 정보 통신 기술
④ 교통수단　　⑤ 천문학과 수학

중학교 1학년이 된 딸 지영이는 첫째로는 국방 관련 과학 기술을 뽑았어. 왜냐하면 다른 나라들이 호시탐탐 조선을 노리고 있을 때였으니까. 그 다음으로는 정보 통신 기술, 위생과 의학, 교통수단, 천문학과 수학 순서라고 하네. 어때? 너희들이 꼽은 순서와 비교해 보렴. 아마 사람마다 생각이 다 달라서 순위를 정하는 게 쉽지는 않겠지만, 국방 과학 기술을 우선순위로 꼽는 데에는 이견이 없지 않을까 추측해 본다.

그야말로 나라가 망하느냐 흥하느냐 하는 갈림길에서 고종의 국방 강화 대책은 무엇이었을까? 먼저 군사 기술을 선진적인 것으로 바꾸는 것이 무엇보다도 꼭 필요했어. 때마침 청나라가 선진 기술을 전수해 주겠다며 도움의 손길을 내밀었어. 청나라가 왜 선뜻 조선을 돕겠다고 했을까? 이웃 조선의 군사력을 키워 일본을 비롯한 서구 세력을 견제하려는 속셈이었지.

그 속내야 어찌 되었든 조선은 청나라의 도움을 받기로 하고 군사 기술 유학생을 뽑아 청나라로 보냈어. 이들을 '영선사'라고 했지.

조선은 문호 개방 후 망해 버린 세 나라, 즉 안남(베트남), 미얀마, 류큐왕국(오키나와)의 운명을 잘 알고 있었어. 안남은 프랑스에, 미얀마는 영국에, 류큐왕국은 일본에 망했지. 게다가 누구도 망해 가는 나라를 도와주지 않았음을 목격했단다. 유생(유학을 공부하는 선비)들은 개방으

領選使
거느릴 영 / 가려 뽑을 선 / 사신 사
선진 군사 기술을 익히기 위해 청나라에 파견한 유학생을 가리켜.

로 나라가 망했다고 굳게 믿었기 때문에 더욱더 문호를 굳게 닫아야 한다고 주장했지. 하지만 김윤식 같은 개화 지식인들은 힘을 길러 일본과 서구 열강의 위협을 넘어서야 한다고 생각했어. 그래서 청나라로 가서 군사 기술을 배워 오기로 한 거야.

> **學徒**
> 배울 학 / 무리 도
> 학생 또는 학문을 익히는 사람을 가리켜 쓰는 말이야.

김윤식이 이끈 영선사는 수행 인원을 포함해 모두 83명이었고, 이 가운데 학도는 24명, 기술 장인은 14명이었어. 매우 중요한 나랏일이었기 때문에 열다섯 살에서 스무 살 사이의 영재들을 뽑았고, 1년 정도 속성 학습을 할 예정으로 1881년 청나라로 떠났지.

"영선사 소속 학도와 기술 장인은 무엇을 배웠나요?"

그들은 톈진의 기기창(무기 제조 공장)에서 서양식 총과 총탄 제조법, 화약 제조에 필요한 황산, 초산, 염산과 같은 강산 제조법, 일부 기계 제조와 수리법, 기기를 설계하고 모형을 제작하는 법 등을 배웠어.

"그런데 청나라에서 핵심 기술까지도 다 가르쳐 주었나요?"

바로 그 부분 때문에 청나라 정부와 영선사 사이의 줄다리기가 계속되었어. 영선사를 이끈 김윤식은 당연히 청나라 정부에 핵심 기술을 전수해 줄 것을 요청했지. 영선사는 조선으로 돌아가 기기창을 세우는 핵심 인재가 될 것이며, 청나라의 기술 도입이 불가피하다는 점을 내세우면서 말이야. 하지만 청나라는 증기 기관으로 움직이는 군함의 제조법은 물론이거니와 보다 강력한 화약 제조법 등 핵심 군사 기술은 알려 주지 않았지.

"그렇다면 영선사 파견은 완전히 실패라고 봐야 할 것 같은데요?"

실제로 영선사 유학생 절반 이상이 중도에 포기했어. 남은 열여덟 명은 깊은 내용까지는 다 배우지 못했지만 청나라에 도입된 서양 과학의 새로움을 맛보고 귀국했지. 이들이야말로 조선에 새로운 과학 기술을 전하고 발전시킬 동력이었지만 그 뜻을 제대로 펼치지는 못했어. 국내 정치가 너무 불안해서 이들이 활동할 수 있는 기관이 제대로 만들어질 수 없었거든.

세계의 정세를 담은 유길준의 《서유견문》

우리나라에서 최초로 영어를 배운 사람은 누굴까?

"세계 여행기 《서유견문》을 쓴 유길준!"

땡! 꽤 그럴싸한 이유이긴 한데 틀렸어. 정답은 윤치호. 1881년 일본 문물 시찰단의 수행원으로 일본에 갔다가 그곳에 눌러앉아 영어를 배웠다고 해. 1883년에 귀국한 뒤에는 초대 미국 공사 푸트의 통역관으로 일했고, 우리나라 최초의 근대식 국립 병원인 제중원을 설립할 때 선교사 알렌의 통역을 맡았지.

그럼 우리나라에서 최초로 세계 일주를 한 사람은 누굴까?

"유길준!"

역시 땡! 정답은 민영익과 보빙사 일행이야. 사실은 미국과 유럽 몇 나라를 방문한 건데 배가 세계를 돌아서 왔기 때문에 조선 최초의 세계 일주라고 해. 민영익은 명성 황후의 친조카로 1883년 미국에 파견된 보빙사 일행을 이끈 주역이지. 보빙사는 민영익과 그를 수행한 서광범과 변수를 포함해 총 여덟 명이었어.

보빙사 일행은 1883년 7월 말에 제물포항을 출발, 일본 도쿄를 거쳐 태평양 횡단 여객선 아라빅 호를 타고 태평양을 건너 9월 2일 샌프란시스코에 도착했어. 그리고 샌프란시스코에서 다시 미국 대륙 횡단 열차를 타고 9월 15일 미국의 수도 워싱턴에 도착, 9월 18일 미국 대통령 아서를 만났지.

미국 대통령은 보빙사를 극진히 맞이했어. 당시 신문도 조선에서 온 사절

報聘使
갚을 보 / 찾아갈 빙 / 사신 사
조선의 초청으로 미국의 초대 공사 푸트가 온 것에 대한 보답으로 미국에 파견한 사절단이야.

단을 신기한 눈으로 대서특필했어. 보빙사 일행은 40여 일 동안 미국에 머물면서 세계 박람회, 시범 농장, 방직 공장, 의약 제조 회사, 병원을 견학했단다. 또 전기 회사, 철도 회사, 소방서, 해군 연병장, 육군 사관 학교 등 공공기관도 시찰했지. 민영익은 우편 제도, 전기 시설, 농업 기술에 특히 관심을 보였어. 그는 실제로 고국에 돌아오자마자 우정국(우체국), 육영 공원(1886년에 세운 현대식 공립 학교), 농무 목축 시험장(농업 기술 개발 농장) 등의 설립을 주도했고, 경복궁에 전등을 설치하는 일에도 앞장섰지.

지금도 자연사 박물관으로 유명한 워싱턴의 스미소니언 과학박물관을 방문한 보빙사 일행은 조선에서 챙겨 간 약용 식물 표본도 기증했단다.

아까 말했듯 미국에서는 조선에서 온 사절단을 대대적으로 환영했어. 미

1883년 미국을 방문한 보빙사 일행 앞줄 왼쪽부터 퍼시벌 로웰, 홍영식, 민영익, 서광범, 오례당이고 뒷줄 왼쪽부터 현흥택, 미야오카 쓰네지로, 유길준, 최경석, 고영철, 변수야.

국이 조선과 친하다는 걸 과시함으로써 조선에 영향력을 확대하려고 했기 때문이야. 미국 대통령은 모든 경비를 지원하겠으니 미국 함대를 타고 유럽을 여행할 것을 권했어. 민영익은 대통령의 제의를 받아들여서 수행원 두 명과 함께 6개월 동안 유럽을 방문해 세계 사정을 보고 듣고 배웠지. 수행원이었던 변수는 이후 우리나라 최초로 미국에서 대학을 졸업한 과학자가 되었어.

너희들이 계속 정답이라고 외쳤던 유길준도 보빙사였어. 1881년 일본 문물 시찰단으로 일본에도 다녀왔지. 그때 일본에 남아 서양 사정에 대해 공부했던 유길준은 언젠가 세계 여행기를 한번 써 보리라 계획하고 있었대.

하지만 유길준은 유럽 여행의 기회는 잡지 못하고 미국에 남아서 공부하라는 특명을 받았어. 그는 대학 입학 바로 전 과정인 대입 예비 고등학교에 입

갑신정변을 일으킨 개화파 인물들 보빙사로 미국을 다녀온 민영익 일행이 갑신정변 직전에 찍은 사진이야. 앞줄 맨 왼쪽이 홍영식이고 네 번째가 민영익, 그 옆이 서광범이야.

甲申政變
첫째 천간 갑 / 아홉째 지지 신 / 정사 정 / 변할 변
1884년 갑신년에 김옥균, 박영효 등 개화파가 나라의 체제를 바꾸기 위해 일으킨 개혁이야.

학해서 정식으로 서양 학문을 공부하기 시작했어. 그렇게 1년 3개월쯤 지난 1884년 12월 갑자기 고국에서 갑신정변이 터졌다는 소식이 들려온 거야. 자신을 미국에 남겨 둔 민영익이 칼을 맞아 사경을 헤맨다는 연락까지 받자 유길준은 더 이상 미국에 남아 있을 수 없었어.

귀국을 결심한 유길준은 영국으로 가는 배를 탔어. 미국에 갈 때와 달리 보다 가까운 대서양, 인도양을 거쳐 조선에 돌아가는 길이었지. 그는 조선으로 돌아가는 두 달 동안 유럽 여러 나라를 돌아본 후 리스본, 싱가포르, 홍콩, 일본을 거쳐서 제물포항으로 들어왔어. 그때가 1885년 12월이었으니까 거의 1년 정도 세계를 돌아본 거지. 그런데 그를 기다리고 있는 건 체포 영장이었어. 절친한 동지들이 갑신정변을 일으켰기 때문이었지. 다행히 사형은 면했는데 대신 집에 갇힌 신세로 지내야 했어.

그런 상태에서 유길준은 부지런히 여행기를 써서 1889년에 《서유견문》을 완성했단다. 한시라도 빨리 세계정세를 알리고 싶었을 거야. 게다가 유길준은 자신의 뜻을 정확히 전달하기 위해서 한글과 한문을 섞어서 써 읽기 쉽도록 배려했어. 그 덕분에 《서유견문》은 국한문체로 된 우리나라 최초의 서양 기행문으로

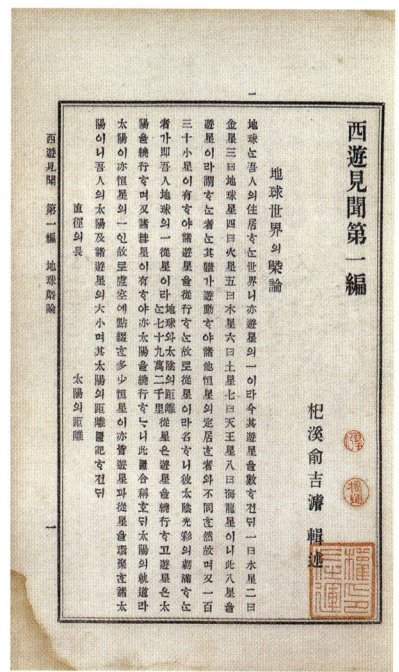

유길준의 《서유견문》 1895년 일본에서 발행되었어. 읽기 쉽도록 한글과 한자를 섞어 썼다지만 쉽게 읽기에는 한자가 너무 많지?

도 유명하지.

"어떻게 해서 서양의 나라들은 이처럼 부강해졌을까?"

"우리 조선은 무엇이 부족해서 이런 나라처럼 개화하지 못한 것일까?"

유길준은 세계 여러 나라를 다니면서 이 같은 질문들에 대한 답을 얻으려 했다고 해. 그래서 그가 본 지형, 도시, 산업, 시장, 교육, 과학과 기술, 군대, 정치 체제, 국제 외교 관계 등 모든 분야에 걸쳐 어느 하나 앞의 질문들과 연관되지 않은 게 없어.

특히 유길준은 서양의 과학 기술에 크게 주목했어. 증기 기계, 기선, 전신, 전등, 가스등, 방직 기계, 염색법, 우두법, 의료 기계, 피뢰침, 도금법, 드로잉, 재봉 기계, 농작 기계, 화학 기계, 물리학 기계, 천문학 기계, 음식 독 제거법 등등 자신의 눈으로 그 위력과 효과를 실감했어.

"조선은 한시라도 빨리 이런 과학 기술을 도입해야 한다!"

이렇게 결론을 내린 유길준은 과학 기술을 도입할 때 잊지 말아야 할 중요한 원칙을 함께 제시했단다.

다른 나라의 뛰어난 기계를 취하려는 자는 결코 외국의 기계를 사들이거나 기술자를 고용하지 말고, 반드시 자기 나라 국민으로 하여금 그 재주를 배우도록 하여 그 사람이 그 일에 종사케 하는 것이 좋다. 외국에서 사온 기계가 못 쓰게 되면 기계가 다시는 없게 되며, 외국의 기술자를 고용하더라도 그 기술자가 떠나가면 기술자가 다시는 없게 된다. 이렇게 해야 한다면 우리 돈만 허비하게 된다.

이제부터 특별히 힘써야 할 선진 과학도 바로 '우리가 배워 익혀야만 우리 것이 된다!'는 사실이었어.

과학과 뗄 수 없는 서양의 학문

유길준은 《서유견문》에서 서양 학문의 여러 갈래를 소개했어. 자, 이 가운데 과학에 속하는 것과 그렇지 않은 걸 한번 구별해 봐.

1 농학	2 의학	3 산학	4 정치학	5 법률학
6 격물학(물리학)	7 화학	8 철학	9 광물학	10 식물학
11 동물학	12 천문학	13 지리학	14 인체학	15 고고학
16 언어학	17 군사학	18 기계학	19 종교학	

"음, 자연 과학에 속하는 것이라면 농학, 의학, 산학, 물리학, 화학, 광물학, 식물학, 동물학, 천문학, 지리학, 인체학, 기계학 등이 아닌가? 그런데 도대체 몇 가지야. 12과목이나 되네!"

그래, 과학이 연관되지 않은 학문으로는 정치학, 법률학, 철학, 종교학 등 4개밖에 안 돼. 고고학, 언어학, 군사학 등은 과학과 어느 정도 연관이 있지. 이렇듯 유길준이 파악한 서양 학문은 절반 이상이 과학과 관련되어 있었던 거야.

▼
■ 개항·개화기 우리나라의 과학 기술을 종합적으로 파악한 책이나 글은 아직 많지 않아. 박성래 선생의 《한국사에도 과학이 있는가》와 정인경 선생의 《청소년을 위한 한국과학사》에서 이 시기를 폭넓게 다뤘어. 2007년에는 〈영선사행 군계학조단의 재평가〉라는 김연희 선생의 글이 나와 영선사에 대해 정확하게 파악할 수 있게 되었어.

● 〈한성순보〉와 〈한성주보〉에도 과학 기술 관련 내용이 꽤 많이 실렸는데, 이와 관련된 내용은 박성래 선생의 《한국사에도 과학이 있는가》에 상세히 실려 있어.

2 전등도 밝히고, 병원도 설치하고

우리나라는 1876년 개항 직후 조심스럽게 서양의 과학을 받아들였어. 이후 15년 동안 전신이 들어와 전신용 전봇대가 설치되었고 전등이 켜졌어. 또 서양식 병원도 세워졌고 우두법도 본격적으로 시행되었지.

자, 그럼 질문 하나! 이 가운데 앞서 이야기했던 국방을 위해 가장 중요하고 요긴했던 건 뭘까?

"전신!"

맞았어. 왜 그렇게 생각했는지 설명해 줄래?

"그건 쉽죠. 외적이 쳐들어왔을 때 금방 신호를 보내 알릴 수 있잖아요."

딩동댕! 전신은 봉화나 파발과는 비교가 안 될 정도로 대단한 기술이었지. 정보를 전달하는 속도뿐 아니라 보다 많은 의사 전달이 가능했으니까. 혹시 모스 부호라고 들어봤니? 전신기를 통해 만들어지는 신호음을 이용한 부호로 일종의 암호라고 할 수 있지. 이 모스 부호는 짧은 내용을 전달하는 데 유용했어. 예를 들어 아버지가 돌아가셨다는 것을 알리려면 '부친 사망 급히 집으로'라는 아홉 글자만으로 소식을 전달할 수 있거든. 전화는 물론이고 스마트폰까지 등장한 요즘 기준으로는 '겨우 그 정도가 뭘~.'이라고 생각할 수도 있겠지만 전화도 귀했던 시절에는 전신 개통이 정말 혁신적인 일이었단다.

국토를 가로지르는 전봇대들

우리나라에는 1885년부터 전신망이 깔렸어. 먼저 8월 서울에서 의주를 잇는 서로전선(서쪽 전보의 길) 설치를 시작으로, 두 달 만에 모두 6300개의 전봇대가 세워졌어. 그런데 서로전선의 전봇대는 청나라에서 빌린 돈으로 가설했고, 전신 사무소인 화전국(중국 전보국)도 청나라가 운영했어. 조선은 청나라에 큰 빚을 지게 되었지만, 그런 가운데 전신에 대한 학습을 할 수 있었지. 특히 영선사 유학생이었던 상운과 김철영이 서로전선을 설치하는 사업의 기술적인 부분을 해결하는 데 큰 활약을 펼쳤어.

서로전선에 이어 1888년, 서울·공주·대구·부산을 잇는 남로전선이 완

전신기(왼쪽)와 《전보장정》(오른쪽) 1885년 9월 서울과 인천 사이에 전신망이 설치되면서 처음 사용하기 시작한 전신기와 1885년 5월에 만들어진 《전보장정》이야. 《전보장정》에는 한글 전신 부호가 규정되어 있는데 오늘날까지 쓰이고 있단다.

성되었어. 남로전선은 청나라가 아니라 조선 정부가 주도해서 세웠단다. 영국인 기술자 핼리팩스를 초청해 기술 지도를 받으면서 3개월 만에 공사를 마무리했어. 전신 사무소의 운영 지침인 《전보장정》과 한글 전신 부호도 마련되었고, 전신 사무소의 운영이 본격적으로 시작되면서 전기와 전신 기술을 전문적으로 익힌 조선인 기술자들도 활발하게 양성되기 시작했어.

이어서 1891년에는 북로전선이 가설되었지. 북로전선은 다름 아닌 러시아로 향하는 전신망이었어. 한반도를 두고 다투던 청나라와 일본은 러시아까지 이 싸움에 끼어들까 우려해서 북로전선 가설을 극렬히 반대했지. 결국 조선 정부는 전선을 서울에서 원산까지만 잇기로 타협하고, 3개월 만에 북로전선을 가설했단다.

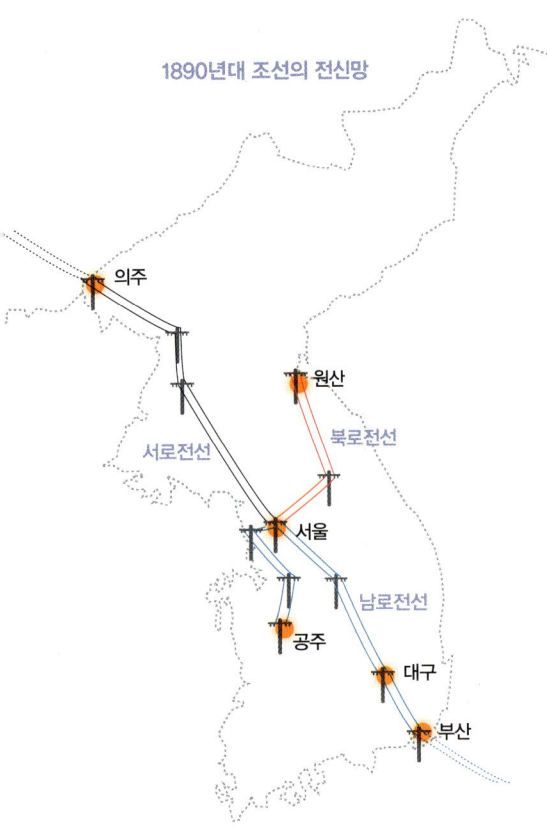

1890년대 조선의 전신망

이후 서로전선은 종점인 의주에서 중국 대륙으로, 남로전선은 종점인 부산에서 해저를 통해 일본까지 확장되었어. 이로써 조선도 당당히 세계 전신 통신망의 주요 기지국 자격을 갖추게 된 거지.

근대 통신망의 큰 줄기를 잡은 조선은 국내 행정과 국제 정보를 그만큼 쉽고 빠르게 접하게 되었어. 이렇게 국내 전선망이 짧은 기간 동안 설치되고 그 기술이 정착될 수 있었던 것은 봉화나 파발 제도가 있었던 덕분일 거야. 정보를 전달하는 형태만 봉화·파발에서 전신으로 바뀌었을 뿐 그것을 운영하는 정보 관리 체제는 이미 존재했다는 이야기야. 여하튼 이렇게 짧은 기간에 조선 스스로 정보 통신망을 갖춘 것은 대단한 사건이었어. 무엇보다 그때는 청나라와 일본이 군사적·제국주의적 목적으로 조선의 전신망을 장악하기 위해 경쟁하는 상황이었기 때문에 더욱더 그 의미와 업적이 크다고 할 수 있지.

경복궁을 밝힌 우리나라의 첫 전등

'계몽(깨우침)'이란 뜻의 영어 단어가 무엇인지 아니? 바로 '인라이튼먼트(enlightenment)'야. 중간에 '빛(light)'이라는 단어가 들어가. 조선을 밝힌 전등의 불빛은 바로 이 단어와 일맥상통한다고 할 수 있어. 서양 문명에 어두웠던 조선의 깨우침을 상징하는 빛이니까. 그렇다면 우리나라 최초로 전깃불이 들어온 곳이 어디인 줄 아니?

"그럼요. 경복궁요!"

그래, 1887년 3월 6일 저녁, 고종이 거처하던 경복궁 건청궁에 환한 전깃불이 처음 켜졌어. 이걸 본 한 상궁이 당시의 순간을 이렇게 묘사했지.

> 궁 안의 큰 마루와 뜰에 초롱불 같은 것이 설치되었다. 서양인이 기계를 움직이자 연못의 물을 빨아 올려 끓는 소리와 우렛소리와 같은 시끄러운 소리가 났다. 그리고 얼마 있지 않아 궁 안 가지 모양의 유리에 휘황한 불빛이 대낮같이 점화되어 모두가 놀라움을 금치 못했다. 궁궐 밖에 있던 궁인들은 이 전등을 구경하기 위해 갖가지 핑계를 만들어 어떻게든 내전 안으로 몰려들었다.

경복궁의 전등 설치는 조선 정부의 개화 의지를 상징적으로 드러내는 효

건청궁 시등 상상도 경복궁 안 건청궁에 설치된 전등에 불이 들어오는 모습을 그린 그림이야. 어느 상궁의 글에 나온 것처럼 전기를 만드는 발전기는 무척 시끄러웠고 설치된 전등은 깜빡깜빡 고장이 잦아 '건달불'이라는 별명이 붙었다고 해.

과가 있었어. 전등이 없었던 시절에는 밤에 밖에서는 초롱이나 횃불을, 방에서는 기름 심지를 넣은 호롱불을 사용했지. 전등이 생기면서 야간 활동이 한결 쉬워졌으니 서양 문물의 이로움을 확실하게 보여줄 수 있었단다.

그렇다면 조선은 다른 나라에 비해 얼마나 늦게 전기 시스템을 도입한 걸까? 1883년 미국에서 가정용 전등을 본 보빙사 일행은 전등을 조선에 도입하려고 계획했지. 4년 만에 그 계획이 실행으로 옮겨진 거야. 발전기 조립과 전등 가설은 미국 에디슨 전기 회사 소속의 맥케이라는 기술자가 맡았어. 당시의 발전기는 16촉 광열등 750개를 동시에 켤 수 있는 만큼의 전기를 만들어 낼 수 있었다고 해. 요즘으로 따지면 100와트짜리 전구 120개를 동시에 켠 것과 같은 밝기를 만들 수 있는 전기의 양이지.

燭
촛불 촉
빛의 세기를 나타내던 예전 단위야. 요즘에는 빛의 밝기를 기준으로 와트(W) 단위를 더 많이 사용하지.

전기의 시대

호박이라는 보석 알지? 정전기를 아주 잘 일으키는 물질로 알려져 있지. 그런데 호박을 뜻하는 그리스 말이 '일렉트론(electron)'이야. 그래서 전기를 뜻하는 영어 단어가 '일렉트리시티(electricity)'가 되었지. 그렇다면 전기라는 말의 뜻은 뭘까? 전기는 '번개 전(電)'에 '기운 기(氣)'를 써. 즉, '번개를 일으키는 기운'이란 뜻이야.

전기를 지금처럼 어디서든 사용할 수 있기까지 참으로 많은 단계를 거쳤단다. 전기의 어원에서 짐작할 수 있듯이, 전기의 발명은 정전기 단계에서 시작해. 1660년 독일 과학자 폰 게리케가 마찰 기계를 통해 만들어 낸 전기를, 전기가 흐르는 막대기를 통해 모으는 것에 성공했지. 18세기 전반 영국 과학자 그레이는 전기가 잘 흐르는 금속 도선을 이용해 수십 미터 떨어진 곳까지 전기를 공급하는 데 성공했어. 18세기 중엽 네덜란드 과학자 무쉔브로크는 전기를 모을 수 있는 라이든 병을 고안했지.

라이든 병

전기를 모으는 것뿐만 아니라 전기를 오랫동안 보관할 수 있는 연구 또한 활발했어. 쉽게 말해 전지를 개발하기에 이른 거지. 전지를 처음으로 개발한 과학자는 볼타. 1800년 볼타가 아연과 구리판 사이에 소금물을 적신 종이를 끼어 넣은 전지를 발명했어. 볼타의 전지 발명 이후 전기 관련 기술은 더욱더 빠른 속도로 발전했어.

1820년 덴마크 과학자 외르스테드는 전기력이 자기력을 일으킨다는 걸 밝혀냈어. 1831년 영국 과학자 패러데이는 거꾸로 자기력이 전기력을 발생시킨다는 걸 알아냈지. 그리고 이듬해 픽시는 말굽자석을 두 개의 코일 위에 놓고 손으로 돌려서 전기를 발생시키는 장치, 즉 발전기를 개발했어. 1860년 이후에는 짧은 시간 동안 더욱더 강력한 전기를 만들어 내는 발전기를 개발했지. 이윽고 발전기로 만들어 낸 전기를 전선을 통해 흘러 보내는 것이 가능해졌고, 아크등을 가로등으로 켜게 되었어. 드디어 전기로 어둠을 환하게 밝히게 된 거야.

그런데 아크등은 너무 밝아서 집에서 쓰기에 적절치 않다는 단점이 있었지 뭐야. 그래서 가정용 전구를 개발하려는 과학자의 노력이 잇달았는데, 그 영예를 얻은 인물이 누구냐면 너희들도 잘 아는……

전기를 이용한 발명품

피뢰침 1752년 미국의 과학자 프랭클린이 연을 이용해서 구름의 전기를 모으는 실험 중에 개발했어. 피뢰침의 개발로 번개의 재앙을 피할 수 있게 되었지.

전신 전지가 지속적인 전류를 공급해 줄 수 있게 되자 과학자들은 이 방법을 이용해서 메시지를 보내는 전기 통신 수단을 개발했어. 그것이 바로 1830년대에 개발된 전신이야.

전화 1876년 미국 발명가 벨이 발명했어. 복잡한 진동인 음성은 고체인 도체를 통해서 보낼 수 있는데 이 음성의 진동을 전깃줄(금속 도체) 안에서 전기 신호로 바꿀 수 있다는 게 밝혀졌어. 벨은 이런 과학적 사실을 전화기라는 실용적 발명품 안에 담았단다. 1887년에 이미 미국에는 15만 대의 전화가 있었고, 영국은 2만 6000대, 프랑스는 9000대, 그리고 러시아는 7000대가 있었어. 우리나라에는 1893년에 처음 도입되었지.

> "에디슨!"
> 맞았어. 에디슨이야. 전구 개발의 핵심은 빛을 내는 필라멘트의 재질을 개선하는 데 있었어. 대부분의 필라멘트 재료는 전등 용기 속의 공기와 접촉하면 금세 피시식 타 버리는 문제가 있었거든. 지금은 필라멘트 재료로 텅스텐을 써. 1910년 텅스텐에 필라멘트가 개발되기 전까지는 탄소막대 필라멘트를 썼단다.
> 전구 개발에 그치지 않고 1천여 개의 전구를 동시에 켤 수 있는 거대한 발전기 제작에 성공한 에디슨은, 1881년 전기를 보급하는 발전소 시스템 개발에 성공했단다.

우두법이 전국에서 의무적으로 실시되다

너희들 지석영 선생님 알고 있지?

"그럼요. 지석영은 우두법의 아버지!"

너희들 말대로 지석영은 조선에 천연두 예방법인 우두법을 최초로 도입한 것으로 알려져 '우두법의 아버지'라 불리고 있어. 그런데 우리는 《한국 과학사 이야기》 2권에서 지석영보다 앞서 우두법을 도입한 사람들에 대해 배웠어. 그럼에도 지석영을 우두법의 아버지라고 해도 무리가 아닌 것은 그가 1885년에 주도한 우두 의무 접종이 성공적으로 이루어졌기 때문이야.

지석영이 우두법에 관심을 가진 것은 스물두 살이던 1876년, 1차 수신사로 일본에 갔던 박영선에게서 《종두귀감(종두법에 관해 명심할 내용)》이란 책을 빌려 본 뒤부터야. 그는 정약용이나 이규경, 최한기 같은 사람들이 이미 천연두 예방법에 관심을 가졌다는 사실을 전혀 알지 못했단다.

책만으로 우두법을 공부하는 데에는 한계가 있었어. 그래서 1879년 지석영은 부산행을 결심하지. 부산의 일본인 거류 단지에는 일본 정부가 운영하던 조선 유일의 서양식 병원, '제생의원'이 있었거든. 지석영은 제생의원의 일본인

의사로부터 우두를 어떻게 접종하는지 배웠어. 그리고 백신을 얻어서 돌아오는 길에 처갓집에 들러 조카에게 직접 우두를 접종했지. 그것이 조선 최초의 우두 접종이라고 믿으며 말이야.

지석영은 그 이듬해인 1880년 2차 일본 수신사 일행에 포함되었어. 김옥균이 그에게 일본의 우두법을 배워 오라며 추천했던 거야.

"이미 우두법을 배웠는데, 일본에 또 갈 필요가 있었나요?"

아직 배우지 못한 중요한 것이 있었기 때문이야. 바로 천연두 백신인 우두의 제조 기술이야. 천연두의 백신은 소에게서 얻어. 천연두를 앓은 아이에게 얻은 딱지나 고름을 소에 주사하면 소가 천연두를 앓게 되는데, 사람의 천연두는 소에게는 치명적이지 않기 때문에 소는 목숨을 잃지 않아. 천연두를 앓은 소에게서 얻은 우두는 사람에게는 치명적이지 않아서 천연두를 앓는 사람의 딱지나 고름을 백신으로 사용하는 것보다 더욱 안전했어. 이 사실은 1789년 제너가 처음 알아냈지. 그러니까 수신사 일행으로 간 지석영이 일본에서 배워 온 건 바로 이 제너의 방법에 따라 백신을 만드는 기술이었어.

이른바 '전 국민 의무 우두 접종'은 1885년 충청도부터 시작되었어. 지석영

이 총책임자였어. 우두 의사 양성을 위한 교재로 《우두신설(우두 접종에 관한 새로운 설)》을 펴낸 지석영은 수개월 후 충청도 지역에서 모두 39명의 우두 의사를 양성했지. 당시 충청도 지역의 읍이 37개였으니, 36개 읍에 우두 의사 한 명씩, 보다 넓은 지역인 홍주(오늘날 홍성군)에는 세 명을 배치할 수 있었어. 우두 접종을 하지 않은 어른, 갓 태어난 아이 모두 의무 접종 대상이었어. 특히 갓난아이는 생후 1년 이내에 예방 접종을 하도록 했어. 만약 이걸 어겼을 경우 부모는 예방 접종비의 다섯 배가 넘는 벌금을 물었어. 접종은 의무였지만, 접종비는 무료가 아니거든. 한 번 맞을 때마다 다섯 냥(쌀 반 말 정도)을 내야 했지. 하지만 노비나 과부 등 경제 형편이 어려운 사람은 공짜였어.

충청도에 이어 다른 지역에서도 우두 접종이 실시되었어. 그러면서 전국적으로 수백 명의 우두 의사가 양성되었어. 1890년까지 남쪽으로는 제주도 아래 마라도, 북쪽으로는 두만강 이북 간도까지 전국 방방곡곡에서 의무 접종이 실시됐단다. 그게 얼마나 대단한 일이었는지 짐작이 갈 거야. 바로 모든 조선 사람이 우두 접종을 통해 서양의 과학 기술을 최초로 접한 거란 말이지.

그런데 조선 정부와 사람들 모두 우두법을 몰랐기 때문에 우두법 보급을

우두 접종 기구 우두 접종을 할 때 썼던 기구야. 종두용 침에 우두를 묻혀 어깨에 접종했어.

엄청나게 반대했고, 이러한 반대를 무릅쓰고 지석영이 홀로 우두법을 보급했다는 주장이 일제 강점기에 나왔어. 하지만 이건 잘못된 사실이야. 지석영이 우두법을 공부하고 이를 전국에 보급할 수 있었던 건 문명 개화를 원하는 조선 정부의 후원 덕분에 가능했으니까.

지석영이 조선 우두법의 아버지라 불릴 만한 또 다른 이유는 지석영이 천연두 백신인 우두를 만들고 우두 의사를 양성했으며 이에 필요한 교재까지 손수 집필했다는 거야. 그래서 당대 학자 황현은 《매천야록》에서 조선의 우두법 확산에 가장 크게 기여한 인물로 지석영을 꼽았단다.

《매천야록》
조선 시대 말기에 황현이 1864년(고종 1년)부터 일본에 나라를 빼앗긴 1910년까지의 역사를 서술한 책이야. 일본 정부의 억압 때문에 널리 알려지지 못했던 역사적 사실을 주로 담았어.

동도서기의 이념으로 받아들인 서양 과학 기술

개항 이후 도입한 전신, 전기, 병원, 우두법 등 여러 서양 과학 기술과 관련된 사업을 맡아 처리한 관청이 있어. 바로 1880년에 설치한 통리기무아문이야. 통리기무아문은 외교와 국제 통상, 문물 도입 일체를 맡아 처리했어. 1882년 이후에는 통리교섭통상아문(외교와 통상을 맡은 관청)이 이러한 일을 담당했지. 전신 가설, 우두법 실시, 제중원 운영은 모두 이 관청에서 맡아 진행했어.

統理機務衙門
큰 줄기 통 / 다스릴 리 / 기계 기 / 일 무 / 마을 아 / 문 문
국가의 중요 사무를 맡아 다스리는 관청이야.

이렇듯 새롭게 들어온 과학 기술을 통제하고 이용할 담당 관청이 생겼지만 서양 문물은 어디까지나 '동도서기'에 입각해서 이용되었어. 동양의 정신문화를 그대로 유지하면서 서양의 기술만 받아들이자는 거야. 민영익, 명성 황후, 고종도 같은 생각이었지. 그것만으로는 안 된다고 절박하게 생각했던 사람이 김옥균이나 박영효 같은 사람들이었단다. 그들은 일본처럼 과감하게 내정 전체를 개혁하고 선진 문물을 전체를 받아들여야 한다고 주장했어. 단숨에 그 한계를 뛰어넘기 위해 갑신정변을 일으킨 거야. 하지만 갑신정변은 3일 천하로 끝을 맺었어. 대신 온건한 세력이 동도서기의 이념에 따라 서양의 과학 기술을 도입한 것이란다.

조선 정부 최초의 서양식 병원 제중원의 설치

대부분 조선 정부 최초의 병원을 광혜원이라고 알고 있어. '광혜원'은 널리 은혜를 베푸는 병원이라는 좋은 의미를 담고 있기는 하지만 이 말은 되도록 사용하지 말자. 고종이 내린 정식 이름은 '제중원'이었거든.

濟衆院
구제할 제 / 무리 중 / 집 원
많은 사람들을 구제하는 집이라는 뜻이야. 병원에 걸맞은 이름이지?

혹시 제중원을 조선 최초의 서양식 병원으로 알고 있니? 앞에서 지석영이 부산의 제생의원을 찾아갔던 것 기억하지? 가장 먼저 조선에 서양식 병원을 세운 것은 일본이야. 일본은 조선이 부산(1876년), 원산(1879년), 인천(1882년)을 개항하자마자, 이 세 곳에 모두 병원을 세웠어. 그리고 1882년 영사관을 지으면서 또 병원을 세웠지. 왜 일본은 이렇게 병원 세우는 데 열심이었을까? 우선 항구에 거주하는 일본인들의 건강을 돌보기 위해서였어. 그리고 조선 사람들에게 신문물의 놀라움을 보여줌으로써 그들을 일본에 대해 우호적으로 만들려는 생각도 있었지. 다 죽어가는 사람을 낫게 해 주면 아무리 일본 의사라고 하더라도 호감을 보일 수밖에 없지 않겠니? 일본은 바로 그런 효과를 노렸던 거야.

개화를 하겠다고 마음을 먹은 조선 정부도 서양식 병원의 설립이 필요하다는 생각을 했어. 국력, 특히 병력을 강화하기 위해 군의관 양성이 시급했고, 이를 위해 서양식 병원이 필요하다고 생각한 거야. 당시 서양 의학도 지금처럼 눈부시게 발달한 수준은 아니었지만 외과 수술과 학질(말라리아) 치료, 전염병 예방에 대해서는 한의학의 한계를 뛰어넘고 있었어. 하지만 서양 의사 초빙비가 워낙 많이 들었기 때문에 개화파는 초빙비가 들지 않는 미국의 선교 의사를 초빙하기로 했단다. 선교 의사로서는 '은둔의 나라' 조선에 기독교를 전해 줄 기회를 공식적으로 확보하는 것이었으니 그들의 제안을 두 손 들어 반겼어.

이렇게 해서 1884년, 조선 땅을 밟은 선교 의사는 그 유명한 알렌이야. 그때가 스물여섯 살이었지. 당시 조선에서 서양 의학을 공부한 의사는 일본 영사관 부속 의원 소속의 일본인 의사 한 명뿐이었어. 알렌은 조선 정부가 세운 최초의 서양식 병원 제중원을 설립하는 데 주도적인 역할을 맡게 되는데 그 계기가 되는 행운은 마치 한편의 드라마 같단다.

1884년 12월 4일, 갑신정변이 벌어진 바로 그날에 당시 정계 최고 실력자였던 민영익이 김옥균·박영효·서재필 등이 속한 개화파가 휘두른 칼에 심하게 다쳤어. 이때 알렌에게 치료를 받았지. 목숨을 구한 민영익은 알렌에게 20만 냥을 사례비로 건넸어. 알렌은 고마움을 표하는 민영익에게 정부에서 서양식 병원을 건립하면 좋겠다는 제안을 했어. 만약 제안이 받아들여지면 자신은 무료로 일할 것이고, 미국에서 동료 의사 한 명을 더 부르겠다고 했지. 이미 조선 정부는 국립 병원을 설립할 계획이 있었던 터라 알렌의 제안을 받아들였어. 조선 정부는 이 일을 통해 미국과 더욱더 친해질 수 있을 거라는 기대도 했

호러스 알렌 알렌의 한국 이름은 '안련'이야. 중국을 거쳐 조선에 온 알렌은 의사이자 외교관으로 활동했어. 1897년에는 미국 총영사로 조선의 전등과 전차 선로 부설권을 미국에 넘기기도 했단다.

지. 조선에 선교 의사를 파견한 미국의 선교 본부는 병원 건립을 통해 기독교 포교를 허가받을 수 있으리란 계산을 했고 말이야. 이런 복잡한 이해관계 속에서 1885년 조선 정부가 세운 첫 서양식 병원인 제중원이 문을 열었어.

제중원은 1890년 무렵까지는 잘 운영되었어. 이때까지 의사는 알렌과 나중에 온 헤론 두 사람뿐이었지. 그들은 대략 하루에 100명 내외의 환자를 진료

오늘날 복원한 제중원 1885년 4월 10일 제중원이 개원했어. 처음에는 널리 은혜를 베푼다는 뜻의 '광혜원'으로 세웠는데 문을 열고 12일 만에 조선 정부 관청의 지시에 따라 '제중원'으로 이름을 바꾸었지.

했어. 계급을 망라하여 아래로는 걸인, 나병 환자부터 위로는 궁중의 지위 높은 여인들까지 환자가 다양했단다. 제중원에서 주로 치료한 질병은 학질, 매독, 소화 불량, 피부병, 결핵, 나병, 기생충에 의한 병 따위였단다. 대부분 당시 한의학으로 고치기 힘든 병들이었어. 물론 가장 인상적인 건 외과 수술이었어. 또 제중원은 콜레라 예방도 맡았고, 알렌은 인천에 세워진 검역소에서 외국에서 온 배에 전염병 환자가 타고 왔는지 검사하는 일도 맡았단다.

물론 제중원 설립을 모든 사람이 다 환영한 건 아니었어. 제중원의 외국 사람이 조선의 어린아이를 잡아먹는다는 소문이 날 정도로 두려워하는 사람들도 적지 않았단다. 외과 수술 때문에 그랬을 거야.

제중원은 1890년 이후 사실상 병원 역할을 하지 못했어. 가장 큰 이유는 미국 선교회 측에서 더 이상 조선 정부에 무료 봉사할 필요를 못 느꼈기 때문이야. '왜 선교사가 선교 활동을 하지 않고 조선 정부를 도와야 하는가?'라는 불

만이 많았거든. 선교사가 첫발을 내딛은 상황에서는 어떻게든 조선 정부의 환심을 사는 게 중요했지만 몇 년 사이에 선교의 자유가 거의 확보되자 생각이 달라진 거지. 제중원을 담당한 의사 에비슨은 조선 정부가 빌려 준 돈을 갚지 않는다는 것, 제중원의 숙소를 타인에게 함부로 빌려 주었다는 것을 핑계로 진료에 임하지 않았어. 결국 1894년 조선 정부는 제중원 운영을 포기했고, 미국 선교회는 원하던 대로 제중원을 직접 운영하기 시작했단다.

지금까지 살펴본 개항과 개화기 시대의 과학 기술은 어떻게 평가할 수 있을까? 1888년에서 1889년 조선의 내륙 지방을 여행한 프랑스의 지리학자이자 민속학자인 바라의 말로 끝을 맺자꾸나. 바라는 다른 서양인 여행자와 달리 자신이 매우 식견 높은 여행자라고 자처한 사람이야. 조선인의 불결과 게으름, 무지와 무능을 비난한 서양인 여행자와 사뭇 다른 견해를 내놓았지. 보통 한양이나 금강산만 보고 떠나는 여행자와 달리 최초로 한양에서 부산으로의 여행길을 택한 인물이기도 해. 조선의 내면을 보려는 의도였어. 그는 《조선 기행》에 여행 중 가장 인상 깊었던 것이 교육열이라고 썼단다.

> 나는 거의 모든 사람들이 글을 쓸 줄 아는 이 조선이라는 나라에서 교육이 얼마나 중요시되고 있으며, 만약 우리 유럽의 새로운 문물이 제대로 유입되기만 한다면 조선인들이 얼마나 급속도로 발전하게 될지 짐작할 수 있었다.

또 그는 대구에서 부산으로 이르는 여정에서 전봇대를 본 자신의 감상을 이렇게 표현했어.

> 바야흐로 우리는 한양에서 부산에 이르는 직통 행로로 접어든 셈이었는데, 놀랍게도 가도에는 일본이나 중국처럼 최근 설치된 것으로 보이는 전봇대들도 몇 개 세워져 있었다. 왠지 이 조선이라는 나라는 그 발전 도상에 있어서 머지않아 자신들의 이웃 국가를 따라잡게 될 것이라는 막연한 생각이 들었다. 사실 따지고 보면 역사적으로 자신들이 가르쳐 왔던 일본인들에게 비록 지금은 산업적으로나 예술적으로 뒤져 있는 조선인들이지만, 윤리적인 우월함 덕분에 가까운 미래에 반드시 그들을 따라잡고 결국엔 저만치 따돌릴 수 있을 것이다. 조선인 특유의 가족 제도와 강한 연대성, 그로 인한 끈질긴 노동

전봇대 수리 1901년 조선을 방문했던 체코 사람 브라즈가 찍은 사진이야. 한 남자가 사다리에 올라 전차에 전기를 보내는 전봇대를 수리하고 있고 사람들이 신기한 듯 구경을 하고 있어.

력과 지난 몇 년 동안 이룩한 놀랄 만한 발전상을 감안하면 나의 이런 생각은 충분히 설득력을 가지리라. 저 가도에 늘어선 전봇대들이 말해 주듯, 문명의 연결선들이 조선이라는 나라의 땅덩어리 방방곡곡으로 퍼져 나갈 그날이 그리 멀지만은 않은 것이다.

바라는 당시 우리나라 사람들의 문화적 자존심과 교육열, 가족애와 끈질긴 노동력에 매우 후한 점수를 줬어. 갓 가설된 전봇대를 보면서 말이야.

바라의 글을 보면, 근현대에 벌어진 우리 과학사의 놀라운 발전이 꼭 아무것도 없는 상태에서 이루어진 것은 아니라는 걸 알 수 있어. 다만 늦게 시작했을 뿐, 과학 기술의 급진적인 발전을 일으킬 만한 조선인 고유의 정신적 힘을 지니고 있었다는 거지.

비밀노트

지석영과 개항기의 과학자들

★개항기 최고의 과학자 지석영

개항 이후 1894년 이전까지 최고의 과학자는 지석영이야. 이 시기, 그처럼 과학 분야에 역작을 많이 남긴 학자는 없었어.

지석영은 몰락한 집안의 후예로서 1883년 어려운 문과 시험에 합격했어. 과학자면서 글과 경전에도 밝은 학자이자 정치가였지. 실제 지석영은 오늘날 서울 시장에 해당하는 한성 부윤의 자리까지 올랐던 인물이야.

지석영이 처음 쓴 책은 우두 접종에 관한 새로운 이야기를 정리한 《우두신설》이야. 개항 이전에도 우두법에 관한 책이 있긴 했지만 《우두신설》에 비하면 너무나 빈약한 수준의 책들이었지. 《우두신설》에는 우두 백신을 얻는 방법이 자세히 실려 있고 모세관, 비이커, 온도계 같은 여러 시술 도구도 소개되었어. 오늘날 실험실에서 쉽게 볼 수 있는 것들이지만, 당시에는 얼마나 신기했을까?

1887년 지석영은 전남 강진 신지도에 유배되었어. 1884년 갑신정변을 일으킨 무리와 관련이 있다는 모함 때문이었지. 유배지에서 지석영은 주목할 만한 두 책, 《중맥설》과 《신학신설》을 썼어.

《중맥설》은 유배된 다음 해인 1888년에 완성했어. 지석영은 일본에서 농학자들이 특히 보리를 중요하게 여긴다는 것을 보았고, 서양뿐 아니라 아시아의 많은 국가가 보리를 중요하게 여긴다는 사실도 알았어. 보리는 흙의 종류를 가리지 않을 뿐만 아니라, 가을에 파종하여 여름에 수확하고, 비·가뭄·해충·서리 등에 강하며, 제초의 노력도 적게 드는 등 장점이 많은 작물이었지. 지석영은 우리나라 농가가 보리를 즐겨 재배한다면 나라의 부를 쌓는 데 도움이 될 거라고 확신했어. 이러한 생각을 정리해 담은 것이 바로 《중맥설》이야. 이 책은 안종수의 《농정신편》과 함께 한국 농학의 근대적 전환을 알리는 중요한 저작으로 평가 받고 있어.

1891년에 펴낸 《신학신설》은 지석영의 또 다른 대표작이지. '신학'은 몸에 대한 학문이란 뜻이고, '신설'은 서양의 자연 과학에 기초를 둔 새로운 학문으로 위생학을 뜻해. 《신학신설》은 우리나라 최초의 순 한글 자연 과학 책으로도 유명해. 지석영은 일본에 갔을 때 사 온 자연 과학 책, 의학 책을 참고해서 물리학, 화학, 생리학에 바탕을 둔 서양 위생학에서 말하는 빛, 열, 공기, 물, 음식, 운동 등의 내용을 요약·정리하여 담았어. 《신학신설》은 당시 서양 위생학 내용을 가장 높은 수준으로 읽어 낸 저작이야.
1905년 '국내 최초 맞춤법 제정의 필요성'을 제기한 인물이기도 한 지석영은 만년에는 자연 과학 책이 아니라 국어에 관련된 책을 많이 썼어.

★불운의 과학자들

안종수 1881년 일본 문물 시찰단 일행으로 귀국 후 《농정신편》을 펴냈어. 옛 농법과 완전히 다른 새로운 농사법을 소개한 책이지. 서양의 식물학, 토양과 비료 등 물리와 화학에 토대를 둔 농사법, 각종 작물의 꽃의 구조와 개량 농기구를 그림을 곁들어 풀이했어. 하지만 채 결실을 보기 전에 갑신정변을 일으켰다가 유배를 갔단다.

최경석 1883년 보빙사 일행으로 귀국 후 서양 농업의 도입에 힘썼어. 고종의 허락을 받아 '농무 목축 시험장'을 만들어 서양 농법으로 첫해 양배추와 샐러리를 포함해 344종의 작물을 재배했어. 치즈와 버터도 생산할 계획이었는데 1886년 갑자기 세상을 뜨는 바람에 농무 목축 시험장의 연구와 운영도 흐지부지해져 버렸지.

변수 통역관 집안의 자손으로 1882년, 김옥균을 따라 일본에 가서 3개월 동안 양잠과 화학을 공부했어. 1883년에는 민영익을 수행해 세계 일주도 했는데 1884년 김옥균을 좇아 갑신정변에 참여했다가 실패로 끝나자 일본으로 망명했어. 그리고 1886년 미국으로 건너가 이듬해 미국 메릴랜드대학에 입학했어. 4년 동안 농학을 공부한 후 졸업하여 우리나라 최초로 대학 과정을 마친 과학자가 되었지. 그가 쓴 〈일본의 농업〉이란 제목의 글은 미국의 〈농무부 통계국 월보〉에도 실렸단다. 그렇지만 모교에 들렀다가 열차 사고를 당해 본격적인 과학 활동을 해 보지 못하고 세상을 떠났어.

서재필 변수보다 1년 늦은 1892년 미국 의학교를 졸업해 조선인 현대 의사 1호가 되었어. 서재필은 1882년 과거에 합격한 후 이듬해 일본에 건너가 일본 육군학교에서 군사 훈련을 받고 귀국해 신식 군대의 훈련을 책임졌어. 그러나 1884년 민영익이 그 자리를 청나라 장교에게 맡기면서 물러나게 되었지. 이후 일으킨 갑신정변이 실패로 끝나자 일본으로 망명했다가 1885년에 미국으로 건너갔어. 스무 살의 망명객 서재필은 미국에서 고등학교를 졸업하고 3년 동안 의과 대학 과정에 진학해 1892년에 졸업했어. 이듬해 의사 면허를 취득했지. 혁명을 꿈꾸던 돌격 대장이 의사가 된 거야. 1895년에 조선으로 돌아간 서재필은 계몽 운동에 힘썼어. 특히 위생 개혁에 관한 많은 글을 썼단다.

서양 과학을 배워 온 넷 모두 그 뜻을 제대로 펼치지 못했지만, 이들 덕분에 적지 않은 서양 과학 기술이 흘러들었어. 그렇다고 조선의 과학 기술이 전부 서양 과학 기술로 바뀐 것은 아니야. 천문학을 담당한 관상감, 의학을 담당한 내의원 등 전문 관청과 제도가 그대로 있었거든. 이러한 관청에 필요한 관리를 뽑는 잡과 시험도 계속 시행되었으니, 천문·지리·산학·의학 등 전통 과학이 계속 살아 있었다고 봐도 돼. 즉, 서양의 과학 기술이 흘러들어 오는 한편, 전통 과학 기술도 꾸준히 전해졌다는 거야.

▼
■ 우두법과 병원에 관한 부분은 내가 쓴 《한국 근대 보건의료사》의 내용을 참고했고, 전신 사업에 대해서는 김연희 선생의 〈고종 시대 근대 통신망 구축 사업〉이란 박사 논문을 주로 참고했어.
■ 전기에 관한 내용은 《세계를 바꾼 20가지 공학기술》에 실린 홍성욱 선생의 글과 국사편찬위원회에서 펴낸 《근현대 과학 기술과 삶의 변화》의 내용을 참조했어.

3 서양 과학 문물을 전면 채택하다

1894년 갑오개혁 이후 10년은 우리나라 과학사에서 매우 중요해. 조선이 1876년에 개항을 하긴 했지만, 갑오개혁까지는 서양 과학을 그저 맛보기 정도로만 받아들였을 뿐이었거든. 전등, 전신, 서양식 병원 등 일부 서양 기술을 도입하고, 우두 접종처럼 서양 의료 기술을 시행한 정도로 큰 틀은 손대지 않은 채 몇몇 부분만을 채택했지. 19세기 중반이 되자 전 세계적으로 과학이 눈부시게 발전하고, 동시에 급속한 변화가 일어나기 시작해. 이 때문에 조선 또한 국가의 운명을 걸고 서양 과학 기술을 본격적으로 받아들이지 않을 수 없게 되었어.

자, 그럼 당시에 과연 어떤 일들이 벌어졌는지 알아보자.

갑오개혁
1894년(고종 31년)부터 시작해 2년 동안 이루어진 개화파의 과감한 개혁 운동이야. 개화파 인물로는 김홍집, 박정양, 김윤식, 유길준 등이 있어. 개화파는 기존의 제도를 근대식으로 고쳐 조선의 정치, 경제, 사회에 혁신을 일으키려고 했지. 그래서 3차에 걸쳐 각 부분의 제도들을 개편했단다. 하지만 일본의 무력에 많이 의존했던 갑오개혁은 얼마 지나지 않아 실패하고 말았어. 일본의 뜻대로 휘둘리고 국민들의 반발을 산 데다가 고종이 일본의 위협에서 벗어나기 위해 러시아 공사관으로 몸을 피한 아관파천이 일어났기 때문이야.

과학 기술의 기반을 닦기 위한 움직임

고종이 가장 관심을 보였던 과학 분야가 뭐였지?

"국방과 관련된 과학 기술!"

그렇지. 그런데 국방과 관련된 기술의 자립화는 너무 힘들었단다. 열강과 기술력 격차가 워낙 컸기 때문이야. 그렇다고 국방 부분을 소홀히 할 수는 없던 조선 정부는 절반에 달하는 예산을 국방비로 쏟아부었어. 독일제, 미국제, 러시아제 최신 대포와 총은 기본이고 증기선까지 구입할 계획이었지.

1904년 러일 전쟁 직후에는 군기창(무기 제조와 수리를 담당한 관청)의 규모를 대폭 확대해서 자체적으로 군사 기술을 개발하는 데 힘썼어. 총포, 탄환, 화약, 가죽 장비, 제복 제조소를 설치하고 많은 기술자를 배치해서 말이야. 하지만 많은 돈을 들이고 신경을 썼는데도 일본의 국방력에 비하면 턱없는 수준이었지.

광제호 모형 대한제국은 1902년 말에 근대식 해군을 조직하고 '양무호'라는 군함을 일본에서 구입했어. 그런데 1903년 4월에 도착한 양무호는 화물선을 개조한 것이라 군함으로는 제대로 쓸 수 없었지. 이 때문에 일본에 다시 주문을 넣어 구입한 것이 바로 광제호야. 1910년에 무전 전신을 설치하면서 양쪽의 기둥은 무선 통신을 위한 안테나로 쓰였다고 해.

갑오개혁 이후에야 조선은 새로운 시대를 맞았어. 새 술은 새 부대에 담는 법! 새 시대에 맞춰 새로운 학문 또한 대세가 되었어. 혹시 〈홍범 14조〉에 대해 들어 봤니?

洪範
큰물 홍 / 법 범
모범으로 따라야 할 큰 규범을 뜻해. 오늘날의 헌법에 해당되지.

갑오개혁 정부에서 1895년 1월에 공포한 〈홍범 14조〉는 청나라를 섬기는 관계를 끝낸다는 것으로 시작해. 그리고 왕실·중앙 정부·지방 관제의 개혁, 철저한 세금 징수와 예산 관리, 국민의 생명과 재산의 보호, 징병과 군대 양성, 신분 차별 없는 인재 등용 등을 내용으로 하고 있어. 게다가 이런 조항도 있지.

> 나라의 총명한 자제들을 널리 외국에 파견하여 학술·기예를 견습한다.

본격적으로 과학 기술자를 양성하기 위해서는 유학이 꼭 필요하고, 그 다음에 국내에 과학 기술을 전문으로 하는 학교를 세워야 한다는 걸 인식한 거야. 이웃 나라 일본은 그렇게 해서 이미 크게 성공했고, 청나라 또한 같은 방법으로 성큼성큼 앞서 나아가고 있었거든.

갑오개혁 정부는 1895년에 182명이나 되는, 당시로서는 최대 규모의 유학생을 일본에 보냈어. 이후 해마다 300명 정도의 유학생을 보내려고 계획했다고 하니, 선진 과학 기술 도입에 꽤 야심만만했음을 짐작할 수 있지? 또 유학생들에게는 이런 요구를 했다고 해.

> 각 분야로 나뉘어 실용적인 일을 진실로 강구하여 지식을 넓히고 사물의 이치를 궁리하여 굳세고 꿋으며 어떠한 때에도 굴하지 않는 의연한 용기 있는 정신을 가지고 독립되고 문명된 사회의 필요에 부응해 주기를 바란다.

개혁 정부는 해외 유학을 통한 고급 과학자를 확보하려는 노력과 함께 국내의 과학 기술자 양성에도 힘을 기울였어. 김근배 선생은 1899년을 한국 과학 기술이 본격적으로 시작되는 원년으로 삼자고 말했어. 당시 사회에서 수요가 많았던 공업, 기술, 철도, 직조, 측량, 전신, 우체, 의학 등의 과학 기술이 본격적으로 실시된 해가 바로 1899년이야. 이외에 제중원을 담당한 선교사 에비슨이 사립으로 설립한 제중원의학교(세브란스의학교)도 개교했어. 아직 물리학, 화학, 생물학, 공학 등 자연 과학을 본격적으로 연구하는 대학은 설립되지 않았지만, 과학 기술 기반을 스스로 확립하려는 노력이 시작된 시기란다.

유학생 파견의 어려움

갑오개혁 정부가 지원했던 유학생은 주로 몰락한 양반 집안이나 하급 관리의 자제들이었어. 유학생이라고 하면 경제력이 있는 명문 가문이나 상인의 자제들이었을 거라 생각하기 쉽지만 당시 양반들은 외국에 나가 신학문을 공부하는 걸 꺼렸거든.

서양 학문에 대한 기본적인 토대가 없는 상태에서 일본으로 건너가 공부했던 유학생들은 얼마나 힘들었을까? 우선 일본어를 익히는 것부터가 쉽지 않았고, 국내 정치 사정이 좋지 않아 유학비 송금이 제때 이루어지지 못해 경제적 곤란까지 겹쳤다고 해. 그래서 대부분 그저 일본어를 익히는 데 그쳤지만 곤경을 뚫고 전문학교나 관청, 회사에 배치되어 전문 분야를 충분히 공부한 유학생도 있었지.

유학생이 가장 많았던 건 군사 분야였고, 그 다음이 기술 분야였어. 기술 학도들은 광물 분석, 무기 제조, 전신 등의 기술을 1~2년 정도 배웠고, 일부는 방직, 제혁, 유리, 조선 등의 기술을 습득했어. 대개 학교보다는 관청에서 실무를 익혔어. 의학 분야의 경우 전문학교에서 학업을 마치고 의사 면허를 따는 학도들이 있었지. 일본에서 최초로 의사 면허를 딴 김익남과 그 뒤를 이은 안상호, 약학도인 유병필 등인데 이들은 학업을 마치고 돌아와 1899년에 설립된 의학교(오늘날의 서울대학교 의과 대학)의 교사가 되었단다.

1899년만큼 대규모로 유학생을 파견하는 일은 없었지만 유학생은 꾸준히 있어서 1902년에 33명, 1903년 25명이었고, 그들의 학력 수준은 이전보다 훨씬 높아졌단다. 이와 함께 서양에도 유학생을 보내기 시작했어. 정부는 1903년에 러시아로 13명, 영국과 프랑스에도 각각 10여 명씩 유학생을 파견할 계획을 세웠지. 하지만 1904년 러일 전쟁 여파로 나라가 혼란해지고, 러일 전쟁에 승리한 일본이 조선 정치의 주도권을 쥐면서 서양 유학은 흐지부지되었단다.

나라에서 세운 의학교와 상공학교

나라에서 세운 학교 가운데 가장 수준이 높은 상급 학교인 의학교와 상공학교에 대해서 조금 더 자세히 알아보도록 할까?

1897년 대한제국을 선포한 이후 제국이라는 이름에 걸맞게 의학 분야도 근대적 개혁에 시동을 걸었어. 국가가 운영하는 의학교 하나 없다는 건 제국으로서 창피한 일이 아니었겠니? 지석영은 1898년에 의학교를 세우면 자신이 교장을 맡겠다는 청원을 나라에 넣었단다. 중국 의학과 서양 의학을 모두 잘 아는 의학자이니 자신 만한 적임자는 찾기 어렵겠다는 확신이 있었나 봐.

지석영은 의학교 개설 장소, 의학교 교사, 의학교 학도, 의학교 확대 방안까지 구체적으로 제시했어. 그래서였을까? 지석영의 제안은 이틀 만에 채택되었어. 당시 교육을 담당하던 관청인 학부의 최고 담당자 이도재가 바로 지석영의 《우두신설》의 서문을 써 준 사람이었고, 당시 모든 신문은 이구동성으로 의학교 설립을 대대적으로 환영했어.

의학교는 이듬해인 1899년 9월에 문을 열었어. 정부에서 세운 의학교는 서양 의학을 전공하는 정원 50명, 3년 과정의 전문학교였지. 교사는 일본 유학파 의사인 김익남과 일본인 의사 한 명이었어.

의학교는 1902년에 처음으로 19명, 1903년에 12명, 1906년에 4명의 졸업생을 냈어. 의학교 졸업생 수가 자꾸 줄어든 건 의학 교육이 쉽지 않았기 때문이야. 게다가 1904년 졸업 예정자는 2년 후인 1906년에 겨우 졸업장을 받을 수 있었는데, 러일 전쟁으로 정세가 불안정했기 때문이야. 이후 의학교는 한 명의 졸업생도 내지 못하고 일제의 손에 장악되었어.

사립인 제중원의학교도 1908년 7명의 졸업생을 배출했어. 이로써 1900년대에 모두 42명의 국내 양성 의사가 배출되었단다. 식민지 상황만 아니었다면 의학 분야 발전에 주축이 되었을 텐데 교육, 행정, 연구 등의 직무를 맡지 못하

제중원의학교의 교과서 제중원을 담당하게 된 선교 의사 에비슨은 조선인 학생들에게 체계적으로 의학을 교육시켜 의료로 선교 활동을 하는 의사를 양성하고 싶었어. 그래서 당시 약국 정도의 기능밖에 하지 못하던 제중원에 의학교를 설립했지. 기초 교육부터 임상 실습까지 배워 졸업까지의 기간은 8년으로 정하고 의학생들과 함께 서양의 의서를 번역해 교과서도 만들었단다.

고 안타깝게도 동네에서 병원을 여는 데 그쳤단다.

상공학교는 1899년에 바로 문을 열지 못했어. 교장과 교사는 뽑았지만 예산이 없었기 때문이지. 1904년이 되어서야 농상공학교로 개편되어 교육이 시작되었어. 정원 80명에 예과 1년, 본과 3년의 과정으로, 중공업과의 정원이 50명 정도로 가장 많았어. 하지만 이듬해 1905년에는 15명, 1906년에는 18명으로 확 줄었어. 1906년에 예과를 마친 6명의 졸업생은 공업전습소를 졸업한 게 되었지. 일제가 농

상공학교를 격하하여 가내 수공업을 공부하는 단기 연수 기관인 공업전습소로 바꿔 버린 거야. 막 피어나기 시작한 국내 과학의 싹을 짓밟은 셈이지.

그럼 과학 기술과 관련해서 사회 전반적으로는 어떤 변화가 있었을까?

무엇보다 의학과 위생 분야의 약진이 두드러졌어. 갑오개혁으로 우두 의무 접종이 다시 부활해서 이후 20만 명이 넘는 사람들이 우두를 접종했다고 해. 또 콜레라 검역도 다시 본격적으로 시작되었어. 1895년에 콜레라가 유행했을 때에는 방역 팀을 꾸려 해상 검역, 육상 검역뿐만 아니라 피병원(전염병 환자를 따로 치료하는 병원)을 제대로 운영하기까지 했어.

1899년 위생국에서는 천연두, 콜레라와 함께 장티푸스, 이질, 디프테리아, 발진티푸스 6종 법정 전염병의 예방령을 공포했어. 이건 곧 이러한 전염병에 대해서 과학적인 방법으로 예방할 수 있게 되었음을 뜻하지.

참, 우리나라는 1899년에 의학교를 세우면서 내부병원도 설립했어. 내부병원은 1900년에 광제원으로 이름을 바꾸었는데 주로 전염병을 통제하는 것이 목적이었단다. 갑오개혁 때 세워진 병원들이 서양 의술인 양방만을 다루었던 것과 달리 내부병원은 한의학을 중심으로 양방을 같이 쓴 게 큰 특징이야. 또 무료로 이용할 수 있었어. 1900년부터는 나라에서 의사 면허도 부여하기 시작했는데 이건 우리나라 최초의 근대 면허 제도야.

대한제국을 달리는 전차

1897년 대한제국 선포 후 관리와 국민이 합심해 사대문 안의 길을 넓히고 주변 경관을 바꿨어. 이러한 '길닦기 사업'은 초가집을 기와집으로 바꾸고 골목을 정비하는 것까지 포함했단다. 길닦기 사업이 벌어지기 전에 〈독립신문〉에서는 위생 향상을 위한 10가지 사항을 위생국에 건의했어. 이를 보면 당시 거리의 모습이 훤하게 그려질 거야.

- 개천을 깨끗이 치우게 할 것
- 길가에서 대소변을 못 보게 할 것
- 물을 끓여 먹도록 할 것
- 푸성귀를 개천 물에 못 씻게 할 것
- 밤에 길가에 누워 잠자지 못하게 할 것
- 아이들이 벌거벗고 다니지 못하도록 할 것
- 술집에 사람들이 모여 술과 푸성귀를 먹고 좁은 데에 서로 끼여 앉아 호흡을 가까이 하지 못하도록 할 것
- 위생국에서 도성 안 몇 군데 큰 목욕탕을 만들어 가난한 인민들이 목욕하게 할 것
- 경무청에서 반찬 가게를 다니며 상한 고기와 생선을 못 팔게 할 것
- 순검들이 순시하면서 집 앞에 더러운 물건을 두거나, 개천을 치우지 않은 백성에게 벌을 주도록 할 것

1894년 조선을 방문하여 세계에서 가장 불결한 도시로 서울을 꼽았던 영국의 여기자 비숍은 길닦기 사업 이후 변화된 서울의 모습에 대해 무척 감탄했단다. 다음은 비숍이 펴낸 책 《조선과 이웃나라》에 나온 내용이야.

서울은 많은 면에서, 특히 남대문과 서대문 근방의 변화 때문에 예전과는 다르게 알아보기가 어려웠다. 도로들은 최소한 17미터의 폭으로 넓혀졌고 그 양쪽에는 돌로 만들어진 깊은 경계가 있으며 그 안은 널찍한 돌 판으로 메워졌다. 도로들이 있던 자리는 원래 콜레라가 발생한 불결한 샛길들이 있던 곳이다. 좁은 오솔길은 넓혀졌고, 진흙투성이의 시내는 포장도로에 의해서 사

라지고 없었다. 사람들이 뙤약볕 밑에서 확 트인 평평한 거리를 따라 자전거를 타고 가는 모습을 볼 수도 있었다. 가까운 시일 안에 기차가 달리는 모습을 볼 수 있을 것이다. 한 멋진 장소에 프랑스식 호텔을 세우는 준비가 한창이었고, 유리로 된 진열대가 있는 상점들이 수없이 세워져 있었다. 쓰레기를 길거리에 내다 버리는 것을 금지하는 법령도 시행되고 있었다. 쓰레기는 직업 청소부에 의해 서울 바깥으로 치워진다. 이전까지는 가장 지저분한 도시였던 서울이, 이제는 극동의 제일 깨끗한 도시로 변모해 가고 있는 중이다.

비숍은 결론적으로 한국인의 잠재성을 다음과 같이 높이 평가했어.

이러한 많은 작업과 함께 자극적이고 혐오스럽던 서울의 향기는 사라졌다. 위생에 관한 법령이 시행되었고, 집 앞에 쌓인 눈을 모든 식구들이 치우는 것이 의무적일 정도로 한국의 문화 수준은 매우 높아졌다. 그 변화들은 너무 커서, 나는 1884년이었다면 서울의 한 예로서 이 장을 위해 사진을 찍었을지도 모를, 그 특징적인 빈민촌을 발견할 수 없었다. 한국인은 어떤 행정적인 계기만 주어지면 무서운 자발성을 발휘하는 국민이다. 서울은 한국적인 외양으로 재건되고 있지 절대로 유럽적으로 재건되고 있지는 않다.

어떤 계기만 주어지면 무서운 자발성을 발휘하는 국민. 일제 강점기의 3·1 운동이나 오늘날 부당함에 맞서는 평화 시위, 스포츠 응원 등에서 발견되는 모습이지? 이러한 점은 오랫동안 이어 온 우리 민족의 잠재력이라 볼 수 있겠구나.

특히 비숍이 말한 변화는 불과 넉 달(7~12월) 동안에 일어났다는 점에서 더욱 놀랄 만해. 대한제국을 선포하고 나서 '한번 해 보자!'는 마음이 고종 황제

> **電車**
> 번개 전 / 수레 차
> 전기로 가는 차를 뜻해. 전차는 1879년 독일에서 열린 베를린 만국박람회에서 첫 선을 보였고, 1881년 베를린에서 처음 운행되었어.

에서부터 어린 아이에 이르기까지 나라에 가득했던 거지. 비숍은 유길준이 프랑스에서 나폴레옹의 근대식 파리 개조 사업을 목격했을 때와 비슷한 충격을 받았을지 몰라. 좀 더 높이 평가할 수 있는 부분은 서양식을 무조건 따르는 게 아니라 주체성을 갖고 조선식으로 바꾸어 나가겠다는 부분이었겠지?

길닦기 사업의 성과를 실감한 고종은 당시 전차를 들여오기로 결심했어. 비숍이 '가까운 시일 안에 기차가 달리는 모습을 볼 수 있을 것'이라 말한 게 이거야. 전차는 1899년 5월 17일에 개통되어 서울 거리를 질주했어. 서울을 동서로 횡단하는 노선 7.5킬로미터 구간을 달렸지. 서대문에서 종로를 거쳐 동대문을 빠져나와 청량리에 이르는 노선이었단다. 길닦기 사업 전에는 지위가 높은 사람들은 가마나 말을 탔고, 서민들은 모두 걸어 다녔어. 길을 넓게 닦은 이후

서울을 달리던 전차 중 하나 가운데는 특실이었고, 전차의 앞뒤는 일반실이었어. 특실은 비싼 요금을 낼 수 있는 양반들이 주로 이용했지. 정원은 40명이었단다.

에는 사람이 끄는 인력거가 중요한 교통수단이 되었지. 이런 상황에서 굉음을 내며 달리는 전차의 모습이 얼마나 대단했겠니?

전차 가설은 대한제국이 미국인 콜브란과 합작해 만든 회사에서 추진했어. 1898년 10월에 시작해 두 달 만에 공사를 끝냈고, 이듬해 5월 전차 여덟 대를 구입해 영업을 시작했어. 고종이 전차를 서울에 놓은 까닭은 분명해. 최신 과학 기술이 집약된 전차를 서울에 선보임으로써 문명개화의 의지를 국내외에 과시하려고 했던 거야. 명목상으로는 당시 서울 홍릉에 있는 명성 황후의 묘 행차를 쉽게 하기 위해서였다고 하나, 임금 자신이 이 목적으로 전차를 이용한 적은 없었어. 전차가 다니자 사람들은 호기심에서 많이 탔다고 하는구나.

주목할 점은 기술 이전에 관한 부분이야. 이렇게 대단한 게 들어왔는데,

한성 전기 회사 1898년 1월에 세운 전기 회사야. 운영 도중에 자본과 기술이 부족해지자 대한제국 정부는 미국에 도움을 요청했어. 결국 한성 전기 회사의 소유권은 미국인 콜브란과 보스트윅에게 넘어갔단다.

이후 스스로 운영할 수 있는 능력을 갖추는 것이 관건이지 않겠니? 그게 안 된다면, 유길준이 말했듯 돈만 들이는 멍청한 짓이 되어 버리는 거니까. 결론부터 말하면 전기를 생산하는 발전 시설에서부터 전차의 관리와 수리에 이르는 모든 부분에서 제대로 기술을 습득하지 못했어.

미국과의 합작은 초반부터 삐걱거렸어. 1902년부터 빚 문제로 콜브란과 외교 분쟁이 벌어졌지. 게다가 1904년 러일 전쟁이 발발하면서 외교적으로 미국의 눈치를 더 보게 되었고, 결국 헐값에 전차 사업을 콜브란에게 넘겼단다. 콜브란은 1909년 전차 사업을 일본 회사에 팔아 치우고 대한제국을 떠났어.

이 때문에 어떤 사람들은 고종의 전차에 대해 '빛 좋은 개살구'라는 식의 견해를 보인단다. 그렇지만 전차가 갖는 전시 효과가 결코 만만치 않았다는 걸 부정할 필요는 없을 것 같아. 유학생 파견, 학교의 설립과 운영 등은 훨씬 장기적인 프로젝트로 그 효과가 한참 지나야 나타나게 되지. 이와 달리 전차는 아주 짧은 시간 안에 보여 줄 수 있고, 효과를 빨리 볼 수 있는 일이었거든. 고종이나 당시 정치인들이 안이했다기보다는 선택의 폭이 넓지 않은 상태에서 내린 결정이었다고 생각할 수도 있겠구나.

아차! 1896년 1월 태양력의 시행을 빼먹을 뻔했구나. 태양력 시행이란 그동안 써 오던 음력을 폐지하고 서양식 표준을 따르기로 한 거야. 이것은 곧 중국 연호를 빌려 쓰는 전통이 끝나고 음력 1월 1일(설날) 대신 양력 1월 1일이 한 해의 첫날로서 의미를 띠게 되었다는 것을 뜻해. 또 예수의 탄생을 기준으로 하는 서기를 사용하게 된 거야. 좋게 말하면 국제 질서에 맞춘 것이며, 나쁘게 말한다면 제국주의 열강이 정한 규약에 조선이 맞물려 들어가게 된 것이지.

어때? 1894년 갑오개혁 이후 10년 동안에 참으로 놀랄 만한 일들이 전개되지 않았니? 물론 기본 체력이 약한 형편에 갑작스럽게 많은 분야의 것들을 한꺼번에 수용해야 했기 때문에 서툰 부분이 있을 수밖에 없었단다. 주변에서는 일본이 호시탐탐 한반도를 식민지화하려고 노리고 있었으니까 어려움은 곱절 이상이었지. 그렇지만 시작이 있어야 결과가 있는 법! 또 시작이 반이라고도 하잖아? 어려운 상황에서도 본격적인 과학 기술을 익히고 도입하려는 노력이 있었기에 우리가 오늘날 많은 것을 누리고 있다는 것을 기억해야 할 거야.

비밀노트

대한제국 시절 주목할 만한 두 명의 과학자

1894년 갑오개혁 이후 두각을 보인 대표적인 과학자 김점동과 상호에 대해 살펴보자. 물론 이 둘 외에도 일본에서 최초로 의사 면허를 딴 김익남, 미국에 유학하여 의사가 된 오긍선, 상호에 이어 도쿄제국대학에서 화학 공학 학사 자격을 딴 유전 등도 눈여겨볼 만해. 다만 식민지 상황에서 이들이 과학자의 꿈을 활짝 펼치지 못한 것이 유감이구나!

● **김점동(1876~1910년)** 우리나라 최초의 여의사야. 아니, 의녀 대장금이 있었으니까 서양식 의사로 최초란 말이 맞겠구나. 김점동은 남편 성인 박에 세례명을 합쳐 박에스더라고도 불려. 이화 학당에서 영어를 배우고 열네 살 때 우리나라에 선교사로 온 여의사 로제타 홀의 통역을 맡았어. 그리고 로제타 홀이 수술하는 장면을 보고서 자신도 의사가 되기로 마음먹었지.

1895년 로제타 홀이 미국으로 돌아갈 때, 김점동은 로제타 홀에게 동행을 허락받았어. 그렇게 남편과 함께 미국에 가서 어렵게 의학 공부를 시작했단다. 볼티모어 여자의학교에 입학한 김점동은 4년간의 과정을 모두 마치고 1899년 의학교 졸업장을 땄어. 그런데 졸업을 한 해 앞두고 남편 박유산은 폐결핵으로 눈을 감았단다. 1900년 김점동은 선교 의사로 귀국하여 우리나라 최초의 여성 전문 병원인 보구여관의 책임 의사가 되어 의료 활동을 펼쳤어. 그러던 중 1903년 로제타 홀이 내한하여 평양에서 기홀병원을 시작하자 그곳으로 자리를 옮겼어. 그녀는 10개월 만에 3천 명 이상의 환자를 진료할 정도로 활발한 의료 활동을 펼쳤어. 1909년에는 한국인 최초 여성 의사임을 축하하는 메달을 받기도 했지. 하지만 안타깝게도 남편을 죽음으로 내몰았던 결핵에 걸려 1910년 34세의 젊은 나이로 짧은 생을 마감했어.

김점동은 당시로서는 보통 여성이 감히 꿈꾸지도 못할 두 가지 일, 즉 과학과 의학의 길을 개척했어. 또 여성 전문 진료를 활발히 펼쳤단다. 과학을 홀대하고, 특히 여성이 과학에 전혀 관심을 가지지 않던 때, 의학자의 길로 나선 김점동의 용기는 본받을 만한 점이 많지 않니?

● **상호(1879~?년)** 우리나라 최초의 공학도야. 상호는 나라에서 운영하는 영어 학교를 수료한 후 잠시 그 학교에서 근무하다가 1898년 말 개인 비용을 들여 유학생으로 일본에 건너갔어. 마침 관비(나라에서 돈을 지원함) 유학생에 결원이 생겨 관

비 유학생이 되는 행운을 잡았지. 이후 일본 최고 명문인 제1고교에 입학했고, 졸업 후 바로 도쿄제국대학교 공학부에 입학해 1906년 학업을 마쳤어.

상호가 그 어려운 도쿄제국대학을 졸업하자 당시 매스컴에서는 '처음으로 맞은 성대한 일'이라며 떠들썩하게 칭송했어. 또한 대한제국 정부는 상호에게 주요 기술을 총망라한 공업 학교 설립 계획을 맡겼어. 하지만 일본 통감부(1905년부터 1910년까지 있었던 대한제국 감시 기관)의 반대로 실현되지 못했어. 보성학교에서도 공업전문과를 설치해 상호에게 맡기려 했지만 이 또한 돈이 부족한 데다 지원자가 없어 실현되지 못했지. 결국 상호는 농상공부(농업·상업·공업 및 우편과 전신 등의 업무를 보던 관청)의 관리가 되는 데 그쳤단다.

▼
■ 갑오개혁 이후 과학 제도의 확립과 근대 문물 도입 내용 가운데 의학과 위생에 관한 건 내가 쓴 《한국 근대 보건의료사》를 참고했어. 과학 기술 유학생에 관한 건 김근배 선생의 《한국 근대 과학기술인력의 출현》을 참고했단다. 전차에 관한 건 《근현대 과학 기술과 삶의 변화》에 실린 박진희 선생의 글과 정인경 선생의 《청소년을 위한 한국 과학사》의 내용을 참고했어. 여의사 김점동에 관한 건 내가 과학기술인 명예의 전당에 쓴 글을 참고했어. 참, 전반적인 내용을 다룬 박성래 선생의 《한국사에도 과학이 있는가》도 참고했다는 걸 빼먹을 뻔했네.

■ 갑오개혁 정부가 유학생들에게 했던 말은 김근배 선생의 《한국 근대 과학기술인력의 출현》에 실린 〈유학생친목회회보〉 인용문을 재인용했어.

4 일제가 우리의 과학을 발달시켰다고?

1910년 8월 29일. 우린 이 날을 국치일이라 하지. 바로 그날 일본 천황은 이렇게 선언했어.

國恥日
나라 국 / 부끄러워할 치 / 날 일
우리나라의 국권을 일본에 강제로 빼앗긴 날을 가리키는 말이야.

영원한 동양의 평화를 위해 대한제국 황제의 양위의 뜻을 받아서 한국을 통치하게 됐노라!

조선의 초대 총독 데라우치 마사타케도 담화문을 발표했어.

일, 우리 일본은 동양의 영원한 평화를 위해 대한제국의 뜻을 받아들여 한국의 통치를 시작하노라.
일, 전국에서 폭도(의병)들이 벌이는 혼란이 심하므로 군대, 헌병, 경찰력으로 한국의 치안을 안정시키겠노라.
일, 한국은 농토가 비옥하고 지하자원이 많으므로 그것을 개발해 산업을 일으키겠노라.

일, 산업의 진흥에 필요한 철도를 삼남(충청도·경상도·전라도) 지방을 포함해 전국 13도 모든 곳에 부설하겠노라.

일, 한국인은 모였다 하면 서로 헐뜯기에 바쁜 폐단을 가지고 있으므로 집회 결사를 단속하겠노라.

일, 무릇 인생에서는 질병보다 혹독한 것이 없는데, 지금껏 한국의 의술은 유치한 단계를 벗어나지 못하므로 서양식 병원을 서울과 주요 도시에 널리 설치하여 인술의 혜택을 받게 하겠노라.

일, 교육은 수신하여 제가하는 데 중요하나 모든 학생이 공부하는 걸 싫어하여 힘쓰지 않고, 또 많은 학생이 공부를 해도 헛된 망상에 빠지는 폐단이 있으니, 이제부터 겉치레를 버리고 내실을 추구하는 교육을 실시하겠노라.

왜 한국 과학사를 다루는 책에서 이런 내용을 다루냐고? 그건 일제 강점기의 과학 기술 정책이 이 틀 안에서 이뤄졌기 때문이야. 그런데 조선 총독의 통치 의지가 담긴 담화문 내용이 뭔가 이상하지 않니?

"앗, 국방을 강화하고 외교에 힘쓰겠다는 내용이 없네요. 그리고 우리나라 국민을 깔보는 것 같아요. 서로 헐뜯기 좋아하고, 공부하는 걸 싫어하고, 헛된 망상에 빠진다고 하잖아요. 또 의술이 유치하다고도 하고 내실은 없고 겉치레만 중시하는 교육 풍토가 있다고 보고 있어요. 아! 우리 민족의 우수한 전통을 계승하고 발전시킨다는 내용도 보이지 않아요."

너희들이 말한 모든 것이 나라 잃은 설움인 거야. 또 하나 아주 중요한 점이 있어. 전국 곳곳에 군대와 헌병, 경찰을 두어 치안을 유지하겠다고 하고, 한국인이 집회를 하거나 단체나 모임을 결성하는 것을 단속하겠다고 한 부분은 오늘날 인권을 유린하는 가장 나쁜 정책으로 비난받을 것들이야.

이 못지않게 교육에 대한 언급도 참 기가 막혀. 언뜻 보면 '수신제가', 즉 몸과 마음을 닦아 집안을 일으키는 교육, 망상이나 겉치레보다는 내실을 추구하는 교육이 당연한 듯 보여. 그렇지만 일제 강점기 바로 전 대한제국의 교육 이념은 인재의 육성을 통한 나라의 부강이었거든. 이 부분이 싹 빠진 거야. 이들의 교육 이념 아래에서 '식민지 독립을 위한 방안'을 공부한다면, 이것은 헛된 망상이 되었어. 그리고 한국인들은 정치, 사상, 과학 등 수준 높은 학문 대신, 낮은 수준의 지식 정도만 익히면 된다고 보았지. 군인이나 순사가 총·칼로 위협하는 것이 순간의 강력한 지배를 위한 것이었다면 이렇게 고등 교육의 숨통을 죄는 교육 정책을 펼친 것은 아주 오래오래 지배하기 위한 조치였어.

"그런데 산업을 일으키고 철도를 부설하고 서양식 병원을 설치하겠다는 건 좋은 게 아닌가요?"

그 때문에 일부 일본인들은 일제 강점기를 통해 자신들이 한국의 근대화에 기여했다고 주장하기까지 해. 데라우치 총독도 이 셋에 대해서는 자랑스럽게 말하고 있어. 농산물이 풍부한 삼남 지방에 철도를 부설하면 수송이 편리해질 것이고 지방 곳곳까지 서양 의학의 혜택을 받게 해 주겠다면서 말이지.

하지만 대부분의 역사학자는 이런 조치가 모두 식민지 수탈을 위한 것이라고 주장하고 있어. 광물을 조사한 건 지하자원 수탈을 위한 것이고, 농토를 개발하고 농법을 개량한다는 건 더 많은 농산물을 수탈하기 위함이었다는 거지. 또 철도를 놓은 건 전쟁 물자와 지방 곳곳의 농업 생산물을 빨리 일본으로 실어 나르기 위함이었다는 거지. 병원 설치? 서양식 병원들이 문을 열었지만 모두 일본인이 많이 사는 지방에 세워졌어. 이건 뭘 뜻하겠니? 다름 아닌 일본인들의 건강을 챙기기 위해 병원을 세웠다는 거야.

자, 이제 슬슬 총독의 담화문이 과학 기술이랑 어떻게 연결이 되는지 감이 오지? 그럼 우리 과학 기술이 일제 강점기에 어떤 영향을 받았는지 하나하

나 알아보도록 하자. 우선 1905년 무렵부터 3·1 운동 직후 시기까지 보려고 해. 이 시기에 눈에 띄는 관련 사건은 아래와 같이 정리할 수 있어.

- 조선총독부의원의 개원과 지방 곳곳에 자혜의원 설립
- 경부선, 경원선, 호남선 등의 철도 부설, 전국을 비롯해 더 나아가 대륙을 잇는 철도망 완성
- 대한제국 과학 교육 기관의 재편과 과학 교육의 식민지화
- 한국인 하급 기술자의 등장
- 진화론과 우생학을 바탕으로 한 사상 유행
- 과학 계몽 운동의 시작과 전통 과학사의 등장

측량학 발전에 도움을 준 일본?

철도를 놓을 때 가장 필요하고, 가장 중요한 기술이 뭘까? 다름 아닌 지형의 높낮이와 면적 등을 재는 측량 기술이야. 일제 강점기에는 넓은 땅에 걸쳐 측량을 해야 했기 때문에 측량 기술자의 양성이 매우 활발했어. 이때 수많은 우리나라 기술자들이 측량 업무에 뛰어들었단다. 측량기사가 필요한 부분이 또 있었는데, 바로 토지 조사 사업이야. 일본은 신고되지 않은 땅을 국유화하는 정책을 펼쳐서 수많은 땅을 거저 확보할 수 있었어. 이 토지 조사 사업은 일제가 식민지에서 펼친 정책 중 가장 악명이 높은 것이야. 철도 부설에서도 엄청나게 넓은 땅을 불법으로, 또 낮은 가격으로 빼앗았기 때문에 이 또한 악명이 높았어. 이에 대해 우리나라 사람들의 저항은 엄청 컸지만, 그런 가운데 측량기사가 다수 생겨나기도 했단다. 1910년 중반까지 토지 조사에 필요한 측량 기술 인력이 무려 3000여 명이나 양성되었어. 과학 기술 관련 인력으로는 가장 많은 분야였어.

대한 의원, 무늬만 우리나라의 병원?

1908년 10월 24일 대한의원이 문을 열었어.

"대한의원? 그렇다면 대한제국, 즉 우리나라가 세운 병원인가요?"

그렇지 않아. 이름은 대한의원이었지만, 이 병원은 너희들도 잘 아는 초대 통감 이토 히로부미가 주도해서 지었고 이름도 그가 붙인 거야. 대한의원은 규모와 시설, 의료진의 구성이 당시 일본의 병원들과 견주어서도 다섯 손가락 안에 들 정도로 쟁쟁한 현대식 병원이었어. 당시 한 해 정부 예산의 15분의 1 정도인 80만 원 가량이 병원 설립(건립 후 확장까지 포함)에 투입됐단다. 그만큼 일본은 대단한 자부심을 가지고 그들의 치적을 자랑했어.

하지만 구체적으로 내용을 들여다보면, 고개가 갸우뚱해져. 우선 이 병원은 일본이 조선을 위해 지어 준 것이 아니야. 강제로 돈을 빌려 주고 병원을 짓게 했거든. 그건 조금 있다 살필 철도 부설도 마찬가지야. 그렇다면 돈은 왜 빌려 줬냐고? 빚을 지게 해서 우리나라의 코를 꿰어 좌지우지하기 위한 계획이

대한의원을 담은 그림 1910년 대한제국이 일본에 점령당하면서 대한의원은 조선총독부의원으로 이름이 바뀌었어.

었던 거지. 게다가 식민 통치에 필요한 시설을 짓는 데 사용되니 일거양득 아니었겠어?

실제로 대한의원의 이용자들은 대부분 일본의 높은 관리들이었어. 우리나라 사람 가운데서는 이완용 같은 특별한 위치에 있었던 사람들이 주로 이용했지. 대한의원의 의료진 자리는 일본인 의사들이 채웠어. 결국 1910년 식민지 선포 후, 대한의원은 조선총독부의원으로 명칭을 바꿨어. 자, 일본이 자랑하던 조선총독부의원이 정말 우리나라 사람들을 위한 병원이었을까?

"아니요. 일본인의, 일본인에 의한, 일본인을 위한 병원이었네요."

그러니까 건물과 시설이 서양식, 현대식이냐 아니냐가 중요한 것이 아니라 누가 운영을 했고 무엇을 목적으로 했느냐를 주목해야 하는 거야. 그건 일본이 각 도에 세운 자혜의원의 경우에도 마찬가지였단다.

수탈의 수단이 되어버린 철도

너희들 혹시 이 노래 들어 봤니?

기찻길 옆 오막살이 아기아기 잘도 잔다. 칙폭 칙칙폭폭 칙칙폭폭 칙칙폭폭. 기차 소리 요란해도 아기아기 잘도 잔다.

1930년대의 동요야. 기차가 질주한다! 지난 천 년 동안 우리 과학사에서 이만큼 중요하고 놀라운 사건은 많지 않아. 기차처럼 우리의 생활 양식을 크게 바꿔 놓은 게 드물기 때문이야. 긴 여행에 대한 꿈을 꾸게 된 것도 기차 덕분이야. 젊은이들은 기차를 타고 도시로, 도시로 모여들었고, 더 멀리 중국이나 소련까지 여행하는 것도 가능해졌거든. 지방에서는 과거 시험 같은 중요한 일이 있을 때나 올라오던 서울을 자주 오갈 수 있게 되었고, 사신이나 가던 해외여행이 보통 사람들에게도 가능해진 거야. 어디 그뿐이야? 이곳의 물품이 저곳에, 저곳의 물품이 이곳에 쉽게 운송되었어. 병력을 이동하는 데도 요긴한 수단이었지.

우리나라에는 1899년에 처음 철도가 놓였어. 철도 설치는 처음부터 일본이 주도했어. 일찍부터 일본은 한반도를 거쳐 중국 대륙까지 이어지는 철도에 관심이 높았어. 대륙 침략을 위해 꼭 필요한 일이었거든. 철도를 우리 힘으로 놓아야 한다는 주장도 있었지만 비용을 마련하기 어려웠어.

1894년 청일(중국 청나라와 일본) 전쟁에서 승리한 일본은 서울과 인천을 잇

우리나라의 첫 기관차 1899년 9월 18일 경인철도가 개통되면서 들여온 첫 기관차야. 미국에서 구입했는데 조립은 인천에서 했다고 해. 당시 철도는 큰돈을 벌 수 있는 사업이었기 때문에 세계 열강은 식민지를 비롯한 약소국가의 철도 부설권을 따내는 데 혈안이 되어 있었어.

는 경인선과 서울과 부산을 잇는 경부선의 독점 건설권을 따내려고 했지만 일본의 힘을 견제하려는 서양 강대국들의 반대로 일단 그 시도가 좌절되었어. 경인선의 부설권은 1896년에 미국인 모스가, 서울과 의주를 잇는 경의선의 부설권은 1896년에 프랑스인 그릴이 따냈어. 하지만 철도 공사가 시작된 뒤로도 일본은 부설권을 얻어 내기 위해 수단과 방법을 가리지 않았단다. 결국 미국은 1897년에 경인선 부설권을 일본에 넘기고 말았지. 일본은 대한제국의 높은 관리들을 협박하고 회유하여 1898년에 경부선 부설권마저 빼앗았어. 또 1903년에는 자금이 부족해서 정체 상태에 빠져 있던 경의선 부설권도 프랑스로부터 넘겨받았단다.

우여곡절 끝에 1899년 경인선이 개통되면서 인천항을 통해 서울로 향하는 국제적인 교통망이 확보되었어. 이어서 경부선과 경의선도 구간별로 개통되기 시작했어. 경부선의 서울-초량 구간이 1905년에 개통되었고, 1906년에는 경의선의 서울-신의주 구간이 개통되었지. 경부선과 경의선이 이어지면서 한반도 남북을 가로지르는 철도가 완성되었고, 1911년 압록강 철교가 완공되면서 철도는 만주까지 이어졌어. 1913년에는 시베리아를 경유하여 유럽과도 연결되었지. 철도 부설은 계속되어 데라우치 총독이 선포한 대로 13도 전역에 철도가 놓였어. 평남선(평양-진남포, 1910년), 호남선(대전-목포, 1914년), 경원선(서울-원산, 1914년)이 차례대로 놓였단다. 이러한 철도는 일본이 조선의 쌀과 지하

공출미 강요 전단 조선총독부 통상국에서 만들어 배포한 전단이야. 일본으로 빼돌릴 쌀을 자진해서 내라고 강요하는 내용이지.

자원을 일본으로 실어 가고, 일본의 공업 제품을 조선으로 들여오는 데 효율적이었단다. 아까 말했듯 군사적으로도, 식민지 지배를 위해서도 대단히 중요한 역할을 했어.

"아, 과학 기술이 꼭 좋게만 쓰이는 게 아니네요. 누가 어떻게 활용하는가에 따라서 좋고 나쁜 게 180도 바뀌네요."

그래. 이때 만약 철도 관련 기술이 많이 전수되었다면 조금이라도 점수를 줄 부분이 있을 텐데. 안타깝게도 서양식 병원이나 여타 기관에서와 마찬가지로 핵심 부분은 전부 일본인이 담당했고, 우리나라 사람은 그다지 중요하지 않은 기술만 배울 수 있었단다.

철도의 등장

철도 기술의 핵심은 기차를 움직이게 하는 엔진 제작과 그 엔진을 장착한 기차가 달리는 레일 제작에 있어. 철도의 기원을 찾아가 올라가면 레일이 먼저 나타나. 고대 중국이나 근대 유럽에서 마차가 다니는 길을 움푹 판 것도 일종의 레일과 같은 구실을 했지. 지금과 같은 레일은 16세기 유럽의 광산 지역에서 나타났단다. 그때는 레일을 나무로 만들었어. 그러다 1789년 영국의 제솝이란 사람이 철로 레일을 만들었어. 이후 레일의 재료는 잘 깨지던 주철이 잘 안 깨지는 연철로, 더 나아가 강한 압력을 가해 철의 강도를 높인 압연철로 발전했어.

그런데 오랫동안 레일 위의 화물차는 사람이 끌다가 말, 증기 기관의 순서로 바뀌었지. 1712년 뉴커먼이란 영국인이 증기력으로 상하 운동을 하는 피스톤이 달린 증기 기관을 만들었어. 그리고 1765년 제임스 와트는 그 기관을 더욱 개선하는 한편, 피스톤의 상하 운동 대신에 바퀴 축을 돌리는 새로운 기관을 개발했단다. 이제 그 바퀴를 돌리면 기차가 되는 건데, 그것을 성공시킨 사람이 영국인 트레비식이야. 그래서 최초로 증기 기관차를 발명한 사람이라 불러. 그렇지만 실용화에는 크게 성공을 거두지 못했어. 증기 기관차의 실용화를 이끈 인물은 로켓호 기관차를 만든 로버트 스티븐슨이야. 그게 1830년 무렵의 일이었어.

이후 증기 기관의 개선과 레일 제작 기술의 발전과 함께 유럽은 영국을 시작으로 철도가 놓이게 되었어. 영국에서는 1840년대 1400마일이던 것이 1850년에는 6500마일로 늘어났어. 여기서 다시 새로 놓일 12,500마일짜리 철도 부설도 승인되었어. 이후 아일랜드 1834년, 독일 1835년, 러시아 1837년, 네덜란드 1839년, 인도 1853년, 브라질 1854년, 이집트 1854년, 일본 1872년, 중국 1881년, 짐바브웨 1897년, 수단 1900년 등 세계의 많은 나라에서 철도 부설이 이루어졌어.

인재 양성의 토대를 빼앗기다

자, 이제 교육 부분으로 발걸음을 옮겨 볼까. 교육은 개인의 일생뿐 아니라 국가와 민족의 장래를 좌우하는 중요한 요소야. 그걸 잘 알고 있었기 때문에 대한제국은 어려운 상황 아래에서도 과학 기술의 싹을 틔우려 했어. 하지만 일제 강점기에는 쉽지 않은 일이었단다.

"한국인에게는 고등 교육이 필요하지 않다!"

1905년 통감부 교육 고문이었던 누사하라 히로시의 주장이야. 우리나라 사람이 미성숙하다는 것이 그 이유였지만 속내를 들여다보면 정신적 자각을 막는 데 목적이 있었어. 그렇기 때문에 식민지 교육의 틀을 만든 유케 코타로는 식민지 교육의 최우선 과제는 일본어를 널리 보급하는 데 있으며, 고등 교육은 어디까지나 기술자 양성을 위한 실업 교육에 그쳐야 한다고 했어.

어때? 앞서 데라우치 총독이 담화문에서 밝힌 교육의 목표는 결국 일본어를 익히고, 식민 정권에 온순한 한국인을 만드는 것이고, 식민지 통치에 필요한 실업 교육을 한다는 내용이었던 거야.

이 사실은 1910년에 들어선 조선총독부의 교육 부문 위치에서도 잘 드러나. 교육 부문이 독립된 정부 부서인 학부(현재의 교육 과학부) 소속이 아니라, 지방의 행정을 담당하는 내무부의 학무국(학교와 외국 유학생 관련 업무 기관)으로 들어갔어. 교육을 나라를 이끌고 성장시킬 인재 양성을 위한 핵심 동력으로 본 것이 아니라, 지방 행정에 부속되어 실업적인 요구를 충족시키는 것으로 정한 거야. 한마디로 두뇌는 일본인들이 차지하고, 한국인들은 두뇌가 시키는 대로 손과 발을 움직이는 역할만 맡도록 한 거지.

일본은 이러한 의도로 기존의 교육 기관을 없애거나, 한 단계 낮은 등급으로 만들고, 교직원은 일본인으로 채웠어. 학생 또한 일본인 위주였단다. 앞에서 살펴보았던 1899년 이후 설립된 교육 기관과 학교들이 폐지되거나 등급이 내려졌어. 농상공학교는 1906년부터 공업전습소로, 의학교는 1910년부터 총독부의원부속 의학강습소로 바뀌었어. '전습소', '강습소'란 명칭에서 무엇이 느껴지니?

"왠지 학교라기보다는 기술 학원이란 느낌이 들어요."

맞아! 식민지 국민에게 고등 교육 기관이 어울리지 않는다는 일본의 생각이 그대로 드러난 거야.

"그렇다면 일제 강점기 동안에 세워진 학교는 전혀 없었나요?"

있었어. 일본은 지방마다 각종 기술 전습소를 세웠단다. 기술 전습소 과정을 마친 사람은 철도·전기·전신·측량과 관련된 업무를 맡거나 조선총독부나 민간 기업이 운영하는 각종 공장이나 농업, 잠업, 수산업 등 관련 분야에서 하급 기술자로 일했단다.

전문학교 안에서의 차별

일본의 교육 정책에 대해 한국인의 불만이 커지자, 일본은 1915년에 공업전습소를 경성공업고등학교로, 1916년에 의학강습소를 경성의학전문학교로 승격시켰어. 둘 다 전문학교 수준으로 규정했단다. 그런데 입학한 학생을 보면 경성공업고등학교의 경우 일본인이 3분의 2 이상이었어. 경성의학전문학교의 경우에도 1926년 이전까지는 한국인 졸업생이 절반 이상이었지만, 이후부터는 일본인이 대략 3분의 2 정도를 차지했어. 물론 교직원은 모두 일본인이었어. 이를 보면 고등 교육 기관의 설치조차도 식민지로 건너와 살고 있는 일본인 자녀를 위한 것이었다고 판단할 수 있어. 그러면서 한국인에게도 수준 높은 교육을 시킨다는 생색내기 효과를 노린 것이었지. 학생을 키워 교수로 만든다는 생각이 눈곱만큼도 없었으니 이런 틀 안에서 우리 과학의 자립화는 어려운 일이었단다.

식민 지배를 정당화하는 데 이용된 진화론

"엉뚱한 질문일 수도 있겠는데요. 식민지 시대의 과학 교육이나 정책이 모두 나쁘다고만 할 수 있나요? 혹시 긍정적인 영향을 준 것은 없나요?"

식민지 상황에서 본격적으로 선진적인 근대 문물을 접하게 된 건 엄연한 역사적 사실이야. 위에서 말한 병원, 철도, 위생, 교육, 농업과 관련된 과학 기술은 모두 선진 과학 기술이었어. 설령 그것들이 식민지 통치에 기여하기 위해 어떤 건 너무 과도하게, 어떤 건 너무 부족하게, 어떤 건 너무 변형했다고 해도 말이야. 그런 과학 기술이라도 존재했기 때문에, 열악한 형편 속에서도 스스로 근대 과학 기술의 일부분을 익히고, 자신의 것으로 만들어 나갈 수 있었을 거야.

일본의 식민지 통치로 봉건 왕조, 즉 왕권 중심의 체제가 완전히 무너져 버린 사실도 살펴볼 필요가 있겠구나. 일제 강점기 이후 일부는 왕정으로의 복귀를 주장했지만, 대부분은 왕정보다는 더 나은 민주 국가 건설을 꿈꿨어. 봉건 왕조가 몰락하자 그것의 뼈대를 이루었던 사농공상(士農工商)의 위계 체제도 깨져 나갔어. 특히 과학 기술이 관련된 '공(工)'이 무엇보다도 근대 세계에서 중요하다는 걸 깨닫게 되었지.

일부 식민지 사관을 지닌 학자들은 '한국인은 그럴 능력이 없어서' 일제 강점기를 통해 봉건 왕조가 깨지고 우리나라가 근대 사회로 나갔다고 주장하기도 해. 하지만 이 주장을 받아들이기에는 식민지의 대가가 너무 크구나.

이와 관련하여 당시 사회에 널리 퍼졌던 이론을 하나 살펴볼게.

1900년 전후 시기에 서양에서 진화론이 전해졌는데 이후 진화론의 위세는 대단했어. 아직 서양의

> **진화론**
> 진화론은 어떤 생물의 한 종에서 다른 변종이 태어난다는 가설이야. 1859년 중반, 다윈이 《종의 기원》이라는 책에서 이를 뒷받침하는 과학적 근거들과 함께 소개했어. 진화론은 환경에 맞는 개체는 살아남고 그렇지 않은 개체는 도태된다는 자연 선택 이론이 핵심이야.

과학 기술이 낯선 상태에서 중국과 일본에 소개된 이론이 우리나라에도 들어온 거야. 그건 다윈의 진화론이 아니라 사회 진화론이었는데 우리나라에는 유길준의 《서유견문》을 통해 알려졌어.

장지연, 박은식, 신채호는 사회 진화론을 바탕으로 자신의 사상을 펼쳐 나간 대표 인물들이야. 장지연은 약육강식의 세계 질서 속에서 우리나라가 살아남기 위해서는 민족의 단결력을 길러야 한다고 했어. 박은식은 문명 경쟁의 시대에 도태되지 않기 위해서는 지적 능력을 배양하고, 물질적 산업을 육성

사회 진화론
19세기 말 영국과 독일의 여러 학자들이 진화론이 사회에도 적용된다고 주장하며 제시한 이론이야. 강한 사회(또는 인종이나 민족)가 살아남고, 그렇지 못한 사회는 도태된다는 것이지. 심지어 어떤 학자는 열성 인자를 가진 사람을 인위적으로 없애고, 우성 인자를 가진 사람만 남기면 인류가 더 발전할 것이라고 주장하기까지 했어. 그럼 도대체 누가 우성이고 누가 열성인 거야? 이 부분은 다윈의 진화론과 달라. 다윈은 열성과 우성을 따지지 않고 다만 우연히 환경에 잘 맞는 개체들만 살아남는다는 걸 밝혔으니까.

해야 한다고 말했지. 또 신채호는 전제 국가를 버리고 한 단계 더 진화된 형태인 공화국을 건설해야 한다고 주장했단다.

사회 진화론에 관한 논의는 신문이나 잡지에서 넘쳐흘렀어. 3·1 운동을 이끈 천도교 지도자 손병희의 글에서도, 심지어 의병 활동을 이끈 유인석 장군의 글에서도 나타나. 일본에게 그대로 먹힐 것인가, 독립된 나라를 건설할 수 있을 것인가를 고민하던 모든 사람들에게 사회 진화론은 피할 수 없는 과학 법칙으로 비추어졌단다. '우승열패'와 '생존 경쟁'을 논하지 않고 나라의 장래를 논한다는 것이 불가능한 일처럼 보일 정도였어.

優勝劣敗
넉넉할 우 / 이길 승 / 못할 열 / 깨뜨릴 패
우월한 종족이 살아남고 열등한 종족이 없어진다는 뜻이야.

사회 진화론은 과학에서 유래한 것이지만, 이것을 따르는 건 아주 비과학적이었어. 당시 사상가가 알고 있는 진화론의 수준이란 오늘날 초등학생이나 중학생이 알고 있는 수준을 벗어나지 못했거든. 그들은 한 종에서 다른 변종이 생겨나는 진화의 사실을 입증하기 위해 다윈이 《종의 기원》에서 제시했던 무수히 많은 관찰과 실험 데이터에 대해 알지 못했어. 또한 이 진화론이 논쟁을 통해 수정되거나 보완되어야 하는 하나의 과학적 이론이라고도 생각지 못했어. 자연을 대상으로 한 과학 법칙을 인간 사회에 적용하는 것 또한 얼마나 부당한지 읽어 내는 눈도 부족했단다. 그럼에도 당시 사람들은 진화론을 철저하게 확립된 과학 법칙이자 불변의 법칙인 것처럼 생각했단다.

일본은 진화론을 식민 지배를 정당화하는 이론으로 이용했어. 우리나라 사람들은 열등해서 우월한 일본의 지도를 받아야 한다는 논리가 그것이야.

이에 대한 한국인의 응답은 3·1 운동 정신이 담긴 〈기미 독립 선언서〉에서 찾아볼까? 식민지화, 그것도 세계사적으로 유례를 찾기 힘들 정도의 탄압

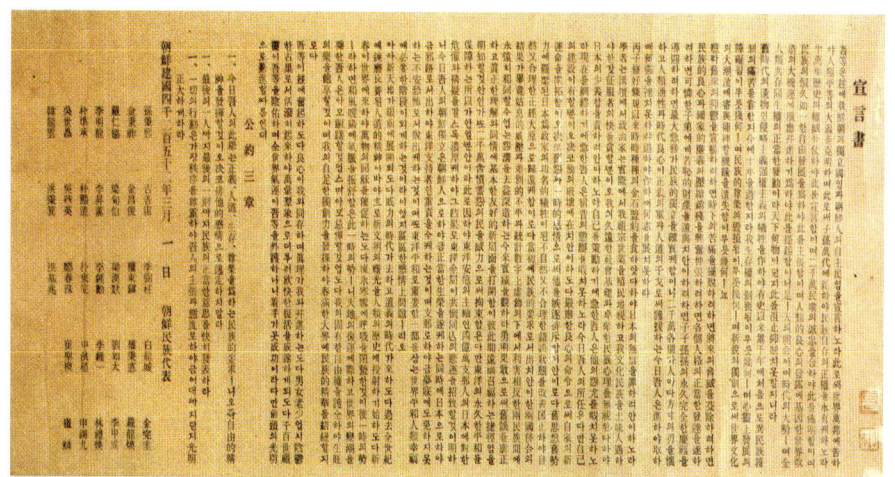

⟨기미 독립 선언서⟩ 당시 독립 선언서는 2만 장 인쇄되어 사람들에게 뿌려졌어. 독립 선언서에 서명을 한 민족 대표 33인은 독립 선언서를 낭독하고 독립 만세를 외쳤단다.

적인 식민지 상황 아래에서 끓어오른 분노가 결국 1919년 3월 1일 용암처럼 분출되었단다. 사람들은 ⟨기미 독립 선언서⟩를 통해 독립을 쟁취하는 한편, 창의적인 인간을 양성하고, 능동적으로 세상에 참여하겠다고 선언했어. 이 기세에 일본은 적잖이 당황했어. 이처럼 우리나라 사람들은 일본에 저항하면서 일본의 치밀한 의도가 쉽게 관철되도록 내버려 두지 않았어. 저항에 직면한 일본은 억압의 끈을 적당히 느슨하게 할 필요가 있었지. 그건 과학 기술 분야에서도 마찬가지였어.

비밀노트

우리 전통 과학사에 대한 서술은 어떻게 시작되었을까

앞선 지식인들은 나라가 기울고 과학 기술 수준이 뒤쳐진 상황에서 옛날 우리 민족이 이룩한 과학의 찬란함을 상기시키려는 작업을 시작했어. 훈민정음, 비격진천뢰, 금속 활자, 거북선 가운데 특히 임진왜란에서 대승을 거둔 거북선이 엄청난 관심을 끌었지. 신채호나 최석하 같은 인물들은 거북선이 무적의 철갑선임을 주장하면서 조선 민족의 위대함을 노래했어. 1908년 신채호가 〈대한의 희망〉이라는 글에서 한 말을 들어 보도록 하자.

> 철갑선을 창조한 이순신이 있어서 명예스러운 기념비를 역사에 높게 세웠으니, 저 서양에서 그렇게 높이 평가하는 나라 사람이라도 이 경우를 놓고 본다면 우리 민족이 그 민족보다 더 뛰어남을 알 것이다. 만일 우리 민족이 더욱 교육에 힘써 지식이 더욱 열리면 오늘날 웅비한 여러 나라와 함께 같이 달려 나가기가 어렵지 않을 것이니 저들이 우리보다 미치지 못함이 많을 것이다. 아아! 우리 국민이여, 큰일을 할 국민이 아니던가? 크도다! 우리 한국이여! 오늘날의 희망이며, 아름답다! 우리 한국이여!

애국지사 청년 신채호는 철갑 무기를 열강의 상징으로 파악한 것 같아. 특히 그는 1895년의 청일 전쟁, 1905년 러일 전쟁에서 일본 철갑 군함의 눈부신 전과를 생생하게 기억했어. 그래서 '철갑선 거북선'을 찾아내 노래한 거야. 물론 세계 최초의 금속 활자, 빼어난 아름다움을 가진 고려청자, 임진왜란 때 왜군을 박살낸 비격진천뢰와 나는 듯 빠른 배인 비선, 현존하는 동아시아 최고(最古)의 천문대 첨성대 등도 함께 칭송했단다. 이렇게 우리 전통 과학사는 서양 선진 과학 기술에 밀려 자칫 기가 죽을 수 있었던 현실을 극복하고 기운을 북돋기 위한 흐름에서 탄생한 거야.

▼
■ 과학 교육은 김근배 선생의 《한국 근대 과학기술인력의 출현》을, 병원에 관한 건 내가 쓴 《한국 근대 보건의료사》를 참고했어. 철도에 관한 내용은 《세계를 바꾼 20가지 공학기술》과 《근현대 과학 기술과 삶의 변화》에 실린 박진희 선생의 글을, 전통 과학사의 탄생에 관한 건 내가 쓴 《우리 과학의 수수께끼 2》를 참고했지.
■ 거북선에 대한 신채호의 글은 〈대한협회회보〉 제1호(1908년 4월호)에 실렸던 것인데 쉽게 읽을 수 있도록 오늘날의 문체로 바꾸었어. 대한제국 말기에서 일제 강점기 초기까지의 과학 기술에 대해서는 박성래 선생의 《한국사에도 과학이 있는가》에 재미있게 나와 있단다.

5 일제 강점기 100대 명인에 뽑힌 9명의 과학자들

1939년 〈모던 일본과 조선〉이란 잡지에서는 좀 별난 현상을 내걸었어. 이름 하여 '조선 명인 100인 현상'. 독자 엽서를 통해 우리나라 문화를 대표하는 인물 100명을 뽑는 것이었는데, 수만 명이 넘는 사람들이 엽서를 보낼 정도로 인기가 대단했다고 해.

100대 명인은 문필가, 음악가, 화가, 기자, 사업가, 변호사, 군인, 운동선수 등을 망라했어. 최남선, 한용운, 이광수, 김동인, 정지용, 손기정 등 유명 인사와 함께 과학자도 9명 포함되어 있었단다. 과학자는 아니지만 과학과 관련된 인물도 4명 정도 있었는데 과학 분야에 크게 기여한 인물은 1명이었어.

우선 9명의 과학자를 먼저 보도록 할까. 기초 과학 분야로는 최규동(수학), 이원철(천문학), 이태규(화학), 공학자로는 리승기(화학 공학), 최경렬(토목 공학)이 선정되었어. 과학 단일 분야로는 의학자가 가장 많아서 오긍선(의학 교육), 심호섭(내과학), 윤일선(병리학), 백인제(외과학) 4명이 선정되었지. 이들이 우리 과학에 어떤 업적을 남겼는지 살펴보자.

조선의 명인에 뽑힌 옛 과학자들

1930년대에는 명인 선정이 유행이었나 봐. 한국 역사 속의 명인을 뽑는 일도 있었어. 당시 언론인이자 사학자였던 문일평은 1934년 《조선명인전》이란 책에서 옛 명인 100인을 꼽았어. 이 가운데는 과학자들도 포함되어 있는데, 누가 있는지 잠시 보도록 할까.

문익점 – 목화 도입, 농학
이천 – 천문학, 금속 활자
양성지 – 지리학
장영실 – 천문학, 금속 활자
허준 – 의학
정약용 – 기술과 의학
이제마 – 사상 의학
최무선 – 화약과 화포
박연 – 음악학
세종대왕 – 과학 전체, 훈민정음
이순신 – 거북선
신경준 – 지리학, 훈민정음 연구
김정호 – 지도 제작

이들을 우리나라 13대 과학 인물이라 불러도 될 것 같구나. 세종대왕, 이순신, 정약용 같이 과학을 포함해 학문 전체를 아우른 인물을 뺀다면 10명이 과학적 업적으로만 평가를 받았음을 알 수 있어.

《조선명인전》 같은 대중적인 책 이외에 우리 과학사에 관한 본격적인 연구 작업이 이루어진 것도 이 시기야. 1944년 홍이섭은 《조선과학사》를 펴냈어. 그는 냉정한 시각으로 전통 과학사 전반을 책 한 권으로 엮었어. 고대부터 일제 강점기 초반까지 시대별로 천문학, 지리학, 의학, 농학, 수학, 각종 기술 등의 과학이 어떻게 존재했는가를 밝혔단다. 이 책이 나옴으로써 과학사는 몇몇 인물의 업적과 이야기 중심으로 보던 단계를 벗어나게 되었어. 고대부터 현대에 이르기까지 체계적인 과학 제도가 존재했고, 그 틀 안에서 과학 활동이 이루어졌음을 알게 된 거야.

한강대교의 설계자 최경렬

토목 공학자 최경렬(1905~1975년)은 서울에 산다면 친숙할 한강대교(당시 명칭은 한강신인도교)를 설계한 과학자란다. 한강대교는 용산과 노량진을 잇는 다리로 지하철 1호선이 지나는 한강철교와 나란히 서 있는 아치형 다리야.

최경렬은 1905년 평남 순천에서 태어나 평양고등보통학교를 졸업한 후 일본으로 유학을 떠났어. 교토제국대학 토목 공학과에 들어가 1924년에 졸업했지. 그 뒤 조선총독부 토목과의 기수(연구원)로 취직해 얼마 안 있어 기사(책임 연구원)로 승진해 여러 굵직굵직한 프로젝트를 맡아 책임졌어. 일제 강점기 상황에서 한국인의 신분으로 중요한 위치까지 올랐던 것만 보더라도 그의 실력이 꽤나 출중했을 거라는 걸 짐작할 수 있지?

최경렬이 100대 명인에 뽑힌 건 단연 한강신인도교를 설계했던 덕분이야. 1934년 한강신인도교의 설계와 공사 감독을 맡은 최경렬은 당시 외국의 신기술을 모두 참조해서 아름답고 견고한 아치형 강철 다리를 만들기로 마음먹고 1936년 10월 한강신인도교를 선보였단다. 사람들은 그 아름다움과 견고함에 놀라고, 우리나라 사람의 두뇌로 만들어졌다는 사실에 또 한 번 놀랐지.

해방 이후에는 서울의 도시 계획을 이끄는 한편, 이 땅에 토목학이라는 학문을 정착시키는 데에도 크게 기여한 최경렬은 수원 화성을 설계한 정약용의 계보를 잇는 토목학자로 볼 수도 있을 거야.

1907년의 한강철교(왼쪽)와 오늘날 한강대교의 야경(오른쪽) 한강철교는 한강대교보다 먼저 생긴, 기차만 다닐 수 있는 다리야. 그렇다 보니 사람도 다닐 수 있는 다리, 즉 인도교가 필요해졌어. 그래서 새로운 인도교라는 뜻의 한강신인도교라는 이름이 붙었지. 오늘날 우리는 한강대교라고 부르지만 말이야.

과학을 전공한 시인

〈오감도〉를 지은 천재 시인 이상(1910~1937년) 또한 조선총독부 토목과의 연구원이었단다. 이상은 1929년 경성고등공업학교 건축과를 졸업한 덕에 다소 난해하지만 대표작 가운데 하나인 〈건축무한육면각체〉(1932년)라는 시를 쓸 수 있었어.

사각형의내부의사각형의내부의사각형의내부의사각형의내부의사각형
사각이난원운동의사각이난원운동의사각이난원
비누가통과하는혈관의비눗내를투시하는사람
지구를모형으로만들어진지구의를모형으로만들어진지구
(이하 생략)

과학을 전공한 사람이 과학을 시의 소재로도 쓴 거야. 소설 《벙어리삼룡이》를 지은 나도향은 경성의학전문학교에서 의학을 공부했어. 100대 명인에 든 시인 주요한도 이과 출신으로 1925년 상하이 후장대학에서 이학을 공부했는데, 귀국해서는 시인으로 활동하면서 〈동아일보〉와 〈조선일보〉에 과학 계몽에 관한 기사를 많이 썼단다.

화학의 신예 라이벌 이태규와 리승기

이번에는 두 사람의 신예 과학자 이태규(1902~1992년)와 리승기(1905~1996년)에 대해 알아보자. 두 사람 모두 일본 교토제국대학의 교수였어.

이태규는 충청남도 예산에서 태어나 동네에서 신동 소리를 들으며 자랐어. 1919년에 경성고등보통학교를 졸업한 후 일본 히로시마고등사범학교에 입학했고, 수석으로 졸업했단다. 1924년 교토제국대학 화학과에 들어가 학업을 계속하여 드디어 1931년에 이학(자연 과학) 박사 학위를 받았어. 이렇게 뛰어난 성적이었지만 이태규는

> **新銳**
> 새로울 신 / 날카로울 예
> 특정 분야에서 새로 나타나 뛰어난 능력을 보여 주는 사람이나 물건을 가리키는 말이야.

졸업 후 취직자리를 얻지 못해 이리저리 강사로 전전했다는구나. 일본인이 아니었기 때문이야. 1935년에서야 지도 교수인 호리바 선생이 조교수 자리를 마련해 주면서 한국인 최초로 교토제국대학의 교수가 되었어.

좀 더 과학 연구를 하고 싶었던 이태규는 유학길에 올라 미국 프린스턴대학 연구원으로 들어갔어. 프린스턴대학은 아인슈타인 같은 유명한 과학자가 있던 곳이야. 그곳에서 테일러, 아이링이라는 초일류 과학자들과 함께 양자화학 분야에서 세계가 주목할 만한 논문을 내놓았단다.

이태규가 화학 분야의 1인자였다면 공학 분야의 1인자는 리승기였어. 그에게는 '조선 최초의 공학 박사', '세계 두 번째 합성 섬유 비날론의 개발자'라는 수식어가 항상 붙는단다.

量子化學
헤아릴 양 / 아들 자 / 될 화 / 배울 학
현대 물리학의 기초 이론을 토대로 원자나 분자의 물리적이고 화학적인 성질을 설명하는 과학의 한 분야야. 주로 분자의 구조, 화학 반응, 화학 결합 등을 분석하고 배운단다.

리승기는 전라남도 담양, 한학으로 뿌리가 깊은 양반집에서 태어났어. 1925년 중앙고등보통학교를 졸업하자마자 일본 유학길에 올라, 마쓰야마고등학교를 거쳐 교토제국대학 공업 화학과를 졸업했어. 졸업 후에는 교토제국대학의 일본화학섬유연구소에서 강사로 일하면서 공학박사 과정을 밟았지. 리승기는 당시 일본에서 가장 유명했던 사쿠라다 교수의 지도를 받으며 새로운 합성 섬유 개발에 박차를 가했어. 너희들 나일론 잘 알지? 나일론은 1935년 미국 듀퐁사에서 개발해 1938년 상품화한 합성 섬유야. 리승기는 나일론에 필적하거나 능가하는 합성 섬유를 만들어 내려 했고 1939년 드디어 성공했단다. 석탄과 석회석을 원료로 하는 비날론의 개발로 리승기는 세계적으로 유명해졌고 교토제국대학의 조교수가 되었어.

이학과 공학의 쌍벽, 이태규와 리승기의 전설은 이렇게 시작되었어. 하지만 지금까지의 이야기는 시작에 불과해. 해방 이후의 활약이 더욱 빛났거든.

그 이야기는 뒤에서 들려줄게.

교토제국대학에서 함께 지냈던 두 사람은 1950년 이후에는 영영 만나지 못하는 길을 걷게 돼. 한반도에 38선이 그어진 후 이태규는 남한의 과학을 이끄는 지도자가, 리승기는 북한의 과학을 이끄는 지도자가 되거든. 서로 다른 곳에서 각각 다른 형태로 과학을 연구하고 공로한 두 사람은 죽어서도 이태규는 남한의 현충원에, 리승기는 북한의 애국열사릉에 묻혔어. 둘 다 아흔 살을 넘게 살았으니, 장수한 것은 둘의 또 다른 공통점이겠구나.

이 둘의 활약상에 버금가는 과학자가 있었으니, 한국인 첫 이학 박사인 천문학자 이원철이란다.

우리 천문학을 되살린 이학 박사 이원철

우리나라 이학 박사 1호는 바로 이원철이야. 1915년 선린상업고등학교를 졸업한 이원철은 당시 유일하게 수물과(수학과 물리를 다루는 학과)가 있었던 연희전문학교에 입학했어. 입학 당시 연희전문학교는 세계적인 천문학자인 루퍼스

숭실전문학교의 천문학 실습 장면 평양의 숭실전문학교는 1897년 미국 선교사 윌리엄 베어드가 세웠어. 이곳에서 루퍼스와 베커가 수학과 천문학을 가르쳤는데 1914년부터는 자연 과학 분야가 많이 약해졌단다. 그 자리는 1915년에 문을 연 연희전문학교가 자연스레 차지했지.

가 강의를 하다가 미국으로 막 돌아가고, 천문학의 대가 베커가 그 후임 자리에 있었지.

1919년에 연희전문학교 수물과를 졸업한 이원철은 모교에서 강사로 수학을 가르쳤어. 그러다 베커와 루퍼스의 초청으로 미국 앨비언대학에 편입했는데 불과 5개월 만에 전 과목 A학점을 받고 이학사 학위를 받았어. 그후 루퍼스가 교수로 있는 미시간대학교 천문학과에 들어가 최첨단 천문 기구들을 맘껏 이용해 밤낮으로 연구에 몰두했고, 1926년에 이학 박사 학위를 땄단다. 한국인 1호 이학 박사의 영예를 얻게 된 거야.

박사 학위를 받은 이원철은 천문학 연구를 접고 바로 귀국을 했어. 개인의 연구보다 후학 양성이 더 중요하다고 생각했기 때문이야. 실력을 양성해 나라의 독립을 찾자는 도산 안창호 선생의 가르침에 영향을 크게 받은 거지. 이원철은 연희전문학교에서 1926년부터 11년 동안 천문학, 수학, 물리학, 영어를 가르쳤어. 학교 옥상에 최초로 현대식 굴절 망원경을 설치해 교육에 활용하기

연희전문학교 수물과
미국 선교회에서는 1900년대 초반부터 우리나라 과학 교육에 높은 관심을 보였어. 1900년 초 서울의 배재고등학당과 숭실전문학교가 대표적인 학교였지. 연희전문학교는 1915년에 문을 열었는데 수물과는 1917년에 만들어졌단다. 1922년 첫 졸업생 22명이 배출되었는데, 이원철도 그 가운데 한 명이었어.
이원철과 함께 유명한 졸업생으로는 최규남(1898~1992년)이 있어. 그는 1932년 미국에서 수학과 물리학을 전공해 박사 학위를 받았어. 귀국해 1934년부터 연희전문대학 수물과 교수로 인재 양성에 힘썼지. 연희전문학교 수물과 졸업생은 거의 다 우리나라 사람으로 이후 우리 과학 발전에 밑거름이 되었어.

도 했어.

그런데 1937년 날벼락 같은 일이 일어났어. 이원철은 안창호 선생의 사상을 실천하는 단체인 수양동호회 회원으로 활동하고 있었는데, 치안 유지법 위반으로 투옥된 거야. 조선총독부는 그의 교수직도 박탈했어. 당시 회장 이광수를 비롯해 회원 181명도 모두 감옥에 갇히게 되었지.

"이런, 어떻게 보면 불운의 과학자라 할 수 있겠네요."

그런 측면도 있지. 학교 옥상에 설치했던 망원경도 태평양 전쟁 때 공출되었으니까.

해방 후 이원철은 연희대학교 재건에 앞장섰어. 그러다가 일본이 천문과학 문화 유물을 몰래 반출한다는 첩보를 접하고 스스로 국립 관상대(오늘날의 기상대, 옛 관상감) 책임을 맡아 저지에 나서 활동하기도 했지.

이원철은 스승 루퍼스가 1935년부터 1년 동안 한국에 머물면서 《한국 천문학의 역사》를 집필할 때 그를 도운 적이 있었어. 그때 우리의 옛 천문학 자료가 세계적으로 얼마나 소중한지 깨달았던 거야.

루퍼스의 《한국 천문학의 역사》는 아직도 이를 능가할 책이 없다고 할 정도로 훌륭한 책이야. 이 책을 참고로 《중국의 과학과 문명》이라는 책을 쓴 과학사학자 니덤은 우리의 옛 천문학 수준이 매우 높았다는 걸 알게 되었고, 니덤을 통해 미국의 프라이스 교수는 송이영의 혼천시계 내부에 궁금증을 갖게 되었어. 이에 신예 학자 전상운에게 혼천시계 사진을 찍어 달라는 부탁을 하게 되고, 그렇게 우리 과학사 연구의 새로운 장이 열리게 된 것이지.

"우와~ 신기해요. 모든 게 연결되어 있네요."

그래. 천문학을 담당한 옛 관상감을 이어받은 국립 관상대와 서양 천문학자가 쓴 《한국 천문학의 역사》. 이 둘은 이원철과 루퍼스라는 두 천문학자를 통해 하나로 연결되는 거야.

각자의 자리를 빛낸 네 명의 의학자

자, 이번에는 의학 부분에서 뽑힌 네 사람을 만나 보자. 나이로 보면 오긍선(1879~1963년), 심호섭(1890~1973년), 윤일선(1896~1987년), 백인제(1898~?년) 순이란다. 이 네 사람은 태어난 곳, 출신 학교, 그리고 전공도 모두 달라. 그래서 더 흥미롭지.

오긍선은 미국에서 의학 공부를 한 후 교육 활동을 한 최초의 한국인이야. 너희가 이미 알듯이 미국에서 의학을 공부한 건 1892년의 서재필이 1호지만 그는 국내에서 의사로 활동하지 않았어. 다음으로 1899년 김점동 여사가 미국에서 의학 공부를 했지만, 안타깝게도 서른넷에 짧은 인생을 마감했지.

오긍선은 1934년에 세브란스의학전문학교 교장이 되었어. 1902년에 센트럴대학교 교양 학부를 수

세브란스의학전문학교
1900년 에비슨이 설립한 제중원의학교는 1904년 거금을 기부한 미국의 세브란스를 기념하여 이름을 세브란스의학교로 바꾸었어. 1909년부터 세브란스의학교로 운영하다가 1917년에 세브란스의학전문학교로 승격되었지. 1957년 연희전문학교와 합쳐졌는데, 두 학교 이름에서 첫 글자 '연'과 '세'를 따서 새롭게 이름을 붙였단다. 그 학교가 바로 오늘날의 연세대학교야.

세브란스의학전문학교(왼쪽)와 세브란스의학전문학교에서 수술을 견학하는 학생들(오른쪽) 일제 강점기의 세브란스의학전문학교 외래진찰소와 학생들의 모습이야. 세브란스의학전문학교를 줄여서 '세전'이라고 부르기도 해.

료한 후 루이빌의과대학에서 5년 동안 의학 공부를 했고, 귀국 후 세브란스의학전문학교에 근무하다 교장까지 된 거야. 일제 강점기 이후 최고 교육 기관에 우리나라 사람이 임명된 일이 없었으니 놀랄 만한 일이었단다. 일본이 세운 학교는 모두 일본인이 교장이었고, 선교사가 세운 학교는 서양인이 교장이었지. 세브란스의학전문학교는 놀랍게도 한국인에게 교육의 총책임을 맡긴 거야.

오긍선이 교장으로 취임한 후부터 졸업생이 강단에 설 수 있게 되었어. 입학생들은 거의 다 우리나라 사람이었으니, 졸업생이 강단에 선다는 것은 우리나라 사람에 의한 의학 교육이 가능해졌다는 의미야.

우리나라에서 정신과의학을 최초로 공부한 심호섭은 '내과학의 귀재'로 불렸어. 심호섭은 1890년 서울에서 쌀가게를 하는 집안에서 태어났어. 초등학교를 마친 후 광성상업학교에 입학했고 졸업 후에는 상점 점원 노릇을 하다가 세브란스병원에서 친척이 치료받는 걸 보고는 서양 의학에 감동했지. 그때부터 의학을 공부하기로 결심해서 1909년 대한의원부속의학교에 입학했어.

심호섭은 1913년 대한의원부속의학교를 우수한 성적으로 졸업했어. 이후 모교에서 조수를 하던 중 정신병과 수련을 집중해서 받았단다. 우리나라 최초의 정신과 학자가 된 심호섭은 경성의학전문학교의 유일한 한국인 조교수가 되었어. 1916년 신규 발령을 받은 조교수 14명 중 심호섭을 제외한 13명은 모두 일본인이었거든.

그런데 두 해 만에 조교수 자리를 박차고 나와 세브란스의학전문학교로 자리를 옮기고 말았어. 경성의학전문학교에서의 차별을 참지 못했던 거야. 다른 일본인 교수들은 물론이거니와 일본인 간호부(오늘날의 간호사)도 심호섭을 한국인이라고 함부로 대했거든.

심호섭은 세브란스의학전문학교에서 우리말로 강의할 수 있었고, 학교를 옮기면서 전공도 정신과학에서 내과학으로 바꿨단다. 그런데 차별 대우가 싫

> **대한의원부속의학교**
> 1907년 일본이 의학교·광제원·적십자사병원을 통폐합해 대한의원을 설립하면서 의학교는 '대한의원 의육부'가 되었단다. 그러다가 1909년에는 대한의원부속의학교가 되었고, 1910년 일제 강점기에는 조선총독부의원으로 바뀌었지. 1916년에야 '경성의학전문학교'라는 이름으로 운영될 수 있었단다.

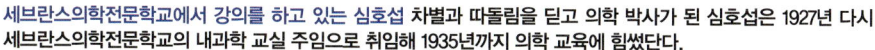

세브란스의학전문학교에서 강의를 하고 있는 심호섭 차별과 따돌림을 딛고 의학 박사가 된 심호섭은 1927년 다시 세브란스의학전문학교의 내과학 교실 주임으로 취임해 1935년까지 의학 교육에 힘썼단다.

어서 학교를 옮겼더니 이곳에서는 외국인을 이용해 남을 해코지하는 일이 너무 많은 거야. 심호섭이 세브란스의학전문학교 출신도 아니고, 기독교 신자가 아니라서 그랬는지 1921년 어느 날 누군가 심호섭의 진찰실 명패를 치워 버렸고, 그 길로 심호섭은 일을 그만두고 도쿄제국대학에 입학했어. 그러고는 1925년에 의학 박사 학위를 취득했는데 박사 논문이 일본 의학계가 주는 최고상을 받아 더욱 주목을 받았단다. 당시 〈동아일보〉는 '이러한 학자를 가졌다는 것은 실로 조선에 한 빛'이라는 제목의 기사를 실었어. 이후 사람들은 심호섭에게 '내과학의 귀재' 또는 '내과학의 1인자'라는 수식어를 붙였지.

내과학의 1인자가 심호섭이라면, 외과학의 1인자는 누구일까? 바로 백인제! 이 역시 전설적인 이름이야. 오늘날 부산에 있는 인제대학교는 그의 이름을 딴 거란다.

평안도 정주의 부유한 집안에서 태어난 백인제는 남강 이승훈 선생이 세운 오산학교를 다녔는데, 소설가 이광수가 스승이었고, 시인 김소월이 3년 후배였단다. 백인제는 1916년 경성의학전문학교에 입학했는데, 당시 6명의 교수는 모두 일본인이었고 34명의 교직원 가운데 단 한 명만 한국인이었어. 얼마나 민족 차별이 컸을지 짐작되지? 일본인 학생은 한국인에 비하면 입학이 쉬웠고, 입학 후에도 특별반으로 분류해 중요 과목을 더 많이 배울 수 있었지. 그런 차별 속에서도 백인제는 한 번도 수석 자리를 내놓지 않았다는구나.

그러던 중 3·1 운동이 일어났어. 백인제도 열렬히 독립 만세 운동을 펼치다 경찰에게 잡혀 10개월 동안 감옥살이를 했어. 그 일로 학교에서는 퇴학 처리가 되었고, 그때 '상해로 망명해 독립운동의 길을 걸을 것인가, 민족의 설움을 이겨 내고 의사가 될 것인가?'라는 고민을 하며 갈등에 빠졌다고 해.

3·1 운동에 놀란 일본이 유화 정책을 펼치면서, 백인제는 다시 4학년으로 복학할 수 있었고, 갈등 끝에 의사의 길을 택했어. 일을 하면서도 계속 공부해

1928년 서른 살에 의학 박사 학위를 받았지. 그러고는 곧장 경성의학전문학교의 외과학 교실 주임 교수가 되었어.

백인제는 의사로서의 식견이 탁월하고 수술 솜씨 또한 훌륭해 일본은 물론이고 멀리 만주에서도 수술을 받으러 올 정도였어. 특히 당시 위장 수술 분야에서는 따라올 사람이 없었다고 해. 그러나 불행히도 1950년 한국 전쟁 때 행방불명되어 이후 행적이 알려져 있지 않단다.

이제 100대 명인에 뽑힌 의사 네 명 가운데 누가 남았지? 그래, 윤일선이 남았구나. 사실 당시 의학계의 대표 주자는 윤일선이었어. 해방 직후 '조선학술원'이 창설되었을 때에도 의학부 책임자였단다.

윤일선에게서 주목할 점은 크게 세 가지. 첫째는 우리나라 사람 최초로 경성제국대학 의학부 교수가 된 것. 둘째는 우리나라에 병리학이라는 학문 분야를 일군 것. 그리고 셋째는 우리말로 된 한국인 의학자들의 학술 잡지 〈조선의보〉를 발간한 거야.

열한 살에 어머니를 폐렴으로 잃은 윤일선은 자신 또한 건강이 약해서 의사가 되기로 결심했다고 해. 1915년 경성중학교를 마치고 일본으로 건너가 교토제국대학 의학부에 입학했고, 1923년에 졸업 후 교토제국대학의 후지나미 교수 아래서 본격적으로 병리학을 공부했지. 병의 이치를 따지는 학문이 병리학인데, 후지나미 교수는 독일 병리학의 최고봉 피르효 밑에서 공부한 실력자였어.

윤일선은 대학원을 다니다가 병이 나서 1925년에 귀국했어. 이듬해 병에

경성제국대학
3·1 운동 직후인 1920년, 100여 명의 독립 운동가들은 우리 스스로 대학을 세우려는 계획을 세웠어. 하지만 일본은 이걸 무마시키고 식민지 제국주의를 강화하기 위해서 국립 대학을 설립했어. 바로 1924년에 설립된 경성제국대학이야. 일본의 여섯 번째 제국대학이자, 당시 우리나라에서 유일한 대학이었어. 같은 해 예과가 설립되었고, 1926년에 법문학부와 의학부가 설치되었지. 의학부에는 해부학, 생리학, 의화학, 약물학, 병리학, 미생물학 등의 강좌를 열었어.
그런데 이공학부는 설치하지 않았어. 과학 교육을 따로 시키지 않으려는 일본의 속셈이었지. 그러다 일본의 군국주의 팽창이 가속화하고 대륙 침략을 위해 북쪽 지방에 대규모 공장을 지으면서 전문 인력이 부족해지자 1941년에 이공학부를 설치했어. 해방 이후 경성제국대학은 폐지되었단다.

병리학 실습을 가르치는 윤일선 현미경을 들여다보는 학생들 뒤에 서 있는 두 사람 가운데 하얀 가운에 안경을 쓴 오른쪽 사람이 윤일선이야.

서 회복되고, 스승 후지나미 교수의 추천으로 경성제국대학 병리학 교실에 들어갈 수 있었어. 그곳에서 부수(지도를 받으며 과학 연구와 실험을 돕는 직무)와 조수를 거쳐 1928년, 한국인 최초로 경성제국대학의 정식 조교수가 되었지.

하지만 윤일선은 이듬해 세브란스의학전문학교로 자리를 옮겼어. 일본 학생들이 한국인 교수가 가르친다고 불만을 토로한 것도 하나의 이유였을 테고, 또 세브란스의학전문학교가 경성제국대학에 비하면 일본의 간섭과 영향을 덜 받을 거라고 생각했기 때문일 거야. 윤일선은 열심히 후학을 양성했고, 그의 병리학 연구실은 우리나라의 기초 의학 발달의 주춧돌이 되었단다.

마지막으로, 〈조선의보〉는 어떻게 창간하게 되었을까? 당시 우리나라에는 '조선의학회'라는 학자들의 학술 모임이 있었는데, 말이 조선이지 어디까지나 일본인 의학자 중심이었어. 우리나라 사람은 구색 맞추는 정도로만 끼었다고나 할까. 윤일선은 여러 뜻있는 동지들과 함께 한국인 의학자의 모임, 더 나아가 잡지 발간이 필요하다고 생각했어. 그리고 1930년 한국인 의학자 모임인 '조선의사협회'를 설립했고, 〈조선의보〉를 펴냈지. 자신의 논문이 일본어나 영어, 독일어가 아니라 우리말로 소개되는 감격은 무척이나 남달랐을 거야. 일본의 식민지 정책으로 우리말을 자유롭게 사용할 수 없는 시대였으니까.

우리 수학의 맥을 이은 최규동

"참, 한 사람에 대해 아직 말하지 않았네요? 최규동 말이에요."

그렇지 않아도 말하려던 참이었어. 최규동은 9인의 과학자 중 나이가 가장 많아. 수학자로도 유명했지만, 일반 교육 기관인 중동학교의 운영에 공로가 컸어.

별명은 '최대수'. 대수란 대수학을 말해. 이른바 '수학의 도사'라고 할 수 있지. 최규동은 새로운 수학을 이 땅에 뿌리내리게 했고, 중동학교를 인수해 민족의식을 고취시키고 인재 양성에 힘썼단다.

代數學
대신할 대 / 셀 수 / 배울 학
숫자 대신에 문자를 사용해서 수의 관계나 성질, 계산 법칙 등을 연구하는 학문이야.

최규동은 경상북도 성주에서 태어나 서당에서 공부하다 열아홉 살에 신학문을 익히려 상경했지. 그는 서양 셈법이 분명하면서도 계산하기 쉽다는 데 큰 흥미를 느꼈어. 1905년부터 광성실업학교에서 수학을 배웠는데, 최규동에게 수학을 가르친 안일영 선생의 별명은 '안기하'였단다. 기하학의 대가란 뜻에서 붙은 별명이었지. 안일영은 최규동을 당시 우리나라 수학의 최고봉이었던 유일선 선생에게 소개해 주었어. 도쿄물리학교(오늘날 도쿄이과대학)에서 수학을 전공하고 귀국한 유일선 선생은 '정리사(정밀한 이치를 배우는 학교)'란 학교를 설립해 운영하고 있었지. 최규동은 정리사 수학 연구과에 입학해서 수학을 본격적으로 공부했어.

　수학 교육에 관심이 많았던 최규동은 1930년에는 수학을 배우는 학생을 위해 《중등교육 대수학신교과서》를 펴내기도 했단다. 1918년에는 중동학교를 인수하여 사립 명문으로 키웠는데 사실 그는 거리의 수학자로도 유명해. 일제 강점기는 신식 교육이 보급되었던 시기이기도 하지만 여전히 글을 읽거나 쓰지 못하는 사람들이 많았던 시기이기도 해. 특히 수학은 웬만한 사람들은 쉽게 접근할 수 없는 학문이었단다. 일상과 연결한다면 누구나 수학과 친해질 수 있을 거라고 믿었던 최규동은 직접 종로 길거리에 칠판과 분필을 들고 나가 사람들에게 수학을 가르쳤단다. 덧셈 하나를 가르쳐도 '콩 두 되 반과 좁쌀 한 되 반을 더하면?'과 같은 생활에 가까운 예를 들어 누구나 쉽게 수학을 배울 수 있도록 했지. 이런 최규동을 보고 사람들은 '조선의 페스탈로치'라고 평가하기도 했단다.

　최규동은 해방 후 서울대학교의 총장을 지냈는데, 불행하게도 1950년 한국 전쟁 때 납북되어 옥

페스탈로치(1746~1827년)
사회에서 소외된 가난한 아이들의 교육에 일생을 바친 스위스의 교육가야.

사했단다.

홍대용, 최석정, 최한기, 남병길, 이상혁으로 이어지는 우리 수학의 전통은 개화기를 거쳐 일제 강점기에도 꺾이지 않았어. 다만 서양 수학을 공부하는 것으로 바뀌었을 뿐이야. 우리 수학의 맥은 이상설, 유일선, 안일영, 최규동으로 이어졌고, 그 이후에도 최윤식(1899~1960년)과 이임학(1922~2005년)으로 이어졌어. 최윤식은 도쿄제국대학 수학과를 졸업한 후 경성고등공업학교와 경성광산전문학교에서 수학을 가르쳤고, 이임학은 1955년 우리나라에서는 처음으로 수학 분야에서 이학 박사를 받았는데, 세계적인 수학자의 반열에 올랐단다.

과학자는 아니지만 우리 과학에 기여한 인물들

100대 명인에는 과학자는 아니지만 관련된 인물이 넷 더 있다고 했어. 발명학회에 관여한 시인 주요한, 제약 회사를 설립한 사업가 유일한, 오사카 비행학교를 졸업한 후 국내에 비행학교를 설립한 신용욱, 그리고 금광왕 이종만이야. 여기서 과학에 크게 기여한 사람이 바로 이종만이지.

이종만은 1937년 폐교 위기에 몰린 숭실전문학교를 120만 원(오늘날 약 120억 원)에 인수하겠노라 발표했어. 그러나 조선총독부의 방해로 이루어지지 못했지. 대신 대동공업전문학교를 설립해 숭실전문학교를 흡수했어. 이종만은 대동공업전문학교를 세계적인 이공계 대학으로 키우겠다는 포부를 갖고 있었어.

1938년에는 광산과를 개설해 한 해에 80명씩 전문가를 양성했단다. 그리고 1944년 폐교될 때까지 5회에 걸쳐 332명의 한국인 졸업생을 배출했어. 이건 대단한 수치야. 총 29회에 걸쳐 졸업생을 낸 경성고등공업학교 졸업자 수가 고작 421명에 불과했거든. 일제 강점기 상황에서 한국인, 그것도 한 개인이 공업계 전문학교를 세웠다는 건 역사적인 일이야. 대동공업전문학교는 1944년 평

남도청이 인수해 공립으로 전환하면서 평양공업전문학교로 바뀌었어. 해방 이후에는 평양공업대학이 되었다가 김일성대학 공학부를 거쳐 오늘날의 김책공업대학으로 이어졌단다.

이종만만큼 우리 과학사에 영향을 끼친 기부자가 경성여자의학전문학교를 세운 김종익(?~1937년)이야. 대농가의 소유자인 이종만은 국내 유일한 여성 의사 양성 학교인 경성여자의학강습소를 의학전문학교로 승격하는 데 필요한 돈 65만 원(오늘날 약 65억 원)을 쾌척했어. 경성여자의학강습소는 김점동을 의사로 이끈 로제타 홀이 1928년에 설립한 학교야. 하지만 로제타 홀이 1933년에 귀국하게 되면서 학교 운영이 어려운 상황에 빠졌어. 바로 이때 김종익이 등장한 거야. 그는 30만 원을 전문학교 승격에, 35만 원을 병원 설립에 쓰도록 기부했어.

갑작스런 병으로 세상을 떠나게 되었을 때, 김종익은 나머지 재산 115만

원도 고향인 순천의 중학교 설립, 장학 사업, 사회 복지 사업에 쓰라고 유언을 남겼어. 뜻을 받들어 이듬해인 1938년 경성여자의학강습소는 경성여자의학전문학교로 승격되었고, 4년 후인 1942년 한국인 여의사 43명이 배출되었단다. 게다가 교수진에 젊은 한국인 의학자가 많이 임명되어 학자 취직의 숨통을 틔어 준 것도 또 다른 쾌거였어.

경성여자의학전문학교 졸업자 가운데 기초 의학을 공부하는 사람들이 나왔는데, 일부는 의사가 아닌 과학자의 길을 걸었어. 우리나라 최초의 여성 과학자도 이 학교 졸업자였단다. 바로 미생물학자 유숙근이야.

지금까지 1939년 당시 우리나라를 대표하는 100대 명인에 뽑힌 과학자를 모두 만나 보았어. 대표적인 명성을 얻은 과학자는 학문적 업적이 대단하거나 교육에 많은 공을 세우며 자기 분야의 1인자라는 특징을 보이고 있지. 또 출신 학교가 대부분 명문이고, 당시 상황으로는 한국인으로서 도달하기 어려운 자리까지 올랐다는 공통점이 있지.

"그런데 아홉 명의 과학자가 세계적으로는 어느 정도의 위치에 있었던 건가요?"

이태규나 리승기는 한국인이라는 약점이 있었음에도 불구하고 교토제국대학의 교수가 될 정도의 학자였고, 윤일선, 백인제, 심호섭, 최경렬도 수준급 과학자였지. 그런데 사실 일본에는 그 정도 급의 과학자가 수두룩했어. 서양의 과학 선진국은 말할 나위도 없고. 이것이 당시의 엄연한 현실! 주목을 받은 아홉 명의 과학자와 그밖의 우리나라 과학자들을 보면 일본 대학 졸업자가 2백 명 정도였어. 그 가운데 박사는 채 열 명도 되지 않았어. 농학이나 광산학, 생물학 전공자, 미국 유학생을 보탠다면 이보다 약간 더 늘어나긴 하겠지만. 단, 의학의 경우에는 이보다 많아서 의학 박사가 2백여 명이었단다. 왜 100인의 명인 중에 의학자가 많았는지 알겠지? 그래도 의학자까지 다 해서 과학 연구자가 채 5백 명도 안 된다는 것이 일제 강점기 당시의 열악한 실정이었단다.

"조선총독부 토목과, 경성제국대학, 경성의학전문학교 등은 일제가 세운 기관 아니에요? 그런 곳에서 근무했다는 것은 친일과 관련이 없나요?"

그래, 식민지 상황이 아니라면 아무런 문제가 되지 않을 게 문제가 될 수 있겠구나. 친일 문제를 다루는 연구소에서는 이러한 기관에서 활동한 것을 친일의 기준으로 삼지 않았단다. 총독부의 고위 관리, 일본 군대, 군수와 면장, 경찰 등 일본의 통치 기관이나 통치 활동에 동조하는 일에 직접적으로 참여한 사람들을 대상으로 삼았지. 이제껏 살펴본 것처럼 일본은 고등 교육 기관에 한국인이 들어오는 것을 제한했고, 설사 한국인이 있더라도 유무형의 차별을 했던 시절이었단다.

비밀노트

과학자로 활동했던 대담한 여성들

●의사이자 기자로 명성을 날린 허영숙(1879~1975년)

허영숙은 우리나라 최초로 일본에서 서양 의학을 공부했고 여성 최초로 병원을 연 인물이야. 당시 드물기는 했어도 여의사가 있긴 했는데, 모두 조선총독부의 기관 병원이나 선교사 병원에 소속되어 있었어. 그러니 자신의 이름을 걸고 병원을 여는 건 대담한 일이었어. 허영숙은 1920년 자기 집을 개조하여 산부인과와 소아과 전문 병원을 열었단다. 그때까지도 많은 여성 환자들이 남성 의사에게 진료받는 것을 꺼려했는데, 그럼에도 여성 의사가 거의 없었어.

허영숙은 1922년 도쿄제국대학에 진학하려고 일본에 갔으나 실패하고, 남편 이광수가 일하는 〈동아일보〉에서 기자 생활을 시작했어. 1924년 말부터 대략 2년 정도 일했는데, 학예부장을 맡기도 했어. 극히 드문 여의사이자 문장력을 갖춘 희소한 존재였기 때문에 이런 중책을 맡을 수 있었지. 게다가 신문의 확장을 위해서는 부인란 기사의 강화가 필요했고, 의학, 위생, 과학을 부인들의 눈높이에 맞춰 글을 풀기에는 그녀가 적격이었던 거지.

허영숙은 자신의 전공을 살려 부인과 소아의 건강에 관한 기사를 집중적으로 썼어. 그 가운데 가장 심혈을 기울인 기사는 〈민족 발전에 필요한 어린아이 기르는 법〉. 이 연재는 1925년 8월 28일에 시작하여 이후 41회나 계속되었는데, 신문에 실린 최초의 본격적인 임신과 육아 기사였어. 또 신문 기사로서는 보기 드물게 긴 글이었지. 허영숙은 잘못된 육아 방식을 뜯어고쳐 집집마다 아이들의 건강과 습관이 바뀐다면 결국 민족의 발전으로 나아갈 것이라고 본 거야. 비록 식민지의 원인을 민족성의 결핍에서 찾고 식민 체제 자체에 대한 비판은 보이지 않지만 그건 당시 신문 검열이 매우 심했기 때문이야.

이후 허영숙은 일본에 가서 산부인과학을 전문으로 배우고 와서 1938년 우리나라 최초로 산부인과 병원인 '해산병원'을 열었어.

●북한에서 활약한 여성 미생물학자 유숙근(1921~2001년)

유숙근은 유명한 미생물학자 유일준의 딸이야. 유일준은 백인제에 앞서 경성의학전문학교의 조교수를 지냈던 미생물학자였단다. 백인제와 함께 우리나라 의학자의 본보기였던 유일준은 학계에서 큰 존경을 받는 인물이었어. 그런데 1932년 물에 빠져 목숨을 잃었고, 유일준의 큰 딸 유숙근은 한국 전쟁 때 행방불명으로 알려졌다가 북한을 대표하는 미생물학자로 활동한 게 밝혀졌지. 유숙근은 북한 최고의 인사들이 죽어 묻히는 애국열사릉에 묻혔다고 하니 그녀의 과학적 업적이 얼마나 탁월했는지 짐작이 가. 부전여전! 유숙근이 미생물학을 공부하게 된 가장 큰 까닭은 부친의 학업을 잇고자 함이었을 거야.

● **여성들이 활동했던 그밖의 분야**

의학사를 연구하는 기창덕 선생의 조사에 따르면, 일제 강점기에 여성 의사는 여성 과학자보다 훨씬 많아 최소 120명 정도였다고 해. 다른 분야는 다 합쳐 20명 정도에 불과했는데 말이야.

간호학 분야는 유일하게 최초로 여성 전문 직업으로 자리 잡았어. '백의의 천사'라는 말도 이때 등장했지. 간호부 1000여 명, 전문 산파 800여 명이 배출되었어. 간호학 분야와 함께 일제 강점기에 여성이 진출한 분야가 의류, 식품 등을 다루는 가정학이야. 이 분야가 여성 분야로 인식되었기 때문이지. 1929년에 이화전문학교에 가사과가 생겼어. 이처럼 당시 여성이 진출하는 분야는 주로 간호학, 의학, 가정학, 교육학 정도였고, 기자도 조금 있었단다.

1930년대 신생아 간호 실습 세브란스의학전문학교에는 간호사들을 양성하는 간호부 양성소가 있었어. 학생들은 3년 동안 이론과 실습 교육을 받고 간호사가 되었단다.

▼
■《모던일본과 조선(1939년 판)》은 원래 일본어로 된 잡지를 번역한 책이야. 100대 명인 선정이란 흥미로운 내용이 있어서 그걸 중심으로 일제 강점기 우리 과학자에 대해 살폈어. 과학자 개인에 대한 내용은 여러 문헌을 참고했어. 국사편찬위원회의 '온라인 한국 현대 인물 정보 검색'과 《민족문화대백과사전》, 《브리태니커백과사전》을 기본으로 참고했어.
■이태규, 리승기에 대해서는 김근배 선생의 연구, 이원철에 대해서는 나일성 선생의 글, 이종만에 대해서는 김근배 선생의 연구와 전봉관 선생의 흥미로운 글을 참고했어. 수학자 최규동에 대해서는 이상구 등의 논문을. 의학과 관련된 인물들에 대해서는 《한국의학인물사》란 책을, 여성 과학자에 대해서는 김근배 선생의 〈한국 역사 속의 여성과학자 발굴〉이라는 글을, 북으로 간 여성 과학자 유숙근에 대해서는 김수연 선생의 글 〈북한 여성 의과학자 유숙근〉을 참고했어.
■간호학에 대해서는 이꽃메 선생의 《한국근대간호사》를 참조했어.

6 석주명의 나비 연구와 과학 대중화 운동

내 기억으로 아버지는 하루에 대여섯 시간 정도 주무셨습니다. 아버지의 시간 관리 태도는 가끔 사회적으로 충돌을 일으키기도 했는데, 예를 들어 결혼식 피로연에도 겨우 5분 정도만 머무셨습니다.

석주명의 딸 윤희는 아버지를 이렇게 기억해. 이병철 선생은 '그는 밥 먹는 시간조차 아까워 땅콩을 주머니에 넣고 다니며 끼니를 때울 때가 많았다.'고 석주명 평전에 적었어. 도대체 석주명은 무엇하느라 이렇게 시간이 없었을까?

나비 박사 석주명이 연구를 위해 잡은 나비는 총 75만 마리에 달했다고 해. 아무리 나비가 흔했다고 해도 이렇게 많은 나비를 잡으려면 얼마나 많은 시간이 필요했을까?

"음, 만약 한 사람이 하루에 100마리씩 잡는다고 생각하면 한 달에 3000마리, 1년 중 추운 넉 달을 빼면 1년에 2만 4000마리를 잡는 셈이니까 75만 마리를 잡으려면, 으악~ 꼬박 30년이 걸려요."

다행히도 교사였던 석주명에게는 원기 왕성한 제자들이 있었어. 그가 근무한 개성의 송도중학교는 나름 명문 학교라 전국 각지에서 학생들이 왔단다. 방학 숙제로 나비 채집을 시키면 전국 각지에서 제자들이 잡아 온 나비 샘플이 잔뜩 쌓였지. 물론 석주명 자신도 방학을 이용해 전국 각지를 돌면서 채집을 했어. 석주명은 본격적으로 나비 연구에 뛰어든 1931년부터 10여 년 동안 나비 채집을 게을리 하지 않았다고 해.

나비를 채집하는 것으로 연구가 끝나는 것이 아니야. 석주명은 우리나라에서 가장 흔한 배추흰나비 종의 특성을 찾아내는 연구를 했어. 우선 채집한 배추흰나비를 암·수로 나누고 그 특징을 파악했어. 날개 무늬, 날개에 새겨진 띠의 색깔, 모양, 위치 등을 상세히 표에 기록하는 거야. 심지어 나비 앞날개의 길이까지 일일이 재기도 하고, 같은 종인지 가리기 위해 암수 교접 중인 나비 수백 종을 채집하기까지 했지. 그렇게 상세한 관찰과 채집, 그리고 기록을 통해 배추흰나비라는 종의 특성을 결정하는 기준을 정리해 논문을 펴낼 수 있었단다. 이 논문을 위해 관찰한 나비만 16만 7847마리라고 해.

나비 16만여 마리를 일일이 관찰하는 데 얼마나 많은 시간이 들었을까? 나비 한 마리당 5분씩으로 가정해 보자. 1시간에 12마리, 하루 10시간씩 관찰만 한다면, 하루에 120마리를 관찰할 수 있구나. 또 한 달이면 3600마리, 1년이면 4만 3200마리야. 꼬박 4년을 채워야 하는 고된 일이지. 숙달이 되어 한 마리당 2분 30초 동안 관찰한다고 해도 꼬박 2년이 걸리는 일이야!

이제 석주명이 왜 그렇게 바빴는지 이해가 되지? 당시 다른 나비 연구자들은 겨우 수십 마리 나비를 채집하고 연구해서 논문을 썼다고 하니, 석주명이 얼마나 발로 뛰며 연구를 했는지 짐작할 수 있어. 더불어 이렇게 엄청난 양의 나비들을 기초로 논문을 썼으니, 그 결과가 얼마나 정확하고 믿을 만했겠니? 이러한 점이 석주명이 세계적인 곤충학자의 반열에 든 요인이란다.

곤충도감을 바로잡은 나비 박사

평양에서 태어난 석주명은 열여덟 살이 되던 1926년에 개성의 송도고등보통학교(1938년에 5년제 송도중학교로 개편되었어)를 졸업했어. 졸업 후 일본 가고시마고등농림학교에서 3년 동안 농학과 생물학을 공부했지. 1929년에 귀국해서 함흥의 영생고등보통학교에 박물교사로 지내다가 이듬해 모교인 송도고등보통학교로 자리를 옮겼어. 석주명이 얻은 교사 자리는 당시 고등 교육을 받은 우리나라 젊은이가 택할 수 있는 최상의 직업 중 하나였단다. 일제 강점기에는 일본인이 차지한 전

학교 실험실에서 나비를 관찰하는 석주명 모교인 송도고등보통학교에서 석주명은 1931년부터 1942년까지 교사로 지내며 80편이 넘는 논문을 썼단다.

문학교나 대학에 자리 잡는 게 그야말로 하늘의 별 따기였으니까. 게다가 당시 송도고등보통학교의 시설은 최고였거든.

그런데 석주명은 왜 하필이면 나비를 연구하게 되었을까? 석주명은 어렸을 때부터 곤충을 무척 좋아했지만 송도고등보통학교의 설립자인 윤치호의 사상(축산을 일으켜 나라를 살리자.)에 감명을 받아서 대학에서 농학을 공부하려고 일본으로 떠난 거야. 하지만 그것이 자신의 적성에 잘 맞지 않다는 것을 깨닫고는 곤충 연구, 그중에서도 나비 연구에 뛰어들었단다.

석주명의 나비 연구는 자연 과학 분야에 그치지 않고 나비의 이름, 역사에 등장하는 나비 이야기, 옛 그림에 그려진 나비 회화까지 확대되어 '나비의 한국학'을 일궈 냈단다. 그야말로 나비에 관한 한 과학은 물론이고 역사, 문학, 어학, 회화에 이르기까지 폭넓은 분야에서 박사가 된 거야. 그래서 진정한 나

비 박사로 우리나라 사람들에게 사랑을 더 많이 받게 되었는지도 몰라.

석주명의 나비 대장정은 1931년부터 본격적으로 시작되었어. 우선 우리나라에 서식하는 나비의 종이 얼마나 되는지 알고 싶었던 석주명은 수십만 마리의 나비를 똑같거나 비슷한 녀석들끼리 모았지. 그런데 어떤 점은 비슷한데 어떤 점은 달라서 하나의 규칙으로 나비들을 분류하는 것이 어려웠단다. 결국 석주명은 자신이 채집한 엄청난 수의 나비를 관찰해서 평균적인 특징을 잡아내고, 각 나비들이 그 평균에서 얼마만큼 벗어났는지를 정리해 나갔어.

이 과정에서 석주명은 이미 우리나라의 나비를 연구해 왔던 일본 곤충학의 대가 마쓰무라 쇼넨의 곤충도감을 보면서 회심의 미소를 지었어. 왜 그랬을까? 그 도감에는 수많은 우리나라의 나비가 있었지만 동일한 종을 다른 종으로 분류해 놓은 게 부지기수였던 거야. 더 많은 종을 자기가 발견했다는 것을 과시하기 위한 욕심의 결과였지.

지금도 그렇듯, 어떤 생물을 최초로 발견하면 그 발견자를 기리기 위해 학명에 그 사람 이름을 붙여. 예컨대, 석주명이 처음 발견한 '도시처녀나비

흑백알락나비(Hestina japonica Seoki)(왼쪽)와 도시처녀나비(Ceononympha koreuja Seok)(오른쪽) 석주명이 세상을 떠난 뒤 일본인 학자인 시로즈 다카시가 석주명을 기려 흑백알락나비의 아종에 '석'을 붙였는데 석(Seok)이 아니라 서기(Seoki)로 되어 있어. 석을 일본어로 발음하면 서기가 되거든. 도시처녀나비는 학명에 제대로 석주명의 이름이 들어간 대표적인 나비야.

(Ceononympha koreuja Seok)'의 학명에는 '석(Seok)'이라는 이름이 붙어 있어. 그런데 마쓰무라는 수많은 종의 우리나라 나비에 자기 이름을 붙여 놓았던 거야.

　석주명은 마쓰무라가 정리한 나비 가운데 잘못 분류해 놓은 종을 바로잡 았어. 앞서 석주명이 16만여 마리의 배추흰나비를 연구했다고 했잖아. 그 정확한 자료가 바로잡기에 도움이 되었을 거야. 그래서 어떻게 되었냐고? 마쓰무라가 서로 다른 종으로 분류한 20종의 나비들이 사실은 전부 같은 배추흰나비라는 게 밝혀졌지. 각각 다른 종으로 분류된 나비들이 사실 배추흰나비 종의 돌연변이였다는 것을 밝힌 거야.

나비의 지도를 그리다

　석주명은 10년 동안 신명 나게 나비 연구를 했어. 논문 수가 불어나는 만큼 그의 명성은 높아졌지. 1939년 석주명의 나비 연구는 영어로 번역되어 《조선산 나비 총목록(A Synonymic List of Butterflies of Korea)》이라는 책으로 세계 학회에 소개되었어. 이 책은 일제 강점기에 우리나라 과학자가 영어로 펴낸 유일한 과학 책으로 영국 왕립 도서관에 소장되어 있지. 또 도쿄제국대학 세미나 연사로 초청되는 영광도 누렸어. 30대 초반에 이미 석학의 반열에 들게 된 거지.

　석주명은 자신이 채집한 70만여 마리의 나비를 토대로 우리나라 나비 255종을 최종 결정했어. 이전 학자가 분류한 종을 바로잡은 것인데, 무려 844종이 같은 나비 종이면서도 다른 학명으로 분류된 걸 가려냈단다.

　석주명의 연구를 본 마쓰무라를 비롯한 일본의 곤충학자들은 마음이 쓰라렸을 거야. 석주명은 일본 학자가 나비의 종을 잘못 분류하면, 편지를 보내 잘못을 지적할 정도로 적극적이었어. 일본 곤충학자의 반론은 하나도 없었단다. 석주명이 질릴 정도로 많은 나비들을 채집하고, 올바른 방법에 입각해서 결론을 얻어냈기 때문이야. 그의 연구와 결과는 거의 정확해서 현재까지 대부분 그대로 받아들여지고 있어. 석주명의 은사인 오카지마는 이렇게 그의 업적을 평가했어.

> 석주명의 정확성 덕분에 조선산 나비의 올바른 이름과 산지를 알고자 하는 연구자는 큰 도움을 받을 것이며, 그의 책은 그동안 나온 이 분야의 저작 중에서 가장 가치 있는 최고의 것이다.

석주명의 성취는 여기에 그치지 않았어. 그는 자신의 연구를 두 갈래로 확장했어. 하나는 나비 250여 종의 서식 분포도를 그리는 일이었어. 어떤 종의 나비가 어디에 많이 사는지 한눈에 볼 수 있게 하는 연구였지. 지도 한 장에 나비 한 종씩 서식지를 표시해 나갔어. 그 결과 우리나라에서 발견되는 나비의 한반도 분포도 250여 장과 각 종별 세계 분포도 250여 장을 완성했어. 함경도 사람인 석주명은 늘 사투리로 이렇게 말하면서 나비 분포도에 대한 애정을 표현했다고 해.

"이거이 내 생명이디요! 이거이 없어디문 둑은 목숨이나 마찬가디야요!"

석주명은 한반도의 나비를 중심으로 동양 전역의 나비를 연구하고 중앙아시아와 유럽산 나비를 본 후에 다른 대륙의 나비까지 연구할 생각이었어. 그렇게 해야만 비교를 통해 우리의 나비를 더 잘 알게 될 것이라 믿었기 때문이야. 그래서 기회만 있으면 해외로 나가고 또 형편이 안 되면 문헌으로라도 연구할 계획이었지. 여하튼 나비 박사로 국내외에서 인정을 받은 이후로도 앞으로 20년 동안은 더 연구를 하리라고 포부를 밝혔어. 하지만 석주명은 이 일을 시작하지 못하고 한국 전쟁 통에 세상을 떴단다. 더 안타까운 것은 국군의 오해로 시비 끝에 총탄을 맞고 어이없이 목숨을 잃었다는 거야.

석주명이 하고자 했던 또 다른 연구는 나비 문화에 대한 연구였어. 주로

나비에 관한 언어, 역사, 문화 등 전반에 관심을 가지고 연구했는데 자연 과학을 넘은 인문학의 영역이었지. 더 나아가 나비의 한국학을 연구해 나간 거야. 우리의 나비는 나비이되, 기후와 풍토, 문화에 따른 짙은 향토색을 지니고 있다고 보았기 때문이야. 이러한 시도는 자연 과학과 인문학을 통섭해 만들어 나가는 전혀 새로운 연구 분야였어. 최근에서야 이러한 작업이 활발하게 일어나는 걸 보면 학자 석주명의 안목이 얼마나 앞서 있었는지 짐작할 수 있지.

사실 석주명의 나비 연구는 당시 세계를 선도하던 물리학, 화학, 생리학, 공학 등처럼 첨단 과학이 아닌, 어찌 보면 구닥다리 과학이었어. 훌륭한 실험실, 실험 기계, 시약 대신에 나비 채집과 관찰, 분석에 엄청난 발품을 들이고 시간을 쏟아부어야 하는 노동 집약적 방식의 과학이었거든. 또 이태규나 리승기 등의 과학자들이 교토제국대학 또는 프린스턴대학의 실험실을 누린 것과 달리, 송도고등보통학교 박물 교사였던 석주명은 학교 박물학실에 쭈그려 앉아 과학 활동을 한 거야. 물론 일제 강점기의 우리나라에도 경성제국대학이나 경성의학전문학교에는 훨씬 훌륭한 실험실이 있었지만, 그건 일본인 과학자 차지였단다.

석주명이 나비 연구를 택한 건, 단순한 방법으로도 성과를 내는 것이 가능한 나비 연구가 일제 강점기 상황에서 우리나라 과학자가 세계 학계에 기여할 수 있는 가능성이 가장 큰 길이라고 생각했던 것이 아닐까.

일제 강점기 시절의 과학 대중화 운동

석주명 이야기가 나온 김에 1930년대 일제 강점기 시절 우리 과학 대중화 운동을 잠깐 살펴보자. 1930년대로 접어들면서 일본은 식민지 공업화를 적극적으로 전개했단다. 중화학 공업 관련 공장을 계속 지었고, 그에 필요한 전기를 얻기 위해 부전강 댐, 압록강 수풍 댐 등을 건설했어. 동시에 한반도의 지하자원에 열을 올렸지. 이러한 공업화는 오로지 자원을 수탈하여 1931년 만주 사변, 1937년 중일 전쟁 등을 치르기 위한 일본의 군수 공업에 활용하려는 것이었어. 게다가 각 부분의 핵심 과학 기술은 일본인 과학자가 담당했지.

이러한 상황 속에서도 우리 민족을 중심으로 한 과학 대중화 운동이 펼쳐졌어. '과학 데이'가 제정됐고, 본격적인 과학 잡지인 〈과학조선〉이 창간되었으며, 우리나라 과학 연구의 중심이 될 이화학연구소 설립 운동이 전개됐어.

우선 1934년 4월 19일, 과학 데이의 제정은 전국적으로 큰 호응을 얻었어. 과학 데이는 우리나라 과학자와 발명가 단체인 발명 협회에서 과학 진흥을 염원하면서 제정한 뜻깊은 날이었어. 그런데 왜 하필 4월 19일일까? 당시 한국

사람들이 가장 많이 알고 있던 과학자가 진화론을 주장한 찰스 다윈이어서 그가 세상을 떠난 날을 기념일로 삼은 거라고 해. 과학자와 발명가들은 과학 데이를 제정하면서 서울과 평양, 원산, 개성, 금천, 진남포 등 전국을 돌면서 행사를 벌였단다. 행사장에는 다음과 같은 구호가 적힌 깃발들이 나부꼈어.

- 과학의 기초를 굳게 닦자!
- 과학 조선을 목표로!
- 한 개의 시험관은 전 세계를 뒤집는다!
- 과학의 승리자는 모든 것의 승리자다!
- 과학의 황무지 조선을 개척하자!
- 과학의 대중화 운동을 촉진하라!
- 과학은 힘이다. 배우고 응용하자!

평양 행사에서는 자동차 30대로 시가행진을 벌이기도 했어. 또 라디오 방송을 통해서도 과학 강연회를 했지. 그리고 측우기를 발명한 세종대왕, 거북선과 충무공, 우리 손으로 만들어 낸 금속 활자며 비차 등을 통해 전통 과학의 우수성을 되새기고 민족의 긍지를 일깨우는 것도 잊지 않았어.

과학 데이 제정으로 신문과 방송은 일본의 식민지 통치가 시작된 이래 최초로 과학계에 큰 관심을 보였어. 이후 '과학의 생활화', '생활의 과학화' 운동이 활발하게 펼쳐질 수 있었단다.

과학의 대중화에 또 다른 기여를 한 것은 〈과학조선〉이야. 이 잡지는 1933년 6월 창간된 이후, 1934년 7월부터 1935년 1월까지의 휴간 시기를 빼고는 1944년 1월까지 거의 중단 없이 발간되었어. 〈과학조선〉은 발명과 특허, 생활 과학, 최신 과학 동정 등을 담아서 과학 지식 보급을 위해 힘썼단다.

〈과학조선〉 1934년 신년호로 나온 〈과학조선〉 5호인데 표지 인물은 이순신이야. 일제 강점기였지만 민족의 고유한 과학 정신을 잃지 않으려고 노력했음을 알 수 있어.

"잠깐요, 〈과학조선〉이 어린이를 위한 잡지는 아니었죠? 그때에도 요즘처럼 어린이 과학 활동 또는 어린이를 위한 과학 잡지가 있었나요?"

있긴 했어. 일본 사람들이 펴낸 〈은사기념과학관〉이라는 잡지였지. '은사'는 일본 천황 폐하의 은혜에 감사한다는 뜻이야. 제목만 보더라도 〈은사기념과학관〉이 어떤 목적을 갖고 어떤 내용을 담았을지 짐작이 가지 않니? 그때 통감부에서는 어린이들에게 일본인이 한국인보다 과학적으로 우월하다는 내용으로 강의를 했다고 해. 또 일본 국기인 일장기 만들기며 전쟁을 대비한 모형 항공기 제작 강습회와 라디오 조립 강습 등의 체험 교실도 열었고 말이야.

물론 우리나라의 일부 사람들은 어린이들이 과학에 관심을 갖도록 하는 것이 얼마나 중요한지 알고 있었어. 그래서 어린이를 위한 과학 잡지 〈백두산〉을 창간했단다. 창간자인 한경석을 비롯한 몇몇 인사들은 창간사를 통해 그 취지를 밝혔어.

> 어렸을 때 1년 동안 공부하는 것이 자라서 몇십 년 동안 하는 것보다 좋다는 것이 학자의 바른 말씀입니다. 그런데 여러 공부하는 기관이 많은 가운데 가장 긴요하고 필요한 이과 연구의 기관이 없다는 것은 대단히 섭섭한 일입니다. 이에 우리는 느낀 바 있어 최신 과학을 주로 하여 쉽고 재미있고 유익한

잡지 〈백두산〉을 발행하는 동시에 '백두산이학회'를 창설하였습니다.

백두산이학회와 잡지 〈백두산〉은 어린이들을 위해 야외 관찰·공장 견학·제작 강습·전람회·발표회·강연회·과학 영화 상영·과학 동화 이야기·실험 대회 등 다양한 활동을 펼쳤어. 어린이들에게 과학 사상을 보급하고, 과학적 연구심을 돋우는 중요한 역할을 수행했지. 하지만 안타깝게도 〈백두산〉은 5호를 끝으로 중단되었단다.

과학 데이 제정, 과학 잡지 창간과 함께 과학 대중화 운동 가운데 하나였던 이화학연구소 설립 운동은 열렬했지만 성공을 거두지는 못했어. 연구소 설립은 규모가 큰 사업이었기 때문에 국가의 지원이 없으면 곤란했거든. 일본이 선뜻 지원해 줬을 리 없다는 것은 불 보듯 뻔하지?

1930년대 과학 운동의 운명은 이전의 다른 운동들과 비슷했어. 운동이 활발하게 전개되면서 민족주의적 성향을 강하게 띠게 되었고, 대중의 호응도 컸기 때문이야. 그러니 일본이 가만히 있을 리 없잖아? 1930년대 과학 대중화 운동 또한 일본이 강하게 탄압하면서 더 큰 불길로 활활 타오르지 못했단다.

비밀노트

1930년대 한의학과 서양 의학을 두고 벌어진 논쟁

그토록 찬란했던 우리의 전통 천문학, 지리학, 수학, 기술은 다 어디로 갔을까? 거대한 서양 과학의 물결에도 휩쓸리지 않은 것이 있으니, 바로 '한의학'이야. 하지만 이 또한 겨우 목숨만 부지했지 상처투성이야. '의학'이란 용어는 언제부터인지 서양 의학을 지칭하게 되었고, 그 결과 우리의 의학은 '한의학'이 되었으니까.

일본이 우리나라를 식민 통치하면서 '한국인에게 현대 의학의 혜택을 준다.'는 선전을 내걸었던 것 기억나지? 이 말을 잘 살펴보면 우리 전통 의학은 당연히 없어져야 할 '수준 낮은 의학'으로 규정한다는 의미란다. '한의와 서양의를 병용한다.'는 대한제국 때의 방침과 크게 달라진 거야.

1914년 일본은 〈의생규칙〉을 제정해 한의에 대한 자신들의 방침을 정했어.

"이미 개업하고 있는 한의의 생존권을 보호하기 위해서 그들에게 면허를 부여한다. 단 이후 한의의 양성은 없다. 이미 면허를 받은 한의들이 은퇴하거나 죽게 되면 그들의 존재는 자연히 사라질 것이다."

한의에 대한 이러한 조치는 이미 일본에서도 시행한 것이었어. 하지만 일본과 큰 차이가 하나 있었어. 일본에서는 한의들에게 '의사' 면허를 줬는데, 우리나라에서는 '의생' 면허를 주었다는 거야. 의사는 '교사'를 뜻하고, 의생은 '학생'을 뜻하는 말이야. 한마디로 한의들을 열등하게 규정한 거야. 이러한 규정 때문에 일본에서는 영영 한의 제도가 사라지게 되었지만, 우리나라에서는 의생이라는 제도의 형태로나마 한의가 살아남게 된 거야.

그렇다 해도 한의를 양성하기 위한 공식 교육 기관을 인정하지 않았을뿐더러, 새로운 한의의 배출을 철저히 억제했기 때문에 한의는 몰락의 길을 걷게 되었어. 1914년 한의의 수는 5827명이었어. 수는 차례로 줄어들어 1920년에는 5376명, 1930년에는 4594명, 1940년에는 3604명이 되었지. 게다가 새로운 한의는 줄어들고 이미 개업한 한의들은 나이를 먹어 은퇴를 하면서 한의는 빠르게 줄어만 갔어. 반대로 서양의는 차츰 증가했어. 1914년에 608명(한국인 144명, 일본인 464명)이던 것이 1920년에는 1006명으로, 1930년에는 1717명으로, 1940년에는 3187명이 되었지.

> **韓醫學**
> 나라 이름 한 / 의원 의 / 배울 학
> 우리 고유의 전통 의학을 가리켜. 삼한의 전통을 이어받았다는 의미로 '한'이 들어가는데, 일제 강점기에는 일본을 따라서 중국에서 유래한 의학이란 뜻의 한방(漢方)이 되어 버렸지.

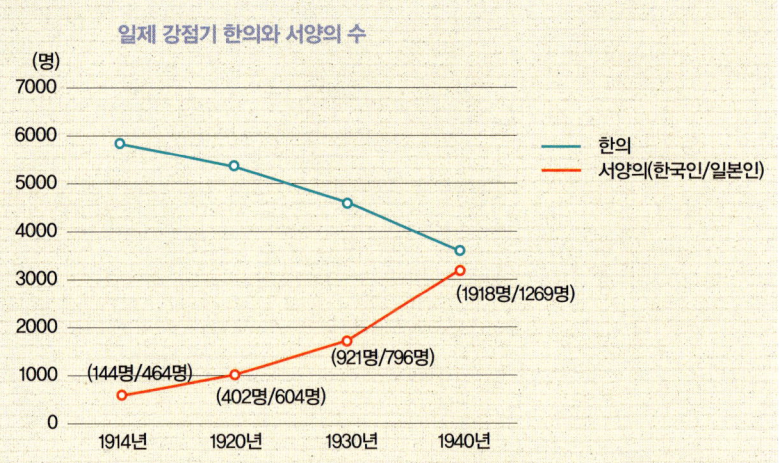

한의의 급격한 몰락과 서양의의 점진적인 증가로 인해 큰 문제가 발생했어. 우리나라 인구 1만 명당 채 2명의 의사(한의 포함)도 없었거든. 이건 일본의 10분의 1 정도 수준도 안 되는 거야. 1930년대 의사가 없는 면이 전국의 66퍼센트에 달했어. 한의마저 없는 곳이 무려 21퍼센트였어. 일본이 내세웠던 '현대 의학의 세례'가 얼마나 허구였는가는 이 통계 수치 하나만으로 잘 드러나.

일제 식민 통치자도 이 수치에 당혹해할 정도였어. 총독부 기사인 가와구치는 '(한국의 의사 수가) 이대로 간다면 백 년이 지나야 현재의 일본의 의사 수에 도달하고, 천 년이 지나야 서양 각국의 의사 비례에 도달할 것이다.'라고까지 말했어.

1931년 일본이 만주 사변을 일으키면서 의료 사정은 더 나빠졌어. 전시 상황이라 의사나 약품이 더욱 귀하게 된 거야. 뾰족한 해결책이 마땅히 없었던 일본은 그동안 억압했던 한의학에 대한 정책을 근본적으로 재검토하게 되었어. 솔선수범하여 한약재 재배를 권장했으며 생약연구소 같은 한약 연구 기관을 설치했어.

전쟁 분위기 속에서 일본은 동양의 제국으로서 일본의 혼 또는 동양의 혼을 부각시켰어. 이때 동양 의학 분야는 그 혼을 찾기 위한 좋은 대상 중 하나였지. 이런 분위기에서 1934년에는 일본 한방의학회가 설립되었어. 이후 전쟁이 만주에서 중국으로, 중국에서 태평양 전체로 확산되면서 한약의 효과, 한의학 고유 이론의 가치를 더욱 부르짖었어.

이런 분위기는 우리나라에도 그대로 전달되었어. 1934년 2월부터 11월까지 〈조선일보〉에서는 장장 9개월 동안 한의학 부흥 논쟁이 펼쳐졌단다.

과연 한의학은 과학인가?
어떻게 하면 한의학을 쓸모 있게 만들 수 있을 것인가?
서양 의학은 좋기만 한 것인가?

이러한 주제들을 놓고 한의학을 시술하는 의사, 신예 약학자, 한의학자, 서양 의학 전공자 사이에 한 치의 양보도 없는 한판 승부가 벌어졌어. 한의학은 비과학적이라서 쓸모 없다는 주장에서부터, 한의학은 오랫동안 경험으로 입증되어 온 효험 있는 의학이라는 주장까지 다양했지.

이것은 개항 이후 일방적으로 진리라고 믿어 온 서양 과학 그 자체의 타당성을 짚었다는 점에서 주목할 의미가 있어. 당시 많은 사람들은 한의학은 치료비가 싸고, 효과가 크다고 굳게 믿고 있었어. 이러한 한의학의 장점은 서양 의술과 견줄 수 있는 경쟁력의 원천이었던 거야. 당시 서양 의학이 임상 효과에서 완벽하지 않았음에도 치료비가 비쌌으며, 의료 기구와 의약품, 의사의 양성 비용 또한 엄청났다는 것과 완전히 상반되었으니까. '현대 과학의 효용'이란 과연 누구를 위한 것이며, 현대 문명이란 또 누구를 위한 것인가에 대해 깊이 묻는 기회를 가진 것이 1930년대 한의학과 서양 의학 논쟁의 핵심이었어.

▼
■ 석주명에 관한 부분은 이병철 선생의 《석주명 평전》과 문만용 선생의 논문 〈조선적 생물학자' 석주명〉, 그리고 《우리 과학 100년》을 주로 참고했어.
■ 1930년대 과학 대중화 운동은 《민족문화연구》에 실린 현원복 선생의 논문 〈1930년대 과학·기술학 진흥 운동〉을 참고했어.
■ 한의학 부흥 논쟁은 내가 이전에 쓴 글 〈1930년대의 한의학, 서양 의학과 한판 붙다〉, 《호열자 조선을 습격하다—몸과 의학의 한국사》 부분을 참고했고, 한의와 서양의의 통계 부분은 조선총독부의 《통계연보》와 《조선연감》을 바탕으로 정리했어.

7 남에 남은 과학자, 북으로 간 과학자

　1945년 일본의 히로시마와 나가사키에 원자 폭탄이 떨어졌어. 일본은 곧바로 항복을 선언했고, 우리나라는 일제 식민지에서 벗어나 독립국이 되었단다. 식민지 상황에서 벗어났으니 이제 자유롭게 과학 기술을 연구하기만 하면 될 것 같았는데 우리나라 과학의 토대 마련이 결코 쉽지 않아. 해방 이후 1960년 무렵까지 나라가 어수선했기 때문이야.

　우선 해방 이후 1948년에 공식적으로 정부가 수립되기 전 3년 동안 남쪽은 미국, 북쪽은 소련이 정치에 개입했어. 1950년에는 한국 전쟁이 터져서 3년 동안 남과 북으로 갈라져 싸웠지. 간신히 휴전을 맺은 뒤 남한은 남한대로, 북한은 북한대로 전쟁으로 망가진 나라를 수습하는 데 전념했어. 그 과정에서 남한은 미국을 비롯한 서방 세계의 지원을 받았고, 북한은 소련, 중국을 비롯한 동유럽 공산주의 국가의 지원을 받았어. 1950년대 초 전쟁 복구 과정에서 과학 기술의 측면만 보자면 남한보다 북한의 복구가 더 일사불란하게 이루어진 것 같구나. 우수한 과학 기술자들이 북한으로 많이 떠났기 때문이야.

자, 해방 이후 1960년 무렵까지 우리 과학의 역사가 어떻게 흘러갔는지 알아보도록 하자.

해방 이후 우리 과학 기술의 흐름

아래의 연표는 해방 이후 우리나라의 과학 기술과 관련해 일어난 일들을 정리한 거야.

(●는 남한, ●는 북한에서 일어난 일)

- 1945년 : 조선학술원 설립.
- 1946년 : 과학 기술계, 미군정에 과학 기술 정책안 제안.
- 1946년 : 김일성종합대학 설립.
- 1946~1948년 : 국립 서울대학교 설립. 국립 서울대학교 설치안 반대 시위.
- 1947~1950년 : 과학 기술자들의 남북 이동.
- 1948년 전후 : 김책공업종합대학·흥남공업대학·함흥의과대학·청진의과대학·원산농업대학 등 이공계 대학 설립.
- 1948년 : 국내 최초 사립 공과 대학 한양공과대학 등장.
- 1951년 : 과학 행정 기구인 과학원 설립.
- 1951~1953년 : 각 도에 전북대학·전남대학·경북대학·충남대학·부산대학 등 국·공립 대학교 설립(이공·농학·의과·약학 대학 포함).
- 1952년 : 우장춘, 한국농업과학연구소에서 본격적인 농학 연구 시작.
- 1953~1960년 : 고교 실업 교육 확대.
- 1954년 : 인하공업대학 설립. 국방부 과학연구소 설립.
- 1954~1955년 : 매년 1천여 명 해외 유학. 병역 일시 유예.

- 1955~1961년 : 미네소타 프로젝트 시작.
- 1959년 : 원자력연구소 설립.
- 1961년 : 리승기의 비날론 공업화 시작.

조금 복잡해 보일지도 모르겠구나. 현대로 올수록 한국 과학사에 여러 가지 일이 많이 일어났어. 과학 기술을 발전시키기 위한 과학 기술자들의 활동도 활발했고, 연구소와 과학 교육 기관들도 늘어났지. 해방 이후부터 1960년대 초까지 교육, 화학, 농업, 의학, 물리 등 과학계 각 분야에서 눈에 띄게 활동했던 과학자 다섯이 있어. 이들의 발자취를 살펴보면 우리나라 과학사의 흐름이 어느 정도 보일 거야. 그 다섯이 누구냐고? 바로 이태규, 리승기, 우장춘, 이호왕, 박철재야. 이 순서대로 차근차근 살펴보자.

과학 기술의 토대를 세우기 위한 갈등

가장 먼저 살펴볼 인물은 이태규야. 1939년 100대 명인에 뽑힌 화학자 이태규 말이야. 리승기와 라이벌 관계로 이 둘의 활동을 나중에 살펴본다고 했었지? 촉망 받는 과학자 이태규는 해방 직후 설립된 '조선학술원'의 화학분과 대표가 되었어. 이태규는 해방 전부터 교토제국대학의 교수로 있었는데 조선학술원이 설립되었다는 이야기를 듣고 바로 귀국하기는 어려웠지만 우선 화학분과 대표에 이름을 올려 놓았어. 해방을 하고 4개월 후인 12월이 되어서야 이태규는 일본에 함께 있었던 리승기, 박철재와 귀국해서 조선학술원으로 들어갔지.

조선학술원
일종의 연구자 단체야. 일제에서 벗어난 대한민국은 한시바삐 경제를 회복하고, 국토 개발도 새로 계획하고, 학문 체제도 바로잡아야 했어. 해방 다음날부터 여러 분야의 전문가들이 모여 어떤 방법으로 대한민국을 일으켜야 할지 논의했지. 그 결과, 과학·기술, 의학, 법학, 언어, 문학, 음악, 미술, 기자, 교육, 체육 등 각 분야의 전문가들이 뭉쳐서 여러 단체를 이루었어. 그 가운데 조선학술원이 과학·기술을 연구하고 발전시키기로 한 거야. 일제 강점기에는 꿈도 꾸지 못했던 일이지.

조선학술원은 이학부, 공학부, 농림학부, 수산학부, 의학부, 약학부, 기술 총본부, 경제법률부, 역사·철학부, 문학·언어학부까지 10개의 부를 설치했어.

"고등 교육을 억제했던 일제 강점기 때보다 과학과 기술 관련 분야가 더 다양해진 것 같아요."

그래, 의학, 농업, 공업, 수산업 등에 필요한 하급 기술 위주로 교육시켰던 일제 강점기와 달리 과학·기술과 함께 여러 분야가 망라되어 있지. 교직원은 100퍼센트, 학생은 과반수가 일본인이었던 그때와 달리 각 부의 책임자도 모두 한국인이었어. 과학·기술 분야에서 활동한 사람들을 살펴보니, 공학부장 최경렬, 의학부장 윤일선, 국제 문화 담당 이원철, 상임위원 이태규, 리승기 등 앞에서도 살펴보았던 이름들이 눈에 띄는구나.

대학의 교육 체제도 미군정 시기(해방 이후 미군이 남한의 정치에 개입한 시기)였던 1946년에 일본식에서 미국식으로 바뀌었어. 법문학부, 의학부, 공학부만 있던 일본식 체제의 경성대학교(해방 이전의 경성제국대학)를 모든 단과 대학을 고루 갖춘 미국식의 유니버시티(University ; 종합 대학)가 되도록 한 거야. 1946년 12월에는 경성대학교, 수원농림전문학교, 경성경제전문학교, 경성치과의학전문학교, 경성여자사범학교를 통합하고 개편한 종합 대학 '국립 서울대학교'가 탄생했단다. 문리과 대학, 법과 대학, 공과 대학, 의과 대학, 농과 대학, 상과 대학, 치과 대학, 사범 대학, 예술 대학 등 9개의 단과 대학이 설치되었어.

경성대학교의 이공학부 부장을 맡았던 이태규는 국립 서울대학교 문리과 대학의 이공학부 학장이 되어 제자와 후배를 불러 모아 화학과를 이끌었어. 1946년에 다른 과학자들과 함께 설립한 조선화학회에서도 부지런히 활동을 했지.

"국립 서울대학교 덕분에 과학 교육이 순조롭게 이루어졌겠군요."

사실은 순탄치 못했단다. 1946년 6월에 미군정이 학교들을 통폐합하여

종합 대학을 만들겠다는 '국립 대학교 설치안'을 발표했을 때 반대 의견을 가진 사람들이 적지 않았거든. 국립 서울대학교는 일부 교수와 학생, 과학자들의 반대를 무릅쓰고 강행해서 문을 열었어. 이 때문에 개교 후에도 통폐합된 학교의 교수와 학생들이 반대 시위를 벌였단다.

"다니던 학교가 없어졌기 때문에 화가 난 건가요?"

그런 이유도 있었겠지만 무엇보다 여러 학교가 통폐합되면서 안 그래도 부족했던 고등 교육 기관이 축소되고, 각 학교의 전문성이 사라지며, 국립 대학교지만 총장과 행정 인사가 미국인이라서 우리나라 교수와 학생들의 권리가 박탈당할 수 있다는 이유가 컸어.

"총장이 미국인이라고요?"

그래, 국립 서울대학교의 초대 총장으로 미군정의 해군 대위 '해리 앤스

테드'란 인물이 취임했어. 결국 '한국인의 손으로 대학을 일구려는 우리의 소망을 팽개쳤다.'라는 비난을 피하지 못했지. 적지 않은 학생들이 등교를 거부했고, 학교가 마비될 정도로 반대 시위는 격렬했어.

이러한 과정에서 엉뚱하게도 불똥이 이태규에게 떨어졌어. 반대 시위를 하는 학생들은 이태규에게 '자본주의의 앞잡이', '친일파'라는 등 온갖 폭언을 퍼부어 댔어. 그 상황을 견디지 못한 화학과 교수들은 하나둘씩 학교를 떠났고 말이야. 이태규 또한 마침 프린스턴대학에서 함께 연구했던 동료 아이링에게 유타대학교로 오라는 초청을 받고 이공학부 학장 자리를 그만두었단다. 미국으로 떠난 이태규는 유타대학교의 교수로 지내면서 노벨상 선정 위원이 될 정도로 부지런히 연구에 집중했어. 그렇게 지내다가 1973년 후에야 한국과학원의 석좌 교수로 귀국했단다. 그때부터 이태규는 미국에서 교수로 있었을 때 길러 낸 우수한 과학자들을 우리나라에 데려오고, 취약했던 기초 과학을 튼튼히 다지기 위해 '한국이론물리화학연구회'를 창설하는 등 나라의 과학 기술이 발전할 수 있도록 노력했지.

북한을 선택한 과학자, 남한을 선택한 과학자

이태규와 라이벌 관계였던 리승기가 해방 이후 이태규, 박철재와 함께 귀국했다는 이야기를 바로 앞에서 했어. 리승기는 이태규가 초대 회장을 맡은 조선화학회의 부회장을 맡고, 경성대학교 응용화학과 교수로 지냈어. 국립서울대학교로 통폐합되었을 때에도 화학공학과의 교수로 지냈지. 그러다가 국립 서울대학교에 반대하는 시위가 격렬해지자 다른 화학과 교수들처럼 학교를 떠나 무작정 고향으로 내려갔단다. 얼마 후 반대 시위가 잠잠해진 뒤에야 리승기는 공과 대학 학장으로 국립 서울대학교에 돌아갔어.

"왜 다시 돌아간 건가요?"

　일본에서 개발한 합성 섬유 비날론의 연구를 더 하고 싶었던 거야. 리승기는 비날론 실용화 연구를 위해 강원도 탄광을 이용하게 해 달라고 정부에 요청했어. 비날론의 원료가 석탄과 석회석이라 탄광이 필요했거든. 하지만 당장 성과가 보이는 사업을 주로 지원했던 정부는 언제 실용화될지도 모를 연구에 투자할 수 없다며 퇴짜를 놓았지.

　그러한 상태에서 1950년이 되자 한국 전쟁이 터졌어. 서울이 전쟁터가 될 지경까지 리승기는 학교에서 연구를 하고 있었단다. 그때 인민군 총사령관 김일성은 학교를 떠나지 않고 남아 있던 리승기에게 직접 특사를 보냈어. 북쪽 지역의 산업화를 위해 합성 섬유 연구를 지원하겠으니 꼭 북한으로 와 달라는 것이었지. 함경남도 흥남에 있는 비료 공장에서 생산되는 아세틸렌, 아세트알데히드, 아세트산 등 화학 약품의 지원과 합성 섬유 전용 연구소까지 약속했다고 해. 리승기는 처음에는 북한의 제안을 완곡하게 거절했지만 고민 끝에 북한행을 결심했어.

　"북쪽의 지원에 비해 남쪽 정부의 지원이 너무 부실했기 때문인가요?"

북한의 비날론 제품 선전 나일론 다음으로 개발된 합성 섬유 비날론은 가볍고 질긴데다가 빛과 화학 약품에 강해서 튼튼하게 오래 쓸 수 있어. 다만 화학 약품에 강한 탓에 화학 염료에 염색이 잘 되지 않으며 세탁 후에 줄어드는 단점이 있지.

맞아. 해방 이후 나라를 재정비하느라 바빴던 남한으로서는 리승기의 연구를 지원하기 어려웠어. 리승기뿐만이 아니었지. 이공계 분야는 전반적으로 지원을 제대로 받지 못했어. 과학 연구에 필요한 약품을 비롯한 각종 물품의 공급도 부실했고, 제대로 된 연구비는커녕 외국의 과학 잡지도 마음대로 구독하기 어려웠단다.

결정을 내린 리승기는 1950년 7월 31일 가족과 제자들을 이끌고 북쪽으로 올라갔어. 그로부터 10년 후, 리승기는 오랫동안 원했던 비날론 공장을 설립했고, 북한에서 '과학 영웅' 대접을 받았어. 그의 90세 생일 때에는 김정일 국방위원장이 직접 생일상을 차려 줄 정도였다고 하니 알 만하지?

과학 기술자들을 제대로 지원해 주지 못한 남한과 달리 북한은 적극적인 지원을 약속하며 과학 기술자들을 대접했어. 그 과정에서 얼마나 많은 과학자들이 북쪽으로 갔을까? 이쯤에서 과학사학자 김근배 선생이 해방 이후 북쪽으로 떠난 과학자들에 대해 조사한 통계를 소개할게.

> 지금까지 필자가 조사한 바에 따르면, 1946년 7월 경성대학교 소속의 과학 기술자들 가운데 교수 22명(약 5명 미확인), 졸업생 10명(2명 행방불명)을 포함한

총 32명이 월북을 했다. 북한이 사회주의 체제를 지향하고 있다는 사실을 알고 있었을 텐데도 약 40퍼센트의 전문 인력이 북행을 선택했다. 그만큼 북한으로의 유인력이 상당히 컸다. 졸업생보다 교수들이 월북을 훨씬 많이 한 이유는 무엇보다 과학 활동에 유리한 조건을 북한이 더 갖추고 있다는 판단 때문이었을 것이다. 전공별로는 가장 선임의 위치에 있던 교수가 월북한 학과일수록 월북자의 비율이 높았다. 예컨대, 물리학과, 응용 화학과, 전기 공학과는 학과 운영이 불가능할 정도로 대다수의 교수들이 북으로 올라갔다. 당시 이 학과들을 이끌고 있던 사람들은 도상록, 리승기, 김봉집이었다.

越北
넘을 월 / 북녘 북
남쪽을 떠나 북쪽으로 가는 일을 가리키는 말이야.

위의 통계에 나온 사람들은 경성대학교 소속의 과학 기술자뿐이야. 다른 곳의 과학 기술자까지 계산하면 북으로 올라간 과학 기술자의 수는 적어도 111명쯤 된다고 해. 여기에 의학자까지 포함하면 그 숫자는 훨씬 늘어나.

"과학자 리승기처럼 과학 활동에 유리한 쪽을 선택했겠군요?"

그래, 북한 정부도 과학 기술자의 경우에는 사상이나 친일 등 이전의 경력에 대해서는 매우 관대한 입장을 취했어. 왜 그랬는지 설명하기 전에 먼저 해방 이후 북쪽의 상황을 알려 줄게.

남한에서 국립 서울대학교를 세우는 동안 북한도 같은 해인 1946년에 김일성종합대학을 세웠고, 1948년에는 이공계 대학들(김책공업종합대학, 원산농업대학, 청진의학대학)도 차례로 늘어났어. 대학이 늘어난 만큼 교육과 연구를 이끌 역량 있는 과학자가 많이 필요했지. 또 북쪽에는 일제 강점기에 군수 산업을 위해 설치된 공업 시설이 많았는데 이 시설들을 다시 세우고 가동하기 위해서도 많은 과학 기술자들이 필요했어. 그런데 과학자 대부분은 수도 서울에 몰려 있었지. 그래서 북한은 한국 전쟁이 일어났을 때, 사상이나 친일 경력에 관계없이 최대한 많은 과학 기술자들을 데려가기 위해 노력한 거야. 북한은 한국 전쟁 중에도 농업과학원, 의학과학원 등 과학원을 설립해 운영할 정도로 발 빠르면서도 조직적으로 과학 기술 부문의 뼈대를 잡아 나갔어. 이 과정에서 북으로 간 과학 기술자들이 여러 과학 분야에서 중요한 역할을 책임졌지. 그 결과 북한의 이공 대학은 1950년대 중반까지 약 5만 명에 이르는 졸업생을 배출했어.

"그렇다면, 북에서 남으로 온 사람은 없나요?"

한국 전쟁이 터지기 전까지 북한에 있었던 사람들 가운데 부자에 대한 박해, 종교에 대한 박해, 사상에 대한 탄압을 피해 남으로 온 사람들이 있긴 했어. 하지만 과학자는 많지 않아서 겨우 10여 명 남짓인 것으로 알려져 있어. 북에서도 과학 기술자에 대해서는 비교적 관대하게 대했기 때문이겠지?

북에서 남으로 온 학자 가운데 가장 대표적인 인물은 의사 장기려(1911~1995년)야. 장기려는 평안북도 용천의 독실한 기독교 집안에서 태어났어. 1928년 송도고등보통학교를 졸업한 뒤 경성의학전문학교에 입학해서 1932년에 수석으로 졸업했지. 스승 백인제는 장기려의 실력을 높이 사 자신의 후임이 되어 주었으면 했지만, 장기려는 평양연합기독병원의 외과 과장으로 갔어. 선교사가 세운 평양연합기독병원은 세브란스병원에 이어 우리나라에서 두 번째로 큰 규모였어. 장기려는 해방이 된 뒤 김일성종합대학 의과 대학의 외과학과를 이끄는 강좌장이 되었지. 인민군 총사령관 김일성이 자신의 외과 수술을 의뢰할 정도로 장기려의 실력은 뛰어났어.

> **講座長**
> 익힐 강 / 자리 좌 / 길 장
> 교수를 뜻하는 북한어야.

"그런데 왜 남한으로 왔나요?"

종교적·정치적 이유 때문이었지. 장기려는 자신의 신념을 지키고 싶어서 1950년 12월에 남으로 내려갔단다. 그런데 그 과정에서 먼저 출발한 가족들이 중국 공산군 때문에 평양으로 돌려보내지는 바람에 가족들과 영영 헤어지게 되었지.

남한에 홀로 남겨진 장기려는 서울의과대학의 외래 교수로 있다가 1956년부터는 부산의과대학의 학과장이 되었어. 어디를 가든 박애 정신을 바탕으로 의료 활동을 멈추지 않았단다. 그 가운데 1968년부터 시작한 '청십자 운동'은 장기려의 박애 정신이 가장 돋보인 활동이야.

지금까지 살펴본 내용에서 어렴풋이 눈치챘겠지만 미국과 소련이 각각 남한과 북한의 정치에 개입하고 있었던 1946년부터 한국 전쟁이 일어난 1950년까지만 해도 지금처럼 남북을 오가는 것이 그다지 어려운 일이 아니었어.

> **청십자 운동**
>
> 기독교 정신을 바탕으로 생겨난 의료 보험 제도로 1929년 미국에서 처음 시작되었어. 기본적으로 국민의 복지, 의료 혜택, 병원과 의사를 선택하는 자유, 비영리 등을 보장해. 의사 장기려를 통해 우리나라에서도 1968년부터 청십자 운동이 시작되었지. 1970년부터는 종교 지도자와 사회사업가를 포함해 세브란스병원, 국립 의료원, 적십자병원 등 여러 병원들도 함께 참여했어. 덕분에 1977년부터 500명 이상 근로자가 있는 사업장을 대상으로 의무 직장 의료 보험이 시작되었단다. 의료 보험 혜택을 받게 된 인구는 1980년에 923만 명, 1985년에 1800만 명, 1990년에 4000만 명, 2000년에는 거의 전 국민에 가까운 4600만 명으로 꾸준히 늘어났어. 전국민 의료 보험이 실시되지 않았던 시대에 의료 보험의 중요성을 깨닫게 하여 오늘날 의료 보험의 혜택을 누릴 수 있게 한 씨앗이 바로 청십자 운동이라고 할 수 있을 거야.

남과 북으로 갈라진 과학사학자

과학 기술자들 못지않게 과학사를 연구하는 학자들도 분단의 비극을 피할 수 없었어. 북에서 내려와 남한을 대표하는 과학사학자가 된 전상운과 북으로 올라가 북한을 대표하는 과학사학자가 된 리용태의 이야기를 들어보자.

전상운(1928~)은 함경남도 원산이 고향이야. 학창 시절 성적이 뛰어났던 전상운은 자연스럽게 김일성종합대학으로 진학하려고 했어. 그런데 자본가 계급 집안, 가톨릭 등이 걸림돌이 되었어. 모스크바대학으로의 유학도 생각했으나 같은 이유로 거부되었어. 담임 선생님은 사상성을 덜 따지는 기술자 양성 대학인 김책공업종합대학을 권했지만 거절했지.

진학에 좌절을 겪은 전상운은 한국 전쟁이 터지자 가족과 함께 부산으로 갔어. 부산에 있는 연합대학을 다니다가 서울대학교로 옮겨 화학과를 졸업했어. 그 후에 몇 년 정도 교사로 지내다가 1960년 혼천시계 연구를 시작으로 평소 하고 싶었던 과학사 연구에 뛰어들었어. 그때부터 6년 동안 잠도 줄여가며 연구한 끝에 한국 과학 기술의 역사를 총 정리한 《한국과학기술사》를 펴냈어. 역사학자 홍이섭이 1944년에 최초로 한국 과학사를 정리한 《조선 과학사》를 낸 뒤 처음 나온 한국 과학사 책이었어. 출판기념회에서 홍이섭은 '드디어 과학사 전문가가 나타났다! 내 연구가 더 이상 필요하지 않다!'며 찬사를 보냈지.

이후 이 책을 수정 보완해 영문판(1974년)과 일어판(1976년)을 내면서 전상운은 한국 과학사 연구의 독보적인 존재로 떠올랐어. 변화하는 시대에 맞춰 10년마다 개정판을 내는 작업도 계속하고 있어. 2000년에 개정되어 나온 《한국과학사》는 이 책 《한국 과학사 이야기》에서 가장 많이 참고한 책이란다.

리용태(?~?)는 일제 강점기에 세워진 경성제국대학 이공학부 물리학과의 제1회 졸업생이란다. 해방 이후 경성대학교 조수로 일하다가 1946년 김일성종합대학이 설립될 무렵 북으로 올라갔어. 한국 전쟁 때는 소련의 레닌그라드대학으로 유학을 떠났어. 그곳에서 〈전자기 이론 발전에 있어서 러시아 물리학자들의 업적〉이라는 논문을 발표해서 우리나라의 석·박사에 해당하는 학사 자격을 땄어. 우리나라 사람 가운데 과학사 논문으로 학위를 딴 건 리용태가 처음이었지.

귀국 후 리용태는 과학 교육과 과학사 저술에 힘을 쏟았어. 《아동과학1: 재미있는 문제와 실험》, 《아동과학3: 어린이 과학자의 과외작업》, 〈멘델의 업적과 세계관〉 등의 글을 썼단다. 1957년에는 《내 선조의 자랑》이라는 어린이 전통 과학사 책을 엮었어. 그 내용은 지금 봐도 흥미로울 정도로 쉽게 쓰여 있단다. 리용태의 전통 과학사 연구는 1990년 《우리나라 중세 과학 기술사》에 집약되었어. 현대 부분만 빼놓고, 옛 과학 기술사를 시대별로 정리한 책이야. 이 책은 정확하면서도 알기 쉽게 정리된 홍이섭의 《조선 과학사》를 뛰어넘는 꽤 수준 높은 책이야.

우장춘, 우리 농업을 일으키다

자, 이번에는 생명의 과학, 농학 분야를 살펴보자. 일제의 수탈로 피폐해진 한국의 농업을 일으킨 농학 분야의 과학자가 혹시 누구인지 알겠니? 힌트는 '씨 없는 수박'이야.

"우장춘!"

그래. 우장춘의 아버지는 한국인이고 어머니는 일본인이야. 일본에서 태어나 자랐기에 우리말이 무척 서툴렀지만 성과 이름을 모두 우리말로 쓰기를 고집했어. 아버지를 일찍 여의고 가난하게 자란 우장춘은 도쿄제국대학 공학과에 지원했지만 학비를 마련하지 못했지. 다행히 조선 총독부에서는 농학과에 들어가야 한다는 조건으로 국비 장학생을 뽑고 있었어. 여기에 지원한 우장춘은 농학과에 들어가 1919년에 졸업했단다. 그리고 나서 같은 해에 일본 농림성 농사시험장에 들어가 바로 연구를 시작했어. 10년이 훌쩍 지나 우장춘은 '겹꽃 페튜니아'의 육종에 성공해서 큰 주목을 받기 시작해.

育種
기를 육 / 씨 종
생물의 유전적 성질을 이용해서 새로운 종을 만들어 내거나 개량하는 일을 뜻해.

"먹지도 못하는 꽃이 왜 중요한가요?"

그렇게 물을 줄 알았어. 페튜니아는 홑꽃보다 겹꽃이 사람들에게 인기가 많았어. 우장춘은 페튜니아를 여러 번 교잡해서 겹꽃만 피우는 씨앗을 찾아냈단다. 덕분에 겹꽃 페튜니아 종자 회사는 떼돈을 벌었다는 후문이 있어. 이때부터 우장춘은 사람들에게 보다 유용한 식물을 만들어 내기 위한 연구에 돌입했단다.

이후 종을 합성해서 새로운 종의 식물을 얻는 데에 성공한 우장춘은 1936년에 〈종의 합성〉이라는 논문으로 농학 박사 학위를 받았어. 오랫동안 진리로 알려진 '변이와 자연 도태를 거쳐 새로운 종이 만들어진다.'는 다윈의 진화론은 우장춘 박사의 연구 결과로 수정되지. '종의 합성으로도 새로운 종이 만들어진다.'라고 말이야. 여기서 우장춘의 '트라이앵글'이 나와.

"종의 합성? 트라이앵글? 뭔지 잘 모르겠어요."

그래? 우선 종의 합성 먼저 설명해 줄게. 자, 다음 질문에 대답해 봐. 수사자와 암호랑이가 결혼해 낳은 새끼는?

"라이거."

맞았어. 그럼 암말과 수탕나귀에서 나온 새끼는?

"노새."

딩동댕. 서로 다른 종이 한데 섞여 새로운 종이 나오는 것. 이게 바로 종의 합성이야. 그런데 라이거나 노새는 더 이상 새끼를 낳지 못해. 2세를 만들 수 없으니 새로운 종이라고 할 수 없지. 우장춘이 했던 연구는 이와 비슷하게 서로 다른 두 종을 합성한 거야. 유채의 염색채를 연구하여 유채가 배추와 양배추의 교잡으로 만들어졌음을 밝히고, 실제 교잡을 통해 유채가 만들어짐을 보여줬어. 그러니까 유채는 배추와 양배추의 잡종이야. 같은 방법으로 우장춘은 갓(배추+흑겨자)과 에티오피아 겨자(양배추+흑겨자)가 교잡의 결과 생겨난 것임을 보

여주는 데 성공했어. 이 관계를 정리한 것이 우장춘의 트라이앵글이란다.

종의 합성은 아무렇게나 실험을 해서 나온 결과가 아니야. 우장춘은 실험할 때마다 식물들의 염색체를 관찰하고 그 수를 알아내 새로운 종이 만들어지는 과정을 과학적이고 유전학적으로 증명해 냈단다. 이때부터 우장춘은 세계적인 과학자의 반열에 올랐지. 우장춘이 유명해지자 우리나라 사람들은 '우장춘 박사 환국 추진 위원회'를 조직해 100만 원을 모금하기도 하고, 이승만 대통령이 귀국 초청을 하기도 했어.

"잠깐만요. 앞에서는 남한은 과학 기술을 지원하기 어려웠다고 했잖아요? 왜 특별히 우장춘 박사에게만 이렇게 정성을 들인 건가요?"

좋은 질문이야. 당시 남한 정부는 언제 실용화할 수 있을지 알 수 없는 과학 기술보다는 당장 먹고살 수 있는 농업과 관련된 과학 기술에 지원하기로 한 거야. 그래서 리승기와 같은 화학자들은 붙잡지 않았던 거지. 1950년 3월, 우장춘은 이승만 대통령의 초청을 받고 귀국했고 환영회에서 이런 말을 했지.

"그동안 어머니의 나라 일본을 위해서 일본인 못지않게 노력했으니 이제부터는 아버지 나라 한

우장춘 박사 귀국 환영 모습 한국 전쟁이 끝난 이후 가장 시급한 문제는 사람들의 먹을거리였어. 그래서 정부는 농업을 우선적으로 지원하고 장려했단다. 이런 상황에서 우장춘 같은 뛰어난 과학자가 한국으로 온다는 것은 무척 환영할 만한 일이었어. 기대했던 대로 우장춘 박사는 당장의 생활에 도움이 될 만한 식물을 중심으로 연구를 시작했단다.

국을 위해 최선을 다하겠으며 이 나라에 뼈를 묻겠다."

이런 각오로 가족들을 모두 일본에 두고 홀로 귀국한 우장춘이었지만 한국 전쟁 때문에 바로 연구를 시작할 수는 없었어. 1953년 한국 전쟁이 끝나자 우장춘은 '중앙원예기술원'의 초대 원장으로 취임했지. 우장춘은 수준 높은 연구 대신 농업에 꼭 필요한 연구부터 시작했어. 먼저 배추, 무, 고추, 오이, 양배추, 양파, 토마토, 수박, 참외 등 다양한 채소 씨앗을 보급했단다. 일본에서 도입한 귤나무를 시험 재배하고 품종을 개량해서 더 나은 제주도 감귤 종자와 재배법을 알아냈고, 대관령에서 병에 걸리지 않는 씨감자를 재배하는 실험에도 성공했어.

우장춘은 연구소에서도 수준 높은 농학자들이 나올 수 있도록 많은 제자들을 길러냈단다. 1959년 우장춘은 결국 한국에 뼈를 묻었지. 식물뿐만 아니라 후학들을 양성하는 데에도 신경 썼던 그였기에 지금도 매년 8월 10일이면 우장춘의 제자들과 원예인들이 추모 행사를 열고 있어. 김근배 선생은 우장춘을 진정한 '휴머니스트 과학자'라 부르자고 제안했단다.

"앗, 씨 없는 수박은요? 그 이야기가 빠졌어요."

그래, '우장춘' 하면 '씨 없는 수박'으로 유명하지. 여름철 우리가 수박을 먹을 때 꼭 생각나는 게 이 '씨 없는 수박'이기도 하고.

그런데 사실 씨 없는 수박은 우장춘이 개발한 것이 아니야. 그와 아주 친하게 지냈던 일본인 유전과학자 기하라 히토시가 1943년에 개발한 거야. 우장춘은 정부의 농업 행정에 불신을 가진 국민들에게 육종학의 장점을 확실하게 보여 주려고 씨 없는 수박 이야기를 꺼냈고, 직접 재배까지 해서 사람들에게 씨 없는 수박을 보여 주기도 했어. 그러다 보니 대중들이 씨 없는 수박을 우장춘이 만들어 낸 것으로 잘못 알게 된 거야. 물론 우장춘 덕분에 씨 없는 수박이 널리 알려졌으니 씨 없는 수박과 전혀 무관하지는 않다고 할 수 있겠구나.

해방 이후 우리나라의 과학 교육

해방 이후 우리나라는 앞으로의 과학 기술 정책을 어떤 방향으로 잡을지 고민했어. 두 가지 주장이 맞섰는데, 하나는 수준 높은 과학 기술을 빨리 발전시켜 선진국을 따라잡자는 의견으로 주로 과학자들이 주장했어. 다른 하나는 일단 먹고살기 어려우니 수준 높은 과학 기술보다는 당장 이용할 수 있는 기술을 교육하는 데 집중하자는 의견으로 주로 정부의 고위 관료들이 주장했단다.

결국 두 번째 주장이 힘을 얻어 1948년에 설치된 과학교육국은 기술을 집중적으로 가르치는 데 중점을 두고 교육의 방향을 잡았단다. 그 결과, 중등 교육에 있어서 실업과 인문 교육 비율은 6 : 4로 정해졌고, 고등 교육의 경우는 실업에 더 집중해서 비율이 7 : 3으로 정해졌지. 이처럼 이과를 포함한 실업 교육 비율이 문과보다 더 높아지면서 실업계(이공계) 고등학교도 늘어났어. 해방 직후 65개에 불과하던 실업계 고등학교는 1950년대에 접어들어 급격히 늘어나 1954년 말에는 278개가 되었지.

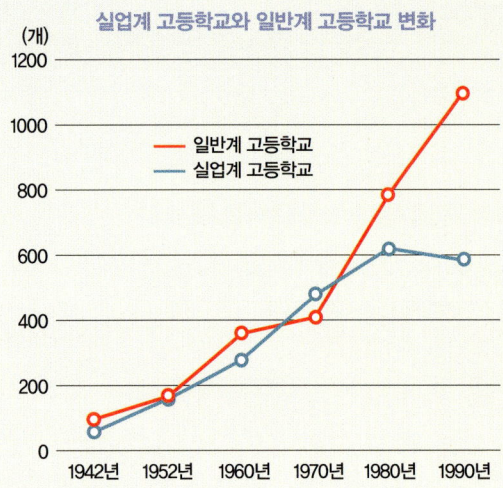

실업계 고등학교와 일반계 고등학교 변화

"그럼 이공계열 대학도 늘어났겠네요?"

물론이야. 주로 1951년에서 1954년 사이에 여러 대학이 이공학과를 설치했어. 한국 전쟁의 영향이야. 전쟁 동안 부산, 대구, 광주, 전주, 대전 등 다섯 곳에 임시로 전시 연합 대학이 설치되었는데 그걸 계기로 지방 곳곳에 국립 대학이 세워졌거든. 새로운 대학이 세워지면서 자연스럽게 이공계열 학과도 함께 늘어난 것이지. 1951년에는 국립 경북대학교(농과대, 의과대, 사범대 포함), 국립 전남대학교(공과대, 농과대, 의과대 포함), 국립 전북대학교(공과대, 농과대, 문리대 포함)가 생겨났어. 1952년에는 공립 충남대학교(문리과대, 농과대, 공과대 포함), 1953년에는 국립 부산대학교(공과대, 문리과대, 약학대, 의과대 포함)가 생겨났지.

기존의 대학에도 이공계와 관련한 학과를 설치했어. 1951년 고려대학교와 동국대학교는 농림대학을, 1952년 조선대학교는 공과 대학을 새로 설치했지. 그 결과, 1954년 무렵의 이공계 대학생 수는 무려 2만 5천 명이 넘었단다. 1956년에서 1960년 사이에 실업계 고등학생을 포함한 이공계 졸업생은 무려 21만 명에 이르렀어.

이런 성과에도 많은 학자들은 해방 이후 1960년에 이르는 과학사에 대해 그다지 높이 평가하지 않아. 우선 실업 교육의 팽창으로 수많은 졸업자가 나왔지만 졸업 후 갈 수 있는 자리는 별로 없었어. 이들을 흡수할 만큼 경제 규모가 크지도 않았고, 산업 기술도 발달하지 못한 거지. 졸업생의 고작 10퍼센트만 간신히 일자리를 잡았어. 또 대학 진학률도 인문계 학생들에 비해 훨씬 낮아서 곧 '실업계 고등학교' 기피 현상이 벌어졌어. 취업할 곳이 부족하니 대학에 가서 더 많이 배워야겠는데, 대학에 가려고 하니 인문계 고등학교가 훨씬 유리했으니 말이야. 결국 실업 교육 위주의 과학 교육 정책은 제대로 성과를 거두지 못했어.

'한탄 바이러스'의 발견자 이호왕

한국 전쟁이 끝난 후 남한은 미국을 비롯한 서방 세계로부터, 북한은 소련·중국을 비롯한 동유럽 공산주의 국가로부터 지원을 받았어. 특히 남한의 과학 기술을 지원해 준 프로그램 중 가장 규모가 컸던 것이 바로 미국의 '미네소타 프로젝트'였어.

이 프로젝트를 통해서 유학을 떠난 사람 가운데 주목할 만한 사람이 있어. 바로 의학자 이호왕이야. 미네소타 프로젝트로 미국에 다녀온 사람들 중에는 유명한 의학자들이 많아. 보건사회부 장관을 지낸 권이혁, 국내 최초로 소아과학 교과서를 펴낸 소아과 의사 홍창의, 보건행정학을 개척한 허정 등

미네소타 프로젝트
미네소타 프로젝트는 미국의 미네소타대학에서 1955~1961년 사이에 우리나라를 대상으로 진행한 유학 프로그램이야. 미네소타대학은 서울대학교의 공과 대학, 농과 대학, 의과 대학 등 3개 단과 대학을 중심으로 해서 유학생들을 받아들였어. 7년 동안 의과 대학 78명, 공과 대학 64명, 농과 대학 57명, 행정 지원 요원 27명, 모두 226명이 미네소타대학에 유학을 다녀왔단다. 주로 젊은 교수진, 앞으로 교수가 될 조교 가운데서 유학생을 뽑았어. 연수 기간은 1~2년 정도로 유학생들 대부분이 미네소타대학에서 석사 과정을 마쳤고, 일부는 박사 학위를 받기도 했어.

이 있지. 당시 남한의 공학 교수만 해도 80퍼센트 이상이 이 프로젝트의 혜택을 받았으니 유명한 사람이 나올 수밖에.

그 가운데서도 이호왕을 특별히 소개하는 건 미네소타 프로젝트를 통해 의학 분야에서 세계적인 결실을 맺은 인물이기 때문이야. 1955년에 미네소타대학으로 유학을 떠나 1959년에 귀국한 이호왕은 전 세계 과학자들이 풀지 못했던 '유행성출혈열'의 원인을 밝혀냈거든.

"유행성출혈열이 뭔가요?"

1951년부터 1954년 사이, 남한과 북한이 대치되던 곳에는 유엔군 병사가 주둔하고 있었어. 그런데 이 가운데 3천 명 정도가 원인을 알 수 없는 병에 걸렸어. 심한 열과 두통, 덜덜 떨리는 몸, 구토와 피를 흘리는 증상까지 나타났는데 상태가 심한 환자는 쇼크를 받아 사망하기까지 했어. 과학자들은 일단 이 병에 '한국형출혈열'이란 이름을 붙였어. 사실 이 병은 1930년부터 러시아와 만주 지방에 머물렀던 소련군과 일본군도 많이 걸렸었어. 딱 잘라 '한국형'이라고 할 수도 없기 때문에 '유행성출혈열'이라고도 불렸지. 많은 과학자들이 연구를 했지만 누구도 이 병의 원인을 알아낼 수 없었어. 유행성출혈열은 말라리아, 간염과 더불어 세계 3대 전염병으로 사람들을 두렵게 했단다.

미네소타대학에서 유학을 마치고 돌아온 이호왕은 그때까지만 해도 유행성출혈열보다는 일본 뇌염 연구에 더 관심이 있었어. 그런데 1960년대 중반에 다른 과학자가 일본 뇌염 백신 개발에 성공했어. 더 이상 일본 뇌염을 연구할 필요가 없어진 이호왕은 다른 연구 주제를 찾았고 그렇게 해서 만난 것이 바로 유행성출혈열이었어.

이호왕은 당장 팀을 꾸리고 연구를 시작했지만 처음 5년 동안은 실패만 거듭했지. 그러다가 1976년 어느 날, 한탄강 근처 동두천에서 채집한 등줄쥐의 폐조직에서 드디어 유행성출혈열을 일으키는 바이러스를 찾아냈지. 바로 등

줄쥐가 유행성출혈열 바이러스를 옮기고 다닌 거였어. 이호왕은 등줄쥐의 배설물이 마르면서 바이러스가 공기 중으로 퍼져 사람에게 감염된다는 사실까지 밝혀냈어. 등줄쥐를 채집한 곳 근처의 한탄강 이름을 따서 '한탄 바이러스'라는 이름도 붙이고, 본격적으로 예방 백신을 개발하기 위해 다시 연구를 시작했어. 그리고 1990년 9월 21일 드디어 세계 최초로 유행성출혈열의 예방 백신 개발에 성공하지.

"대단해요. 그런데 미네소타 프로젝트의 연수 기간이 보통 1~2년이라고 했는데 더 오래 있었던 것 아닌가요?"

그 질문과 관련해서 마침 2005년에 미네소타프로젝트를 박사 논문으로 낸 이왕준 선생이 직접 이호왕을 인터뷰한 자료가 있으니 한번 들어 보고 직접 답을 찾아봐.

미국으로 떠나기 직전 우리나라 의과 대학의 모습은 어떠했나요?

부산연합대학에서 올라와 1954년 4월부터 의과 대학 조교를 하고 있는데 실험실에 전기도 제대로 들어오지 않았어. 심지어 수돗물도 안 나왔지. 어쩌다 나와도 나왔다 안 나왔다 했어. 그때 대장균을 배양하려면 균이 들어 있는 플라스크를 품어 체온으로 길렀어. 허허허. 그렇게 해서 자란 균으로 미생물 실습을 했어.

미네소타 프로젝트에 선정된 후 어떤 절차를 거쳐 미국까지 갔습니까?

영어 회화 공부부터 두 달 했어. 두 달 가지고 뭐가 늘었겠어? 영어 시험을 쳤는데 다 떨어졌어. 다시 공부해서 재시험을 통과했지. 27살 때 드디어 미국으로 떠나게 되었어. 1955년 9월 15일 비행기를 타러 여의도 비행장으로 갔어. 김포 공항이 없었을 때야. 그곳에서 프로펠러가 4개 달린 어마어마하게 큰 비행기를 타고 미국으로 갔지.

미국에서는 어떤 공부를 했나요?

나는 조교라서 2년짜리 석사 과정으로 들어갔어. 교수들은 1년 단기 연구였고, 그렇게 공부를 시작했는데 죽을 맛이었어. 무슨 말을 하는지 도통 알아듣지 못했으니까. 미국 학생에게 노트를 빌려 주말 동안 베끼고 월요일에 돌려주면서 공부를 했어. 참, 그런데 미국 와서 보니까 공부하려는 친구들은 대학원을 가고, 의사가 되려는 사람은 아예 병원에서 레지던트를 밟고 있더군. 우리나라에는 그런 제도가 없었어.

석사 과정이 끝나고 나서 박사 과정까지 더 하셨는데요?

미네소타 프로젝트 과정으로 유학을 다녀온 사람들 대부분은 귀국했지만 몇몇은 미국에 그대로 눌러앉았지(통계에 따르면 12명이 귀국하지 않음). 우리나라 참 못 살았거든(당시 1인당 국민소득 66달러). 그래도 미국에서 서울대학교를 재건하라고 유학을 보내 준 거니까 석사 과정이 끝나자 나도 당연히 귀국한다고 그랬지. 그런데 1957년 4월 어느 날 지도 교수가 나더러 더 있으라더군. 당연히 난 돌아가야 한다고 했어. 그런데 지도 교수 추천이 있으면 박사 과정도 할 수 있다는 공문이 왔다고 해서 좀 더 실력을 쌓고 싶다는 생각이 들었지. 그래서 4년 더 박사 공부를 했어.

미네소타 프로젝트 이후 서울대학교 의과 대학의 교육 체제는 어떻게 바뀌었습니까?

유학을 마치고 귀국한 사람들이 1958년부터 교육 체제를 확 바꿨어. 특히 명주완 학장이 부임하면서 두드러진 변화를 꾀했지. 교재도 영어로 된 걸 사용하고, 미네소타대학에서 하던 실험 가운데 90퍼센트 정도를 똑같이 했지. 미국에서 배운 내용도 학생들에게 그대로 가르쳤어. 실험과 최신식 정보로 수업을 완전히 바꾼 거야. 그전까지는 어땠는지 알아? 실습은 해볼 기회도 없었고, 오로지 칠판에 강의 내용을 쓰거나 차트를 이용해 강의를 하는 방식이었어. 교육 체제가 바뀌면서 1958년부터 서울대병원에서 미국식 인턴(수련의 1년)·레지던트(전공의 3~4년) 제도도 실시했지. 기초 과목 공부는 의과 대학원에서, 임상 실습은 병원에서. 의학 체제가 제대로 이루어지게 된 거야.

의학 이외에 공학이나 농학 분야는 어땠습니까?

공대나 농대에서도 마찬가지였어. 미네소타대학에서 배운 체제를 최대한 가져왔지. 미네소타 프로젝트는 유학생 교육에 그치지 않고 건축물과 기자재까지 지원해 주었어. 덕분에 서울대학교는 안팎으로 큰 변화를 겪었지. 이런 변화는 서울대학교에서 끝나지 않았어. 다른 모든 대학이 바뀐 교육 체제를 모방하게 되었으니까.

자, 지금까지 살펴본 것처럼 미네소타 프로젝트에서 가장 큰 성과를 거둔 부분은 의학이야. 공학과 농학 연구는 실험 장비를 갖추고 결과를 내기까지 훨씬 장기적인 투자가 필요해. 하지만 의학의 경우, 특정 연구를 진행하기보다 의학 대학의 미국식 교육 체제를 전수하는 데 집중했기 때문에 단기적인 투자만으로도 효과적인 교육 체제가 세워질 수 있었던 거야.

물론 미네소타 프로젝트가 무조건 좋은 면만 있었던 건 아니야. 서울대학교에만 혜택을 주었다는 점, 공학·농학·의학에만 치중하고 나머지 기초 과학은 소홀히 한 점, 결과적으로 우리 모두가 함께 이끌어야 할 과학계를 미국 유학파들이 주도하여 완전히 미국식으로 재편하게 된 점 등에 대해서는 긍정적인 의견만 있는 게 아니란다.

원자력 유학생 파견과 원자력원의 설립

1950년대 중반까지 우리나라는 과학 기술을 획기적으로 높일 계기가 없었어. 다행히 미국의 지원으로 미네소타 프로젝트를 통해 대학에서나마 과학 교육의 질을 높일 수 있었지. 하지만 앞에서도 지적했듯 공학과 농학 분야는 충분한 혜택을 보지 못했어. 게다가 물리나 화학, 생물 같은 기초 과학은 완전히 빠져 있었잖아. 이런 열악한 상황이 조금이나마 나아질 만한 일이 생기는데 바로 '원자력 유학생'의 파견이야. 미국의 협조와 정부의 적극적인 지원으로 1956년에서 1963년까지 7년 동안 200명에 가까운 유학생이 미국을 포함한 몇몇 과학 선진국에 갈 수 있었어. 이 가운데 125명은 국비 유학생이었지. 해방 이후 1950년대 중반까지 해외 유학생에 대한 특별한 지원이 없었던 상황을 고려하면 얼마나 대단한 일이었는지 짐작이 갈 거야. 원자력 전공자만 유학을 보낸 것은 아니었어. 물리·화학·생물 등의 기초 과학, 기계 공학·전기 공학·재료 공학, 보건학, 농학 등 이공계 분야에서 유학생을 고루 뽑았단다.

"당장 유용한 농학이나 의학도 아닌데 왜 갑자기 원자력인가요?"

그래, 원자력 유학생이라니 너무 갑작스럽게 느껴질 수도 있겠구나. 먼저 이 이야기부터 해야겠다. 1945년에 제2차 세계 대전이 끝날 수 있었던 결정적인 사건, 알고 있니?

"히로시마 원자 폭탄!"

맞아. 제2차 세계 대전에 참가했던 강대국들은 전쟁에서 이기기 위해 강력한 무기 개발에 힘을 쏟았어. 그 결과 미국은 원자 폭탄을 만들어 내는 데 성공했어. 미국은 끝까지 저항하는 일본의 히로시마에 '리틀보이'라는 원자 폭탄을 투하했고, 일본은 바로 항복했지. 원자 폭탄의 무섭고도 엄청난 힘을 목격한 강대국들은 이후 원자 폭탄의 에너지, 즉 원자력을 활용하고 싶어했어. 소련이 원자력 발전소를 설치하자 이를 경계한 미국은 1957년에 원자력의 평화적 이용을 약속하는 국제 연합 기구인 국제원자력기구(IAEA)를 세웠어. 여러 나라들이 국제원자력기구에 가입했고, 우리나라도 가입했지. 당시 제대로 된 연구실도 학과도 없었지만 이승만 대통령은 원자력에 대단한 기대를 걸고 있었거든.

원자 폭탄 투하 이후 초토화된 히로시마 원자 폭탄이 떨어진 후 한 달쯤 지났을 무렵의 모습이야. 영화관 건물의 뼈대만 간신히 남아 있어. 이 건물은 전쟁을 멈추고 평화를 이루자는 의미에서 평화기념관으로 보존되어 있단다.

이승만 대통령이 원자력 개발에 관심을 갖게 된 결정적인 계기가 있는데 바로 전기 기술자 시슬러와의 만남이야. 1956년 7월 전쟁으로 폐허가 된 우리나라의 전력 복구를 위해 파견된 미국인 시슬러가 이승만 대통령을 만났거든. 시슬러는 이승만 대통령에게 '에너지 박스'라는 가로, 세로, 높이가 모두 25센티미터인 상자 하나를 보여 주고는 이 정도 크기의 석탄으로는 겨우 4.5킬로와트의 전기를 생산할 수 있지만 같은 양의 우라늄이라면 2백 60만 배인 1200만 킬로와트 가까이의 전력을 생산할 수 있다고 했어.

이승만 우리는 언제부터 그렇게 전력을 만들 수 있겠소?

시슬러 20년 후에는 가능합니다!

이승만 그렇게 하려면 어떻게 하여야 하오?

시슬러 우선 원자력 문제를 전담하는 행정 기구와 연구 개발 기관을 세워야 하고, 특히 인재 양성에 힘써야 합니다. 우선 50여 명의 젊은 과학 기술자를 해외에 보내 연수시키는 것이 급선무입니다.

이승만 그렇게 해보겠소.

미국은 미네소타 프로젝트에 이어 자신들의 원자력 연구 시설을 개방할 테니 과학자를 파견하라고 요청했어. 유엔에서도 1955년 스위스 제네바에서 '국제 원자력 평화 회의'를 열면서 우리나라를 초대했고 말이야. 이때 파견되어 앞선 원자력 기술을 보고 온 사람이 있었어. 바로 이학 박사 박철재야.

박철재는 이태규와 리승기에 이어 교토제국대학에서 우리나라 사람으로서 세 번째로 이학 박사 학위를 딴 사람이란다. 해방 이후 이태규, 리승기와 함께 귀국한 박철재는 한동안 서울대학교 물리학과 교수로 지내다가 1948년 남한 정부가 수립되었을 때 문화교육부 기술교육국의 부국장이 되었단다. 1950

년부터 기술교육국의 국장으로 활동하던 박철재는 우리나라 대표로 국제 원자력 평화 회의에 참가했어. 서울대학교 공과 대학 교수 윤동석, 미국에서 물리학을 공부하던 유학생 이기억과 함께였단다. 셋은 회의에 참가한 뒤 귀국하기 전에 미국의 오크리지 원자력 연구소에 가서 한 달 정도 기술 훈련을 받았어. 박철재는 그 사이에 〈동력 사용과 열〉이라는 논문도 발표했지.

새로운 문물과 지식을 접하고 돌아온 박철재는 정부에 국가 차원의 원자력 연구 지원을 요청하고 서울대학교의 이공계 학생들과 팀을 짜서 원자력과 원자력 연구에 대한 공부를 시작했어. 윤세원, 김희규, 이영재, 현경호, 최창선, 이진택, 이창건, 이병호 등 물리학, 화학, 전기 공학 등 전공도 다양한 학생들이 모여 부지런히 세미나를 열고 원자력을 공부했단다. 그리고 1956년 2월, 우리나라와 미국 사이에 '원자력 협정'이 맺어졌어. 그 다음 달에 바로 문교부 기술교육국에 원자력과가 설치되었지. 원자력 협정은 비군사적 목적으로 원자력을 연구하고, 서로 기술 정보를 나누며 돕기로 한 약속이야.

1959년 1월 원자력 관련 정책을 집행하는 기구인 '원자력원'이, 같은 해 3월 '원자력연구소'가 문을 열었어. 원자력연구소는 1967년에 설립된 '한국과학기술연구원(KIST)'보다 앞선 전문 연구 기관이고, 원자력원(현재 한국원자력연구원)은 1967년에 설치된 '과학 기술처'의 전신이라고 해도 지나친 말이 아니야. 대학교에도 원자력 관련 학과가 설치되기 시작했어. 1958년에 한양대학교에 첫 원자력 공학과가 설치되었고, 다음 해에는 서울대학교에 원자력 공학과가 생겼어.

"그럼 원자력 유학생들이 차세대 과학 기술자들을 가르쳤겠네요?"

잘 기억하고 있구나. 1956년부터 파견된 원자력 유학생들은 빠르면 1년 만에도 돌아와 대학에서 원자력 관련 과학 기술을 가르쳤어. 윤세원 같은 인물이 대표적이지. 그런데 파견된 유학생 가운데 3분의 1 정도는 돌아오지 않았어. 1960년에 터진 4·19 혁명 같은 일로 나라의 상황이 좋지 않은 탓이기도 하고, 미국의 연구 환경이 더 좋았기 때문이기도 했지. 1970년에는 미국에 머물러 연구를 하는 이학·공학·농학 계열의 유학생들이 더 많아졌어. 의학을 빼더라도 거의 1000명에서 1500명 가까운 수였다고 하니 적지 않은 손해였지. 박성래 선생에 따르면, 1952년부터 1961년 10년 동안 파견되었다가 미국에 정착한 전 세계 과학 기술자는 모두 5만 3000명에 달하며, 이 우수한 인재들로 미국이 얻은 경제적 이익은 20억 달러가 넘는다고 해.

원자력 연구는 1960년대에는 정치적으로 국내 상황이 좋지 않아 주춤하

> **과학 기술처**
> 과학 기술처는 나라의 과학 기술 정책과 행정을 담당하는 정부 기구야. 해방 이후부터 과학 기술만 전담하는 기구가 있어야 한다는 주장이 있었는데 1959년에야 원자력 진흥 차원에서 원자력원이 설립되었단다. 1967년에는 더 나아가 과학 기술처가 만들어졌어. 과학자들이 그토록 꿈꿨던 번듯한 기관이었지. 과학 기술처 설립을 기념해서 과학 기술처가 설립된 4월 21일은 '과학의 날'로 정해졌단다. 과학 기술 한번 제대로 발전시켜 보겠다는 의지의 표현이었어. 과학 기술의 진흥, 과학의 생활화, 과학의 산업 발전 등 과학 기술처는 여러 목적을 수행하지. 과학 기술처는 1998년에 과학 기술부가 되었다가, 2008년에는 일부는 교육 과학부로 일부는 지식 경제부로 흡수되었단다.

고리 1호기 국내 첫 원자력 발전소는 1978년 부산에 세워졌어. 고리 1호기는 국내에서 가장 오래된 원자력 발전소로 안전성을 두고 아직 논란이 많단다. 고리 외에 울진, 월성, 영광에도 각각 원자력 발전소가 있어. 원자력 발전소는 원자력의 열을 식힐 냉각수를 공급하기 쉽게 바닷가에 세운단다.

다가 1970년 석유 파동으로 에너지 위기를 겪으면서 다시 관심을 받았지. 이때부터 원자력 연구와 함께 정식 원자력 발전소를 세우기 시작했고 드디어 1978년, 처음으로 원자력 발전소가 가동되었어. 1995년에 우리나라는 '한국표준형' 원자력 발전소를 개발해 기술 자립을 이루었고, 오늘날 전국 20군데에 원자력 발전소가 건설되어 국내 전력의 36퍼센트에 해당하는 전력을 생산하고 있어. 처음에는 미국의 지원을 받았지만 2009년에는 우리나라가 아랍 에미리트에 원자력 발전소를 수출할 정도의 수준이 되었지. 물론 원자력이 무조건 좋다는 것은 아니야. 2011년 후쿠시마에서 터진 사고나 고리 1호기를 둘러싼 문제들에서 잘 드러난 것처럼 원자력은 아직까지도 안전성 문제를 두고 끊임없는 논쟁을 부르는 에너지원이야.

비밀노트
해방 직후의 과학자들

남과 북으로 갈라지긴 했지만 많은 과학 기술자들이 우리 과학 기술의 발전을 위해서 노력했어. 지금까지 일일이 다루지 못했던 과학자들이 참 많아. 이 사람들만 더 살펴보아도 일제 강점기 후반부터 해방 직후 우리나라의 과학 상황을 한눈에 알 수 있을 거야. 이들을 간략하게 정리해 보았으니 한번 살펴봐.

●**물리학자 도상록(1903~1990년)** 함흥 출생. 이순신 장군의 거북선에 물리적 원리가 정확히 응용되었다는 강의를 듣고 물리학에 몰두함. 1930년 도쿄제국대학 물리학과 졸업. 귀국 후 송도고등보통학교에서 교사 생활을 하면서 양자 역학에 대한 두 편의 논문을 미국 학술지에 발표. 1940년 경 만주의 신경공업대학교 교수로 근무함. 당시 우리나라에는 단지 10명 내외의 물리학자만 존재함. 해방 이후 경성대학교 물리학과 교수로 재직하던 중 국립 서울대학교 반대 시위 때 좌익으로 몰려 교수 자리에서 물러남. 이후 북으로 가서 김일성종합대학의 교수가 됨.

●**약학자 도봉섭(1904~?)** 도쿄제국대학 의학부 약학과를 졸업한 후 귀국하여 경성약학전문학교에 근무. 일제 강점기에 우리나라 식물 연구를 개척. 1946년에 우리나라 최초로《식물도감》을 썼지만 출간하지 못함. 해방 이후 경성약학전문학교 교수로 있다가 국립 서울대학교의 약학 대학 초대 학장을 지냄. 1950년 한국 전쟁 이후 리승기, 도상록 등과 함께 북한 과학원의 주요 인물이 되었으며, 1988년에《조선식물도감》출간.

●**전기 과학자 윤일중(1892~1981년)** 일본 도호쿠제국대학 전기 공학과 졸업. 귀국 후 경성전기주식회사 마포발전소의 운전주임으로 있다가 다시 일본에 건너가 도쿄전력주식회사 기사로 8년 동안 근무. 우리나라 전기 기술자로는 처음으로 부전강·장진강·허천강 수력 발전소 건설에 기사로 참여하여 수력 개발 기술을 터득한 국내 발전 기술의 1인자. 해방 이후 조선전업주식회사 초대 사장, 조선전기학회장을 지냈으며, 한국 전쟁 때 파괴된 수력 발전소 복구 건설에 참여함.

●**농화학자 조백현(1900~1994년)** 서울 출생. 1920년 수원농림전문학교를 졸업한 후 규슈제국대학에서 농화학을 공부함. 1925년 귀국하여 모교에서 교편을 잡아 30세에 교수로 승진함. 토양, 발효, 유기 화학 등 생화학 연구의 선구자가 됨. 해방 이후 교장이 되었고, 서울대학교 농과 대학 학장이 되어 15년 동안 학장으로 재직함. 한

국농학회·한국토양비료학회·한국식품과학회 등을 창설하여 초대 회장으로 활동하면서 현대 농학 연구의 기틀을 확립함.

●**어류학자 정문기(1898~1995년)** 전남 순천 출생. 1929년 도쿄제국대학 농학부 수산학과를 졸업한 뒤 1939년 평안북도 수산시험장장으로 근무한 후 수산학 분야에 종사함. 해방 직후에는 중앙수산시험장장을 지낸 후 부산수산대학 학장, 농림부 수산국장을 역임.《자산어보》를 번역함.

●**화학 공학자 안동혁(1906~2004년)** 경성고등공업학교를 졸업한 후, 규슈제국대학 응용 화학과에서 학업을 계속함. 1929년 귀국하여 모교에서 교수 생활을 하다가 1933년 중앙공업연구소로 자리를 옮김. 김용관 등과 함께 1930년대 과학 대중화 운동에 참여함. 1953년 상공부 장관에 임명되어 전기·석탄·석유·시멘트·비료·유리·공업 용수 자원 개발 등 에너지 관련 산업과 기간산업 건설을 추진하는 한편, 과학 정책 결정 과정에서도 중요한 역할을 함. "한국의 퀴리부인 같은 사람이 되라."고 딸의 이름을 '안규리'라 지은 것으로도 유명함.

●**물리학자 김봉집(?~?)** 연희전문학교 수물과를 졸업한 후 일본 와세다대학 전기공학과 졸업. 1930년대 과학 대중화 운동에 참여함. 해방 이후 경성대학교 이공 대학 교수를 지냄. 소련의 과학 기술 성공의 모델을 본받아 통합적인 최고 수준의 과학 아카데미 설립을 주장함. 이후 월북함.

●**응용 화학자 김동일(1908~1998년)** 평남 강서 출생. 1933년 도쿄제국대학 공학부 응용 화학과 졸업. 이듬해 이와키주식회사에 들어가 동양 최초로 안전유리를 만드는 데 성공함. 이후 경성방직 공장장으로 귀국함. 서울대학교 설립 후 서울대학교 공과 대학의 초대 학장이 되어 공학 교육의 기틀을 마련함. 1959년에는 원자력원의 초대 상임위원에 임명되어 원자력학술회의를 주도함. 1960년대 과학 기술 진흥법, 과학 기술처 창설, 과학 기술자 전체를 아우른 단체 한국기술단체총연합회 창설에도 크게 기여함.

●**기계 공학자 김노수(1902~?)** 와세다대학 이공학부 기계과 졸업 후 조선철도국 공무(토목이나 건축과 관련된 일)과에서 기수와 기사로 근무. 해방 직후 운수부(교통부) 경성공장장 겸 경성대학교 이공학부 강사를 지냄. 1950년 이후 교통기술연구소장을 지냄.

●**의학자 김성진(1905~1991년)** 일제 강점기 경성제국대학 출신의 첫 한국인 의학 박사. 해방 이후 의학 부분의 재건에 힘씀. 1945년 백인제와 함께 미군정 보건후생부의 정책 자문위원으로 임명됨. 한국 전쟁 때 군의관을 지원해 군진 의학을 개척함.

전쟁 후 서울대학교 의과 대학 학장에 취임해 미네소타 프로젝트의 한 축을 담당. 1960년 이후 보건사회부 장관을 지냄.

● **미생물학자 김호식(1905~1968년)** 경기도 용인 출생. 수원농림학교를 거쳐 일본 규슈대학 농학부를 졸업한 후 귀국하여 평양 숭실전문학교 강사, 경성여자의학전문학교 교수를 지냄. 해방 이후에는 중앙농업시험장장, 중앙농업기술원 부원장을 역임한 후 1951년 이후 서울대학교 농과 대학 교수를 지내면서 발효 화학·발효 미생물학·발효 공학 등을 연구하고 교육함.

● **농학자 계응상(1900~1967년)** 1920년대 초 일본 도호쿠대학 농학부를 졸업하고 도쿄고등잠사학교, 중국의 중산(中山)대학에서 생리학을 연구하고 강의함. 누에고치 병리학 연구로 이름을 떨침. 1946년 월북하여 평양의학대학의 교수가 됨. 이후 리승기와 함께 북한을 대표하는 양대 과학자의 반열에 오름.

▼
■ 해방 이후 과학 기술의 전반적인 상황에 대해서는 박성래 선생의 《한국사에도 과학이 있는가》를 참고했고, 과학 정책과 1950년대 과학 교육 부분은 홍성주 선생의 박사 논문 〈한국 과학기술 정책의 형성과 과학기술 행정체계의 등장(1945-1967)〉의 내용을 토대로 했어.

■ 북쪽으로 떠난 과학 기술자에 관련된 내용은 〈월간 과학과기술〉 2008년 3월호에 실린 김근배 선생의 글 〈빛바랜 사진 속의 근대과학〉을 인용했어.

■ 북한의 과학자에 대해서는 송상용 선생의 글, 강호제 선생의 글, 임정혁 선생의 글들을 참고했어. 여기서 다룬 시기 이후 북한 과학의 상황에 대해서는 강호제 선생의 논문 〈북한 과학원과 현지 연구사업 : 북한식 과학기술의 형성〉을 참고하면 될 텐데, 박사 논문이라서 너희들이 읽기에는 꽤 어려워. 1950년대 후반 이후 천리마 운동과 함께 진행된 북한의 과학 기술 진흥 노력을 다룬 내용이란다.

■ 청십자 운동 설명 상자에 나온 의료 보험 혜택 인구 관련 자료는 내가 쓴 《호열자 조선을 습격하다》에서 가져왔어.

■ 의학자에 대한 글은 서울대 한국의학인물사 편찬위원회에서 펴낸 《한국의학인물사》를 주로 참조했어. 이호왕에 대한 인터뷰는 이왕준 선생의 박사 논문 〈미네소타 프로젝트가 한국 의학교육에 미친 영향〉에 실려 있는 것을 다듬어 보았어.

■ 원자력원 설립 과정에 대해서는 고대승 선생의 글을 참조했어.

■ 이승만과 시슬러의 대화 부분은 《한국 원자력 30년사》에 나온 것을 다듬어서 인용했어.

8 산업화 시대의 우리 과학사

'산업' 하면 뭐가 떠오르니? 자동차 산업, 반도체 산업, 1차 산업, 2차 산업……. 그래, 과학보다는 경제에 더 어울리는 용어들이 많이 떠오를 거야. 사람이 살아가기 위해 상품이나 서비스를 만들어 내는 것을 산업이라고 하지. 상품이나 서비스를 만들어 내려면 각 분야에 알맞은 기술이 필요해. 기술은 과학 이론을 현실적으로 가능하게 하는 수단이야. 즉, 과학과 기술, 산업은 모두 깊게 연관되어 있단다.

이번에는 1960년대부터 빠르게 발달한 우리나라의 산업 기술을 통해 과학의 역사를 살펴볼까 해. 우리나라의 산업화는 짧은 기간 동안 놀랄 만한 속도로 이루어졌어. 비료를 만드는 화학 공업, 선박과 자동차를 만드는 중공업, 컴퓨터와 반도체를 만드는 첨단 공업, 섬유를 다루는 경공업 등 여러 분야의 산업이 급성장했지. 이들 모두 과학 기술과 따로 떼어서 생각할 수 없는 산업들이야. 특정 인물이 아니라 산업화가 이루어진 대표적인 공간을 따라 1960~1970년대의 우리 과학사를 살펴볼 거야.

대규모 종합 화학 공장, 충주 비료 공장

제일 먼저 살펴볼 곳은 바로 충주 비료 공장이야. 지금은 다른 공장이 들어서 있는데 비료 공장의 흔적으로는 남아 있는 탑 하나가 전부야. 높이 48미터, 지름 14미터인 이 탑에서 한 해에 비료 수십만 톤이 만들어졌지.

"왜 비료 공장을 지었나요? 농작물을 더 많이 거두려고요?"

그래, 그것도 중요한 이유야. 충주 비료 공장을 세우기 전, 일제 강점기에 세웠던 비료 공장이 딱 하나 있었어. 바로 흥남 비료 공장인데 한국 전쟁이 일어나고 남북이 갈라지면서 남한으로의 비료 공급이 완전히 끊겨 버린 거야. 당시에는 농업이 규모도 크고 중요했으니까 별수 없이 외국에서 비료를 수입했어. 안 그래도 전쟁을 겪은 뒤라 가난했던 우리나라는 외국으로부터 매년 2억 5천 달러의 원조를 받았는데, 그 가운데 1억 달러가 넘는 돈이 비료를 구입하는데 쓰였어. 이런 상황을 극복하기 위해서 충주와 호남에 비료 공장을 하나씩 세우기로 했단다. 1955년부터 충주 비료 공장을 짓기 시작했고, 1958년부터 호남 비료 공장을 짓기 시작했지. 충주 비료 공장이 완공되고, 그 다음 해인 1962년에 호남 비료 공장이 완공되었어. 충주 비료 공장은 연간 5만 8천 톤, 호남 비료공장은 8만 5천 톤의 비료를 생산했단다.

"엄청난 양인데요. 더 이상 비료는 수입하지 않아도 됐나요?"

생산량이 많긴 했지만 농가에서 필요한 비료의 양은 약 30만 톤이었거든. 두 공장의 생산량을 합치면 필요한 비료의 절반 정도밖에 채울 수 없었어. 부족한 비료량을 채우기 위해 1968년부터 다른 비료 공장들이 차례로 세워졌단다. 그 결과 1967년부터는 수입이 아니라 수출을 할 정도로 비료 생산량이 크게 늘어났지. 비료를 생산하는 화학 공장들이 늘어나면서 1960년대 이공계 학과 중 화학 관련 학과들의 인기도 높아졌단다. 주로 화학과, 화학 공학과, 농화학과 이렇게 세 과가 인기 절정이었어.

충주 비료 공장의 전경(왼쪽)과 공장 내부 모습(오른쪽) 충주 비료 공장은 1955년에 짓기 시작해서 1961년부터 본격적으로 가동을 시작했어. 국내 최초의 대규모 화학 공장인 탓인지 공장을 세우는 데만 꽤 오래 걸렸던 거야.

"화학 공장이 많아져 취직이 잘되어서였나요?"

그래, 충주 비료 공장에만 취직해도 다른 곳보다 다섯 배에서 여덟 배나 많은 월급을 받을 수 있었거든. 농화학과 선배들이 으스대던 기억이 아직도 선해! 화학을 공부한 인재들이 늘어나면서 화학 산업은 쭉쭉 성장했단다.

그럼, 1960년대보다 앞선 1930년부터 1950년대까지 가장 인기 있었던 학과는 무엇이었을 것 같니? 지금은 자원 공학과로 불리는 광산학과였어. 이때는 광산업이 주력 산업이었기 때문이야. 하지만 1980년대에는 광산학 분야가 최고로 인기 없는 학과로 전락했어. 광부라는 직업도 지금은 찾아보기 어렵잖니. 1980년대에는 기계 공학과와 전자 공학과가 단연 선두였단다. 1990년대에는 전자 공학과와 더불어 컴퓨터 공학과가 등장해 인기를 끌었지. 인기 있는 산업이 바뀌면서 선호하는 학과도 계속 달라진 거지. 앞으로 10년 후, 20년 후에는 어떤 학과가 인기를 얻을까?

철강으로 중공업의 기반을 쌓다

자, 이번에는 중공업 부분을 알아볼 거야. 중공업은 특정 재료를 가지고 비교적 무거운 물건을 만드는 산업이야. 제철, 조선, 자동차, 기계 제조 등이 여기에 속하지. 이 산업들이 공통으로 다루는 재료가 뭔지 알겠니? 그래, 바로 '철강'이야. 선박이든 자동차든 기계든 만들어 내려면 철강이 필요하지. 강철을 만드는 산업이 바로 제철 산업이야.

우리나라가 제철 산업 단지를 설립한 건 1968년이었어. 하지만 처음으로 대형 제철소와 용광로를 짓느라 실제로 운영을 시작하는 데까지는 시간이 걸렸어. 1973년에야 첫 쇳물을 녹여 냈고, 이때부터 해마다 103만 톤의 철강을 만들었지. 이후 1983년까지 네 차례 용광로가 더 건설되면서 우리나라의 철강 생산력은 엄청 증가했어. 1976년에는 260만 톤, 1978년에는 550만 톤, 1981년에는 850만 톤을 넘겨 철강 생산 규모로 세계 11위에 올랐어. 2312만 5천 톤을 생산한 1990년에는 3위로, 1998년 이후에는 마침내 일본의 신일본제철을 누르고 1위에 올랐어. 우리나라보다 철강 생산을 먼저 시작한 일본을 20여 년 만에 추격해서 결국 뛰어넘은 거야. 어떻게 이런 일이 가능했을까? 송성수 선생의 연구에 따르면 우리나라의 제철 산업은 기술 습득, 기술 추격, 기술 창출의 세 단계를 거쳤다고 하는구나.

제철 산업을 처음 시작했을 때,

포항제철소의 용광로 용광로는 높을 고(高)에 화로 로(爐)를 써서 '고로'라고도 한단다. 강철을 녹여 내는 용광로의 불은 365일 24시간 내내 꺼지지 않아.

정부가 나서서 대형 제철소를 건설했지만 제철소를 제대로 가동할 기술력이 없었어. 기술력이 부족할 때 해야 할 일은?

"선진국에 연수생 파견!"

그래. 1950년대에 과학 기술을 익히기 위해 유학생을 파견한 것처럼 직원들을 해외로 파견한 거야. 뛰어난 제철 기술을 가지고 있는 데다가 가깝기까지 한 일본으로 주로 파견했어. 부지런히 제철 산업의 기본 기술을 습득한 우리나라는 1970년대가 되어서야 독자적으로 제철소를 가동할 수 있게 되었단다.

그런데 우리나라의 제철 산업이 빠르게 성장하여 세계 제철 산업의 새로운 경쟁자로 떠오르자 선진국으로부터 핵심 기술을 이전 받는 게 힘들어졌어. 1980년 초반 두 번째 제철소인 광양제철소가 건설되자, 마침내 일본은 공식적인 기술 협력을 거부했어.

결국 현장에서 시행착오를 겪으면서 제철 기술을 쌓을 수밖에 없었지. 먼저 해외 연수를 다녀온 엔지니어들은 제철소에서 각 공정을 책임지고 다른 기술자와 기능공을 이끌었어. 연수를 다녀온 엔지니어들도 해결하기 힘든 부분은 일본 기술자를 초빙해서 자문을 받았지. 초빙된 기술자들은 대부분 은퇴한 상태였지만 실력은 뛰어났고, 1~2년 동안 특별한 대우를 받으며 지냈단다.

기술자들은 남의 것을 모방해 그 기술만 배워 오는 것에는 한계가 있다는 걸 느끼기 시작했어. 이런 상황에서 우리나라는 새로운 돌파구를 생각해 냈단다. 바로 1986년 포항공과대학과 포항산업과학연구원(RIST)을 설립한 거야. 포항공과대학은 우리나라의 첫 번째 제철 기업인 포항제철(오늘날의 포스코)이 지원해서 설립한 학교로 제철과 관련된 연구에 필요한 인력을 길러냈어. 포항산업과학연구원은 제철 과정에서 생긴 각종 과학 기술적인 문제 해결을 담당했지. 제철 산업과 대학, 연구소가 하나로 연결된 거야. 이걸 '산학연 시스템'이라 불러. 이런 체제가 든든하게 뒷받침해 준 덕분에 오늘날 우리나라의 제철 산업

은 철강 생산 분야에서 세계 1~2위 수준으로 올라설 수 있었던 거야. 또한 강철을 만들어 내는 제철 산업이 성장하면서 강철을 이용하는 자동차 산업과 조선업 등 관련 산업들도 함께 성장할 수 있었어.

한반도의 혈맥 경부고속도로

서울에서 부산까지 한 번에 이어진 도로가 있어. 서울의 경(京)과 부산의 부(釜)를 따서 경부고속도로라고 하지. 정부가 처음 경부고속도로를 놓겠다고 했을 때 많은 사람들이 반대했단다. 당시 사람들은 고속도로가 뭔지도 잘 몰랐어. 차도 대부분은 그냥 흙바닥이었고, 아스팔트가 깔린 국도도 8퍼센트밖에 되지 않았어. 아니, 우선 자동차를 타고 다니는 사람부터가 그렇게 많지 않았단다. 그러니 고속도로의 필요성을 알 리 없었지. 게다가 당장 농업이나 중공업 같은 분야에 힘을 집중해야 할 때인데 웬 고속도로! 사람들은 거세게 반발했어.

1964년 독일을 방문한 박정희 대통령은 1942년에 독일이 만든 세계 최초의 자동차 전용 고속도로 '아우토반'을 보고 놀랐어. 고속도로를 통한다면 나라 구석구석 물자 교환이 빨라지고 산

1970년대의 경부고속도로(왼쪽)와 오늘날의 경부고속도로(오른쪽) 처음 경부고속도로를 달리기 시작한 차들은 1일 1만여 대였는데 40여 년이 지난 오늘날, 그보다 100배나 많은 수의 차가 다니고 있어.

업화에도 도움이 될 것 같았지. 1968년 결국 격렬한 반대를 무릅쓰고 정부는 경부고속도로 건설 공사를 시작해. 우리나라 고유의 기술로 이루어진 경부고속도로 공사는 1968년 2월에 시작해서 1970년 7월 7일에 끝났어. 총 430킬로미터쯤 되고 들어간 돈이 총 430억 원이니까 1킬로미터마다 약 1억 원 정도 들었겠구나. 공사기간은 2년 5개월. 한 달에 평균 15킬로미터씩 만들어 나간 셈이야. 해마다 900만 명에 가까운 사람들이 경부고속도로 공사에 매달렸어. 처음 개통했을 때 경부고속도로의 1일 통행 차량은 약 1만 대였는데 2010년의 1일 통행 차량은 약 104만 대였어. 엄청나지?

경부고속도로는 미국의 원조로 만든 게 아니야. 그렇다면 경부고속도로 건설에 들어간 막대한 돈은 어디서 생겼을까? 1965년 한·일 수교를 하면서 받은 보상금, 1966년 이후 베트남 파병의 대가로 미국으로부터 받은 자금. 이 둘 덕분에 경부고속도로를 지을 수 있었지. 이때 들어간 자금이 순수하지는 않았기 때문에 경부고속도로에 대한 역사적 시선이 곱지만은 않아.

참, 비료 공장이나 제철소 등 다른 공사보다 고속도로 공사가 비교적 빠르게 진행되었던 건 기술력이 좋았기 때문이 아니야. 고속도로가 무엇인지도 잘 몰랐던 시절이었던 만큼 고속도로 건설도 처음이었고, 일단 일을 벌여 놓고 배워 나가는 터라 나중에는 건설 비용보다 수리 비용이 더 많이 들어갔지. 그래도 경부고속도로를 완공하기 전에 서울과 인천을 잇는 우리나라 첫 고속도로인 경인고속도로(1967년 3월 24일 공사 시작, 1968년 12월 21일 완공)를 놓았던 경험이 많은 도움이 되었어. 지역 구석구석을 잇는 고속도로가 생겨나고, 1970년대 후반에 자동차들이 많이 생산되면서 산업화 속도가 훨씬 빨라졌단다. 경부고속도로가 완성될 쯤에는 토목공사 기술이 확실히 좋아졌지. 덕분에 호남고속도로(1970년 개통), 영동고속도로(1971년 개통), 중부고속도로(1987년 개통)를 놓을 때 많은 도움이 되었어. 고속도로는 지금도 새로 만들어지거나 확장되고 있어. 경부고속도로 개통 당시 전국의 고속도로는 총 537킬로미터였는데 2010년 전국의 고속도로는 총 3776킬로미터로 7배 가까이 늘어났단다.

마이카 시대의 실현

'꿈의 마이카 시대를 이루겠다!'

1970년대에 대통령이 외친 말이야. '마이카 시대'가 무슨 말인지 알겠니?

"마이 카(My Car)? 혹시, 개인이 쓰는 자동차, 자가용을 뜻하는 건가요?"

맞아. 1970년만 하더라도 전국을 달리는 차가 6만 대에 불과했어. 그러니 마이카 시대는 그저 먼 나라 일로 생각될 수밖에 없었지. 2011년 우리나라의 자동차 산업은 세계 5위에 올랐고, 전국의 자동차 수는 1800만 대를 훌쩍 넘었어.

너희들 혹시 '시발 자동차'라고 들어 봤니? 시발 자동차는 1955년에 우리나라가 최초로 만든 자동차야. 미군 지프 엔진을 모방한 국산 엔진을 달고, 드럼통의 철판을 펴고 두드려서 차체를 조립했어. 울퉁불퉁한 비포장도로를 달릴 때에는 유리창이 깨지기도 했다는구나. 시발 자동차는 주로 영업용 택시로 보급되었는데, 1962년에 '새나라 자동차'가 나오면서 이듬해 생산이 중단되었어.

始發
처음 시 / 가다 발
처음 출발한다는 뜻이야.

"새나라 자동차? '시발', '새나라'. 이름이 모두 촌스러워요."

지금은 촌스럽게 느껴지지만 당시에는 인기가 많았단다. 새나라 자동차는 일본의 블루버드 자동차에 들어가는 부품을 수입해 국내에서 조립, 제작했어. 아직 독자적인 기술로 자동차를 만들 수 없던 시대였지. 새나라 자동차는 각진 지프 모양이 아니라 세련된 유선형이라 인기를 많이 끌었어. 하지만 새나라 자동차도 시발 자동차처럼 얼마 가지 않아 사라졌지.

새나라 자동차 다음부터는 다른 나라와 기술을 제휴해서 자동차를 만들기 시작했어. 일본과 제휴하여 '코로나 자동차'를 만들었고, 1970년에는 이탈리아나 미국 등 다른 선진국들과도 기술을 제휴해서 자동차를 만들었단다. 이때까지도 자동차 생산에 들어간 우리 기술은 20퍼센트 정도로 배터리·타이어·범퍼·페달 같은 비교적 쉬운 기술 외에는 선진국의 기술에 의존했어.

이런 상황을 과감하게 깨뜨려 준 차가 1976년에 나온 전설의 자동차 '포니'야. 당시 전 세계 어떤 자동차 회사도 생산하지 않는 고유 모델이었단다. 개발 도상국 최초의 고유 모델 자동차로 지금은 촌스럽게 느껴지겠지만 당시에는 아주 참신한 모델이었어. 포니는 날개 돋친 듯 팔렸고 에콰도르에 6대가 수출되기도 했어.

시발 자동차

코로나 자동차

포니 자동차가 큰 인기를 끌면서 우리나라의 자동차 산업은 더욱 자극을 받았어. 외국에서 들어온 부품을 조립하는 데 그치지 않고, 국산 부품을 이용해 자동차를 대량 생산할 수 있는 공장들이 늘어났어. 자동차 부품을 만드는 업체들도 안정적으로 부품을 공급할 수 있게 되었단다.

우리나라가 1985년에 개발한 자동차 '포니엑셀'과 '프레스토'는 미국 시장에 진출해서 첫해에 20만 3천 대가 팔렸어. 1985년 국내 자동차 수는 100만 대가 넘었고, 1988년 한 해 자동차 생산량이 100만 대가 넘어가면서 우리나라는 세계 자동차 생산국 10위에 올랐단다. 1970년대 초까지만 해도 터무니없게 들렸던 '마이카 시대'가 1990년대로 접어들면서 현실화되기 시작한 거야. 자동차 산업은 오늘날 우리나라의 주요 수출 산업 중 하나가 되었어. 덕분에 애써 설치한 고속도로가 유용하게 쓰였고, 제철 산업도 안정적으로 철강을 공급할 수 있었어. 이처럼 1960~1970년대의 산업은 서로 영향을 주고받았단다.

포니 자동차

세계 1위의 중공업, 조선 산업

오늘날 우리나라의 조선 산업은 세계 1위야. 물론 무섭게 추격해 오는 중국에 위협을 받고 있긴 하지만 말이야. 오늘날 세계 1위가 되기까지 조선 산업 역시 다른 중공업 산업처럼 정부의 지원을 통해 처음부터 하나하나 쌓아 나가야 했어.

> **造船**
> 지을 조 / 배 선
> 배를 만든다는 뜻으로 오늘날에는 강철로 선박을 만드는 산업을 가리키는 말이야.

우선 선박을 만들 조선소부터 지어야 했는데 역시 외국의 지원이 필요했어. 당시 우리나라 조선 산업의 전망은 매우 불투명해서 외국의 자금을 빌려오기 어려웠는데 다행히 영국이 자금을 빌려 주었고, 1975년 우리나라 최초의 조선소인 미포조선소가 문을 열었지. 처음에는 일본의 가와사키중공업과 협력해서 선박을 수리하는 일을 주로 하여 조선 기술을 조금씩 배워 나갔어. 그러다가 차츰 원유를 실어 나르는 선박과 다목적 화물선, 목재 운반선 등 중소형 선박을 만들기 시작했지. 또 선박의 엔진 생산에 대해서도 연구했단다.

조선 산업은 여러 공업 기술을 필요로 하는 종합 공업이야. 여객선은 물 위의 호텔, 컨테이너 선박은 물 위의 창고나 마찬가지잖니. 제철 산업에서 기계 공업, 세세하게는 건축적인 부분까지 필요한 게 바로 조선 산업이야. 조선과 관련된 공업의 종류만 70여 종에 가까워. 이 때문에 완성된 선박을 보면 그 나라 공업 기술의 수준을 알 수 있다는 말도 있단다.

철저하게 주문을 받아 만드는 선박은 종류나 크기, 조선소의 설비에 따라 완성까지 짧으면 6개월에서 길면 2~3년 정도 시간이 걸리지. 1960년대 전까지만 해도 영국이 세계 최대 조선 산업국이었는데 1960년대가 되자 일본이 영국을 추월해 버렸단다. 그런 일본에서 기술을 전수 받은 우리나라는 1990년대 후반이 되자 세계 최대의 선박 수리 실력을 갖추게 되었지. 그리고 일본의 조선

울산 미포조선소 1981년의 모습이야. 선박을 수리하고 만드는 도크 위에 놓인 선박이 보이네. 2000년대에는 조선 산업에서도 우리 고유의 창의력이 나타나. 도크 없이 땅 위에서 선박을 만들어 바다로 이동시키는 기술, 선박이 완성되면 바로 물에 띄울 수 있도록 아예 바다 위에 도크를 짓는 기술, 하나의 도크에서 선박을 여럿 만드는 기술 등이 우리나라에서 처음 나왔거든.

산업을 금세 앞질러 선박 수주와 수리 분야에서 세계 점유율 1위를 차지했어. 세계 1위 규모의 조선소도 우리나라의 미포조선소란다. 오늘날 전 세계에서 조선 산업에 두각을 나타내는 나라는 우리나라와 일본과 중국 정도야.

조선소를 일으킨 거북선

우리나라에는 두 가지 '거북선 신화'가 있어. 하나는 이순신 장군의 거북선. 다른 하나는 현대 정주영 명예회장의 거북선이야. 1971년 정주영은 울산 미포에 대규모 조선소를 건설하기로 마음먹고 영국의 대형 은행 버클레이즈의 롱바톰 회장을 찾았어. 정주영은 조선소를 지으려고 하는데 돈 좀 빌려 달라며 미포의 바닷가 사진 한 장과 외국 조선소에서 빌린 유조선 설계도 한 장을 내밀었어. 은행이 대체 뭘 믿고 돈을 빌려 주겠니? 거절을 하려는 순간, 정주영이 호주머니 속에서 500원짜리 지폐를 꺼냈어. 당시 500원 지폐에는 거북선이 그려져 있었거든.

"이걸 보시오. 이것이 우리 거북선이오. 당신네 영국의 조선 역사는 1800년대부터 시작했다고 알고 있는데, 우리는 벌써 1500년대에 이런 철갑선을 만들어 일본을 혼낸 민족이오. 우리의 조선업은 당신네보다 300년이나 앞서 있었소. 다만 그 후의 역사적 사건들로 산업화가 늦어져 국민의 능력과 아이디어가 녹슬었을 뿐 우리 잠재력은 고스란히 그대로 있소."

정주영은 이런 설득으로 돈을 빌리는 데 성공했다고 했어. 물론 이런 논리만으로 영국의 은행이 설득되었다고는 봐서는 곤란할 거야. 이득을 얻겠다는 확신이 없다면 은행은 돈을 빌려 주지 않았을 테지. 빠르게 성장하기 시작한 우리나라 산업의 가능성에 주목한 결정이지 않았을까? 아무튼 거북선을 조선 산업의 시작으로 본 건 재미있지 않니?

이순신 장군과 거북선이 함께 그려진 500원 지폐

생활과 농업, 공업까지 책임지는 생명의 발전소, 댐

너희들, 우리나라에서 가장 큰 댐이 어디에 있는지 아니?

"아는 댐이 없는데…… 잘 모르겠어요."

힌트 하나 주지! 너희들도 잘 아는 댐이야. 그 지역에서는 아주 유명한데, 그곳에서 또 유명한 게 닭갈비와 막국수지.

"춘천? 소…… 아! 소양강 댐!"

맞았어. 소양강 댐은 우리나라 건설의 역사에 남을 만한 현대 유물이야. 1950년대부터 건설 계획이 논의되다가 1960년에 타당성 검사를 거쳐 1967년부터 공사가 시작되었어. 완공은 6년 6개월 만인 1973년 10월. 소양강 댐은 진흙과 돌을 섞어 만든 사력 댐이야.

"진흙과 돌로요? 콘크리트로 만드는 게 더 튼튼하지 않을까요?"

콘크리트로 만드는 댐도 있어. 댐은 재료에 따라 크게 사력 댐과 콘크리트 댐으로 나눠지거든. 사력 댐은 중간에 진흙으로 된 차수벽을 세우고 진흙 위에 필터층을 쌓은 뒤, 바깥쪽에 딱딱한 석괴를 쌓아 만드는 댐이야. 부드러운 차수벽이 중간에 있어서 바깥쪽의 석괴가 물의 압력을 크게 받아도 쉽게 무너지지 않는단다. 태풍에 유연한 갈대가 부러지지 않는 것처럼 말이야. 또 댐의 무게도 분산시킬 수 있지. 따라서 지질 조건이 좋지 않은 곳에서는 콘크리트 댐보다 안정적으로 물을 가둬 둘 수 있어. 반면 콘크리트 댐은 사력 댐보다 홍수 처리 시설을 설치하기에 좋아. 그런데 너희들 댐을 왜 만드는지는 잘 알고 있니?

"음, 마시거나 씻을 때 필요한 물을 미리 모아 두고, 홍수를 막기 위해서?"

그래, 댐은 기본적으로 물을 가두어 여러 목적으로 이용하기 위해 설치

遮水壁
막을 차 / 물 수 / 벽 벽
물이 새는 것을 막기 위해 설치하는 벽이야.

1978년의 소양강 댐 소양강 댐은 사력 댐이자 여러 용도로 물을 이용할 수 있도록 만든 다목적 댐이야. 댐은 수위를 조절하기 위해 수문으로 물을 내보내기도 하지.

하지. 크게는 세 가지 목적 때문에 만들어. 첫째, 수력 발전. 둘째, 홍수 조절. 셋째, 식수와 공업용수 확보. 그 밖에는 유람선 사업 같은 것도 있겠구나. 주로 낙차가 큰 지역을 골라 댐을 건설해. 소양강 댐은 높이가 123미터, 길이는 530미터야. 가둘 수 있는 물의 용량은 27억 톤.

소양강 댐은 사력 댐 가운데 세계에서 네 번째로 큰 댐이고, 동양에서는 가장 큰 댐이야. 크기가 큰 만큼 수력 발전에도 크게 도움이 되어서 완공 당시 우리나라 수력 발전의 3분의 1을 담당했단다.

遊覽船
놀 유/볼 람/배 선
경치를 구경하는 손님을 태우고 다니는 배야.

참, 소양강 댐의 물은 북한강에서 오는 거야. 한강의 또 다른 물길 남한강은 충주 댐으로 흘러가지. 충주 댐은 소양강 댐 다음으로 커. 높이가 97.5미터에 길이는 447미터야. 1980년부터 만들었는데 6년 만에 완공했어. 충주 댐이 바로 콘크리트로 만들었단다. 충주 댐의 건설로 13억 톤의 생활용수, 12억 톤의 관개용수, 8억 톤의 공업용수를 확보할 수 있었어. 홍수 조절량은 6억 톤이야. 완공된 충주 댐은 소양강 댐과 함께 한강 하류 지역인 경기도와 서울 지역의 물 공급과 홍수 조절 역할을 톡톡히 해내고 있단다.

산업화의 그늘, 온산 공업 단지의 괴질

지금까지는 우리 과학사에서 산업화가 성공적으로 이루어진 산업들을 살펴보았어. 제철 산업, 자동차 산업, 조선 산업까지. 그렇지만 급속한 산업화 때문에 생긴 어두운 부분에 대해서도 놓치지 말아야 해. 울산 옆의 온산 공업 단지는 산업화의 어두운 면이 고스란히 드러난 곳이야.

혹시 '이타이이타이병'이란 말 들어 봤니? 우리말로 바꾸면 '아파요아파요 병'이야. 중금속 카드뮴 중독 때문에 생기는 대표적인 공해병인 이 병은 일본에서 1950년대에 나타나 크게 문제를 일으켰어. 1982년 우리나라에서도 이와 비슷한 병이 나타났어. 온산 공업 단지 근처에 사는 어민 500여 명이 집단 괴질에 걸렸는데 아무래도 일본에서 발생했던 이타이이타이병과 증상이 비슷한 거야. 1970년대 중반, 온산을 포함해서 울산과 부산 등 곳곳에 대규모 산업 단지가 세워졌는데, 거기서 나온 폐수 때문에 병이 생긴 게 틀림없었어.

公害病
공평할 공 / 해칠 해 / 병 병
수질 오염이나 대기 오염으로 일어나는 병을 가리켜.

怪疾
기이할 괴 / 병 질
원인을 알 수 없는 이상한 병을 뜻해.

그 당시 환경운동가 최열은 온산으로 가서 초등학교 6학년 학생들에게 물었어.

"어린이 여러분 중에 뼈마디가 아프거나 피부병이 있거나 눈병을 앓는 사람은 손들어 보세요."

52명 가운데 딱 절반인 26명이 손을 들었어. 바다의 오염 정도를 알기 위해 해녀들을 만나 물어보아도 마찬가지였어.

"몸도 안 좋고 건지는 거 션찮다 캐도 안 하고 몬 사는 기 우리 아입니꺼. 우야마 좋십니꺼. 국민핵교 댕기는 얼라도 빼마디가 쑤시고 아푸다 카는데. 선상님요, 내는 살만치 살았으이까네 우리 아이들만은 좀 살리주이소!"

"아주머니 연세가 어떻게 되는데 그러세요?"

"서른여덟인데 와 그라능교?"

자기보다 한 살밖에 많지 않은 해녀가 살 만큼 다 살았다는 말에 최열은 머리가 어지러웠다고 해. 최열이 공해병 문제를 적극적으로 알리자 온산 괴질을 두고 사회의 관심이 부쩍 높아졌어. 그렇지만 결정적으로 정부는 이를 부정했고, 비협조적인 분위기 속에서 원인 조사가 이루어졌어. 여러 과학자가 조사팀을 이루어 온산 괴질의 원인을 알아내기 위해 공장마다 조사를 하러 다녔지만 공장들은 조사원들에게 문조차 열어 주지 않았어. 또 조사원들이 공장에 다가가면 경보 사이렌을 울리고, 폐수를 쏟던 배출구로 수돗물을 내보내 폐수를 조사하지 못하도록 했지.

더 이상 참지 못한 최열은 일본의 유명한 공해병 박사 하라다 마사스미를 초청해서 병의 원인을 밝혀 달라고 했어. 여전히 정부와 공장이 비협조적인 상황에서 병에 걸린 사람들을 하나하나 살펴본 하라다 마사스미는 이런 말을 했어.

"온산은 죽음의 마을입니다."

이타이이타이병이 발생했던 일본도 온산 괴질처럼 500여 명이 넘는 사람들이 한꺼번에 공해병에 걸린 사례는 없었던 거야. 하라다는 온산 괴질은 수질 오염과 대기 오염 등 여러 공해가 복합적으로 작용한 결과라고 결론을 내렸어. 물론 정부는 끝까지 공해병이라고 인정하지 않았어. 하지만 온산 괴질이 점점 심각한 사회 문제로 커지자 정부는 온산 공업 단지의 주민들을 아예 다른 곳으로 이주시켜서 문제를 잠재우려고 했단다.

온산 괴질을 겪으면서 우리 사회는 공해의 심각성에 대해 눈을 뜨게 되었어. 하지만 어디 온산뿐이었겠니? 대형 공업 단지는 물론이고 농약과 화학 비료가 널리 쓰이는 농촌도 공해병에서 자유롭지 않았단다. 그 가운데 온산 괴질이 특히 사회적으로 크게 알려진 덕분에 이때부터 환경 문제에 관심을 갖고, 찾아내 알리며, 바로잡도록 하는 환경 운동이 활발하게 전개되기 시작했어.

통일벼와 식량 자급의 꿈

이번에는 가장 기초적이고 가장 오래된 산업, 농업 분야에서의 과학 기술을 살펴보자. 요즘은 쌀이 많이 남아돌아 '처치 곤란'이란 말까지 나오고 있어. 예전에 비해 쌀 생산량과 공급량이 늘어났기 때문이기도 하지만 무엇보다도 우리나라 사람들이 예전만큼 쌀을 소비하지 않아서 그래.

사실 이만큼 쌀이 풍족해진 것은 얼마 되지 않은 일이야. 바로 몇 십 년 전까지만 해도 우리나라 식량 생산은 항상 부족했어. 인구는 계속 늘어나는데 농사짓는 땅은 한정되어 있었으니 말이야. 내가 초등학교를 다닐 적만 해도 점심시간마다 도시락 검사를 했단다. 도시락을 챙겨 왔는지 확인하는 게 아니야. 바로 '혼식 검사'야. 쌀과 다른 곡식이 섞인 비율을 검사한 거야. 흰 쌀밥만 싸 왔다가는 점심도 못 먹고 공부해야 했어.

"아하, 쌀이 부족해서 그런 거군요?"

맞아. 쌀이 귀하다 보니 소비량을 제한하려고 혼식을 장려한 거야. 건강에 좋지만 방구 뽕뽕 나오는 보리밥에 질려서 콩 몇 개만 도시락에 심는 잔꾀를 부리기도 했지. 하지만 콩의 빈도를 따지는 것으로 가차 없이 검사를 했어. 혼식 검사는 당시 전국의 초·중·고등학교 모든 학급에서 이루어졌어. 지금은 도시락 대신 학교 급식을 하고 있기 때문에 혼식 검사는 옛 추억이 되어 버렸구나.

자, 혼식을 장려하는 분위기에서 정부는 쌀의 생산을 늘리는 데 엄청 신경을 썼어. 쌀을 가장 많이 수확할 수 있는 방법이 뭐였을까?

혼분식 장려 포스터 생산하는 쌀이 충분하지 않았던 시절에는 쌀에 보리나 콩 등 잡곡을 섞어 먹는 혼식과 쌀 대신 밀가루로 만든 빵이나 국수, 라면 등의 분식을 장려했단다. 요즘에는 사람들이 쌀을 많이 먹지 않아 쌀이 남아돈다는데 예전과는 정반대의 상황이야.

"벼를 많이 심고, 튼튼하게 자라게 하는 것인가요?"

그래, 벼를 잘 자라게 하는 것도 방법이야. 하지만 더 확실한 방법은 쌀이 많이 열리는 벼를 개발하는 거야. 병충해에도 잘 견디고, 가뭄에도 잘 견딜 수 있는 품종의 벼를 심는다면 쌀 생산량이 확실하게 늘겠지? 이쯤 되면 생각나는 사람이 있을 거야. 일본에서 농업을 공부하고 돌아와 각종 채소 씨앗을 보급하고, 종을 합성해서 새로운 식물을 만들어 냈던 농학자.

"우장춘 박사!"

맞아. 우장춘도 새로운 품종의 벼를 개발하려고 했어. 한 번 심어서 두 번 거둘 수 있는 벼를 연구했지. 끝내 성과를 거두지 못하고 세상을 떠나긴 했지만 우장춘이 우리 농학과에 심고 키운 '육종학'이라는 학문을 통해 여러 농학자들이 벼 품종 개발에 뛰어들 수 있었어. 그 가운데 눈에 띄는 인물이 농학자 허문회야. 허문회가 어떤 일을 했는지 살펴보기 전에 당시의 식량 생산과 관련된 세계적 상황을 알아야 해.

1950년대 이후 식량 부족은 우리나라만의 문제가 아니었어. 제2차 세계 대전이 끝난 후 세계적으로 인구가 폭발적으로 증가했고 이 때문에 식량이 크게 부족했거든. 이때 미국을 중심으로 식량 늘리기 운동인 '녹색 혁명'이 일어나. 녹색 혁명으로 미국은 밀의 품종 개발에 힘을 쏟았고, 우수한 품종의 밀을 개발하는 데 성공했어. 여기에 영향을 받아서 1962년 후반 필리핀 마닐라에도 '국제 쌀 연구소'가 세워졌는데 이곳에서 '기적의 쌀'이라 부르는 벼(IR8)가 개발되었어. 수확량도 많고, 이삭이 빨리 여물고, 화학 비료를 많이 주어도 잘 썩지 않고, 벼에 잘 생기는 도열병에도 저항성이 높은 대단한 녀석이었단다. 다만 맛이 없어 별 인기를 못 끌었지만, 이 품종을 바탕으로 연구를 계속해서 더 나은 벼 품종(IR24, IR36)들이 개발되었어.

자, 쌀 생산량 늘리기가 시급했던 우리나라의 농학자들이 어떤 반응을 보였겠니? 당장 1964년부터 마닐라 국제 쌀 연구소에 가서 새로운 벼 품종을 찾아내기 위한 연수를 받기 시작했어.

그런데 우리나라 사람들과 동남아시아 사람들이 먹는 쌀이 똑같은 쌀일까? 아시아에서 찰진 쌀을 먹는 건 우리나라와 일본뿐이야. 마닐라의 국제 쌀

허문회(1927~2010년)
서울대학교 농학 대학에서 농학을 공부하고, 미국 텍사스의 A&M대학교(Agricultural and Mechanical College ; 농업 및 기계 대학교)를 졸업했어. 1968년 서울대학교에서 박사 학위를 받았지. 1964년부터 필리핀 국제 쌀 연구소에서 새로운 품종의 쌀을 연구했어. 이후 개발에 성공한 통일벼 품종을 우리나라에 보급했어. 1960년 이후에는 서울대학교 농학 대학의 교수로 지냈고, 1972년부터 1985년 사이에는 농업진흥청 작물시험장(오늘날 농촌진흥청 국립식량과학원) 연구관을 겸임했어. 2010년에 통일벼와 육종학 발전의 공으로 과학 기술인 명예의 대상으로 헌정되었단다.

稻熱病
벼 도 / 더울 열 / 병 병
다 자란 벼의 잎사귀를 갈색으로 마르게 만드는 병이야. 갈색으로 불에 탄 것 같은 모양이라 '열' 자를 썼어.

연구소에서 개발한 벼에서는 찰지지 않은 쌀이 나오는 거지. 그런 품종을 그대로 쓸 수는 없고, 어떻게든 찰진 쌀 품종을 만들어 내야 하는 과제가 생겼어. 바로 이때 허문회가 한 일이 개발된 쌀의 장점을 고스란히 안고 있으면서도 우리 입맛에 맞는 쌀 품종을 얻어 낸 거야. 그게 바로 1970년 무렵 세상에 나온 통일벼야. 수확이 많고, 비료에 썩지 않고, 병에 강하면서도 그럭저럭 우리의 입맛에 맞는 쌀이었어.

"그럭저럭? 아주 맛있다는 뜻은 아닌 것 같은데요?"

그래, 사실 통일벼는 이전에 먹던 쌀에 비해 맛이 많이 떨어졌어. 그럼에도 농촌진흥청을 비롯한 정부 기관에서는 통일벼의 재배를 강력히 권장하고 나섰어. 1972년부터 본격적으로 통일벼를 심기 시작했지. 그런데 통일벼를 심은 첫해에는 냉해 때문에 통일벼가 집중 피해를 입었어. 따뜻한 나라에서 온 품종이었기 때문인지 우리나라의 재래종만큼 냉해를 견디지 못한 거야.

하지만 이듬해에는 대풍작이었어. 재래종보다 무려 30퍼센트 이상 더 수확하게 된 거야. 그러자 정

세 가지 종류의 벼 왼쪽부터 통일벼, 조동지벼, 일품벼야. 조동지벼는 1950년대까지 주로 재배되었던 벼고, 일품벼는 1990년대에 장려되어 재배된 벼야.

부에서는 '쌀 3000만 석 돌파 생산'을 목표로 통일벼 재배를 장려했고, 이듬해 3086만 석의 쌀을 생산해 목표량을 돌파했단다. 1977년에는 1000제곱미터당 494킬로그램, 총 4000만 석을 거두었어. 단위 면적 당 세계 최고의 쌀 생산 기록이었지.

그런데 1978년 전국적으로 도열병이 퍼지면서 통일벼 재배는 위기를 맞게 되지. 원래 통일벼는 도열병에 강하다는 게 장점이었는데 그해 도열병균은 통일벼만을 집중 공격하는 돌연변이종이었어. 안 그래도 맛이 떨어진다는 평을 받고 있던 통일벼는 도열병과 냉해를 이겨내지 못하고 1979년부터 빠르게 자취를 감추었어.

오늘날, 통일벼의 역사를 연구하는 김태호 선생은 당시 통일벼가 좋다고 선전했던 정부의 논리에 잘못된 점이 있다고 지적한단다. 당시 정부는 쌀의 생산량이 늘어난 것이 통일벼 때문이라고 했지만 일반 쌀의 생산량도 통일벼와 마찬가지로 높아졌다고 해. 쌀 생산량의 증가는 벼의 품종 때문만이 아니라 통일벼 재배를 권장하며 함께 보급한 비료와 농약 덕분이라는 거야.

"결국 통일벼는 실패한 거잖아요? 우리 과학사에 무슨 의미가 있나요?"

그 질문의 답은 김태호 선생의 의견으로 대신할게. 김태호 선생은 통일벼 도입으로 우리 농업이 얻은 이득을 두 가지 꼽았어. 하나는 농민들이 통일벼 권장 사업을 통해 '과학적 영농'의 중요함을 깨닫게 되었다는 거야. 다른 하나는 통일벼 품종 개발 과정에서 우리의 농학, 특히 육종학이 세계적인 수준에 도달했다는 것이지.

> **營農**
> 경영할 영 / 농사 농
> 농사를 짓는 일을 통틀어 가리키는 말이야.

그러나 농민들의 삶에 대해서도 생각해 볼 필요가 있어. 김태호 선생은 이런 질문도 던졌거든. 수확을 많이 할 수 있는 벼를 심고 길렀던 농민들의 삶은 전보다 더 좋았을까? 농촌의 발전 속도보다 도시의 발전 속도가 훨씬 더 빨랐기 때문에 녹색 혁명의 열매는 농촌을 살찌우는 쪽으로 발전하지 않았다는 점, 쇠락한 중소농민이 농촌을 떠나 도시로 모여들어 '맛없는' 통일벼 정부미를 사먹는 노동자가 되었다는 점이 그 대답이라고도 했어. 다소 우울한 녹색 혁명이지?

政府米
정사 정 / 곳집 부 / 쌀 미
쌀값 조절 및 군사용으로 정부가 사들여 놓은 쌀.

나무 박사 현신규와 국토의 산림녹화

자, 농학 이야기를 했으니, 임학에 대해서도 잠깐 이야기해야겠구나. 2006년부터 공휴일이 아니게 되어서 그런지 요즘에는 식목일에도 나무 심는 모습을 많이 보지 못한 것 같아. 40여 년 전만 해도 헐벗은 산이 적지 않고 학교에서 솔잎을 갉아먹는 송충이를 잡으라며 학생들을 산에 보내기도 했단다. 바로 그런 시절에 나무의 품종 개량이 이루어졌는데 관련해서 기억해야 할 과학자가 현신규

林學
수풀 임 / 배울 학
산과 숲에 대한 학문으로 농학의 한 종류야.

(1911~1986년)야. 수원고등농림학교를 나온 현신규는 규슈제국대학 임학과를 1936년에 졸업했어. 광복 이후에 수원농림전문학교에서 학생들을 가르쳤는데 학교가 서울대학교 농과 대학으로 개편되면서 자연스럽게 서울대학교의 교수가 되었지. 이때 현신규는 나무의 품종을 개량하는 연구로 '리기테다소나무'를 만드는 데 성공했어. 리기테다소나무는 리기다소나무와 테다소나무를 교잡시켜 얻어 낸 나무야.

리기다소나무와 테다소나무는 모두 미국산 소나무인데 우리나라의 소나무보다 크다는 것이 장점이지. 리기다소나무는 척박한 땅에서도 잘 자라고 병충해에도 강하지. 하지만 곧게 자라지 않고 재질도 약해서 가공해서 쓸 수가 없었어. 테다소나무는 리기다소나무보다 재질이 좋고 빨리 자라기는 하는데 추운 데서는 잘 자라지 못해. 두 종이 자라는 곳이 워낙 다르다 보니 자연적으로는 교배하기 어려웠단다. 1954년 현신규는 이 두 종을 인공으로 교배해서 우수한 품질의 리기테다소나무를 만드는 데 성공한 거야. 그러고 나서 이미 국내에 널리 퍼져 있던 리기다소나무를 이 나무로 바꿔 나갔어. 이 새로운 '한국산 소나무'가 현신규의 첫 번째 업적이란다.

두 번째 업적은 너희들에게 좀 더 친숙할지도 모르겠구나. 1955년 이후 이태리포플러를 우리나라 풍토에 맞는 품종으로 개량했단다. 정부는 소나무보다 열 배, 낙엽송보다 여덟 배나 빨리 자라는 포플러를 적극적으로 나라 곳곳에 가로수로 보급했단다. 오늘날 우리가 가로수로 흔히 볼 수 있는 포플러가 바로 현신규의 포플러란다.

현신규의 마지막 업적은 우리가 '은사시나무'라고 부르는 새로운 품종의 나무를 만들어 낸 거야. 은사시나무는 '은백양'과 '수원사시나무'의 교잡종이야. 은사시나무는 경사진 곳에서도 잘 자라는 특성을 지녔기 때문에 험준한 우리나라 산에 심으면 딱 좋은 품종이야. 현신규의 이름을 따서 '현사시'라고도 불렀단다.

현신규는 임학을 통해 황폐해진 산을 다시 푸르게 하는 데 결정적인 기여를 했단다. 거리에서 커다란 포플러를 지나가거나, 숲 속에서 은사시나무를 보거나, 리기테다소나무를 발견할 때마다 '현신규'라는 이름이 기억날 것 같지 않니?

첨단 과학 기술, 반도체로 세계 1등에 올라서다

지금 휴대 전화나 엠피쓰리 플레이어 가지고 있는 사람 있니? 휴대 전화, 엠피쓰리 플레이어, 컴퓨터, USB 메모리, 게임기 등 일상생활 속 전자 기기에는 대부분 반도체 메모리 칩이 들어있어.

> **반도체**
> 전기를 전하는 성질이 도체와 부도체의 중간 정도인 물질을 통틀어 이르는 말이야.

자, 지금부터 할 이야기는 바로 반도체 산업이야. 우리나라의 반도체 산업은 지금까지 살펴보았던 다른 산업들과는 성격이 달라. 메모리 분야에서 생산량과 생산 기술로 오늘날 세계 선두를 달리고 있거든. 특정 산업에서 줄곧 선두를 달리며 새로운 단계로 나아가는 건 쉽게 볼 수 있는 특징이 아니지.

1980년대까지만 해도 우리나라는 전자 제품에 꼭 필요한 반도체 대부분을 일본에서 수입했어. 1974년부터 반도체 사업을 시작하긴 했지만 실적은 미미한 상태였거든. 1982년이 되어서야 반도체 국산화 사업이 본격적으로 시작되었어. 1983년 국내 전자 분야의 선두를 달리던 기업 삼성은 도쿄에서 반도체 산업에 뛰어들겠다는 공식 선언을 했단다. 그때 했던 말을 한번 들어 볼래?

> 인구가 많고 자원이 없는 우리나라가 살아남을 길은 무역입국밖에는 없다. 우리가 반도체 사업을 시작하게 된 동기는, 세계적인 장기 불황과 선진국들의 보호 무역주의 강화로 값싼 제품의 대량 수출에 의한 무역도 이젠 한계에 와 있어 이를 극복하고 제2의 도약을 하기 위해서는 첨단 기술 개발밖에 없다고 판단했기 때문이다. …… 반도체는 제철이나 쌀과 같은 것이어서 반도체 없는 나라는 고등 기술의 발전이 있을 수 없다.

이 소식을 들은 일본은 코웃음을 쳤다고 해. 반도체 산업에 돈을 얼마나 많이 투자해야 하며 또 얼마나 수준 높은 기술이 필요한데, 아무런 기술력도 없는 나라가 뛰어들겠다니 한마디로 어리석은 짓이라는 반응이었지.

게다가 우리나라는 반도체 제품 중에서도 수익이 가장 높지만 기술 개발의 수준 역시 가장 어려운 'D램'을 만들기로 했어. '고위험, 고수익'의 길을 선택한 거야. 어차피 기술력이 떨어진 상태라면 센 놈을 붙잡고 씨름해야 그 격차를 줄일 수 있다고 생각했기 때문이었어. 마찬가지 이유로 메모리 용량도 1, 4, 16, 32킬로바이트순으로 차근차근 만든 게 아니라 당시로서는 최대치에 근접한 64킬로바이트 D램을 선택했어. 반도체의 역사를 연구한 송성수 선생은 이를 두고 '걸음마 단계에 있는 아이가 갑자기 달리기를 하겠다는 것과 같았다.'라고 표현했지.

정부는 전자 수출 산업을 중요하게 생각해서 반도체 산업을 적극적으로 지원했어. 이때 한국전자기술연구소 같은 연구소

D램(D-RAM)
반도체 기억 장치인 램(RAM)은 컴퓨터 같은 전자 기기에 쓰이는데, 정보나 명령을 판독해 내고 기록할 수 있는 장치로 언제든 입출력이 가능해. 램은 S램과 D램으로 나뉘는데 S램은 전기가 없는 상태에서도 기억을 계속 보존하고, D램은 전기가 없으면 시간이 흐를수록 점점 기억이 흐려지지. S램은 기억을 유지하기 위해 회로가 복잡하고 소자의 수가 많아. D램은 짧은 주기로 재충전시키면 기억이 유지되지. D램은 대용량이면서도 소비하는 전력이 S램의 반밖에 되지 않아서 컴퓨터에 주로 쓰여.

> **한국전자기술연구소(KIET)**
> 정보통신 관련 기술을 연구하고 개발하기 위한 연구소야. 정부에서 1976년 12월에 설립했어. 주로 전자 기기·컴퓨터·반도체 등의 국산화를 위한 연구가 진행되었지. 1980년대에 우리나라 최초의 국산 컴퓨터가 나올 수 있었던 건 한국전자기술연구소에서 이루어졌던 연구들 덕분이기도 해.

들이 생겨났지. 높은 기술 개발이 요구되는 산업인 만큼 D램을 만들기 위해서는 정확한 정보와 기술이 필요했어. 이미 미국과 일본이 치열한 경쟁을 벌이고 있는 상황이긴 했지만 우리나라는 어렵게 미국의 마이크론 테크놀로지, 일본의 샤프로부터 기술을 전수 받기로 했어. 기술을 배우면서 동시에 미국 반도체 업계에서 활동하고 있던 우리 연구자들을 파격적인 조건으로 스카우트 했단다. 그들을 중심으로 최신 정보를 수집하고 새로운 기술을 개발하기 시작했지.

　1983년 7월 우리나라의 반도체 산업체는 아예 미국 캘리포니아의 실리콘 밸리에 현지 법인을 세우고, 반도체 연구자들을 모으고, 국내 인재들을 보내 교육을 시켰단다. 그로부터 6개월 후 우리나라는 D램을 만들어 내는 데 성공했어. 미국, 일본에 이어 세계에서 세 번째로 64킬로바이트 D램 개발에 성공한 거야. 덕분에 선진국과 기술 개발 수준의 차이가 3년 내외로 크게 단축되었어.

　D램을 처음 만든 이후 우리나라의 반도체 생산 기술은 놀라운 속도로 발전하기 시작했어. 1984년에는 256킬로바이트 D램, 1986년에는 1메가바이트 D램, 1988년에는 4메가바이트 D램, 1989년에는 16메가바이트 D램까지 착착 만들어 나갔단다.

　1993년이 되자 우리나라는 미국과 일본을 뛰어넘어 메모리 반도체 부분에서 세계 1위를 차지했고 지금까지 선두를 유지하고 있어. 물론 메모리 반도체 말고도 생활 가전제품을 만드는 기술도 함께 발달했지. IT(Information Technology; 정보통신 기술) 산업은 또 어때? IT 강국이라 불리는 우리나라의 통신 회사들은 오늘날 미국, 중국, 베트남, 말레이시아, 인도네시아, 우즈베키스탄, 네팔, 몽골, 아프리카 르완다에 이르기까지 세계 곳곳을 누비고 있어. 와이브

오늘날의 D램 우리나라의 반도체 기술은 날로 발전해서 반도체 산업의 선두에서 달리고 있어. 처음 도전했던 D램 분야에서도 꾸준히 차세대 제품 개발에 힘을 쏟아서 오늘날에는 나노를 활용한 기가바이트 급의 D램까지 선보였어.

로, CDMA, 3G 등 우리의 통신 인프라와 소프트웨어, 콘텐츠가 세계를 뒤덮고 있단다.

많은 사람들의 희생 위에 이루어진 경제 성장

지금까지 살핀 내용을 잘못 이해하면 우리나라의 경제 성장은 오로지 기술의 발전 덕분이라고 생각할지 모르겠구나. 기술이 경제 성장의 중요한 요소임에는 틀림이 없어. 그렇지만 우리나라의 근현대 사회와 과학에 대해 연구한 김영식 선생이 지적하듯 산업화 과정 속의 기술들은 이미 외국의 기술을 그대로 들여와 짧은 기간에 습득한 게 대부분이야. 외국에 특별히 전수할 만한 우리 고유의 기술은 없었단다. 다만 외국에서 들여 온 기술이 낮은 임금의 노동력과 결합해 국제적인 경쟁력을 갖출 수 있었던 거야. 1960년대부터 1990년대에 이르는 우리나라의 산업화 과정에서 잊어서는 안 되는 사람들이 있어. 바로 공장에서 일했던 노동자들이야. 낮은 임금으로 인간 대접도 못 받고, 고생하며 산업화를 일군 사람들이기 때문이란다.

1970년 평화시장에서 한 노동 운동가가 몸에 휘발유를 끼얹고 몸에 불을 질렀어. 활활 타오르는 불길 속에서 그는 외쳤어.

"근로 기준법을 지켜라! 우리는 기계가 아니다! 내 죽음을 헛되이 하지 말라!"

이 사람은 평화시장 봉제 공장의 재봉사였던 전태일(1948~1970년)이야. 당시 22살의 청년이었던 전태일은 왜 몸을 불살랐을까?

1965년 평화시장의 한 봉제 공장 재봉사로 취직한 전태일은 하루에 14시간에서 15시간씩 일을 했어. 그렇게 종일 일을 하고도 겨우 차 한 잔 값인 50원을 일당으로 받았단다. 그런 상황에서도 전태일은 자기보다 어린 여공들이 지독히 나쁜 환경 속에서 과중한 노동에 시달리는 걸 보았어. 봉제 공장에서 일하던 여공들은 나쁜 작업 환경 때문에 폐렴이나 눈병이 나면 강제로 쫓겨났어. 그때부터 전태일은 노동 운동에 관심을 갖고 공부하기 시작했어.

1968년 전태일은 우리나라의 법에는 근로 기준법이 있다는 걸 발견했어. 하지만 전태일이 일하고 있는 봉제 공장이나 다른 공장들 가운데 근로 기준법을 지키는 곳은 없었단다. 이 문제를 바로잡기 위해 전태일은 노동 운동 조직을 결성하고 우선 평화시장의 노동 실태를 조사했어. 동시에 근로 기준법대로 노동자들의 노동 시간, 노동 환경을 개선시켜 주고 알맞은 임금을 지급하라고 사업주에게 요구했단다. 하지만 사업주는 전태일의 요구를 들어주지 않았어. 결국 1970년 11월 13일, 전태일은 동지들과 함께 노동자의 권리를 전혀 지켜 주지 못하는 종잇조각에 불과한 근로 기준법의 '화형식'을 거행하기로 결심하고 시위를 벌였어. 물론 사업주와 경찰이 이를 강력히 저지했고, 전태일은 원래 태

1980년대 공장의 모습 구로 공업 단지의 어느 공장 풍경이야. 복잡해 보이지? 1960~1970년대에는 이보다 훨씬 좁은 공간에 창문도 없는 공장에서 일하는 어린 여공들이 많았단다.

우려던 현수막 대신에 자신의 몸을 태웠단다.

전태일의 죽음으로 우리나라에서도 본격적인 노동 운동이 시작되었어. 전태일이 아니었다면 우리나라 노동자의 기본적인 권리는 수십 년 뒤에나 지켜졌을지도 몰라.

전태일이 죽고 난 뒤 발견된 그의 일기장에는 이런 대답 없는 편지가 남아 있었다는구나.

> 대통령 각하! 저는 제품(의류)에 종사하는 5년 경력의 재단사입니다. 저희 직장은 시내 동대문구 평화시장으로, 의류 전문 계통으로선 큰 규모를 자랑하는 곳입니다. 물론 근로 기준법에 해당하는 기업체임을 잘 압니다. 그러나 저희들은 근로 기준법의 혜택을 조금도 받지 못하고 있으며, 전 종업원(2만여 명)의 90퍼센트 이상이 평균 연령 18세 여성입니다. 하루 15시간의 작업은 너

무 과중합니다. 2만 명 중 40퍼센트를 차지하는 시다(보조공)들은 15세의 어린 사람들로, 저 착하디착하고 깨끗한 동심들을 더 상하기 전에 보호하여 주십시오. 근로 기준법이 우리나라의 법임을 잘 압니다.

우리나라의 산업화는 비단 전태일뿐만 아니라 많은 사람의 고통을 딛고 이루어졌어. 어디 여공뿐이었겠니? 파독간호사, 파독광부라고 들어 봤니? 1960년에서 1970년대에 수많은 간호사와 광부가 서독(독일 서부의 연방공화국으로, 1990년 동독과 통일해 독일연방공화국을 이룸)에 돈을 벌기 위해 나갔단다. 돈을 벌기 위해 우리나라로 온 외국인 노동자를 생각하면 될 거야. 당시 서독 사람이 꺼리는 직종인 광부로 약 8000명, 간호사로 약 1만 1000명 정도가 파견되었어.

1965년에서 1971년 동안 월남(베트남)에 파병된 사람들도 마찬가지야. 미국의 베트남 전쟁에 우리의 군을 파견하면서 군인과 기술자 송금, 베트남의 건설 사업, 특별보상 지원금으로 총 8억 달러 이상이 국내로 들어왔단다.

또 미국이 무상원조를 완전히 중단했던 1965년에 우리나라는 해방 이후 단절되었던 일본과 국교를 정상화했어. 그 대가로 일본으로부터 5억 달러를 받았단다. 그 돈은 일제 강점기의 수탈, 징용, 징병의 대가를 국민들의 의사와 상관없이 일괄적으로 받아낸 거야.

이처럼 우리나라의 산업화는 과학 기술계의 노력과 발전으로만 이루어진 것이 아니야. 어려운 환경 속에서 일했던 노동자들과 우리 국민들의 눈물과 피땀 어린 노력이 더불어 이루어진 거란다.

○ 비밀노트

덧없이 돌고 도는 여공의 미싱

1989년 노래패 '노래를 찾는 사람'은 산업화 시대 여공의 고달픔을 〈사계〉라는 노래로 담아냈어. 봄·여름·가을·겨울 미싱(재봉틀)을 돌리는 여공의 사계와 덧없이 흘러가는 그들의 청춘이 재봉틀처럼 빠른 템포로 연주되는 노래란다.

> 빨간 꽃 노란 꽃 꽃밭 가득 피어도 하얀 나비 꽃나비 담장 위에 날아도 따스한 봄바람이 불고 또 불어도 미싱은 잘도 도네 돌아가네.
> 흰 구름 솜구름 탐스러운 애기구름 짧은 샤스 짧은 치마 뜨거운 여름 소금 땀 비지땀 흐르고 또 흘러도 미싱은 잘도 도네 돌아가네.
> 저 하늘엔 별들이 밤새 빛나고 찬바람 소슬 바람 산 넘어 부는 바람 간밤에 편지 한 장 적어 실어 보내고 낙엽은 떨어지고 쌓이고 또 쌓여도 미싱은 잘도 도네 돌아가네.
> 흰 눈이 온 세상에 소복소복 쌓이면 하얀 공장 하얀 불빛 새하얀 얼굴들 우리네 청춘이 저물고 저물도록 미싱은 잘도 도네 돌아가네.
> 공장엔 작업등이 밤새 비추고 빨간 꽃 노란 꽃 꽃밭 가득 피어도 하얀 나비 꽃나비 담장 위에 날아도 따스한 봄바람이 불고 또 불어도 미싱은 잘도 도네 돌아가네. 미싱은 잘도 도네 돌아가네. 미싱은 잘도 도네 돌아가네.

▼
- 충주 비료 공장에 대한 정보는 1986년 9월 3일자 〈동아일보〉를 참고했어.
- 경부고속도로에 대한 부분은 〈역사비평〉 85호에 실린 김근배 선생의 글 〈박정희 정권의 과학 기술〉과 한국도로공사의 관련 자료를 토대로 삼았어.
- 포항제철과 삼성반도체에 대해서는 송성수 선생의 〈한국 철강 산업의 기술능력 발전과정(1960~1990년대의 포항제철)〉을, 통일벼에 대해서는 국사편찬위원회에서 펴낸 《근현대 과학 기술과 삶의 변화》에 실린 김태호 선생의 글 〈녹색혁명, 그 빛과 그림자〉를, 현신규에 대해서는 이문규 선생의 《한국 과학기술 인물 12인》에 실린 글 가운데 〈황무지에서 삼림부국의 꿈을 키운 임목육종학자 현신규〉 부분을, 온산 괴질에 대해서는 2006년 〈위클리경향〉에 실린 신동호 선생의 글 〈온산병 사태(1)~(5) "우리 아이들만은 살려주이소!"〉를 거의 전적으로 참고했어.
- 전태일에 대한 내용은 《위키백과》를 참고했어.
- 송성수 선생의 《소리없이 세상을 움직인다》에는 오늘날 우리나라가 세계 시장에서 선점하고 있는 반도체나 CDMA 단말기, 철강, 자동차 등 여러 산업과 상품에 대해 잘 나와 있는데 어려운 말이 나오긴 하지만 궁금하다면 찬찬히 읽어 봐도 좋아.

9 첨단 산업 기술의 주춧돌, 이공계 학교

앞에서 제철 산업을 살펴보며 '산학연 시스템'을 잠깐 이야기했는데 기억 나니? 기술을 안정적으로 발전시키고, 산업을 이끌어 나갈 다음 인재를 키우기 위해 산업체와 학교, 연구소가 서로 하나의 체제를 이룬다고 했었지. 이러한 산학연 체제가 자리를 잡고, 이공계 교육 체제가 제대로 마련되기까지 우리나라는 시행착오를 겪었단다. 그 과정 끝에 전문 이공계 학교들이 세워졌고, 덕분에 오늘날의 첨단 산업이 발전할 수 있었어. 대표적인 학교가 바로 카이스트와 포항공과대학교야.

먼저 카이스트의 설립부터 알아볼까? 카이스트를 알려면 원자력 이야기가 나왔을 때 잠깐 나왔던 한국과학기술연구원(KIST), 한국과학원(KAIS), 한국과학기술대학(KIT)을 먼저 알아야 해.

"과학기술원, 과학원, 과학기술대학……, 다 비슷비슷한 것 같은데요."

그래, 이름이 비슷비슷해서 좀 헷갈릴 수도 있어. 그래도 이름을 곰곰이 따져 보면 약간씩 다른 점을 찾아낼 수 있을 거야. 어떤 건 연구소이고 어떤 건

대학원이야. 오늘날 카이스트가 만들어지기까지 연구소와 대학원의 통합, 대학과 대학원의 통합 등 몇 차례의 변화들이 있었단다.

우리나라의 대표 연구 기관, 한국과학기술연구원(KIST)

키스트라고도 부르는 한국과학기술연구원의 설립은 1965년 5월 미국의 존슨 대통령이 처음 제안했어.

"어라, 미국 대통령요?"

그래, 그 이유를 알려면 1964년에 있었던 베트남전 파병을 알아야 해. 1960년대 미국은 베트남에서 공산 국가와 전쟁을 치르며 매우 심한 전쟁 반대 여론에 시달렸어. 전쟁으로 수많은 미국 젊은이들을 희생시킨 데 대한 불만이 나타난 거야. 그래서 더 이상 미군을 파견하기 어려웠단다. 대신 우방에 지원을 요청했는데 거기에 응한 나라가 우리나라였어. 한국 전쟁 때 미국이 준 도움과 파병으로 생길 막대한 이익이 참전 동기였지. 미국의 '더러운' 전쟁에 참여한다는 강한 비난을 무릅쓰고 1965년 2월 비전투 부대인 비둘기 부대 2000명이 첫 선발대로 떠났어. 그리고 같은 해 5월 미국 대통령은 우리나라와의 정상 회담 자리에서 파격적인 제안을 내놓았단다.

> **友邦**
> 벗 우 / 나라 방
> 서로 우호적인 관계를 맺은 나라를 뜻해.

미국이 1억 5000만 달러를 싼 이자로 빌려 주고, 우리나라의 산업 발전에 기여할 과학기술연구원 설립도 지원해 주겠다는 내용이었지. 대신 우리나라는 8년 동안 베트남 전쟁에 총 34만여 명을 보냈단다. 미국이 1968년에 휴전을 맺고도 1973년에 철수를 했지.

참전의 대가로 우리나라는 많은 외화를 획득했고, 군사 기술과 군 장비의 현대화는 물론, 현대식 과학기술연구원도 얻었어.

"참전을 하지 않았다면 한국과학기술연구원은 생겨나지 못했을까요?"

한국과학기술연구원의 설립이 꼭 참전의 대가만은 아니었어. 당시 미국은 세계 각 나라에서 '두뇌 유출'을 일으키는 나라라고 비난 받았어. 미네소타 프로젝트를 통해 유학을 갔다가 미국에서 돌아오지 않았던 유학생들 기억하지? 나라의 발전을 위해 보낸 인재가 돌아오지 않는 것, 이걸 두뇌 유출이라고 해. 이 현상은 제2차 세계 대전 이후 발생했어. 주로 유럽의 인재가 미국으로 많이 흘러 들어갔지. 미국은 오명을 벗기 위해 우리나라에 연구소를 지어 주고

미국에 가 있던 우리나라의 인재를 귀국시키려고 했어. 한국과학기술연구원의 설립과 거기에 필요한 우리나라 과학자를 보내는 일은 그런 목적에 딱 맞았던 거야.

1965년 미국의 바텔기념연구소가 한국과학기술연구원의 설립을 도와주었고, 이듬해 2월 한국과학기술연구원이 발족했단다. 원자력연구소의 소장을 지낸 최형섭이 초대 소장이 되었지.

한국과학기술연구원의 과학자들은 가장 좋은 대우를 받았어. 현대적인 시설과 뛰어난 인재를 갖춘 한국과학기술연구원은 우리나라의 대표 연구 기관으로 성장했지. 이곳에서 연구를 했던 과학자는 다른 곳에서도 큰 몫을 했고, 한국과학기술연구원을 모방한 다른 연구 기관들도 많이 생겨났단다.

최형섭(1920~2004년)
과학 행정가로 1944년 일본 와세다대학교 이공 대학 채광야금과를 나왔어. 해방 직후 경성대학교 교수로 지내다 1954년 미국으로 유학했어. 귀국한 뒤 1962년 원자력연구소 소장으로 발탁되었어. 1965년 한국과학기술연구원 설립에 참여했고, 이듬해 초대 소장이 되었지. 연구소의 해외 학자 유치, 연구 자율성 확보, 연구 환경 조성 등을 성공적으로 이끌었단다. 1971년부터 1978년까지 과학 기술처 장관을 최장수 역임하며 대덕 연구 단지의 조성에도 주도적인 역할을 했단다.

이공학 교육의 혁신, 카이스트의 탄생

한국과학기술연구원은 설립되자마자 재빠르게 발전 궤도에 올랐어. 그런데 연구원을 채울 연구자가 국내에 너무 부족했단다. 한국과학기술연구원은 순수 과학 연구 기관이었기 때문에 연구 인력을 양성할 수 없었거든. 당시 전국의 이공계 대학원 석·박사는 턱없이 부족했어. 그나마 있는 사람들의 수준도 높지 않았어. 1970년 국내 이공계 대학원의 정원은 1600명이었지만 졸업생은 석사 225명, 박사는 고작 14명에 불과했단다.

대학이 순수 과학 연구에 집중할 과학자를 키워 내는 것보다 당장 경제 발전에 도움이 될 만한, 즉 산업 기술에 필요한 일꾼을 만드는 데 집중한 탓이었어. 그렇다면 과학 연구를 더 하고 싶은 사람들은 어떤 길을 선택했을까?

"유학."

맞아. 이런 문제를 타파하기 위해 만들어진 게 한국과학원(KAIS)이란다. 당시 한국과학원이 설립되는 데 기여한 사람이 있어. 바로 과학자 정근모야. 사실 정근모보다 먼저 한국과학기술연구원의 소장 최형섭이 1968년에 한국과학기술연구원 산하에 고급 이공 대학을 설립해 달라고 정부에 요청했어. 하지만 경제기획원과 문교부의 강한 반대에 부딪쳐 요청은 거절당했지. 절묘하게도 마침 미국에 있던 젊은 과학자 정근모도 자신의 스승이자 한국 원조 담당자인 존 해나 박사에게 한국에 이공계 대학원을 설립하는 일을 제안했어. 그것도 기존에 설립된 대학원과 전혀 다른, 현대적인 교육 체제를 갖춘 이공계 대학원의 설립을 제안했지. 이 제안이 받아들여져 미국에서부터 일이 추진되었어.

우리나라 정부도 이를 받아들여 1971년에 새로운 이공계 대학원의 설립 허가가 났고, 1973년에 첫 입학생을 받았어. 이 이공계 대학원이 바로 '한국과학원'이었단다. 석좌 교수로 이태규 박사가 초빙되었고, 이상수가 초대 원장(총장)이 되었고, 설립에 결정적인 역할을 한 정근모는 부원장이 되었어.

한국과학원은 승승장구했어. 우선 외국에서 성공한 과학 연구자를 파격적인 조건으로 초빙해서 국내 최고의 교수진을 꾸렸어. 또 국내에서 가장 우수한 이공계 학생들을 선발했지. 정부도 한국과학원의 학생들에게 병역 면제와 생활비 지원을 보장했어. 한국과학원이 1975년부터 1980년까지 배출한 석·박사는 1000명 이상으로 당시 국내 석·박사의 30퍼센트에 달하는 숫자야. 게다가 한국과학원 졸업생은 산업체를 비롯해 실용성이 강한 연구에 특히 뛰어났기 때문에 정부와 기업의 연구소에서 환영을 받았어. 한국과학원의 성공은 국

> **정근모**
> 1939년에 태어난 정근모는 1959년에 서울대학교 물리학과를 졸업한 후 미국 유학을 떠나 1963년 미시간주립대학에서 박사 학위를 받고, 사우스플로리다대학에서 교수로 지냈단다. 1966년에 MIT 연구교수를 거쳐 1967년부터 미국 뉴욕공과대학에서 전기물리학과 부교수로 근무했어. 바로 그때 한국과학원 설립에 획기적인 기여를 했지.

내 이공계 교육에 큰 자극제가 되어 다른 대학의 수준을 높이는 데에도 큰 역할을 했단다. 또 사회적으로 과학을 잘하면 대접 받는다는 풍토를 만들었지.

1980년대 초까지 과학 인재를 길러 낸 한국과학원은 한국과학기술연구원과 통합되어 우리에게는 카이스트(KAIST)로 더 많이 알려진 '한국과학기술원'이 되었단다. 연구소와 과학 인재 양성 체제가 하나로 합쳐진 거야. 1984년에는 한국과학기술대학(KIT)이 설립되어 학사 과정의 이공계 교육 기관이 마련되었단다.

1989년, 카이스트는 한국과학기술연구원에서 분리 독립하고, 한국과학기술대학과 통합해 대전의 대덕으로 캠퍼스를 옮겼어.

카이스와 카이스트의 차이점은?

자, 이쯤에서 퀴즈 하나! 카이스(KAIS)와 카이스트(KAIST)의 차이점은 뭘까?
"아니 이렇게 쉬운 걸 내다니. '트'가 있고 없고의 차이 아니겠어요."
그래? '트(T)'가 뭐의 약자지?
"테크놀로지(Technology)!"
대답이 술술 나오네. 한국과학원의 영어 이름 카이스(KAIS)는 'Korea Advanced Institute of Science'의 약자야. 카이스트(KAIST)는 'Korea Advanced Institute of Science and Technology'의 약자이고. '테크놀로지'를 이름에 넣는가 안 넣는가에 따라 이름이 달라진 거야.
"테크놀로지 하나 넣고 빼고 하는 데 큰 차이가 있나요?"
우리가 '과학(Science)'이라 쓸 때가 있고, '과학 기술(Science and Technology)'이라 쓸 때가 있잖아. 보통 과학이 과학 기술 전체를 대표한다고 생각해서 이 둘을 같은 의미로 쓸 때가 많아. 그렇지만 학문적 측면을 강조할 때에는 '과학', 과학에 바탕을 둔 산업 연관 기술의 의미를 강조할 때에는 '과학 기술'이라고 쓰는 게 정확해. 그러니까 처음 한국과학원(KAIS)이 설립될 때에는 석·박사를 배출하는 학문적 성격을 더 뚜렷이 하기 위해 이름에 'T'를 안 넣었던 거야.

과학고등학교는 왜 생겼을까

1986년에 첫 신입생을 맞이한 한국과학기술대학은 과학고등학교의 탄생과 깊은 연관이 있어. 자, 생각해 봐. 산업 발전을 위한 연구를 진행하려고 한국과학기술연구원을 만들었어. 그랬더니 연구소에 필요한 인력이 부족한 거야. 그래서 한국과학원, 즉 이공계 석·박사 양성 기관을 설립했지. 그런데 이공계 교육을 보다 효과적으로 하려고 생각하다 보면 산업체, 연구소, 대학, 그리고 더 앞서 나가 고등학교까지 자연스럽게 생각

경기과학고등학교의 교실 풍경 우리나라 첫 과학고등학교인 경기과학고가 설립되고 1년 뒤인 1984년의 교실 풍경이야. 커다란 모니터와 키보드를 보니 컴퓨터 수업 중인 모양이야.

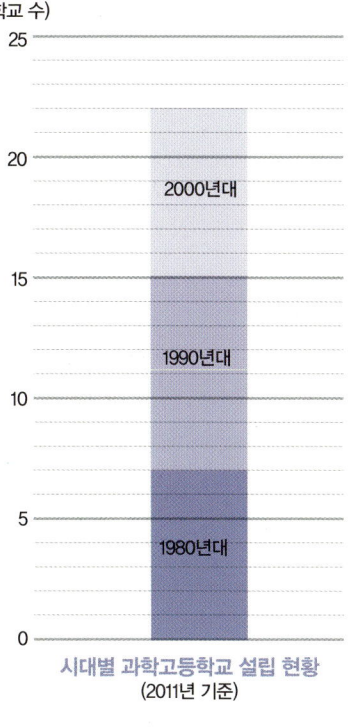

시대별 과학고등학교 설립 현황
(2011년 기준)

이 미치지. 과학 영재를 조기에 뽑아 교육시키려는 생각이 떠오른 게 당연해. 그 결과 당시 이공계 육성의 불길이 활활 타올랐던 거야.

마침내 1983년에 과학고등학교가 설립되었어. 그리고 1986년 첫 졸업생들이 한국과학기술대학의 첫 번째 입학생이 되었단다.

수원의 경기과학고등학교로 시작된 과학고등학교의 설립은 1984년 경남·대전·전남과학고등학교 설립으로 이어졌어. 1988년에는 대구과학고등학교가, 그 다음 해에는 서울과학고등학교가 생겼고, 오늘날에는 전국에 22개 과학고등학교가 있어.

과학고등학교 졸업생 가운데 우수한 학생들이 주로 한국과학기술대학에 진학했어. 그러니까 과학고등학교 졸업 → 한국과학기술대학 입학 → 한국과학기술연구원 또는 기타 연구 기관 진출의 사슬이 만들어진 거지. 그러다가 과학고등학교가 많이 늘어나면서 1990년대 중반 이후부터는 과학고등학교 졸업생들도 일반 대학으로 많이 진출하게 되었단다.

과학 기술 발전의 텃밭, 대덕 연구 단지

1966년 한국과학기술연구원의 설립은 새로운 교육 기관뿐만 아니라 대규모 연구 단지의 탄생으로도 이어졌어. 미국 노스캐롤라이나의 리서치 트라이앵글 파크, 프랑스 남부의 소피아 안티폴리스, 일본의 쓰쿠바 연구학원도시와 같은 과학 기술 중심 지역을 만들려는 아이디어를 자극한 거지. 그동안 우리나라의 산업화가 많이 진행되었고, 그만큼 과학 기술이 더 많이 필요해졌기 때문에 이런 구상이 나올 수 있었어. 게다가 한국과학기술연구원·한국과학기술정보센터·국방과학연구원으로 서울 홍릉에 꾸려진 연구 단지만으로는 늘어나는 기술 수요를 감당하기 힘들었어.

그래서 1973년 새로운 연구 단지를 만드는 계획이 시작되었는데, 당시에는 8년 동안 443억 원 투입, 20개의 연구 기관, 5만여 명의 인구를 목표로 구상했단다. 그런데 막상 연구 단지를 만들자 처음의 목표를 훌쩍 뛰어넘어 2000년 기준으로 생명 과학 분야 20개 연구소, 신소재·고분자 분야 14개 연구소, 정밀화학 분야 14개 연구소, 에너지·자원 분야 10개 연구소, 기계·해양·항공우주 분야 8개 연구소, 표준기초 분야 4개 연구소 등 총 90개의 연구 기관이 입주했어. 앞에서 이야기했던 1989년 카이스트의 이전도 이 계획에 따른 거야.

현재 대전의 대덕 연구 단지에는 국가에서 세운 연구소와 기업에서 세운 쟁쟁한 연구소가 많이 모여 있단다. 그밖에도 국립과학관, 엑스포공원, 대전천문대, 화폐박물관, 지질박물관 등이 있어.

우리나라의 칼텍, 포항공과대학교

너희들 혹시 '카포전'이라고 들어봤니? 포항공과대학교에서는 '포카전'이라고 하는데 연세대와 고려대가 벌이는 연고전 또는 고연전처럼 카이스트와 포항공과대학교가 대회를 벌이는 거야. 과학 기술을 공부하는 학교들답게 해킹 대회, 과학 퀴즈 대회, 인공지능 프로그래밍 대회, 스타크래프트 게임 대회 등을 벌이지. 이처럼 라이벌이 있어야 외롭지 않은 것 아니겠어?

1986년에 설립된 포항공과대학교는 이공계의 우수 연구 인력 확보를 위해 포항제철(오늘날 포스코)이 전폭 지원하여 만든 학교야. 캘리포니아공과대학

교를 줄여 칼텍이라 부르듯 포스텍이라고도 불러. '기초 과학과 공학 각 분야의 첨단 연구에 중점을 둔다.'라는 목표로 9개 학과로 단출하게 출발했고, 1988년에야 대학원 과정이 개설되었지.

앞에서도 봤듯이 포항제철은 1968년 이후 놀라운 속도로 발전해서 국내 철강 생산 능력을 선진국 수준으로 끌어올렸어. 하지만 1980년대 중반이 되면서 상황이 크게 달라졌어. 우리의 실력이 좋아지자 외국에서는 기술을 잘 전수해 주지 않았고, 더 발전하기 위해서 독자적인 과학 기술을 더 깊이 연구해야 할 필요성도 있었어. 그런데 우수한 두뇌들은 포항까지 내려가는 걸 꺼렸어. 모든 문제를 해결하기 위해 생각한 방법이 최고의 연구진을 초빙하여 '연구 중심의 대학을 설립하는 것'이었지.

포항공과대학교의 색깔은 초대 총장에 핵물리학자 김호길이 임명되면서 분명해졌어. 포항공과대학교를 캘리포니아공과대학교처럼 '일반 과학 기술 연구의 강자'가 되어야 한다는 것이 그의 생각이었지. 단순히 산업체 연구원을 길러내는 기관이라는 이미지에서 벗어나 대학 자체를 키우는 게 더 중요하다고 본 거야.

실제로 흔히 카이스트는 한국의 MIT(매사추세츠공과대학교), 포항공과대학교는 한국의 칼텍이라 불러. 이 말이 무슨 뜻인지 알겠니? 그건 카이스트가 MIT처럼 이공계 전 분야에서 뛰어난 수준을 보이고 있는 반면, 포항공과대학교는 칼텍처럼 소수의 엘리트 교육을 중심으로 한다는 걸 비유한 말이야.

자, 여기까지 살펴보니 어떻니? 나라의 경제 발전을 위해서 정부가 적극적으로 산업화를 이끌고, 과학 기술의 발전을 이끌어 낸 건 사실이야. 그렇지만 당시의 정부가 과학 기술 발전에 반드시 긍정적인 역할만 했다고 생각하는 건 곤란해.

이 주제를 연구한 김근배 선생에 따르면, 1960~1970년대의 과학 기술은 지나치게 정치권에 종속되어 정부가 원하는 방식 이외의 과학 활동은 크게 위축되었다고 해. 또 기초 과학이나 대학 내 과학 활동 또한 소외되었어. 한국과학기술연구원 설립이 아무리 긍정적인 성과를 이끌어 냈어도 이후 모든 연구소들이 한국과학기술연구원과 같은 체제만을 따르도록 강요한다면 오히려 해가 되는 거지. 정부의 적절한 지원은 과학 기술의 발전에 도움이 되지만 지나친 규제는 과학 기술의 충분한 발전에 걸림돌이 되기도 하는 거야.

김호길(1933~1994년)
1956년 서울대학교 물리학과를 졸업한 김호길은 1961년 원자력연구소 파견연구원으로 영국으로 건너갔고, 이후 미국으로 가서 로렌스 버클리연구소의 연구원이 되었어. 1966년 메릴랜드대학 물리학과 전기 공학과 교수가 되었는데, 여기서 방사광 가속 장치(핵물리학을 연구하는 데 없어서는 안 되는 장치야.) 설치를 주도했고, 1978년에는 미국 버클리대학으로 자리를 옮겼어. 1983년 귀국하여 연구 중심 과학 대학 설립을 꾀했는데, 그러던 차에 박태준 회장과 뜻이 맞아 포항공과대학교의 초대 총장이 된 거야. 이후 10년 동안 우리나라 최고 수준의 이공계 대학으로 키우며 포항공과대학교에 처음으로 방사광 가속기를 설치해 우리나라 핵물리학 연구의 길도 열었어.

서울대학교 '과사철 학파'의 등장

과학 기술에 집중적인 투자가 이루어지던 시절이라고 과학의 연구와 교육만 크게 발달한 게 아니야. 과학을 역사적, 철학적으로 공부하는 과학사와 과학 철학 등의 학문도 함께 발달했어. 그 덕분에 1984년 서울대학교에 '과학사 및 과학 철학 협동과정'이란 석·박사 대학원 프로그램이 생겨났어. 이 프로그램을 통해 과학사와 과학 철학 전문연구자들이 적지 않게 나왔어. 2011년 기준으로 석사 85명과 박사 25명을 배출했단다. 이 프로그램을 두고 '과사철 학파' 또는 이 프로그램의 창설자인 김영식 선생을 내세워 '김영식 사단'이라고도 하지.

'과사철 학파'는 우리 과학사 연구에서도 적지 않은 연구 성과를 냈어. 이런 연구 성과를 참고해서 우리 책 《한국 과학사 이야기》를 더욱 넓게, 깊게, 재미있게 쓸 수 있었단다. 강호제(북한 과학사), 김근배(근현대), 김성준(원자력사), 김연희(근대), 김태호(현대), 문만용(근현대), 문중양(조선 후기), 박권수(조선 후기), 송성수(현대), 신동원(의학사, 나야 나!), 이문규(중국 과학사), 임종태(조선 후기), 전용훈(천문학사), 정명현(조선 후기 박물학), 정인경(근현대), 허윤섭(천문학사), 홍성주(현대) 등이 그들이야.

▼
■ 카이스트에 대해서는 카이스트에서 출판한 《미래를 향한 끊임없는 도전, 카이스트 35년 한국의 산업 발달》을, 포항공과대학교에 대해서는 송성수 선생의 글을 참고했단다. 이밖에 《한국민족문화대백과사전》, 《브리태니커백과사전》, 《위키백과》 등을 참고했단다.
■ 우리나라 과학 기술 정책에 관련해서는 홍성주 선생의 논문 〈한국 과학 기술정책의 형성과 과학 기술 행정체계의 등장(1945-1967년)〉을 토대로 했어.

한국 과학자 이야기 만인보를 꿈꾸며

혹시 《만인보》라는 시집을 읽어 본 적 있니? 시인 고은은 우리나라 사람 만 명을 골라 시를 짓겠다는 포부를 세우고 1986년부터 시를 짓기 시작했어. 그렇게 지은 시 4001편을 모아 펴낸 시집이 《만인보》야. 모두 30권이나 되지. 만 명의 삶을 통해서 우리의 반만 년 역사 속 수많은 사람의 흥망성쇠를 담아내려 한 거야. 누구도 관심 두지 않았던 인물을 기억해 주고, 잘 알려진 인물의 인간적인 모습을 시를 통해 들춰냈어. 백정에서 시골 아낙, 교사와 학자, 민주화 투사와 승려, 정치인과 대통령을 망라하여 노래한 만인보 속에는 몇몇 과학자도 들어 있단다. 이휘소, 홍대용, 김정호 등이 그들이야.

흔히 우리나라 사람 가운데 노벨 과학상에 가장 근접했던 사람으로 꼽히는 유명한 핵물리학자 이휘소(1935~1977년)를 다룬 시에는 이휘소가 미사일 개발 설계도를 빼돌렸다거나 핵무기 제조 계획에 협조했다는 점이 나와 있는데 이건 전혀 근거가 없다고 알려졌어. 물론 이휘소가 페르미연구소 핵물리학의 권위자였다는 점, 운전 중에 반대편에서 굴러 온 타이어에 맞아 죽었다는 점, 의문의 죽음에 대한 청문회가 열렸다는 점, 박정희 대통령의 핵무기 개발 의지, 미국 대통령 카터의 경고, 박정희 대통령의 피살 등은 사실이야.

고은 시인은 이휘소라는 과학자에 대한 사실 여부를 확인하기보다는 1970년대 말 독재 정권에 대한 미국의 차가운 반응과 미군 철수에 대한 핵무기 개발과 독재 연장 시도 등을 드러내기 위해 이휘소의 '허구적인' 삶을 시 안에 끌어들였어. 또 해방 이후 최첨단 과학 분야를 연구한 과학자와 핵무기 소유에 대한 대중의 관심도 반영했지.

또 다른 시 '김정호'에서도 이 비슷한 걸 느낄 수 있어. 시인은 자신이 읽은 옛 김정호 전기로부터 시를 뽑아냈어. 근거 없다고 알려진 김정호 백두산 답사설이나 옥사설 같은 것 말이야. 김정호의 지도 제작에 대한 열정, 조선인에 대한 사랑을 시인의 애정을 담아 표현한 걸 거야.

고은 시인은 우리 역사 속 인물 가운데 4001명을 뽑아 《만인보》를 지었는데, 혹시 과학자만 대상으로 삼아도 그게 가능할까? 만 명의 과학자를 두고 시를 짓자는 이야기는 아니야. 유명한 과학자에서부터 이름이 잘 알려지지 않은 과학자까지 그들의 업적과 삶을 발굴하자는 취지에서지.

아무리 의미 있는 업적을 세웠다고 해도 이름이 제대로 알려지지 않은 과학자들이 많아. 《한국 과학사 이야기》를 읽기 전까지 너희가 알고 있었던 과학자들이 얼마나 되니? 새롭게 알게 된 과학자들이 적어도 20~30명으로 늘었을 거야. 이렇게 과학자에 대한 관심이 부족한 현실을 안타까워 한 몇몇 단체에서는 '우리나라 과학자 알리기 운동'을 벌이고 있어. 가장 대표적인 기관이 한국과학기술한림원으로 2003년부터 '과학 기술인 명예의 전당' 사업을 시작해서 매년 과학자를 선정하고 있지. 여기에 선정된 과학자는 우리나라 최고의 과학자로 인정을 받아 국립과천과학관에 영구 전시되는 명예를 누리게 돼. 명예의 전당에 누가 선정되었는지 살펴볼까? 2011년까지 총 28명이 선정되었는데 2명을 제외하고는 우리 책에서 다 봤던 이름들이야.

- 최무선 – 우리나라 최초로 화약과 화약 무기를 개발하고 활용한 과학자
- 이천 – 천문학, 인쇄술, 군사 분야에서 활약한 조선 시대의 과학 기술자
- 장영실 – 자격루를 개발한 조선 시대의 대표적인 과학 기술자
- 세종대왕 – 15세기 초 우리의 과학 기술을 세계 최고 수준으로 끌어올린 과학자이자 혁신적 리더

- 이순지 – 자주적 역법을 세운 조선 시대 초의 천문학자
- 허준 – 한의학의 전통을 우뚝 세운 의학자
- 홍대용 – 새로운 우주관을 제시한 조선 시대 말의 과학 사상가
- 서호수 – 조선 시대 말 최고의 천문역산가
- 김정호 – 전통 지도학을 집대성한 조선 시대 말의 지리학자(지도학자)
- 김점동 – 헌신적인 의료 활동을 펼친 우리나라 최초의 여의사
- 이원철 – 천문기상학을 개척한 우리나라 최초의 이학 박사
- 우장춘 – 종의 합성을 입증하고 채소 종자 자급을 실현한 유전육종학자
- 조백현 – 농학의 기틀을 닦은 선구자
- 이태규 – 우리나라 화학계의 성장에 이바지한 이론 화학자
- 안동혁 – 산업 기술과 공업의 기초를 다진 화학 공학자
- 김동일 – 실학의 전통을 계승한 산학협동의 선구자
- 석주명 – 우리나라 고유의 나비 연구의 기틀을 마련한 생물학자
- 장기려 – 간 연구의 선구자이며, 고귀한 인술을 펼친 의사
- 현신규 – 헐벗은 산림을 일으킨 임목육종학자
- 최형섭 – 과학 기술 행정의 기틀을 세운 금속 공학자
- 김순경 – 언제나 우리 민족을 소중히 여겼던 화학계의 큰 스승
- 김재근 – 조선 공학 및 선박 역사학의 개척자
- 이임학 – 우리나라 수학을 정립한 세계적 수학자
- 조순탁 – 우리나라 물리학계의 선구자이자 개척자
- 이호왕 – 유행성출혈열 바이러스를 발견, 예방 백신을 개발한 미생물학자
- 이휘소 – 세계 정상급의 소립자 이론물리학자
- 허문회 – 부족했던 쌀을 자급할 수 있게 한 세계적인 식물 육종학자
- 윤일선 – 의과학의 기틀을 다진 우리나라 최초의 병리학자

위의 인물들 가운데 우리 책에 등장하지 않은 과학자는 김순경과 조순탁이야. 김순경(1920~2003년)은 1943년 일본 오사카대학교 화학과를 졸업하고 서울대학교 화학과에서 교수로 지내다 미국의 루이빌대학과 템플대학교의 화학과 교수로 지냈어. 이론물리와 화학 분야에서 세계적인 업적을 남겼다고 해. 미국에 사는 우리 과학자들을 모아 재미과학기술자협회도 창립했어. 조순탁(1925~1996년)은 1947년 서울대학교 물리학과를 졸업하고 서울대학교 교수로 지내다 미국 미시간대학교로 건너가 이학 박사를 받았어. 우리나라 최초의 이론물리학자로 스승인 울렌벡과 함께 '조-울렌벡 이론'을 발표하여 세계 학계의 주목을 받았단다. 1974년 한국과학원의 원장을 지내는 등 우리나라 과학 교육에도 이바지했어.

우리나라 근현대 과학사 연구의 대표주자인 김근배 선생은 근현대의 과학 인물만 하더라도 최소 100명 정도는 특별히 관심을 둬야 한다며 명단을 만들었어. 바로 〈한국 근현대 과학기술자 100인(1880년대-1970년대)〉야. 과학 선구자, 계몽가, 교육자, 연구자, 산업가, 정책가, 외국인 등 7개 분야로 나뉘어 있어. 북으로 간 과학자, 여성 과학자, 외국인 과학자도 고루 포함되어 있지. 시간이 좀 더 지나면 1980년대부터 오늘날까지의 과학 인물 100인을 다룬 명단도 나오지 않을까?

최근 활동하고 있는 과학 기술자들의 업적 정리는 한국과학재단에서 힘을 기울이고 있어. 한국과학재단이 펴낸 책에 이러한 과학 인물들이 소개되고 있는데 잠깐 보자. 먼저 2007년에 펴낸 《미래를 만드는 한국과학자》에는 14인의 과학자가 다음과 같이 소개되었어.

- 황인환(포항공과대학교) – 가뭄에 견디는 식물 재배의 길을 열다
- 이석영(연세대학교) – 타원은하의 별 생성 역사는 블랙홀이 다시 쓴다는 것

을 밝혀내다
- 이광희(광주과학기술원) – 전기가 통하는 금속성 플라스틱을 개발하다
- 김빛내리(서울대학교) – 마이크로RNA 생성 메커니즘을 규명하다
- 정종경(카이스트) – 파킨슨씨병의 발병 원인을 규명하다
- 유룡(카이스트) – 거대한 나노 과학의 대양에 우뚝 서다
- 홍석봉(포항공과대학교) – 제올라이트 원천 기술 확보의 문을 열다
- 오병하(포항공과대학교) – 단백질 운송 메커니즘을 밝히다
- 신종계(서울대학교) – 꿈의 '디지털 조선소'를 향해 출항하다
- 김학성(카이스트) – 생명요소인 단백질도 설계, 제조한다
- 윤석진(연세대학교) – 초기 우주의 은하 형성 과정을 밝히다
- 천진우(연세대학교) – 나노를 이용한 의학 세계를 개척하다
- 안광석(서울대학교) – 면역학의 새로운 패러다임을 열다
- 홍승훈(서울대학교) – 탄소나노튜브와 나노선 소자 대량 생산의 길을 열다

뭔지 잘 모르는 내용이 많다고? 그래, 너희가 현대 과학 기술을 모두 이해하기는 아직 어려워. 다만 이런 과학 분야가 있고, 그 분야에서 우리나라의 과학자가 선도적인 연구를 하고 있다는 점만 알아준다면 충분할 거야. 이듬해에도 우수과학자 12인을 선정해 2008년《노벨상을 꿈꾸는 과학자들의 비밀 노트》에 소개했단다. 두 권의 책에 담긴 과학자들의 업적은 〈사이언스(Science)〉,〈네이처(Nature)〉,〈셀(Cell)〉 등 세계적인 과학 잡지에 실려서 세계적으로 주목받고 있지. 관심 있는 친구는 이 책을 찾아 읽어 보는 것도 좋아.

정부에서도 2006년부터 최고 수준의 과학자에게 '국가과학자'라는 칭호를 부여하고 매해 15억씩 최대 10년 동안 전폭적으로 지원을 하고 있어. 2006년부터 2010년까지 모두 8인의 국가과학자가 나왔어. 황우석은 국가과학자의 전

신인 '최고과학자'에 뽑혔는데, 논문 조작 사건 때문에 취소되었지. 그럼, 자랑스러운 국가과학자가 누군지 보도록 할까. 이 중 김빛내리, 유룡은 앞의 명단에도 있으니 이번에는 적지 않을게.

- 이서구(이화여자대학교) – 노화, 암, 치매 등을 유발하는 활성 산소에 대한 세계적 권위자
- 신희섭(한국과학기술연구원) – 뇌 기능을 유전자 수준에서 연구하는 국내 최고의 뇌과학자
- 남홍길(포항공과대학교) – 식물노화의 분자유전학 분야를 새롭게 창출
- 황준묵(고등과학원) – 기하학의 독창적인 이론 체계로 수십 년 동안 풀지 못한 문제 해결
- 노태원(서울대학교) – 21세기 새로운 성장 동력인 고집적 산화물 메모리 원천 기술 확보
- 김광수(포항공과대학교) – 나노 렌즈, 초거대 자기저항 시스템 발견

이렇게 조금씩 명단을 만들어서는 만 명의 과학자를 언제 찾느냐고? 사실은 이 놀라운 일을 한 사람이 있어. 바로 현원복 선생이 우리 과학자 1만 명을 정리해 명단으로 만들었지. 이야말로 과학자 버전의 《만인보》야. 《일만 명의 한국과학기술인명록》이라는 책으로 나왔는데 혹시 아는 사람이 있는지 찾아보는 건 어떨까. 여기에 들어간 1만 명은 한국과학기술단체총연합회에 등록된 과학자들이기도 해.

1만 명이나 되는 훌륭한 과학자가 있는데 우리나라에서 왜 아직 노벨 과학상 수상자가 나오지 않았는지 궁금해 할지도 모르겠구나. 명단에 포함되지 않은 과학자들까지 따지면 우리나라의 과학자는 수십만 명쯤 될 거야. 미국에

는 백만 명이 넘는 과학자들이 있어. 전 세계 수많은 과학자 가운데 일류급 인물을 추린다면 어떻겠니?

우리나라는 아직 갈 길이 멀단다. 몇몇 분야에서 뛰어난 과학자가 몇 명 나오는 정도가 아니라 각 분야 자체가 강해지는 동시에 과학 전체가 비상해야 해. 국가 차원, 민족 차원에서 과학 실력이 월등해지면 그 가운데 노벨상을 받는 과학자도 나오는 거란다.

사실 과학자의 목표는 노벨상에만 있는 게 아니야. 특히 우리나라 과학자는 과학적 창의력 못지않게 사회성을 기를 필요가 절실해. 박성래 선생이 지적했듯이 우리나라 과학자는 '중인의식'에 사로잡혀 있어. 대다수가 사회의 리더, 정치와 정책의 핵심이라는 생각보다는 단순히 기술자로 스스로를 낮춰 생각한다는 뜻이란다.

과학자는 사회와 소통해야 해. 자신의 과학이 사회적으로 어떤 영향을 미치고, 이에 대해 얼마나 책임을 져야 하는가를 스스로 헤아려야 하지. 사회적 윤리나 양심을 거스르지 않는 과학자가 사회에서 존경 받을 때 우리나라는 진정한 과학 강국이 되는 거란다.

지금까지 우리는 훌륭한 우리의 옛 과학과 개항 이후 역경을 헤치며 일궈낸 기적과도 같은 과학적 성과들을 살펴보았어. 그게 어디 우수한 과학자 몇 명만이 이룩한 성과겠니? 그들을 뒷받침해 준 수만, 수십만의 과학자가 있었고 지금도 과학 활동은 계속되고 있지. 일일이 이야기하지 못한 그들이야말로 우리나라의 과학을 지탱하는 실질적인 힘이란다. 앞으로의 우리 과학사를 이끌어갈 원동력이기도 하고 말이야.

너희와 함께한 《한국 과학사 이야기》는 나에게 큰 행복이었고 행운이었어. 내 마지막 외침은 이거야.

한국 과학 만세
인류의 행복을 위하여

■ 한국 과학사 연구자들은 이 '만인보'를 충실하게 쓰려면 더욱 바빠져야 할 거야. 이미 그 첫걸음을 뗐어. 박성래·김근배 선생의 《한국 과학 기술자의 형성 연구》, 문만용·김영식 선생의 《한국 근대 과학 형성 과정 자료》, 현원복 선생의 《우리 과학, 그 백 년을 빛낸 사람들》이란 연구 결과물 등이 그거야.

■ 최근 우리 현대 과학사를 시대 전반이나 특정 시기 또는 특정 분야로 다룬 좋은 연구들이 나오고 있어. 시대 전반을 다룬 책으로는 이런 것들이 있어. 박성래 선생의 《한국사에도 과학이 있는가》, 김영식·김근배 선생이 엮은 《근현대 한국사회의 과학》, 박성래·신동원, 오동훈 선생이 엮은 《우리과학 100년》, 국사편찬위원회가 펴낸 《근현대 과학 기술과 삶의 변화》, 전인경 선생의 《청소년을 위한 한국과학사》. 이 가운데 현대 과학사의 중요한 사건과 시대별 특징, 그리고 비교적 일관된 역사 해석을 보여주는 건 박성래 선생과 정인경 선생의 책이야. 박성래 선생의 책은 우리 과학사의 전반적인 흐름을 일러주는 가장 소중한 글이야. 책의 절반에 가까운 분량을 할애해 현대 과학사를 서술했어. 박성래 선생은 왜 조선이 현대 과학 기술을 제대로 받아들이지 못하고, 일제의 식민지로 전락하게 되었는지, 일제 강점기 조선인의 과학 계몽이 어떻게 이루어졌는지, 해방 이후 놀라운 과학 발전이 어떻게 가능했는지, 또 그 한계가 무엇인지를 짚었어. 정인경 선생의 책은 개항 이후부터 일제 강점기까지의 과학 기술 발달을 보는 관점이 박성래 선생과 비슷한데 10년 늦게 나온 책답게 제철 산업이나 반도체 부분도 다루었단다.

참고 자료

강신항, 《훈민정음 창제와 연구사》 경진, 2010
강영환 글·홍성찬 그림, 《집짓기》 보림, 1996
강호제, 《북한과학원과 현지 연구사업 : 북한식 과학 기술의 형성》 서울대학교 박사논문, 2001
고동환, 〈조선 시대 얼음의 문화사〉《물질문화와 농민의 삶》 태학사, 2009
곽동해, 《생명의 소리를 담은 장엄 범종》 한길아트, 2006
국사편찬위원회, 《근현대 과학 기술과 삶의 변화》 두산동아, 2005
김근배 등저, 《한국 과학기술 인물 12인》 해나무, 2005
김근배, 《한국 근대 과학기술인력의 출현》 문학과지성사, 2005
김근배, 〈박정희 정권의 과학 기술〉《역사비평》 85호
김근배, 〈빛바랜 사진 속의 근대과학〉《월간 과학과기술 3월호》 2008
김근배, 〈한국 역사 속의 여성과학자 발굴〉 2002
김남응, 《구들이야기 온돌이야기》 단국대학교출판부, 2004
김동욱, 《실학 정신으로 세운 조선의 신도시, 수원 화성》 돌베개, 2002
김미혜·최미란, 《돌로 지은 절 석굴암》 웅진주니어, 2009
김봉렬, 《한국 건축 이야기》(1~3) 돌베개, 2006
김슬옹, 《28자로 이룬 문자 혁명》 아이세움, 2007

김연희, 〈고종 시대 근대 통신망 구축 사업〉 서울대학교 박사논문, 2006
김영욱, 《세종이 발명한 최고의 알파벳 한글》 루덴스, 2007
김재근, 《한국의 배》 서울대학교출판부, 1994
김준봉·리신호, 《온돌 그 찬란한 구들문화》 청홍, 2006
남천우, 《유물의 재발견》 학고재, 1997
문만용, 〈'조선적 생물학자' 석주명〉《우리 과학 100년》 현암사, 2001
문중양, 《우리 역사 과학 기행》 동아시아, 2006
박성래, 《한국사에도 과학이 있는가》 교보문고, 1998
박영준 등저, 《우리말의 수수께끼》 김영사, 2002
박재광, 《화염 조선》 글항아리, 2009
방병선, 《순백으로 빚어낸 조선의 마음, 백자》 돌베개, 2002
서울대 한국의학인물사 편찬위원회, 《한국의학인물사》 태학사, 2008
서유구 저·안대회 편, 《산수간에 집을 짓고》 돌베개, 2005
성낙주, 《석굴암 그 이념과 미학》 개마고원, 1999
성낙주, 《에밀레종의 비밀》 푸른역사, 2008
송기호, 《한국 고대의 온돌》 서울대학교출판부, 2006
송성수, 《소리없이 세상을 움직인다》 지성사, 2004
송성수, 〈한국 철강 산업의 기술능력 발전과정 (1960~1990년대의 포항제철)〉 서울대학교 박사논

문, 2002

신동원, 《우리 과학의 수수께끼》(1~2) 한겨레신문사, 2007

신동원, 《한국 근대 보건의료사》 한울아카데미, 1997

신동원, 《호열자 조선을 습격하다―몸과 의학의 한국사》 역사비평사, 2004

신재호, 〈임진왜란 당시 조선군의 주요 무기 체계〉

유홍준, 《나의 문화유산답사기》(2) 창비, 1994

윤용이, 《우리 옛 도자기의 아름다움》 돌베개, 2007

이꽃메, 《한국근대간호사》 한울아카데미, 2008

이병철, 《석주명 평전》 그물코, 2002

이승철, 《우리가 정말 알아야 할 우리 한지》 현암사, 2005

이왕준, 〈미네소타 프로젝트가 한국 의학교육에 미친 영향〉 서울대학교 박사논문, 2006

이종호, 《천재를 이긴 천재들》(1~2) 글항아리, 2007

이종호, 《한국의 유산 21가지》 새로운사람들, 1999

전상운, 《한국 과학사》 사이언스북스, 2000

정광, 〈몽고자운 연구 : 훈민정음과 파스파 문자의 관계를 해명하기 위하여〉 박문사, 2009

정수일, 《한국 속의 세계》(하) 창비, 2005

정인경, 《청소년을 위한 한국과학사》 두리미디어, 2007

조선총독부, 《조선연감(1943~1944)》

조선총독부, 《통계연보(1911~1942)》

주강현, 《우리 문화의 수수께끼》(2) 한겨레신문사, 2004

채연석·강사임, 《우리의 로켓과 화약 무기》 서해문집, 1998

천혜봉, 《한국금속활자본》 범우사, 1993

최완기 글·김영만 그림, 《배무이》 보림, 1999

카이스트, 《미래를 향한 끊임없는 도전, 카이스트 35년 한국의 산업발달》 소명출판, 2005

한국고문서학회, 《조선시대 생활사 3 – 의식주, 살아있는 조선의 풍경》 역사비평사, 2006

한일비교문화연구센터, 《모던일본과 조선(1939년)》 어문학사, 2007

허선도, 〈조선시대 화약병기사 연구〉 일조각, 1994

현원복, 〈1930년대의 과학·기술학 진흥 운동〉 고려대학교 학술논문, 1977

홍성욱·이인식 등저 《세계를 바꾼 20가지 공학기술》 생각의나무, 2004

홍성주, 〈한국 과학기술정책의 형성과 과학기술 행정체계의 등장(1945-1967)〉 서울대학교 박사논문, 2010

황수영, 《석굴암》 열화당, 1989

한국원자력연구소사편찬위원회, 《한국 원자력 30년사》 1990

사진 자료 제공

⊙ **국립경주박물관**
[경박201202-265] 종 걸이 18 • 성덕 대왕 신종 19

⊙ **국립고궁박물관**
〈득중정어사도〉 제6폭 불꽃놀이 95

⊙ **국립광주박물관**
청자완 61

⊙ **국립민속박물관**
아이스케키 통 150 • 경복궁 전등 시등도 202 • 서울을 달리던 전차 226 • 한성 전기 회사 227 • 시발 자동차 325 • 500원 지폐 327 • 세 가지 종류의 벼 335

⊙ **국립중앙박물관**
[중박201203-1338] 천흥사 종 29 • 청자 참외 모양 병 56 • 은입사 물가 무늬 정병 59 • 분청사기 모란 넝쿨무늬 항아리 60 • 백자 달항아리 60 • 〈윷놀이〉 163 • 한글 금속 활자 174

⊙ **국립진주박물관**
[진박201202-02] 《회본태합기》 109 • [진박201202-03] 〈군진도〉 114 • [진박201202-04] 일본 안택선(모형) 115 • [진박201202-01] 통제영 거북선과 좌우영 거북선 117

⊙ **덕성여자대학교 박물관**
한지 공예품 92

⊙ **연세대학교 동은의학박물관**
알렌 209 • 제중원의학교 교과서 222 • 대한의원 237 • 세브란스의학전문학교 258 • 수술을 견학하는 학생들 258 • 강의하는 심호섭 259 • 병리학 실습을 가르치는 윤일선 262 • 신생아 간호 실습 270

⊙ **건국대학교 도서관**
《동국정운》 181

⊙ **고려대학교 도서관**
장안문 124 • 화성 전체 지도 126~127

⊙ **동국대학교 도서관**
《석보상절》 182

⊙ **삼성출판박물관**
《서유견문》 195

⊙ **수원화성박물관**
거중기(복원품) 133 • 유형거(복원품) 134

⊙ **국립해양문화재연구소**
신안 해저 유물들 62

⊙ **경주시청**
석굴암 금강역사상 32 • 불국사 청운교와 백운교 아치 41 • 석굴암 천장 43 • 석굴암 사대천왕 48 • 석굴암 십대 제자 49 • 석빙고 환기구 141

⊙ **국가기록원**
1961년 석굴암 보수 46 • 충주 비료 공장 319 • 포항제철소의 용광로 320 • 1970년대 경부고속도로 323 • 울산 미포조선소 327 • 소양강 댐 329 • 수원 경기과학고등학교 352

⊙ **독립기념관**
신식 수동 인쇄기 78 • 전신기 199 • 공출미 강요 전단 239 • 〈기미독립선언서〉 347

⊙ **전쟁기념관**
화전과 신기전 98 • 황자총통 103 • 신기전화차 106 • 행주대첩 기록화 106 • 비격진천뢰 101 • 광제호(모형) 218

⊙ **서울대규장각한국학연구원**
《십칠사찬고금통요》 81 • 판옥선 115 • 포루(바깥) 125 • 포루(안쪽) 125 • 북수문 130 • 거중기 133 • 녹로 부품도 136 • 녹로 136 • 《용비어천가》 173 • 《삼강행실도》 180 • 《전보장정》 199

⊙ **엘지연암문고**
2차 조선 수신사 187

⊙ **방일영문화재단**
나비를 관찰하는 석주명 273

⊙ **서문당**
얼음 캐기 146 • 보빙사 일행 193 • 숭실전문학교 천문학 실습 255

⊙ **뉴스뱅크**
성덕 대왕 신종 타종식 16

⊙ **연합포토**
십일면 관세음보살 49 • 해인사 경판전 내부 72 • 구텐베르크 박물관 15세기 성경 75 • 우리나라 최초 기관차 238 • 한강대교 야경 251 • 비닐론 제품 선전 293 • 원자폭탄이 투하된 히로시마 309 • 고리 1호기 313 • 2011년 경부고속도로 323 • 오늘날의 D램 341 • 1980년대 공장 풍경 343

⊙ **강성철**
봉돈 129 • 북수문 130 • 《직지심경》 74

⊙ **노정임**
《팔만대장경》 목판 71

⊙ **박윤호**
〈과학조선〉 5호 표지 281

⊙ **서순애**
닥나무 분쇄 모습 90

⊙ **심경자**
석굴암 전경 46

⊙ **양현숙**
흑백알락나비 275

⊙ **이운호**
도시처녀나비 275

⊙ **한동수**
방화수류정 128 • 제중원 210

⊙ **한동수**
닥나무 90

도서출판 책과함께는 이 책에 실은 모든 도판의 출처와 저작권자를 찾아 허락을 받기 위해 최선을 다했습니다. 허가를 받지 못한 일부 도판은 저작권자가 확인되는 대로 허가를 받고 통상의 사용료를 지불하겠습니다. 사진 게재를 도와주신 모든 분들께 감사드립니다.

찾아보기

ㄱ

가루라 49
가마터 54
가전연 49
각루 128
간다라 미술 양식 32
감은사지 87
갑신정변 195, 209, 214
갑오개혁 217
갑인자 65, 81
갑철 112
강문형 189
개자리 155
거북선 110, 119, 248, 327
거중기 132, 135
건달바 49
겐테 152
격목 103
경덕왕 25, 28
경부고속도로 322
경부선 239
경성여자의학전문학교 266
경성의학전문학교 243, 260, 295
《경세유표》 147
경의선 239
경자자 81
경판전 72

계미자 80
계응상 316
고래 155
고려 종이(고려지) 89, 92
《고려도경》 58
《고려선전기》 108
고려청자 52, 248
고종 190, 207, 214, 218, 226
고창 읍성 137
〈골굴석굴도〉 44
공민왕 99
공심돈 128
공업전습소 222, 243
공해병 330
과사철 학파 357
과학 기술처 342
과학 대중화 운동 279
과학 데이 279
과학고등학교 353
〈과학조선〉 279
관음보살 50
광목천왕 49
광배 34, 50
광제원(내부병원) 223
광혜원 208
교니 활자 77
교서관 80
구드리치 67

구들 152
구텐베르크 74
국제원자력기구(IAEA) 309
군위 아미타여래삼존 석굴 38
규흥사 종 24
근로 기준법 342
금강역사 31, 49
금단 96
금속 활자 73, 80, 92, 245
《기기도설》 132
〈기미 독립 선언서〉 246
긴나라 49
길닦기 사업 223
김기수 186
김노수 315
김대성 35
김동일 315
김봉집 315
김성진 315
김옥균 205, 207, 209, 214
김유신 29
김윤식 191
김익남 220, 229
김일성종합대학 294, 297, 314
김자점 158

김점동(박에스더) 229, 256
김정일 293
김정호 250
김종익 266
김지남 103
김호길 355
김호식 316
김홍집 186

ㄴ

나대용 117
나일론 253
낙안 읍성 137
남로전선 199
남한산성 137
내빙고 144
내탁 방식 130
냉장고 150
노대 128
녹로 132
녹색 혁명 334
농무 목축 시험장 193, 214
농상공학교(상공학교) 222, 243
《농정신편》 214
니트로글리세린 96

ㄷ

다문천왕 49
다윈 246, 280
다이너마이트 96
닥나무 85
당좌 18
대각사 36
《대당서역기》 36
대덕 연구 단지 353
대동공업전문학교 265
《대방광불화엄경》 87
대범천 50
《대통력》 181
대한의원 236
대한의원 부속 의학교 258
데라우치 마사타케 232
도노오카 108
도봉섭 314
도상록 314
도열병 334
도자기 전쟁 61
《동국정운》 181
동도서기 207
동서활인서 146
《동의보감》 79
등줄쥐 305

ㄹ

라이든 병 203
라후라 49
러일 전쟁 220, 248
로제타 홀 229
루퍼스 255
리기테다소나무 337
리승기 253, 291
리용태 297
리틀보이 309

ㅁ

〈모던 일본과 조선〉 249
《만기요람》 144
《매천야록》 207
《무경총요》 98
《무구정광대다라니경》《다라니경》 66, 87
마쓰무라 쇼넨 275
마이카 시대 324
마하가섭 49
마하목건련 49
마후라 49
막사발 61
만국박람회 76, 106
만리장성 137
만파식적 29
맥놀이 16
맥케이 202
메이지 유신 189
명성 황후 192, 207, 227
모스 부호 198

목판 인쇄 65
목활자 77, 81
문일평 250
문종 105
미군정 289
미네소타 프로젝트 303
미타산 68
미포조선소 326
민영익 192, 207, 209, 214

ㅂ

바라 211
박병선 73
박연 250
박영선 204
박영효 207
박은식 245
박정양 188
박제가 93
박지원 159
박철재 288, 310
반도체 338
반치음 172
방화수류정 128
〈백두산〉 281
백두산이학회 282
《백만탑다라니경》 66
백병전 111
《백운화상초록불조직지심체요절》(《직지심경》) 73
백인제 260, 269, 295
백자 철화용문 항아리 52
백추지 88
버널 78
《범한다라니》 87
베르누이의 정리 156
베트남 전쟁 345
변계함 159
변수 192, 214
병자호란 106
보빙사 192, 202
본존불 32
본차이나 63
볼타 203
봉덕사 종 21
봉돈 128
부넘기 156
부루나 49
북로전선 200
분청사기 52, 60
불국사 41
불꽃놀이 94
불랑기 128
불화살 101, 109, 119
비격진천뢰 101, 248
비날론 253, 291
비단길 86

《비변사등록》 117
비숍 224
비천상 18
빙역 146

ㅅ
〈사계〉 346
사력 댐 328
사리불 49
사빙고 149
산대놀이 94
산학연 시스템 321, 347
《삼강행실도》 180
《삼국사기》 143
《삼국유사》 43
상감 53, 58
상원사 종 24
《상정고금예문》 74
상호 229
새나라 자동차 324
《서경》 81, 174
서광범 192
서긍 58
서로전선 199
《서유견문》 74, 192, 195, 245
서유구 162
서장대 128
서재필 209, 216, 256
석가탑 66

석굴 사원 33, 38, 44
석굴암 32
《석보상절》 82
석빙고 139
석주명 271
선조 120
《선조수정실록》 112
성대중 158
성덕 대왕 신종 15, 28
성현 80
《성호사설》 159
세브란스의학전문학교 257
세종 167, 180
소브레르 96
소양강 댐 328
손진태 151
송이영 256
쇄국 정책 184
수다마 석굴 40
수보리 49
수신사 186, 204
수원 화성 122
숙종(고려) 26
《시경》 81
시발 자동차 324
시슬러 310
신경준 250
신기전 102
신문왕 29

신사 유람단 187
신숙주 143, 180
신안 무역선 62
《신전자초방언해》 103
《신전자취염초방》 103
신채호 245, 248
《신학신설》 214
심호섭 258
십일면관세음보살 49
씨 없는 수박 301

ㅇ
아나율 49
아난 49
아수라 49
아이링 253, 291
안동혁 315
안상호 220
안일영(안기하) 263
안정복 147
안종수 214
안창호 255
알렌 192, 209
암문 123
앨 고어 79
야네기 무네요시 26
야차 49
양성지 250
에디슨 202
에밀 기메 31

에밀레 종 15
에비슨 211, 220
〈여도 경주부〉 44
여린히읗 172
연금술 96
연산군 146
연희전문학교 255
《열하일기》 159
염초 96
영락제 99
영선사 190
영조 143
《예기》 174
옛이응 172
오긍선 229, 257
오성지 123
온돌 151, 156
온산 공업 단지 330
옹성 123
왜선 114
요네다 미요지 34
용 49
용문 석굴 39
《용재총화》 80, 171
우두법(우두) 189, 204, 207, 214, 217
《우두신설》 206, 214, 221
우승열패 246
우장춘 298, 333

우정국 193	의학강습소 243	자토 61	제중원의학교 220
우파리 49	의학교 221, 243	장기려 295	조명채 163
운강 석굴 39, 47	이규경 204	장님배 110	조백현 314
운요호 107	이규보 95	장빙고 143	《조선과 이웃나라》 224
원균 119	이상 252	장안문 123	《조선 과학사》 75, 297
원자 폭탄 286	이색 94, 146	장영실 81, 250	《조선 기행》 212
원자력 유학생 308	이서 103	장지연 245	《조선명인전》 25
《월인천강지곡》 82	이순신 81, 106, 108, 119, 248, 250	저피 85	조선백자 52
유곽 18	이순지 81	적대 123	《조선산 나비 총목록》 276
유길준 74, 192, 245	이원철 254, 289	전라좌수영 거북선 117	《조선식물도감》 314
유네스코 세계 문화유산 72, 122	이임학 265	《전보장정》 200	《조선왕조실록》 72, 111
유마거사 50	이장손 101	전상운 256, 296	《조선의보》 261
유병필 220	이제마 250	전신 189, 198, 203, 207, 217	조선의사협회 263
유숙근 267, 269	이종만 265	전지 203	조선총독부의원 237
유약 54	이중구들장 162	전차 226	조선학술원 288
유일준 269	이천 81, 250	전태일 342	조준영 189
유행성출혈열 304	《이충무공전서》 117	정각상 35	조지소 89
유형거 132	이타이이타이병 330	정근모 350	조해 85
유황 96	이태규 252, 288, 350	정문기 315	존 해나 350
《육서락》 171	이호왕 303	정선 44	종 걸이 18, 28
육영 공원 193	인덕천황 143	정약용 93, 131, 135, 147, 204, 250	《종두귀감》 204
윤일선 261, 289	인조 158	정인지 172	종유 18
윤일중 314	일본 문물 시찰단 188	정조 131	《종의 합성》 298
윤치호 192, 274	《임원경제지》 162	정주영 327	종이 갑옷 91
〈은사기념과학관〉 281	임진왜란 61, 101, 106, 108, 119	정초 171	주시경 177
은사시나무 337		제생의원 204	주요한 252, 265
《을병연행록》 159	ㅈ	제석천 50	주자소 81
음통 18, 28	자격루 101	제중원 207, 208, 220	주화 104
《의방유취》 181			《중국의 과학과 문명》

256
《중맥설》 214
중앙원예기술원 301
증기 기관 189, 241
증장천왕 49
지국천왕 49
지석영 204, 214, 221
지소 88
지장보살 50
진포 대첩 100
진화론 244, 298
쪽구들 157

ㅊ
창힐 175
채륜 85
천 49
《천공개물》 85
천룡팔부 49
천연두 205
천원지방 40
《청성잡기》 158
청십자 운동 296
청일 전쟁 248
《초조대장경》 69
총통 102
최경렬 250, 289
최경석 215
최규동(최대수) 263
최만리 180

최무선 99, 250
최열 330
최윤식 265
최한기 204, 265
최해산 104
최형섭 349
충주 댐 329
충주 비료 공장 318
측량학 236
치성 125
《칠정산》 174, 181

ㅋ
카를 폰 린데 150
카이스트(한국과학기술원) 347
칼텍 355
케키 151
코로나 자동차 324
콘크리트 댐 328
쿤투팔레 석굴 40
쿰멜 27

ㅌ
탁트이 루스탐 석굴 40
태양력 228
태종(조선) 80, 89
태평노인 58
통리기무아문 207
통일벼 335

통제영 거북선 117

ㅍ
파독간호사 346
파독광부 346
파스파 문자 168, 171, 181
파스팍 168
파피루스 84
판옥선 116, 119
팔뚝돌 42
《팔만대장경》 65
패러데이 203
포니 자동차 325
포루 125
포항공과대학교(포스텍) 321, 354
포항제철소 320
폭죽 94
표음 문자 175
피뢰침 203
필승 77

ㅎ
하라다 마사스미 331
한강대교 250
한국과학기술대학(KIT) 351
한국 과학 기술 연구 원 (KIST) 348

한국과학원(KAIS) 350
한국전자기술연구소 339
《한국 천문학의 역사》 256
한림랑 18
한의학 283
한지 89
한탄 바이러스 305
항마촉지인 40, 50
해감모래 80
《해동제국기》 143
해미 읍성 137
해산병원 269
해인사 69
허문회 334
허영숙 269
허준 250
헐버트 74
헤론 210
헬레니즘 32
현신규 337
현장 법사 36
혜공왕 25
혼식 검사 332
혼천시계 256, 297
홍대용 159, 265
〈홍범 14조〉 219
홍영식 189
화서문 128

화선지 93
《화성성역의궤》 135
화약 94, 116
《화약수련법》 102
화전(불화살) 98
화전국 199
화차 105
화통도감 102
《화포법》 102
화홍문(북수문) 129
환경 운동 332
활차 132
황룡사 종 24
황현 207
훈민정음 166
《훈민정음해례본》 167, 169
흑백알락나비 276
흑색 화약 96
흥선 대원군 91

D램 339
IT 산업 340
MIT 356

100대 명인 249
3·1 운동 225, 235, 246, 260

한국 과학사 이야기 3
카이스트 신동원 교수님이 들려주는 기술과 발명·현대 과학 100년

1판 1쇄 2012년 4월 17일
1판 4쇄 2022년 12월 30일

글 | 신동원
그림 | 임익종

펴낸이 | 류종필
편집 | 박병익
마케팅 | 이건호
경영지원 | 김유리

디자인 DesignZoo

펴낸곳 | (주)도서출판 책과함께
주소 (04022) 서울시 마포구 동교로 70 소와소빌딩 2층
전화 (02) 335-1982
팩스 (02) 335-1316
전자우편 prpub@daum.net
블로그 blog.naver.com/prpub
등록 2003년 4월 3일 제2003-000392호

이 책의 저작권은 지은이 신동원과 도서출판 책과함께에 있습니다.
이 책의 내용을 이용하려면 저작권자와 출판사의 동의를 모두 받아야 합니다.
잘못된 책은 구입하신 서점에서 바꾸어 드립니다.

ISBN 978-89-91221-99-4 74900
ISBN 978-89-91221-66-6 (세트)